中长期青年发展规划与我国青年政策的完善
编委会

主　编：刘俊彦　朱　峰

作　者（按文序排列）：

薛国凤　刘俊彦　何土凤　苏　康　贾志科
沙　迪　赵英杰　桑伟林　蔡　智　宋远航
安娜儿　曹玉梅　邢占军　王晓武　李春梅
师晓娟　张干群　朱　峰　单耀军　朱华鹏
李　超　王理万　邵六益

中国青少年研究中心 2017 年度国家财政专项资金课题研究成果

中长期青年发展规划与我国青年政策的完善

主编　刘俊彦　朱峰

导 论

2017年4月3日，中共中央、国务院印发了《中长期青年发展规划（2016—2025年）》，这既是新中国成立以来，我国首次在国家层面编制实施面向青年群体的综合性政府专项规划，同时也是党和国家首份综合性、独立性、完整性的青年政策文本。《中长期青年发展规划（2016—2025年）》的颁布实施是我国青年发展事业的重要里程碑。

加强青年发展规划与青年政策的学术研究，有助于深化对青年发展规划的理论认识，为规划执行推广、监测评估提供智力支持，从而对完善中国特色社会主义青年发展政策体系和工作机制，推动规划的落实督导，凝聚全社会对青年发展重要意义的广泛共识都具有重要意义。

我国青年发展政策的发展与完善遵循着“先试点后推广”“先局部后全国”“先地方后中央”的循序渐进、稳扎稳打的改革发展思路。在《中长期青年发展规划（2016—2025年）》出台之前，从地域层面看，我国各级地方从2000年烟台市出台首份地方性青年发展规划——《烟台市青少年发展纲要（2000—2005年）》开始，到“十三五”期间，先后出台了近五十份地方性的青少年发展规划或青少年事业发展规划；而从领域层面看，我国各个党政部门、群团组织在各自业务职能范围内陆续出台了一些关心青年成长、助推青年发展的公共政策文件，或在本部门公共政策中融入了有利于青年发展的具体政策举措。在此过程中，一些领域性青年发展政策与工作机制日渐形成，并不断丰富和完善，例如预防青少年犯罪不仅在法律法规建设方面形成了较为完备的体系，在制度机制方面也有了较为成熟的建设，如中央综治委成立预防青少年违法犯罪专项组，实施跨部门联席会议制度。这些都使得我国公共政策体系中具有了广泛、普遍照顾青年特点、回应青年需求的内容和元素，使得青年发展和青年政策受到了不同领域和各个地方的党政部门和群团组织的重视，也在客观上普及了青年发展基础性和战略性地位的理念和认识，营造了整体性青年发展政策形成的社会心理基础。当领域性的青年发展政策发展到一定程度，分散化、碎片化、分割化的青年政策与青年工作资源在统筹协调和工作合力上的不足日渐凸显；其与青年更好成长、更快发展的现实需要不相适应，与全面建成小康社会、实现中华民族伟大复兴中国梦历史重任不相适应的问题也越发突出。有机整合这些领域性的青年政策和青年工作资源，打造整体性的青年发展政策（法律、战略、规划）体系和跨部门的青年发展协调联动机制，进而实现青年发展事务治理体系和治理能力现代化，就显得更加必要、越发迫切。而这些领域性的青年政策和工作机制的实验探索和经验积累，都为集大成的整体性、衔接性、协同性、连贯性的青年发展政策体系和工作机制的形成奠定了基础。编制实施《中长期青年发展规划》，从全局视野和战略高度来整体思考、科学规划、全面推进青年发展政策体系的时机日渐成熟，且基础扎实、顺理成章、水到渠成。

《中长期青年发展规划（2016—2025年）》提出了包括思想道德、教育、健康、婚恋、就业创业、社会融入与社会参与、文化、权益维护、预防犯罪、社会保障等在内的，青年首先发展、优先发展、积极发展的十个发展领域。本书共分为十二章，聚焦和围绕这十个领域中的重要青年政策的发展和完善历程，尤其是对改革开放40年以来的发展和完善历程进行系统梳理，并就政策执行效果进行了分析评价，对政策未来发展完善的方向进行了前瞻性的思考。我们认为，对于这些领域性青年发展政策的发展和完善的研究梳理，将有助于更好地理解和把握领域性青年发展政策是如何汇聚成为集大成的青年发展政策体系的这一历史过程。在国家发展进入新时代这样一个时空指向下，这也将有助于我们更加清晰和准确地把握如何在各个发展领域更好地贯彻和落实中长期青年发展规划的精神和目标，发挥中长期青年发展规划作为党和政府对青年发展事业宏观调控抓手的功能和作用，借助上下左右衔接连贯的青年发展规划体系的建设以及落实青年发展规划的跨部门联席会议机制的实施，撬动相关党政部门、群团组织出台更多有利于青年发展的具体政策举措，建设更加完备的青年发展政策体系和工作机制，使得青年发展规划的政策红利在更多领域得以持续释放，从而为中国特色社会主义青年发展政策体系和工作机制实现“到2020年初步形成”以及“到2025年更加完善”这两个阶段性目标提供借鉴。

“《中长期青年发展规划》与中国青年政策体系完善研究”是中国青少年研究中心列入中央财政专项科研经费支持资助的2017年度重大课题研究项目。课题旨在全面梳理我国青年政策体系形成演进的历史脉络，推动青年政策的研究、发展、完善与落实，课题研究凝聚了中国青少年研究中心、山东大学、河北大学、西南交通大学、西藏大学、中国政法大学、中国石油大学（北京）、济南职业学院、山东建筑大学、山东管理学院、济南大学等青年政策智库和高校智库的十余位专家学者、在读博士的智慧。

本书即是这一课题的最终研究成果之一。本书由中国青少年研究中心常务副主任刘俊彦研究员和河北大学工商学院朱峰副教授共同主编采撷了课题研究成果中的十二个专题，每章一个专题，全书共分为十二章。

第一章“改革开放以来我国青年教育政策的发展与完善”由河北大学教育学系系主任薛国风教授撰写。

第二章“中国青年人才与人才政策发展状况”由中国青少年研究中心常务副主任刘俊彦研究员、中国石油大学（北京）马克思主义学院博士研究生何土凤共同撰写。

第三章“我国青年健康政策的演进及执行路径”由山东管理学院劳动关系学院苏康讲师撰写。

第四章“新中国成立后我国青年婚育政策的演变及完善”由河北大学社会学系贾志科副教授、北京大学社会学系硕士研究生沙迪、河北大学马克思主义学院硕士研究生赵英杰共同撰写。

第五章“改革开放40年来我国青年就业创业政策的新发展”由山东大学政治学与公共管理学院讲师桑伟林，山东大学政治学与公共管理学院学生蔡智、宋远航、安娜儿共同撰写。

第六章“中国青年网络文化政策发展趋势”由济南职业学院曹玉梅讲师、山东大学政治学与公共管理学院邢占军教授、济南大学商学院王晓武讲师共同撰写。

第七章“青年社会参与政策的现状与效果评价”由西南交通大学思想政治教育系系主任李春梅副教授、西藏大学经济与管理学院党委副书记师晓娟副教授共同撰写。

第八章“改革开放以来青年组织政策的变迁与发展”由山东建筑大学法学院张干群讲师撰写。

第九章“新时代我国青年社会组织发展的创新政策与生态建构”、第十章“‘新一线城市’青年友好型城市政策创新”由河北大学工商学院朱峰副教授、河北大学工商学院党委书记单耀军教授、河北大学新闻传播学院学生章佳琪共同撰写。

第十一章“中国青年社会保障政策的发展与完善”由西藏大学经济与管理学院朱华鹏讲师、西藏大学经济与管理学院硕士研究生李超共同撰写。

第十二章“港澳青年政策的发展与优化”由中国政法大学人权研究院王理万讲师、中央民族大学法学院邵六益讲师共同撰写。

本书作者大部分为具有一定经验的理论工作者，故重在从理论上梳理我国青年政策的现状。同时也在青年发展受到战略关注的时代背景下，对于全国层面以及地方层面具有典型代表性的领域性青年发展政策的创新、竞争进行了探讨，分析了“将青年发展政策摆在工作全局中更加重要的战略位置”的理论和实践逻辑。实践是理论的先导，理论又反过来影响实践。所以，我们期待本书对中长期青年发展规划的顺利实施，进而对我国青年政策的进一步完善和青年的健康发展发挥应有的实践价值。

目 录

第一章　改革开放以来我国青年教育政策的发展与完善

青年是国家的战略资源。一个国家中的青年成长与健康发展离不开青年教育，更离不开这个国家在青年教育政策上的作为。青年教育政策，不仅要在青年发展中具有独立的政策地位，还应该是一个专门化的历史体系，既要关注和引领青年成长中的教育需求，也要服务于青年现实发展中的多种需要。

新中国成立以来，我国在青年教育发展上做出了不懈的努力。20 世纪 80 年代之前，尽管在一个较长时期内我国并没有出台专门以“青年教育政策”命名的文件，但是党和国家先后通过制定教育方针、发布教育指示和决议以及召开教育工作会议等方式，对青年教育问题做出部署和指导，除去“文革”期间的非正常发展外，其他阶段里的一些重要政策和举措在发展我国青年教育和培养我国青年发展方面作出了不小的贡献。及至 20 世纪 80 年代，这是一个对世界各国而言都是承前启后的时代，我国也迎来社会发展的春天，青年教育事业的发展由此进入快速期，以中共中央、国务院和地方人民政府等制定或发布的教育政策性文件（体现在纲领、决议、决定、通知等形式的文件中）、教育法律法规为标志的青年教育政策发展也进入前所未有的推进期。

当前，我国进入社会发展的新时代。在这个新时代，作为社会公共问题的青年发展不仅关系着青年自身的生存状况，也影响着国家在社会快速变迁中的发展状态。因此，如何促进和保障国家中的所有青年获得社会主流的且紧密式的正向发展，青年教育的重要意义由此凸显。一个国家的未来总是掌握在青年手里。呼应当前国家从大国梦到强国梦，从参与世界事务的被动反应到主动参与的战略大调整，我国迫切需要把青年的领导力培养纳入国家现代化治理体系，并在青年发展的主动性、自主性、创造性等教育培养上建立起“中国模式”。

政策是权威化的奋斗目标和行动原则。一个国家的青年教育政策作为国家层面青年教育的观念化和实践化反映，是国家青年发展与青年教育实施的重要外在保障。在社会发展的“新时代”，我国青年教育政策的目标首先在于最广泛、最普遍地维护和保护青年的受教育权和发展权，其基本作用就是通过各种实质性政策的制定和落实，在不断推进教育资源配置均衡、不断扩大受教育范围以及促动学习型社会实现的过程中，来持续提升我国青年受教育水平，解决青年发展中的各种切身利益问题，进而促进伟大强国梦的实现。

一、改革开放以来我国青年教育政策的发展历程

（一）新起步阶段（20 世纪 80 年代）

1978 年改革开放政策的实施开创了一个充满生机和创造活力的时代，我国各项事业获得飞速发展。扑面而来的国际化挑战、国家民族的发展要求、社会文明推进的诉求、青年个人提升的追求，都促使青年教育事业受到重视。结合党和政府在全国教育工作会议中对教育改革工作的新认识，国家在青年教育发展方面也重新谋划，并开始通过不同形式的政策加以引导、规范和支持。正是从此阶段开始，我国青年教育政策在国家努力寻求大发展的有利环境下获得新的健康发展契机。

具体而言，本阶段一方面实现了以法律形式出现的青年教育政策载体突破，这主要表现在 1980 年颁布了新中国成立以后的第一部教育法律《中华人民共和国学位条例》，这不仅标志着我国教育开始走上法制化道路，营造了尊重知识和尊重人才的社会大风气，更切实为当时高等教育领域的百万青年学

子的学业、就业乃至后期人生发展提供了有力保障。这一教育法律的颁布和实施，极大鼓舞了当时青年人报效国家的热忱，事实也证明这些青年对国家发展作出了巨大贡献。在1982年修订的我国根本大法《宪法》中，明确规定“中华人民共和国公民有受教育的权利”，这为青年受教育权的保护确立了基本思想和依据。1986年我国颁布并实施《中华人民共和国义务教育法》，虽然这一教育单行法律当时只有18条，但对处于义务教育阶段的青年的受教育权首次提供了充分保障，在消除文盲和促进青年全面发展方面起到了重要作用。另一方面，本阶段打破了一味照搬国外模式的坚冰，迈开了在坚持实事求是思想路线基础上科学制定教育政策的步伐。1985年《中共中央关于教育体制改革的决定》这一专门化的教育政策文件出台。这是一个通过调查研究，坚持群众路线，并集中了国家领导人、全国教育工作者和广大社会群众智慧的文件，是基于对政府、大中小学校以及社会用人部门的实地座谈调研并在针对性借鉴国外先进经验做法基础上出台的教育政策文件。在青年教育和青年发展这一块，主要涉及用人单位用人需要和大学生在校培养之间的矛盾问题，也涉及青年人的职业教育和普通教育关系处理以及建立职业培训体系等问题。这一政策文件确定了我国后来教育改革的基本目的和目标，同时通过各种具体教育改革措施的制定，为我国教育事业的大发展提供了精神先导和方向指引，在促进高校青年学生成长和发展以及青年职业技术教育发展等方面起了重要作用。

（二）飞速发展阶段（20世纪90年代）

进入20世纪90年代，我国以经济建设为中心的发展道路持续推进，经济体制上也面临重大改革，市场经济体制初露端倪。根据1985年《决定》中所确立的“教育必须为社会主义建设服务，社会主义建设必须依靠教育”的指导方针，90年代的教育发展承载了更多的期望，也承担了各级各类合格人才培养的重任，而各级各类合格人才的培养主要集中在青年教育上。因此在这一时期，党和国家在青年教育政策制定上开启了加速模式，这不仅是当时教育发展的现实需要，也是对面向未来的大国发展的一种助推。

其一是制定并颁布了系列教育法律法规，在保障青年各项教育权益（尤其是学校教育权益）方面初步建立起法律政策体系。《教师法》（1993年）、《教育法》（1995年）、《职业教育法》（1996年）、《高等教育法》（1998年）和《未成年人保护法》（1991年）等教育法律和相关法律，以及一系列教育行政法规和规章等相继颁布和实施。这不仅使青年受教育权得到保障，而且直接促进了青年受教育程度及其水平的提高。国家教育部数据统计显示，截至1999年，我国普通中学在校生从1980年的5508万增加到6771万；职业中学在校生从1980年的45万增加到533万；技工学校在校生从1980年的70万增加到156万；普通高等学校本专科在校学生从1980年的114万增加到413万；研究生从1980年的2.16万增加到23.35万。[①]

其二是启动进行青年教育质量检测研究以期促进青年教育政策的针对性，使其不断完善。1995年，中国青少年研究中心与国家统计局合作，首次开展了“中国青少年发展状况检测系统研究”，其中涉及青年教育维度下的青年发展状况调查与分析。虽然这一研究首先归属于学术领域，但其具有的应用价值和对此后我国青年教育发展的科学深入推进具有深刻影响。

其三是我国开始更多且主动地参与世界青年事务，包括出席国际青年会议，响应青年发展的国际准则或条约，参与制定青年发展的国际政策。1995年，我国参加了“联合国大会青年问题特别会议”，1998年参加了“世界青年事务部长大会”和“亚太地区青年人力资源发展政府间大会”，参与发起和签署了《联合国预防少年犯罪规则》（1990年）、《到2000年及其后世界青年行动纲领》（1995年）等国际条约，不仅为世界青年事业发展作出了贡献，在保障和促进我国青年受保护权、发展权、教育权等方面更起了重要作用。

① 教育部:《各级普通学校学生数》，2010年02月26日，见 http://www.moe.gov.cn/s78/A03/moe_560/moe_571/moe_ 565/201002/t20100226_7736.html。

（三）深入发展阶段（2000 年至今）

2000 年以来，包括美国、英国、加拿大、日本、俄罗斯等在内的诸多国家都更加关注青年发展，通过制定政策框架和规划等方式推进青年个人自我实现和适应国家战略发展新要求。在这些政策框架或规划中，青年教育都是主要的一部分，尤其是青年价值观教育、学业教育和职业教育。进入 21 世纪，我国市场经济体制已经基本确立，由此政府、社会、学校与青年个人之间的关系不断处于动态调整中，具有不同地域、经济水平、性别、民族、年龄阶段等社会身份标识的青年在教育发展中的平等性和公平性越来越受到重视，正趋向于建立一种动态平衡机制。在这一阶段，我国青年发展和青年教育问题也被置于一个前所未有的重要地位。

其一是政府多部门共抓并举，协力推进青年教育事务。这一阶段，包括教育部、中央文明办、国家发展改革委、科技部、民政部、财政部、文化部、共青团中央、人力资源社会保障部、中国科协、中国人民银行等在内的政府与社会多部门在自身职责范围内，通过会议、培训、立法、计划、纲要、实施方案、建议、意见等政策形式推进青年教育全方位、立体化的发展。据不完全统计，自 2000 年以来，除去教育部的众多教育政策文件，其他多部门涉及青年教育问题的政策也有 200 多项，形成了整个社会在青年教育上共抓并举的新局面，极大促动了青年教育的发展。

其二是青年教育政策中所关注的青年主体从一元到多元，不仅关注在校就读的青年，也越来越关注边远贫困地区的青年、待业失业青年、残障青年、少数民族青年、进城务工青年、作为进城务工人员随迁子女的青年，乃至职业学徒青年的教育问题。此外，对杰出青年专业技术人才的选拔和培养教育问题也越来越重视，出台了多项政策进行鼓励和支持。

其三是扩大和加深对青年发展的教育场域的认识与关注。在终身学习和学习型社会建设理念下，除了传统上一直受到重视的学校场域外，非学校场域比如家庭、社区、企业、机关、军队、事业单位、社会教育机构乃至群团组织为青年提供学历教育、社会教育的作为受到越来越多的关注。

其四是继续通过立法和制定教育行政法规等推进青年教育的发展。2002年颁布《民办教育促进法》，这为一大部分青年在进行学历教育、职业教育方面拓宽了渠道。同年，国务院颁布《禁止使用童工规定》，对包括国家机关、社会团体、企业事业单位、民办非企业单位或者个体工商户在内的社会用人单位赋予相应的社会法律义务，对不满16周岁青年的受教育权给予了充分保障。在这一阶段，国家还陆续修订和修正了原有的多项教育法律，比如《义务教育法》《教育法》《高等教育法》《民办教育促进法》。修订和修正后的法律规范更加符合我国当前社会发展现实情况，也更加适应新时代发展要求，对我国教育事业整体发展进一步做出保障。

其五是正式启动中国青少年社会发展状况检测系统，对包括青年教育发展在内的青少年社会发展状况进行全国范围内的定点监测。2003年，在中国青少年研究会和中国青少年研究中心上一阶段课题研究成果的支撑下，全青调查在全国范围建立“中国青少年社会发展状况检测系统”，开展长期的定点监测，并在2004年设计出涵盖教育在内的八个领域的当代中国青年发展状况的完整指标体系①。虽然这套指标在具体应用方面还需要进一步推进，但显然已经为青年政策的进一步发展与完善提供了先期工具准备。

其六是地方政府积极制定相关政策支持地方青年教育发展。在这一阶段，全国各省份基本都能根据本省的历史发展基础和未来考虑，出台和谋划针对青年教育发展的相关政策。比如2007年上海市政府出台的《上海市青少年发展“十一五”规划》，把教育问题作为优先领域。再比如自2000年以来陕西省注重制定和推进技工教育发展政策，促进当地青年职业技术和技能的发展。

其七是出台了新中国首个青年发展规划并就青年教育问题做出专门系统的规划。2017年4月，中共中央、国务院发布《中长期青年发展规划（2016—2025年）》，这是新中国首个青年发展规划，涉及关乎青年发展的十大

---

① 郗杰英、刘俊彦、张华主编：《当代中国青年发展状况指标体系研究》，文心出版社2004年版，第8页。

领域，“青年教育”是其中重要领域之一。在对这一领域的规划中，不仅明确了面向未来二十年的青年教育发展目标，也就学校教育、教育资源配置、社会实践教育、终身学习推进、青年人才队伍培育等提出发展措施。这对我国下一步青年教育发展具有重要的指导意义和支撑作用。

二、我国青年教育政策的现状分析

教育是一个大问题，也是一个复杂的问题。长期以来，我国一直以“百年大计，教育为本”的思路宣传和建设教育，尤其是对学校青少年教育给予了充分的重视。随着20世纪80年代以来国际交流和竞争的加剧，青年的作为在国家发展中的直接作用体现得越来越明显。国家关注青年的整体发展，既符合世界潮流，也符合我国社会建设发展需要。青年教育政策作为重要的一部分，其根本目的在于更好地促进青年发展，但政策既具有客观性，也是人为选择和制定的结果，政策本身具有极强的发展性。因此，深入把握和分析当前我国青年教育政策，对于在青年教育实践中真正落实并进一步完善政策具有重要意义。

（一）青年教育政策的体系建设逐渐完善，形成国家框架与地方框架结合互补状态

20世纪70年代末80年代初，我国社会建设开启新阶段，同时开始进入中国特色社会主义教育建设的新时期。尤其是1977年教育部召开全国高校招生工作会议，开启高等学校正式招生工作，这一政策使得国民教育体系得到修复，也为青年教育事业的飞速发展提供了促力。如前所述，在四十余年的发展中，随着国家对教育的重视和教育事业的实践大发展，国家教育政策频繁出台。中央政府、教育部、共青团中央、中组部、财政部、文化部、国家卫生计生委、人力资源与社会保障部、中央文明办、国家发展改革委、科技

部、民政部、新闻出版广电总局、国家林业局、中国社科院、中国科协、农业部等国家部门根据自身职能与职责，相继以法律法规、通知、意见、决定、纲要、建议等形式围绕青年发展与青年教育活动颁布相关政策文件，从学校内部的高等教育到中等教育、普通教育到职业教育、学业教育到就业创业教育、教材改革到教学方法转变，再从学校教育到家庭教育与社会教育，从优势青年群体的教育到处境不利青年群体的教育，形成城镇与乡村、校内与校外等维度下宏观与微观青年教育事项相结合的政策指导态势，架构起了我国青年教育发展的国家框架。据不完全统计，仅自2000年以来，除去教育部的众多教育政策文件，共青团中央、财政部等其他多部门涉及青年教育问题的政策就达200多项。不仅如此，依从我国教育管理体制，国家各相关部门还对地方相关政府部门以及社会机构组织单位进行授权性规定或指导，确保国家层面的青年教育政策能逐步下移落实。各省市自治区以及城镇乡村部门以及部分社会组织，能积极依据国家政策规定并结合根据自身实际情况，逐级做出相应具体规划与落实措施，与国家政策相呼应。目前从整体上来看已经基本形成了国家与地方之间纵向层级指导、横向并步落实的网络式青年教育政策框架。

（二）青年教育政策突出以青年发展为本的制定原则，落实对青年受教育权的保障与保护

20世纪80年代以来，在对外开放中受世界教育民主化思潮的影响以及经济高速发展的影响，国家越来越重视青年受教育权的保护，并把其作为一项基本人权。2006年修订的《义务教育法》就明确把保护青少年的受教育权作为立法的出发点，这部修订后的《义务教育法》不仅保障了14—15岁初中青年的受教育权，更从法律角度深层折射出我国制定青年教育政策的基本准则。2015年修正的《中华人民共和国教育法》第九条和第十条对中华人民共和国公民的受教育权与受教育机会，以及少数民族地区、边远贫困地区和残疾人教育事业都做出了保护性规定。除此之外，《高等教育法》《民办教育促进

法》《职业教育法》中都有相似规定。这是对我国广大青年群体享有平等受教育权与受教育机会的根本保护。

除了立法的基本保障，我国还在教育投入、教育资助和教育救助等方面落实对受教育权的保护，实现对青年发展的帮助。其一，从教育投入政策看，2010年颁布的《国家中长期教育改革和发展规划纲要（2010–2020年）》以及党的十八大以来的相关政策，都明确要把教育作为财政支出重点领域予以优先保障。在2012年，我国教育财政性经费达到22236.23亿元，实现了20世纪80年代以来既定的占国民生产总值4%的教育投入目标。及至2016年，国家财政性教育经费总投入为31396.25亿元，占比为4.22%。教育投入总经费的持续增长，为青年教育事业的发展提供了最为基础且必要的物质保障。其二，从教育资助政策上看，对中等教育、高等教育、社会就业等领域需要帮助的青年给予政策支持，进行机会赋予或直接的资金帮助。2006年《中共中央国务院关于推进社会主义新农村建设的若干意见》中规定“2006年对西部地区农村义务教育阶段学生全部免除学杂费，对其中的贫困家庭学生免费提供课本和补助寄宿生生活费，2007年在全国农村普遍实行这一政策”。这项政策直接惠及处在中学阶段的贫困青年个体，对我国九年义务教育的真正普及起到了重要作用。2007年国家颁发《国务院关于建立健全普通本科高校、高等职业学校和中等职业学校家庭经济困难学生资助政策体系的意见》，由国家和地方政府共同出资对贫困青年学生实施国家助学金政策。随后教育部和财政部联合下发了《高校、高等职业学校国家助学金管理暂行办法》《中等职业学校国家助学金管理暂行办法》等文件，确保资助工作顺利实施。这对广大艰辛求学的优秀贫困青年学子及其背后的家庭起到了极大支持和鼓励，在很大程度上促进了教育公平和社会稳定。其三，从教育救助政策上看，由于市场经济体制的确立，高等教育领域实行成本分担收费政策，这导致贫困青年学生绝对数量明显增加。面对这一情况，国家和地方政府、社会组织乃至学校在不同层级上给予救助，比如2012年国家联合地方和高校实施的“农村贫困地区定向招生专项计划”，作为落实新阶段国家扶贫宏观战略的一项教育举措，本质上是通过教育救助促进当地青年发展进而促进当地经济发展的一种思路，事实上也是实现教育公平的一种做法，是对农村贫困地区青年高等教育受教育权的一种保护。

（三）青年教育政策的范畴与内容覆盖面更广泛，开拓支持能助力青年发展的各教育领域

改革开放40年来，伴随青年教育事业整体发展的需要，我国青年教育政策涉及的范畴和内容日益广泛。

其一，在学校教育范畴内，广泛涉及中等教育、高等教育、职业教育、就业教育领域方方面面事项，比如为了保证青少年校外活动，2000年中共中央办公厅和国务院办公厅下发了《关于加强青少年学生活动场所建设和管理工作的通知》，2002年全国青少年校外教育工作联席会议办公室下发了《2000—2005年全国青少年学生校外活动场所建设和发展规划》，对青年校外教育活动给予规范、指导和引领；在高中教育阶段教育部出台有《关于大力办好普通高级中学的若干意见》（1995年）、《关于积极推进高中阶段教育事业发展的若干意见》（1999年）等，在职业教育领域既有《中华人民共和国职业教育法》（1996年）等法律保障，也有《高等职业教育创新发展行动计划（2015—2018年）》（2017年）以及《职业学校校企合作促进办法》（2018年）等落地政策，对职业学校青年学生的实习、学徒教育以及企业青年职工学校培训等给予鼓励和规范指导。涉及青年就业的法律政策文件有《中华人民共和国未成年人保护法》（2013年）、《普通高等学校毕业生就业工作暂行条例》（1997年）、《准予就业最低年龄公约》（1998年）、《共青团中央、教育部、全国学联关于进一步做好促进高校毕业生就业工作的意见》（2003年）等。这些都为不同阶段的青年在不同事项方面的教育和发展提供着战略谋划与引导。

其二，在非学校教育范畴内，社区教育、家庭教育、企业内教育得到越来越多的重视。在社区教育方面，自1986年上海率先设立“社区教育委员会”成为我国社区教育兴起的新起点后，社区教育迅速在全国得到发展。中

央推出系列社区教育政策文件进行指导，1996 年教育部发布《全国教育事业"九五"计划和 2010 年发展规划》，文件中第一次使用了"社区教育"概念，这标志着"社区教育政策开始出现"[①]；1999 年国务院批转教育部《面向 21 世纪教育振兴行动计划》，提出开展社区教育实验工作；2004 年教育部教职司发布《教育部关于推进社区教育工作的若干意见》，把开展教育培训作为社区教育的基本工作；2016 年 6 月教育部、民政部、科技部等九部门又联合发布了《关于进一步推进社区教育发展的意见》等，这些政策文件对我国社区教育的普惠性发展起到了助推作用，在推动社区积极开展青年校外教育和社会实践活动以及进行法治、科学、安全健康、就业与再就业、职业技能提升等方面提供了引领和指导。在家庭教育方面，专门政策的出现主要是在 2000 年以后。2001 年国务院颁布《中国儿童发展纲要（2001—2010 年）》，表明要重视和改进家庭教育；2004 年国务院在颁发的《关于进一步加强和改进未成年人思想道德建设的若干意见》中进一步强调要加强对青年家长的教育，提高青年科学教育子女的能力；2010 年全国妇联和教育部等七部门联合颁布《全国家庭教育指导大纲》；2012 年教育部关心下一代工作委员会课题组发表《我国家庭教育的现状、问题和政策建议》报告；2015 年教育部出台《关于加强家庭教育工作的指导意见》等。这些政策文件和咨询研究报告对我国家庭教育的重要功能给予充分重视，也对家庭教育工作的开展做出规范，形成了多个文件相互支持与补充的政策体系，在促进家庭教育工作者帮助青年正确认识家庭的作用、根据不同年龄阶段的孩子特点开展家庭教育等方面发挥了一定作用。在企业内教育方面，主要是针对国企内青年职工数量增多的现实，对青年职工进行思想教育引领和技能培训，比如 2003 年党的十六届三中全会通过的《中共中央关于完善社会主义市场经济体制若干问题的决定》中特别强调通过党组织的政治核心作用来实现，在发挥青年生力军作用的同时，促进青年职工健康成长。

---

① 梁钰：《中国"社区教育政策"解读》，《太原大学学报》2014 年第 06 期。

其三，尤其关注与加强了弱势青年群体的教育，对少数民族青年、残障青年、待业或失业青年、农村青年、贫困青年等的教育帮助和教育鼓励政策日渐增多。比如教育部民族教育司针对少数民族制定的双语教学、少数民族高层次骨干人才培养、高校民族班和预科班、内地西藏班和新疆高中班等方面的政策，都是对少数民族青年接受更好教育的保障。在残障青年受教育保障方面有《中华人民共和国教育法》（1995 年）对所有公民平等受教育权的保障，也有《中华人民共和国高等教育法》（1998 年通过，2015 年修订）中对“必须招收符合国家规定的录取标准的残疾学生入学，不得因其残疾而拒绝招收”的规定，更有《中华人民共和国残疾人保障法》（2008 年）中对残疾人平等受教育权利的法律原则保障以及对政府、社会、学校等部门单位提出的保障义务。为了促进西部地区农村义务教育发展，同时也为了增加高校毕业生就业机会，尽可能避免其待业或失业问题，团中央、教育部从 2003 年起开始实施“大学毕业生自愿服务西部计划”，本着自愿原则选拔和派遣高校毕业生到西部基层开展教育、政府扶贫等志愿服务，截至 2013 年，已有 9 万名高校毕业生为中西部 22 个省区市和新疆生产建设兵团 2100 多个县服务。2006 年中央又出台特岗教师政策，启动“特岗计划”，由教育部、财政部、人事部和中央编办制定总体规划和年度计划，地方具体统筹组织和安排落实。国家为参加计划的大学生制定优惠政策，其中一项就包括为有志愿接受高一级研究生教育的青年提供加分，加强了这些有志青年的继续教育。另外在社区教育相关政策推进中，也提出社区为待业或失业青年提供知识与技能培训的工作要求。在农村青年教育方面，《教育部关于做好 2014 年普通高校招生工作的通知》中除了强调继续实施“支援中西部地区招生协作计划”和“农村贫困地区定向招生计划”，还要求高校系统加大招收边远、贫困、民族地区优秀学生和成绩优良的农村学生，并要求各地各高校建立健全提高招收农村学生比例的长效机制。以上列举的这些法律、政策等都显示了国家和政府对弱势青年群体教育问题的关注。

其四，面对全球化与国际多元文化的冲击与融合态势，从 20 世纪 90 年代开始特别加强了针对青年出国留学、人才培养、研学等教育交流政策。国家留学基金管理委员会根据教育部指示，2005 年设立了“西部地区人才培养特别项目”，有针对性地选派留学人员出国留学。到 2003 年年底，就已经与西部 12 个省市自治区签订了合作协议。另教育部官网数据显示，截至 2009 年，以留学身份出国的人员共有 112.34 万人，其中 82.29 万人进行专科、本科、硕士和博士学习以及进行博士后研究或学术访问，这在我国青年人才培养方面起到了极大促进作用。在研学方面，2016 年 11 月教育部发布了《教育部等部门关于推进中小学生研学旅行的意见》，认证了研学旅行作为校外教育活动形式对中小学生成长的意义和重要性。2017 年 1 月国家旅游局发布《研学旅行服务规范》，确保研学旅行安全问题，同年 8 月教育部发布的《中小学德育工作指南》把研学纳入学校教育教学计划，9 月教育部发布的《中小学生综合实践活动课程指导纲要》，把研学旅行纳入学校教育学分系统。在地方层面，部分省市甚至更早地制定了相关研学政策，比如重庆市 2014 年下发《关于开展中小学生研学旅行试点工作的通知》，苏州教育局印发《2014 年中小学生研学旅行试点工作计划》，四川教育厅联合 11 个部门 2017 年印发《关于推进中小学生研学旅行的实施意见》，把研学旅行纳入学分和综合素质评价体系等。这些国家与地方层面连续性配套政策的出台为青年学生创造了更加安全且有保障的研学环境，促进了研学旅行的实施。

（四）青年教育政策实现多部门多渠道多方式执行，督评机制突出层级化

如前所述，基于青年发展和青年教育的整体性与全面性特征，我国青年教育政策在制定上主要是多部门联合制定。在政策执行上也是多部门多渠道多方式的，主要“通过党的组织、国家各级机关、群众团体和广大人民群众贯彻执行”。[①] 当然这主要限于对政策执行主体与方式的表层认知，因为按照

① 中国青少年政策研究课题组编:《中国青少年政策报告》，中国青年出版社 2000 年版，第 80 页。

美国学者麦克拉夫林（M. Mclaughlin）的观点，政策执行过程是一个政策执行者和受政策影响者之间互动的过程，且政策执行的有效与否取决于二者之间行为调适的程度，也就是说政策执行不是一个简单的上令下行的单向信息流程，而是信息的双向交流过程，政策接受者的利益、价值和观点也会通过反馈的方式影响到政策执行者，二者在相互调适中完成政策执行。所以对于青年教育政策的实际执行过程还需要进一步做细致研究，以此来分析政策执行的有效与否。另外，在美国政策学家雷恩（M. Rein）看来，监督是政策执行的最后一个阶段，包括监督、审计和评估三种形式。改革开放以来我国 40 年的教育事业发展中，教育督导、教育审计和教育评估都提升到了一个前所未有的新水平，因此在青年教育政策及其实施方面也较之以往更加成熟和体系化。尤其是教育督导工作，在义务教育阶段已经形成从国家到地方的四级层级化体系，在高等教育阶段 2000 年之后也在高校内部普遍形成体系化的校院两级督导体系，通过纵向督导与横向督导、综合督导与专项督导等方式有效地监督了包括青年教育政策在内的教育法律法规与政策等的实施，并通过反馈提高了政策决策水平。我国教育审计机构自 1985 年成立以来，对财务收支与经济活动的真实、合法和效益进行独立监督与评价。据教育部历年教育审计数据显示，截至 2000 年年底，我国 33 个省市自治区教育行政部门和 71 所部属高校设立了内审职能，各种性质的内审机构 104 个；2004 年我国省级及地市县教育部门和部直属高校建立内审机构达 4346 个，完成财务收支审计等 251790 项，审计资金 3266.44 亿元；2007 年建立内审机构 5504 个，完成各项审计 187383 项，审计资金 5239.69 亿元，对审查出来的问题及时进行处理，在促进教育行政部门和学校合理合法配置和使用教育资金、自觉执行教育政策方面起到了重要监督、保障和促进作用。在我国，教育评估目前多指 1994 年启动的在高等教育领域实施的本科教学水平评估，其中既包括对新办学校或升格高校的合格评估，也包括对办学时间长和质量高的高校的优秀评估。实施到目前，评估理念发生转变，更强调对高校的发展性评估，这在推促高校自身主动立目标、定标准、找问题、做反思、想对策、寻发展，真正积极主动落实好国家相关教育政策上起到了重要作用，成为以青年为主的高校发展的有力助推手段。

（五）部分青年教育政策推行效果显著，青年教育事业得到持续发展

政策的效果分析可以有多类型，比如直接效果的取得、附带效果的分析、潜在效果的透视以及象征性效果的认识。对于教育政策效果的分析，我国倾向于从直接效果取得方面进行。对于改革开放以来我国青年教育政策的效果，也有研究者从青年教育发展成就角度做了归纳总结：一是青年受教育权的保障性条件显著改善，包括教育经费投入迅速增长、受教育权利得到保障；二是青年群体受教育机会显著增加，包括义务教育、高中教育、高等教育阶段青年以及少数民族青年受教育机会的增加，民办教育发展为青年提供更多元化的选择空间，留学与回国青年人数持续增加，处境不利的青年有了更加公平的受教育机会。[1]这一研究结论显示了我国相关青年教育政策所起到的积极作用。毋庸置疑，40年间青年教育政策的发展是大步向前的，效果也是明显的。特别是对于我国这样一个资源相对有限、经济整体发展水平还不够高且民众整体素质文化尚不能与发达国家相比的人口大国来说，取得这样多的直接成就的过程就是一个面对极大挑战的过程。当然，有的政策的附带效果比较显著，比如研学旅行政策对整个社会教育的发展起到了很大影响作用；有的政策在象征性效果方面可能表现更强，更能首先激发起人们的改革精神；有些政策的潜在效果需要进一步认识和挖掘。

① 王成龙等：《改革开放40年青年教育发展状况》，《青年探索》2018年第01期。

三、我国青年教育政策存在的问题

如前所述，改革开放以来我国青年教育政策和青年教育事业取得阶段性重大进展，但就预期效果的达成以及新时代社会发展的需要而言，还存在着一定的问题。因此，正视这些问题并积极反思将有助于我国青年教育政策的完善与青年教育事业的进一步发展。

（一）青年教育政策核心主线发展不明晰且功能引领缺乏整体性

青年教育事业是一个国家的长期事业，对青年人的认识决定着对青年教育的认知，进而决定了青年教育政策的指向与表述。在一个国家青年教育事业长期发展中，需要有明确的一以贯之的政策核心主线来保持政策的持续性，也需要结合时代发展以新理念践行新举措来保持政策的发展性。如果说国家青年教育政策的核心主线是串珍珠的链，那么每个时代青年教育政策的具体理念与举措就是链上的一颗颗珍珠。没有链形不成项链，没有珍珠也形不成项链。从政策制定和发展角度看，每一次新政策的出台都要考虑它是“消极的”（延续以往政策）、“均衡的”（找平以往负面事务并寻求积极措施改变目前不良现象）还是“积极的”（弥补以往政策不足并保障未来发展）。以此观察我国青年教育政策，可以发现一般涵盖面大而全，有时以一般教育目的代替青年教育目的或目标，核心主线不够突出、政策定位不够精准，举措多为平铺式排列，功能引领的整体性差，故难以形成充满活力的、持续的立体发展态势。

（二）青年教育政策在价值导向上对青年的关注度不够

青年教育政策的价值基础一在于促进青年教育事业整体发展，二在于促进青年自身的发展。在我国，教育价值取向一直偏向社会本位，而教育政策必然反映教育基本价值取向，因此我国青年教育政策长期以来表现出十分注重政治功能和为社会整体利益服务的功能，偏重于社会维度下的青年教育事业整体发展。虽然自改革开放以来，青年教育政策对青年个性发展的满足以及服务青年的意识逐渐增强，逐渐转变青年完全是“客体”的思想，但受传统影响，再加上青年教育政策理论研究的薄弱，作为个体人的青年本身仍多作为被教化的对象出现在教育视野里。青年作为青年教育政策所要调动的主体力量却没有受到应有的重视，青年找不到自身需要与相关社会教育活动的契合点，进而出现对活动组织部门自认为非常好的教育活动的漠视甚至排斥，政策效果自然就打了折扣。

（三）青年教育政策实施中各机构部门在分化与合作行动上缺乏系统性和协调性

青年教育政策是涵盖国家不同层级和水平的青年教育工作的综合体，落实青年教育政策的主体既包括纵向层级的中央主体和地方主体，也包括水平层次的中央不同机构和地方不同机构。国家机关、政府部门官员、学校机构、青年社会组织乃至青年个人等都承担着青年教育的不同责任。这种不同的责任水平在政策当中应以明确的主体边界做明确的体现，并架构起一个政府、社会、学校系统、商业机构之间的分化与合作的有效运行系统。但目前我国青年教育政策在这方面显得较为薄弱，实施主体及其责任水平边界不明朗，没有建立实施主体间的系统化结构框架，对各地区各部门的落实指导也多停留于原则性要求，缺乏详细而具体的实务指导，因而容易陷入“你做我也做，却都没做好”或者“你推他做，他推你做”的行事怪圈。

（四）青年教育政策评价机制及其实施尚不够系统与深入

对一种政策的评价，可以从预评价、执行评价和后果评价三个方面进行。预评价就是对政策执行前的方案本身进行的价值、可行性和结果预测等的分析；执行评价是指对政策执行过程的评价；后果评价是对政策作为或不作为的后果分析。在评价一种政策时，三个方面缺一不可，不过更重要的是后果评价。当前对我国青年教育政策评价，更多局限在政府部门的数据统计发布或一些学者的个人研究结论，涉及青年教育政策价值、政策体系、政策程序、政策规范以及政策效果等的有组织的、大规模的、系统的完整评价较少开展或未开展，这就容易导致“有政策但无实施或无改进”状况的发生，最终导致政策有时不能真正发挥作用。

四、我国青年教育发展的挑战与政策完善建议

要了解一个国家的明天，就得看这个国家今天的青年。从当前世界范围看，青年问题受到绝大多数国家的极大重视，对青年发展的系统化关注远远超出了以往任何一个时代，也都在努力寻求以更好的方式对青年进行教育，以保证青年在国家与社会未来发展中发挥更大作用力。从政策制定角度看，对青年教育的正确与深刻认识恰是完善青年教育政策的基础。因此，要想推进我国青年教育政策更加科学化与实效化，必须首先认识现时代我国青年教育发展态势与挑战，并在此基础上进一步去完善青年教育政策。

（一）我国青年教育发展态势与挑战

20 世纪 80 年代以来，改革开放各项政策的变迁为我国青年发展提供了平台和机遇，也促进了青年教育的全方位开展，尤其是进入 21 世纪以来，青年教育以腾飞之势发展。不过面对国内外社会发展新形势以及信息技术与新媒体的发力，青年教育也面临着发展中的进一步挑战。这主要表现在以下几个方面：

第一，青年高等教育体系发展完善，但城乡青年、男女青年受教育机会特别是接受高水平教育机会的差别在加大。根据国家统计局人口和就业统计司 2016 年全国 1% 人口抽样调查结果，我国 6—34 岁城镇学生接受专科、本

科和研究生教育的人数比例分别为79.94%、89.07%和95.50%，而同样年龄阶段的乡村学生三项占比仅为20.06%、10.93%和4.50%。在男女青年教育方面，虽然改革开放以来受教育机会方面的性别差异逐渐减少，但有研究数据表明，2000年之后初中女生尤其是职业初中女生数量在下降，普通高中女生人数虽不断提升，但与男生相比的话，在获得普高教育机会方面存有较大差异；在本专科教育层次明显缩小了与男生的差距，但在研究生教育层次占比仍然偏低且存在就业难等问题。[①] 我国当前仍然是乡村人口大国，这样的城乡青年受教育程度分布以及女性青年在教育中的偏弱势地位与我国现代化强国建设的要求不相适应。因此，面对日益加剧的国际竞争和美丽中国的建设高位战略，迫切要求实现我国城乡青年、男女青年在教育方面的高水平均衡发展。

第二，学校青年职业教育体系较为完善，但职业教育的质量、效果认可和社会影响力都偏弱。据全国教育事业发展统计公报2015年数据，我国民办中等职业学校已经呈萎缩状态。社会对职业教育的不重视固然有文化传统原因，但职业教育系统不把重点放在培养学生职业素养或技术身上，而是把学生作为资源去进行“社会经营”，这也加剧了职业教育低社会认可度和弱影响力，因此提升学校职业教育品质是未来发展重点。另外，我国企业内青年教育日渐加强，尤其是在思想政治教育、技术培训方面，但结合企业文化塑造满足青年员工个人需求方面的教育还有待加强。此外，我国青年教育与发展中的产学合作理念与方式得到认可与推广，但还须进一步深化。

第三，青年社会教育体系逐步得到建立，但社会教育效果有待实质性提升。目前我国青年社会教育体系主要是以青年宫、博物馆、科技馆、图书馆等为代表的机构教育，以社区为场域的社区教育，以及由大众传媒开展的传媒教育这三类社会教育根据自身职能与特点进行实施，不过这些社会教育仍多偏重学历教育、技能培训，呈碎片化状态，有的教育活动质量甚至并不高，再加上有的部门主动服务意识不强，导致青年参与社会教育的热情与动力不

① 王成龙等:《改革开放40年青年教育发展状况》,《青年探索》2018年第01期。

足，社会教育效果未达到理想状态。社会教育的加强必须首先根据青年实际需要，并树立“社会教育就是青年帮助”的理念，在青年艺术教育、闲暇教育、过渡教育、职业生涯教育、健康协助教育等方面大力加强，并建起跨部门、跨机构参与合作的青年社会教育制度化体系。

第四，处境不利青年（包括残障青年、女性青年、少数民族青年、进城务工青年人员或子女、失业青年、贫困青年等）在教育上获得更多帮助，但教育质量公平与举措持续性仍面临挑战。当前我国处境不利青年享受到了“积极差别待遇”下的更多教育机会与教育资源，比如2014年我国教育部、国家发展改革委、财政部、中国残联等多部委曾联合下发了《特殊教育提升计划（2014—2016年）》，对残障青年受教育机会给予保障；再比如据中国教育科学研究院2017年统计数据，2015年我国高等学校举办的少数民族预科班和民族班招生规模5万人，实现了我国55个少数民族都有大学生的突破，等等。对弱势群体的关照是社会文明的标尺之一，不过我国毕竟是人口大国，处境不利青年的绝对数量比较大，再加上各地经济发展也极度不平衡，因此面对国际“全纳理念”的长期挑战，处境不利青年的教育质量公平和教育差别待遇举措的持续性实施仍然是面临的一大挑战。

第五，青年教育的投入随着国家财政性教育经费的持续增加已有明显加强，但来源较为单一，且相对于青年教育事业的理想发展状态而言经费总额仍显偏少。青年教育的大发展需要大量的投入，当前我国青年教育投入主要以政府为主，在未来发展中应大力落实全社会办青年教育的理念，更多鼓励有能力的学校机构、企业、社会团体、民主党派以及个人兴办青年教育，在经费来源多元化基础上实现总额增量，确保青年教育深入开展并保证实质性目标的达成。

（二）完善我国青年教育政策的几点建议

国之命脉，端在教育；社会发展，力在青年。当前，我国社会发展的新时代更要求国家必须多关注青年，多帮助青年，必须将青年教育发展摆在一个重要位置，在政策制定上不仅要继续保持原有的优秀做法，还必须及时完善和发展，以保持对青年发展的引领和保驾护航。

第一，在科学调查基础上积极建立起社会互动的多元化政策制定和完善模式。也就是说，要持续做好政策完善的基础调查工作，在重视对青年素质的理想期望与现实状况调查分析基础上进行青年教育的系统化设计，并自觉建立社会互动的多元化政策制定和完善模式。被称为“现代政策科学的创立者”的美国学者哈罗德·拉斯韦尔（Harold Lasswell）认为政策过程的第一个阶段就是“情报”，政策情报的收集和提议是政策制定之前必经的阶段，也就是说，在制定政策前一定要获取真实的政策问题与提议，这就需要进入基层并在最广泛范围内进行实地调查和科学的数据分析。对于青年教育政策而言，在制定乃至完善过程中，必须倾听到青年的声音，必须重视到青年自身以及与青年教育实际工作相关的所有群体与机构的参与作用，发现和提炼出我国青年发展以及青年教育中存在的真实问题，这样才能制定出符合青年真正利益的政策，并保持政策的“发展”特征。笔者认为，最多以十年为一阶段，就应就全国范围内青年整体素质以及青年教育情况做一次大规模调查与分析，翔实而客观地了解我国青年尤其是不同群体青年发展的真实状态，了解各群体青年中存在的真实问题与真实需求，了解青年教育的实际开展状况与效果，做出咨询报告，为政策完善提供第一手材料。这样做的目的就在于防止因不了解我国基层青年所处的家庭、学校、社会、单位等的实际情况而导致政策制定出现偏差，也可以防止因受国外思潮等的影响炮制一些本不属于我国青年教育存在的“虚假问题”而导致政策制定的无意义。社会利益本是不同群体利益的博弈，本是一种多元化的存在，青年教育是青年群体与青年个人利益的多元化诉求。但就像有的研究所指出的，“我国当前政策制定模式是在社会没有利益多元化的条件下，由政府精英代替人民进行利益的综合与表达的”一种“内输入”。[①] 在这种“内输入”模式下，政策制定更多被看作是政府的

---

① 胡伟:《政府过程》，浙江人民出版社 1998 年版，第 282 页。

事，忽视公民甚至当事人自身的参与。事实上，这样的政策极有可能是“阳春白雪”式的，但却未必能满足青年现实发展“真实时间中”的螺旋式需要。所以，走向公众议程的社会互动多元化政策模式显然更有利于青年个体或不同群体发展利益的满足。

第二，以“技道统一”理念积极推进和深入落实青年教育政策的制定与实施。政策是一种为某种目标、价值和实践而设计的计划，所以政策制定不只是技术问题或可行性问题，更是社会文化问题的产物。进一步说，政策本身也是一个文化体。有研究者指出，教育政策“制定的过程不仅是一种政治和权力的利益及其表达的过程，而且是一种文化的过程”。[①]“教育政策执行的过程也不是静止地对原有教育政策进行贯彻、落实的过程，而是一个活动的，充满文化、富有活力、蕴含人类思想的过程。”[②]就我国青年教育政策制定与出台情况来看，应在“技道统一”思想下来完善。技，主要强调的是政策制定与执行中的科学技术和方法；道，则强调的是政策内容以及政策执行中的文化观念与价值理念。比如在强调促进青年终身学习这一政策中，政策制定者要考虑这一政策所涵盖的合理主体范围，以及是在什么条件下提倡哪些作为，更重要的是能明确引导青年自身在这一教育政策下可以做出哪些主动作为，因为青年不是政策被动改造的对象，而是政策要引领发展的对象。政策不是万能的，政策是文化心理体现但并不是纯粹理念性的存在，而是结合具体情况能够执行下去的计划。不过，又因为政策对社会生活与社会关系的涵盖性和适应性存在一定的限度，政策的执行需要物质与精神等多方面条件的支撑，所以政策的制定必须充分考虑现实物质条件和文化心理，否则再好的政策也会变成一纸空文，不能真正作用于青年发展，不能塑造充满活跃思想与散发活力的青年。总之，政策本身是合目的性与价值性的统一。在青年教育政策制定与完善过程中，必须以符合政策所调整事项的客观规律作为价值判断，并使政策能够与其指导和引领的事项保持最大程度的契合。也就是说，

① 王平：《论教育政策过程的“文化性”》，《当代教育与文化》2016 年第 01 期。
② 王平：《论教育政策过程的“文化性”》，《当代教育与文化》2016 年第 01 期。

青年教育政策的制定与完善，既要关注政策制定本身，也要关注青年和青年教育本身，更要关注自然以及人类社会的发展态势，否则将无从确立起政策的科学性。

第三，基于青年角色、素养、品质与能力维度推进青年教育政策范畴内容的细化与体系化。当前，我国青年教育政策关注的范畴主要是落在学校、家庭、企业、社会空间领域维度上的考虑，但由于各空间领域有特定实施主体，若长期在这一维度上推进，并不能有效促进彼此之间的协作与合作，青年本身也会有置身事外之感，青年发展仍会处于分割状态，且青年在社会中的角色具有多元化特征，限定其在一种领域角色发展本身就是对完整的人的忽视。所以，如果能在这一基础上，把青年教育政策关注的点转向青年角色、素养、品质与能力维度，将会极大促进政策的统整执行与效果的取得，比如在政策中引导开展直接指向青年发展的身体教育、公民教育、科学教育、网络教育、消费教育、责任教育、艺术教育、政治家教育、领导力培养教育、过渡教育、学徒教育等，这样不仅能促进各方机构和力量在思考中寻找自己的教育发力点，创造自己实施青年教育的条件，更能使青年感受到政策、教育与自身发展紧密的结合，因而能根据个人在不同阶段发展所需，自由且主动选择参与哪些教育，在提升主动学习与发展愿望的同时，也为个人发展承担起责任。

第四，加强物质性政策和青年教育子政策或项目计划的制定与实施。一个优秀的教育规划不仅具有高站位性、强体系性、可操作性，还具有无限的开放性和创新包容性，需要系列配套覆盖所有青年群体教育的子政策对其跟进，丰满血肉。实际上这就涉及物质性与象征性青年教育政策问题。目前我国青年教育政策既有物质性的也有象征性的，但未来应尽量保证物质性政策的持续推进，尽可能避免象征性政策的增扩。因为物质性政策才能保证将有形的资源和实质性的权利给予相关青年群体或个体，促使实质性目标的达成。国家青年教育政策的目的在于促进青年的发展，但青年教育政策的功能在于分配资源、规范行为、解决问题，所以制定与完善青年教育政策的立场应在于努力为所有青年营造良好的教育环境及社会环境，注重有关教育的科学技术方法的推广与运用，大力增强政策的实践认受性，这样才能使政策真正作为实质性政策状态得到落实，并达到服务所有青年发展的目的。为此，重要的一点就是要在考虑国家发展需求和青年发展切实需要的基础上，多出台与所有青年群体教育相关的配套子政策与项目计划。这其中，一是要注重明确所配套的子政策或项目计划的目标，目标不在于全，而在于所有青年群体发展中的针对性和可测评性；二是要明确实施政策或项目计划的主体，并在充分赋权和给予支持方面做好保障；三是尤其要注重保持或推进项目计划的可持续执行，创设在影响力方面具有持久性且范围广的长期项目，即便项目要与时俱进地进行某些创新性调整，但不能搞成运动式项目。根据笔者及其同事于 2017 年在一座具有 1100 多万人口的三线城市所做的 38 所城乡学校青年思想品德教育状况调查，发现中学以及大学阶段青年人参与社会公共事务的教育和体验式学习极其缺乏，甚至有的从未进行过，其他社会部门或机构在这方面较少有类似的青年教育举措，从理论上讲这至少已经影响到国家未来的政治发展。但是在国外，有一些非常好的做法，比如美国从 1980 年起就实行了由五所著名高等学府开办的，目的在于“帮助高中生培养对政治的兴趣，学习参与公共事务的技巧”[①] 的“青年政治家计划”夏季学校，每年招收品学兼优且参加过各种公益活动的 250 名学生，这为高中阶段有“政治野心”的年轻人提供了非常好的对社会公共事务深度了解和体验的机会。再比如，在欧美国家，有专门针对作为青年大学生的“间隔年”项目。[②] 在“间隔年”里参加的活动包括进行实习、义工、支教、社区服务等工作或者去学习一门外语或异国文化等，甚至可以直接做旅游以及休闲。英国每年约有 25 万青年参加“间隔年”旅行，美国则有普林斯顿大学、麻省理工学院这样的多所著名大学实施“间隔年”项目，为大学生提供个人成长和自我反思的机会。在社会发展的新时代，我国可以借鉴国外类似的优秀做法，发展并真正推动落实国家

① 李希贵：《36 天，我的美国教育之旅》，华东师范大学出版社 2006 年版，第 81 页。
② 陈艳萍：《“间隔年”：国外青年教育的新路径》，《青年探索》2014 年第 04 期。

以及公共青年教育政策，以青年的真正发展维度以及青年在未来社会中承担责任时所需要的素质能力作为青年教育工作推进的起点和归宿，使青年教育政策真正成为青年人关注、喜欢并积极投身其中的政策。

第五，以深耕精神推进青年教育政策的执行力设计并落实青年教育的“在地发展”。2017年《中长期青年发展规划（2016—2015）》的制定和出台，开启了我国青年教育政策的新时代，接下来应以深耕精神推进青年教育政策的层次化、体系化与执行力设计，使包括学校、家庭、公司企业和社会教育机构等在内的各教育力量积极创造条件，深度协调合作，不搞一窝蜂，不搞运动式，不搞唯目标论，而是常态化地扎扎实实做好承继式创新发展，实现青年教育的“在地发展”。“在地发展”，注重的是青年教育活动方式与青年接受教育过程中感受的当地化与个人化。换句话讲，青年教育政策的执行与具体活动的实施要“因地而在”，要植根于所在环境，要与青年的现实生活紧密联系与结合，要注意教育形式与内容的“特殊性”，以使所实施的教育真正适合所面对的青年的需要，而不是脱离其现实需要。据2014年研究者在经济发达和文化活跃的广州所做的青年教育调查结果，广州青年对自己所接受过的教育总体满意度不理想，甚至到了比较低的程度，有54.9%的青年认为一般或不满意。[①]这个调查结果说明青年教育不是一厢情愿的事，脱离青年现实发展需要的教育形式与内容只会造成资源的实质性浪费，此外这一调查也暴露出我国在城乡之间，以及学校、家庭和社会各部门与机构之间存在的诸多不能有效支持和协作进行青年教育的问题。所以，无论是从理论还是现实上讲，如果教育政策指导下的教育行动不能贴近青年日常生活与发展所需，就起不到真正促进青年发展的作用。“在地发展”理念本身强调的正是对青年生活现实的观照，是对青年发展过程中实际感受与发展需求的观照，它将真正破解政策与实践的失衡问题，从而减少政策的低效能或无效能。也唯有按照这一理念贯彻实施，才能使青年教育政策落到实处，成为青年真正关心且真正受益的政策。

① 蒋亚辉：《经济转型期广州青年教育与学习发展状况研究》，《经济研究导刊》2016年第01期。

第二章　中国青年人才与人才政策发展状况

人才是我国经济社会发展的第一资源。我国第一个中长期人才发展规划《国家中长期人才发展规划纲要（2010—2020年）》指出，人才是指具有一定的专业知识或专门技能，进行创造性劳动并对社会作出贡献的人，是人力资源中能力和素质较高的劳动者。[①]《中华人民共和国国民经济和社会发展第十三个五年规划纲要》指出，要实施人才优先发展战略，把人才作为支撑发展的第一资源，加快推进人才发展体制和政策创新，构建有国际竞争力的人才制度优势，提高人才质量，优化人才结构，加快建设人才强国。[②]党的十九大报告指出："青年兴则国家兴，青年强则国家强""青年一代有理想、有本领、有担当，国家就有前途，民族就有希望""中华民族伟大复兴的中国梦终将在一代代青年的接力奋斗中变为现实"。[③]青年人才是整个社会中最有朝气、最富活力、最具创造性的一支力量。现有研究表明，25岁至45岁的青年人才是创新发展的中坚力量。[④]青年人才的培养，是党和国家事业发展的需要，也是青年成长发展的重要诉求。中共中央《关于深化人才发展体制机制改革的意见》把"促进优秀青年人才脱颖而出"作为重点内容予以阐述。我国第一个

① 《国家中长期人才发展规划纲要（2010—2020年）》，2010年06月06日，见http://www.gov.cn/jrzg/2010-06/06/content_1621777.htm。

② 《中华人民共和国国民经济和社会发展第十三个五年规划纲要》，2016年03月17日，见http://www.xinhuanet.com/politics/2016lh/2016-03/17/c_1118366322.htm。

③ 习近平：《决胜全面建成小康社会 夺取新时代中国特色社会主义伟大胜利》，《人民日报》2017年10月28日。

④ 陶庆华：《铺设青年人才成长之路》，《中国组织人事报》2016年05月09日。

全国性的青年发展规划《中长期青年发展规划（2016—2025年）》为培养青年人才提供了方向和指导。本章以研究目前我国青年人才发展状况为主线，探讨我国六类青年人才队伍建设现状、存在问题及其解决对策。教育、就业、创业是促进青年人才培养的主要途径。受教育是青年最核心的权利，是培养青年人才的基本途径。我国教育政策不断完善，青年人才受教育水平不断提升、文化素质不断提高，多元化教育尤其是在线教育备受青年人才青睐。就业是民生之本，是青年人才实现自我价值和社会价值的重要途径。我国青年就业率呈稳定趋势，“慢就业”现象凸显，“平台型就业”浮现，海归青年就业成为新关注焦点，阶层分化与固化加剧青年就业压力。创业有利于培养青年人才的创业能力和创新精神。我国创业平台日益广阔，青年人才自主创业比例呈上升趋势，创业主要集中在网络新媒体领域，机会型创业突出，创业存活率明显提升。其中，青年人才主要指1980年后出生即“80后”“90后”中能力和素质较高的青年骨干。

一、我国青年人才发展概况

《中长期青年发展规划（2016—2025年）》提出要培育青年人才队伍，并指出要统筹推进党政人才、企业经营管理人才、专业技术人才、高技能人才、农村实用人才、社会工作人才等领域青年人才队伍建设。[①] 这六大领域的青年人才队伍发展要求与《国家中长期人才发展规划纲要（2010—2020年）》提出的统筹推进六类人才队伍建设规划相对应。而人才工程项目是推动我国青年人才队伍建设和发展的重要手段。在《国家中长期人才发展规划纲要（2010—2020年）》《中华人民共和国国民经济和社会发展第十三个五年规划纲要》等人才发展相关规划的指导下，我国相继实施创新人才推进计划、青

① 《中长期青年发展规划（2016—2025年）》,《人民日报》2017年04月14。

年英才开发计划、企业经营管理人才素质提升工程、“千人计划”“万人计划”提升工程、专业技术人才知识更新工程、国家高技能人才振兴计划等人才工程项目，各类青年人才在人才工程项目中表现突出。《中长期青年发展规划（2016—2025年）》专门针对青年发展提出十项重点项目，其中多个项目直接关系到青年人才培养这一系列青年人才工程项目的实施，为青年人才发展提供了广阔的舞台，促进了各领域的青年人才队伍规模不断扩大、结构不断优化，为我国全面建成小康社会提供了强有力的人才支撑。

（一）青年党政人才

青年党政人才主要包括列入公务员法实施范围的在各级党委、人大、政府、政协、司法机关、各民主党派和工商联机关，以及参照公务员法管理的在各级人民团体和群众团体机关中的担任公职，从事党务和行政管理工作的青年。[①] 从干部选拔机制来看，“党管人才”原则在青年党政人才的选拔培养工作中体现尤为突出。《中国共产党章程》规定，党要努力实现干部队伍的革命化、年轻化、知识化、专业化。实现年轻化，即指在干部队伍和领导班子中有老、中、青，形成梯次年龄结构，保证党的事业发展后继有人。《国家中长期人才发展规划纲要（2010—2020年）》针对党政人才队伍建设提出要实施后备干部队伍建设“百千万工程”，注重从基层和生产一线选拔党政人才；党的十九大报告也强调要大力发现储备年轻干部，注重在基层一线和困难艰苦的地方培养锻炼年轻干部，源源不断选拔使用经过实践考验的优秀年轻干部等，这些政策对于培养青年党政人才提供了重要保障。2018年6月29日，中共中央政治局审议通过了《关于适应新时代要求大力发现培养选拔优秀年轻干部的意见》，强调要着眼“两个一百年”奋斗目标，着眼推进国家治理体系和治理能力现代化，着眼党的事业后继有人、兴旺发达，努力建设一支忠实贯彻习近平新时代中国特色社会主义思想、全心全意为人民服务、适应新使

① 吴婷婷：《青年党政领导人才成长路径研究》，安徽大学2014年硕士学位论文。

命新任务新要求、经得起风浪考验，数量充足、充满活力的高素质专业化年轻干部队伍。

目前，我国 45 岁以下的青年人才，占党政人才队伍比例达 62.7%。[①] 有的“80 后”青年已经进入到厅局级等重要领导岗位，而有的“90 后”青年也开始进入到党政领导关键岗位并发挥青年干部先锋模范作用。总体来看，当前青年党政人才主要呈现六个特征：第一，取得公务员身份的途径更加严格化、制度化、规范化。凡进入公务员系统必须经过严格的考试审核，同时，对报考公务员的学历、专业、政治面貌、是否有基层工作经历等都有严格限制。另外，定向选调生、大学生村官等政策的出台为优秀大学毕业生进入公务员队伍提供了路径。第二，大部分青年党政人才是党员。近些年规定报考公务员的要求比较严格，有些岗位明确规定政治身份为“党员”。同时，不少非党员政治身份的青年工作后不久也积极加入了党组织。第三，学历层次高，学历对于职务晋升具有重要影响。青年党政人才基本拥有本科学历，相当一批具有研究生学历，部分拥有博士学历以及海外留学经历。2008 年 12 月 8 日颁布的《新录用公务员任职定级规定》对不同学历任职定级进行了明确规定。同时，在研究中发现，在地方公务员任职中，学历越高，职务升迁发展越快。第四，专业化程度加强，综合管理能力和素质突出。相对以前理工科教育背景占绝对优势，近些年，人文社会科学教育背景的领导干部比例大幅上升；同时，与其高学历相对应，既有当代高等教育专业门类齐全的广泛性特点，又通过在职学习增添公共管理事务等公共性、综合性的学科优势，如经济学、管理学、法学等。[②] 当前，种类齐全的青年党政干部培训班越来越多，为培养青年党政人才的各方面能力和素质发挥了重要作用。第五，社会历练少，自我发展意识突出。“80 后”“90 后”多为一毕业就加入党政干部队伍中，鲜有经过重大社会实践历练。第六，在社会价值多元化背景下成长起来的青年党政人才，具有事业发展动机强烈、功利目标明确、竞争意识凸显、个体形象

① 陶庆华：《铺设青年人才成长之路》，《中国组织人事报》2016 年 05 月 09 日。
② 吴婷婷：《青年党政领导人才成长路径研究》，安徽大学 2014 年硕士学位论文。

鲜明的特征。[①]

（二）青年企业经营管理人才

青年企业经营管理人才是企业生产经营活动的直接领导者和推动生产要素重新组合、创造社会财富的组织者，是企业最重要的创业资源、创新资源和发展资源，也是国家和地区人才资源开发的重点。[②]《企业经营管理人才队伍建设中长期规划（2010—2020 年）》指出，当今世界，以经济和科技实力为基础的综合国力竞争，集中体现为各国大企业之间的竞争；企业之间的竞争，首先体现在企业经营管理人才尤其是企业家能力素质的竞争。这些都为青年企业经营管理人才培养和发展提供了现实基础。当前，我国针对小微企业发展的支持力度大，支持高校毕业生创新创业的扶持政策多，越来越多的大学毕业生进入企业就业或加入创业大潮中，发挥他们的创新创业和经营管理能力，成为新一代的企业经营管理人才。

目前相关研究表明，我国 45 岁以下的中青年人才，占企业经营管理人才比例达 78.6%。[③] 青年企业经营管理人才主要有五种来源：一是继承家族企业的青年，二是通过自主创业成功的青年，三是企业通过政策渠道或者发展需求等引进的海归青年，四是通过在企业中勤奋踏实工作走上管理岗位的青年，五是从党政部门或者事业单位流动到企业担任领导职务的青年。许多青年企业经营管理人才拥有管理学等学位或者学习了 MBA 等管理课程，部分还取得国家职业资格证书或国家专业技术资格证书，具有较强专业技术能力。在市场经济和企业改革的推动下，产生了一批青年企业家，而他们也是青年企业经营管理人才的重要组成部分。中国青年企业家协会是全国性的青年企业家群众组织，1985 年成立，目前拥有团体会员 55 个，各级个人会员 5 万多人。

① 吴婷婷：《青年党政领导人才成长路径研究》，安徽大学 2014 年硕士学位论文。

② 郑赤建等：《中小企业经营管理人才素质与组织绩效的关系研究》，《西部经济管理论坛》2016 年第 03 期。

③ 陶庆华：《铺设青年人才成长之路》，《中国组织人事报》2016 年 05 月 09 日。

中国青年企业家协会与中国青少年研究中心共同完成的相关研究指出，青年企业家具有理性判断经济形势、国家认同意识浓厚、满意企业发展成效、自我评价指数坚挺的思想特点，同时具有教育背景良好、创业动力强劲、竞争素质全面、政治追求鲜明的重要特征。[①] 总体来看，由于我国企业管理制度尚未发展成熟，青年企业经营管理人才整体发展状况还存在人才总量不足、应对国际国内市场经济变化的能力有待提升等问题。

（三）青年专业技术人才

青年专业技术人才指通过学习接受某方面技术知识，表现较为突出的，熟悉相关技术并具有自主创新能力的青年。《专业技术人才队伍建设中长期规划（2010—2020年）》指出，改革开放以来，我国专业技术人才队伍发生了深刻的历史性变化：专业技术人才队伍规模不断壮大，整体素质逐步提高，在科技进步和经济社会发展中的作用显著增强，管理体制机制不断创新，社会地位明显上升，人才成长与发展的环境日益改善。同时，该规划针对青年人才培养还提出：改革完善有突出贡献中青年专家选拔制度，开展有突出贡献中青年专家选拔工作，造就一批具有国内领先、国际前沿水平的中青年创新型专业技术人才；以推动博士后事业发展为抓手，大力加强青年专业技术人才培养。《中国制造2025》指出，要以高层次、急需紧缺专业技术人才和创新型人才为重点，实施专业技术人才知识更新工程和先进制造卓越工程师培养计划，在高等学校建设一批工程创新训练中心，打造高素质专业技术人才队伍。[②] 这些发展规划及其政策为培养专业技术青年人才提供了更多机遇与挑战。

目前，我国青年专业技术人才发展具有以下特点：第一，青年专业技术人才队伍崭露头角、发展迅速。经过多年努力，我国专业技术人才总量已有

---

① 中国青年企业家协会、中国青少年研究中心课题组：《中国青年企业家发展报告——一项以青年企业家协会会员为主体的研究》，《中国青年研究》2013年第07期。

② 《国务院关于印发〈中国制造2025〉的通知》，2015年05月19日，见http://www.gov.cn/zhengce/content/2015-05/19/content_9784.htm。

5550多万人，占我国人才队伍总数的45.6%，高级、中级、初级专业技术人才比例达到11∶36∶53，大专以上学历者占到68.6%，结构不断优化。特别是最近5年来，全国新增专业技术人才860万人，博士后研究人员近6万人，留学回国人员105.57万人，队伍发展的基础不断增强。[①]我国45岁以下的青年人才，占专业技术人才比例达78.9%。[②]同时，青年专业技术人才在国家科技发展等重大领域发挥越来越重要的作用。2012年度的国家自然科学奖、技术发明奖和科技进步奖项目完成人平均年龄为47岁，35岁以下的约占10.8%，36—55岁的约占75.5%，56岁以上的约占13.6%，完成人梯次和年龄结构更加优化；其中，45岁以下的中青年科研人员比例达到44.2%。[③]《中国青年发展现状综述》报告指出，截至2014年年底，全国科技人力资源总量达8114万人，平均年龄33.73岁，青年人才成为国家科研工作的生力军，在航空航天、高速铁路、深海探测、生物科技、高效能计算机等领域的国家重大工程和科研项目中，研究生及青年科研人员发挥了骨干作用，神舟、嫦娥、北斗等科研、工程团队的平均年龄均在35岁以下。第二，青年专业技术人才获得专业资格证书的比例上升。《2015年度人力资源和社会保障事业发展统计公报》指出，2015年全国1160多万人报名参加专业技术人员资格考试，218万人取得资格证书，同时截至2015年年底，全国累计共有1797万人取得各类专业技术人员资格证书。特别是最近5年来，取得专业技术职业资格人员945.15万人。[④]第三，青年专业技术人才获得专业技术培训的机会增多。《2015年度人力资源和社会保障事业发展统计公报》指出，专业技术人才知识更新工程继续推进，全年举办300期高级研修班，培训高层次专业技术人才2.1万

① 本刊记者：《我国专业技术人才队伍5年新增860万人》，《职业技术教育》2014年第30期。

② 陶庆华：《铺设青年人才成长之路》，《中国组织人事报》2016年05月09日。

③ 科技部：《项目完成人年龄结构更加合理，中青年人才成为科技创新的中坚力量》，2013年01月17日，见http://www.most.gov.cn/ztzl/gjkxjsjldh/jldh2012/2012jlgzts/201301/t20130117_99166.htm。

④ 本刊记者：《我国专业技术人才队伍5年新增860万人》，《职业技术教育》2014年第30期。

人次，开展急需紧缺人才培养培训和岗位培训 117 万人次。[①] 这些为青年专业技术人才的培养提供了广阔舞台。第四，专业技术人才队伍建设坚持高端引领，吸引、培养、造就了一大批高水平的创新型青年领军人才。目前，全国共有国家突出贡献中青年专家 5600 多人，引领带动作用不断增强。[②] 我国专业技术人才队伍规模不断扩大，整体实力不断增强；青年专业技术人才投身现代化主战场，成为科技创新的中坚力量之一。第五，青年专业人才普遍具有较强的创新和团队协作精神，但流动性较大。现有研究表明，为了在长期探索性和创造性的工作中取得突破性的成果，专业技术人才一般都具有较强的探索性、创新性和团结协作的行为特征，但因组织认可度、岗位胜任力和自身的个人意愿等因素，专业技术人才又具有较强的流动性。[③]

（四）青年高技能人才

《高技能人才队伍建设中长期规划（2010—2020 年）》指出，高技能人才是指具有较高技艺和技能，能够进行创造性劳动，并对社会作出贡献的人，主要包括技能劳动者中取得高级工、技师和高级技师职业资格的人员。[④] 概括起来，青年高技能人才即指在生产、服务等领域岗位一线的具备精湛专业技能并能够解决生产操作难题的杰出青年。该规划也指出，高技能人才队伍建设的主要成就包括高技能人才规模不断扩大和结构逐步优化，人才成长的政策环境明显改善，人才培养体系逐步完善，人才评价工作得到加强，人才竞

① 人社部：《2015 年度人力资源和社会保障事业发展统计公报》，2016 年 05 月 30 日，见 http://www.mohrss.gov.cn/SYrlzyhshbzb/dongtaixinwen/buneiyaowen/201605/t20160530_240967.html。

② 本刊记者：《我国专业技术人才队伍 5 年新增 860 万人》，《职业技术教育》2014 年第 30 期。

③ 张宁：《新常态视域下专业技术人才继续教育体系构建》，《中国成人教育》2017 年第 11 期。

④ 北京社会管理职业学院、民政部职业技能鉴定指导中心：《高技能人才队伍建设中长期规划（2010—2020 年）》，2011 年 09 月 05 日，见 http://jnjd.mca.gov.cn/article/zyjd/zcwj/201109/20110900179107.shtml。

赛选拔机制逐步健全，人才在经济社会发展中的作用显著加强，对高技能人才的宣传力度不断加大。[①]该规划同时指出，加快转变经济发展方式和调整优化经济结构，对加强高技能人才素质培养提出新要求；经济社会发展对技能人员的需求日益强劲，缓解就业结构性矛盾对提高劳动者技能水平提出了更高要求；人口和劳动力的规模与结构变化对就业形势产生深刻影响，对高技能人才队伍建设提出新要求。

概括来说，我国青年高技能人才队伍建设呈现以下特征：第一，青年高技能人才队伍逐年壮大。近年来，全国各级各类职业技能竞赛活动蓬勃开展，每年有1000多万名企业职工和院校学生参加各级各类竞赛活动。[②]共青团组织高度重视青年技能人才培养。从"五小"活动到"青年文明号"，特别是1994年团中央牵头发起的"青年岗位能手"活动，都为我国培养青年技能人才搭建了平台、作出了贡献。以至今已举办13届的"振兴杯"全国青年职业技能大赛为例，各地团委先后组织了超过2000万人次青工参与，22万青年通过竞赛晋升技术等级，在青年中形成了"技能成才、岗位建功"的良好导向。第二，我国青年高技能人才缺乏严重。据了解，目前全国技师、高级技师仅占技能劳动者的4%，而企业需求是14%，相差10个百分点。[③]《中国劳动力市场技能缺口研究》报告也指出，目前技能劳动者数量占全国就业人员总量的19%左右，高技能人才仅占5%。[④]另外，我国高技能人才占技能劳动者21%，与经济发达国家高技能人才占技能劳动者30%的比例相比，明显偏低，这已成为制约我国经济社会持续发展和阻碍产业升级的"瓶颈"。[⑤]这些都表

① 北京社会管理职业学院、民政部职业技能鉴定指导中心：《高技能人才队伍建设中长期规划（2010—2020年）》，2011年09月05日，见http://jnjd.mca.gov.cn/article/zyjd/cwj/201109/20110900179107.shtml。

② 叶昊鸣：《奏响"新蓝海"时代强音》，《团结报》2017年10月10日。

③ 李小娟、胡跃茜、虞希铅：《论高技能青年人才培养》，《中国青年研究》2016年第05期。

④ 邱晨辉、王月：《中国劳动力市场技能缺口研究》，《中国青年报》2016年11月28日。

⑤ 李小娟、胡跃茜、虞希铅：《论高技能青年人才培养》，《中国青年研究》2016年第05期。

明我国产业需求在逐渐提高和扩大，而青年技能人才培养的速度却无法满足产业发展需求，人才总量不足问题突出。第三，我国青年高技能人才质量不高，还不能适应经济社会发展的需要。一些青年高技能人才掌握的技能与产业需求严重脱钩，或者没有坚持培养自身技能导致技能质量较低无法满足企业改革和发展需求。

（五）青年农村实用人才

青年农村实用人才，指具有一定知识和技能，为农村经济、科技、教育、文化、卫生等各项事业发展提供服务、作出贡献、起到示范和带头作用的青年农村劳动者，包括农村种植养殖能手、加工和捕捞能手、农村经纪人、各类能工巧匠和科技带头人等。《国家中长期人才发展规划纲要（2010—2020年）》中指出：农村实用人才队伍建设的发展目标是“围绕社会主义新农村建设，以提高科技素质、职业技能和经营能力为核心，以农村实用人才带头人和农村生产经营性人才为重点，着力打造服务农村经济社会发展、数量充足的农村实用人才队伍”。[①]《农村实用人才和农业科技人才队伍建设中长期规划（2010—2020年）》指出，据测算，截至2008年底，全国共有农村实用人才820万人，农业科技人才62.6万人；《规划》设定的农村实用人才培养目标为：2015年达到1300万，2020年达到1800万。农村实用人才队伍不断壮大，为我国农业连年增产、农民持续增收和农村经济社会健康发展作出了突出贡献。

2005年，中共中央办公厅、国务院办公厅印发了《关于引导和鼓励高校毕业生面向基层就业的意见》（中办发〔2005〕18号），完善鼓励高校毕业生到西部地区和艰苦边远地区就业的优惠政策，鼓励、支持高校毕业生到基层自主创业和灵活就业等。自该政策实施以来，一批青年人才扎根基层，从基层岗位中脱颖而出，成为农村发展的宝贵人才。2006年，国家人事部颁布的

① 《国家中长期人才发展规划纲要（2010—2020年）》，2010年06月06日，见http://www.gov.cn/jrzg/2010-06/06/content_1621777.htm。

第16号文件《关于组织开展高校毕业生到农村基层从事支教、支农、支医和扶贫工作的通知》为高校毕业生向基层单位落实就业问题提供具体的指导和保障。“三支一扶”政策实施十年以来，我国农村教育、农业、医疗和扶贫工作取得明显成效，从中培养了一大批青年农村实用人才。概括来看，青年农村实用人才具有以下六个特征：一是具有一定的知识或技能，二是具有示范带动作用，三是促进当地经济社会发展，四是获得广大群众认可，五是具有一定的多样性，六是具有一定的创造性。根据有关部门统计数据测算，我国农村实用人才仅占全国农业人口总数的1%左右，盘活农村实用人才存量，加大增量，加大对农村现有人才的教育培训无疑是一个有效的途径。[①]2013年，《中国农村实用人才现状调查——以佛山市为例》指出，现有农村实用人才呈现出以下特点：经营型人才为主，科技型人才偏少；女性人员比例偏低；年龄结构偏大；获得技术（技能）资格的人才比例过低；培训力度不够，继续教育渠道匮乏；激励奖励机制不完善。[②]总体来看，我国青年农村实用人才发展存在以下问题：第一，人才总量不足，地域、行业分布不合理，欠发达地区人才严重不足，适应不了农村发展的需求；第二，整体素质偏低，高层次人才极度匮乏，同时对当地农民的示范带动作用不强；第三，关于农业科研项目少，科研创新和成果转化能力不强；第四，资金等投入不足，农村基础设施落后，条件相对艰苦，工作待遇较差，人才流失严重；第五，对人才培养培训与开发、激励保障机制还不健全。

（六）青年社会工作人才

社会工作专业人才是指具有一定社会工作专业知识和技能，在社会福利、社会救助、慈善事业、社区建设、婚姻家庭、精神卫生、残障康复、教育辅

① 陈文权、闫建：《我国农村实用人才培训路径之探索》，《云南行政学院学报》2009年第03期。

② 李静：《中国农村实用人才现状调查——以佛山市为例》，《科技视界》2013年第26期。

导、就业援助、职工帮扶、犯罪预防、禁毒戒毒、矫治帮教、人口计生、纠纷调解、应急处置等领域直接提供社会服务的专门人员。《社会工作专业人才队伍建设中长期规划（2011—2020年）》指出，大规模开发社会工作服务人才、社会工作管理人才、社会工作教育与研究人才是社会工作专业人才队伍建设的主要任务。该规划为培养社会工作人才提供了方向和指导。

我国社会工作人才发展起步较晚，但近几年发展较为迅速。2008年6月，社会工作者职业资质考试正式开始。当时约13.6万人参加考试，其中只有14.8%的人取得社会工作助理资格，3%的人取得社会工作师职业资格。[①]总体来看，青年社会工作人才队伍主要包括：一是志愿加入社会工作服务的青年，二是在社区社会服务中心工作的青年，三是在NGO组织工作的青年，四是利用闲暇时间加入社会志愿者服务活动的青年。最近10年，我国培养了一支50余万人的社会工作专业人才队伍，发展了4700多家民办社会工作服务机构和450多个社会工作行业组织。[②]我国青年社会工作人才队伍呈现两个特征：第一，社会工作青年人才培养机制渐趋完善。当前，我国各地为适应新时期社会建设的客观需要，培育了一支专业化社会工作人才队伍、社会工作服务机构，逐步探索建立了政府购买社会工作服务机制，社区、社会组织、社会工作者“三社联动”机制和社会工作者、志愿者协作机制，从中培养了一大批社会工作青年人才。第二，社会工作青年人才队伍在越来越多领域发挥重要作用。这些年，我国社会工作逐步从民政领域拓展到社会治理诸多领域，从东部地区、发达地区延伸到中西部和农村地区，发展扩展迅速，为广大群众尤其是特殊人群、困难人群，提供人性化、专业化、个性化服务，逐步构建起了社会保护与关爱支持网络。同时，青年社会工作人才队伍建设也存在一些问题：青年社会工作人才总量小，需求量大；对青年社会工作人才

① 倪莉莉：《我国社会工作人才队伍建设中存在的问题与对策——基于优势视角的分析》，《哈尔滨市委党校学报》2014年第01期。

② 陈俞、雷宇：《我国近十年培养社会工作专业人才50万人》，《中国青年报》2016年08月26日。

的社会认同度不高；青年社会工作人才待遇差、流失快；专业素质不高，培养理论与实践相脱节；社工人才培养的社会参与度低。

二、教育与青年人才培养

教育兴则国兴，教育强则国强。自1999年实行高校扩招政策以来，我国高等教育由精英化转向大众化，高等院校的数量、招生人数、在校生人数、毕业生人数等都有了大幅攀升。同时，伴随着网络在线教育的盛行，我国青年人才受教育方式呈现新的特征。

（一）教育政策不断完善，教育普及度增大

科教兴国是国家的基本发展战略，受教育权是青年发展的核心权利。国家颁布《中华人民共和国教育法》《中华人民共和国义务教育法》《中华人民共和国高等教育法》《中华人民共和国职业教育法》《中华人民共和国民办教育促进法》等一系列和教育相关的法律法规，广泛涉及对青年受教育权益的保护和保障。[①]

在人才强国战略引领下，我国青年教育政策不断完善。20世纪80年代以来，党和政府相继颁布《关于教育体制改革的决定》《中国教育改革和发展纲要》《关于深化教育改革全面推进素质教育的决定》《国务院关于大力发展职业教育的决定》《国家中长期教育改革和发展规划纲要（2010—2020年）》等重要政策指导性文件，推动我国教育事业快速发展。[②]2016年9月19日，教育部颁布《关于进一步推进高中阶段学校考试招生制度改革的指导意见》提出，综合改革试点从2017年之后入学的初中一年级学生开始实施。2017年9月1日，修改后的《中华人民共和国民办教育促进法》正式实施，将民办教

① 共青团中央专项课题组：《中国青年发展状况综述》，《中国青年研究》2017年专刊。
② 共青团中央专项课题组：《中国青年发展状况综述》，《中国青年研究》2017年专刊。

育学校分为营利性和非营利性两类进行分类管理，促进我国民办教育发展。

职业教育为社会培养各类青年人才提供重要保障，当前我国逐步完善现代职业教育体系。2014 年国务院发布了《关于加快发展现代职业教育的决定》，2015 年教育部下发了《关于深化职业教育教学改革全面提高人才培养质量的若干意见》，职业教育政策不断完善。

为促进教育公平，努力缩小区域之间、城乡之间、校际之间教育发展差距，我国出台了《关于加快中西部教育发展的指导意见》《加快中西部教育发展行动计划（2016—2020）》《关于进一步完善城乡义务教育经费保障机制的通知》等政策，推动教育资源配置日益均衡，为全国各地积极培养青年人才奠定基础。近年来，针对人民群众关注的高考政策改革，多地都出台新的措施，使高考更具有促进社会流动和社会公平的功能。

十九大报告指出，要优先发展教育事业，完善职业教育和培训体系，深化产教融合、校企合作；加快一流大学和一流学科建设，实现高等教育内涵式发展；健全学生资助制度，使绝大多数城乡新增劳动力接受高中阶段教育、更多接受高等教育。实施这些举措有利于大力培养高素质的青年人才队伍。

（二）教育发展资金投入大，为人才培养提供物质保障

《中国青年发展状况综述》指出，国家把教育投入作为支撑长远发展的基础性、战略性投资，教育投入多年来持续大幅增长。2000 年国家财政性教育经费为 2562.61 亿元，2015 年增加到 29221.45 亿元；截至 2016 年底，全国累计资助学前教育、义务教育、中职教育、普通高中和普通高校学生共 9126.14 万人次，比 2006 年累计数增长 2.34 倍；累计资助金额 1688.76 亿元，比 2006 年累计数增长 7.14 倍。[①] 当前，教育追求均衡发展，“不让孩子输在起跑线上”是人们共同的目标，国家财政资金努力向教育倾斜、向基础教育倾斜，特别是向革命老区等贫困地区的基础教育倾斜。

① 共青团中央专项课题组：《中国青年发展状况综述》，《中国青年研究》2017 年专刊。

截至2015年10月底，全国已完成5166万平方米校舍建设，购置了282亿元的教育仪器设备，分别占规划数的25%和27%。[①] 近些年，我国高等教育经费投入增长趋势明显。如表2–1所示，2010年普通高等学校校舍总建筑面积（包括学校产权和非产权独立使用）74604万平方米，2015年达89141.38万平方米，这六年的年均增长率为3.62%。2010年教学科研仪器设备总值（包括学校产权和非产权独立使用）为2279亿元，2015年达4058.6亿元，这六年的年均增长率为12.23%。

表2–1　2010—2015年我国普通高等学校校舍建设规模和教育经费投入统计

年份	校舍总建筑面积（万平方米）	教学科研仪器设备（亿元）
2010	74604	2279
2011	78076	2555
2012	81060.42	2935.37
2013	84154.95	3309.58
2014	86310.71	3658.49
2015	89141.38	4058.6
年均增长率	3.62%	12.23%

（三）各类高等教育建设规模逐年扩大，招生人数逐年增加

高等教育硬件基础设施的完善为扩大招生规模奠定了坚实基础。高等教育招生规模的扩大为广大青年提供了大量成才的机会和可能。

第一，普通高等学校数量增加。如表2–2所示，2006年，全国普通高等学校1867所，2015年有2560所（含独立学院275所），这十年的年均增长率为3.57%。

① 人民网：《习近平的教育观：让每个人都有人生出彩机会》，2016年02月20日，见http://edu.people.com.cn/n1/2016/0220/c1006–28136290.html。

表 2-2　2006—2015 年我国高等教育各类数据统计

年份	普通高等学校（所）	各类高等教育总规模（万人）	高等教育毛入学率（%）	普通本专科生招生人数（万人）	研究生招生人数（万人）	博士生招生人数（万人）
2006	1867	2500	22%	546.05	39.79	5.6
2007	1908	2700	23%	565.92	41.86	5.8
2008	2263	2907	23.3%	607.66	44.64	5.98
2009	2305	2979	24.2%	639.49	51.09	6.19
2010	2358	3105	26.5%	661.76	53.82	6.38
2011	2409	3167	26.9%	681.5	56.02	6.56
2012	2442	3325	30%	688.83	58.97	6.84
2013	2491	3460	34.5%	699.83	61.14	7.05
2014	2529	3559	37.5%	721.4	62.13	7.26
2015	2560	3647	40%	737.85	64.51	7.44
年均增长率	3.57%	4.28%	6.87%	3.40%	5.52%	3.21%

第二，高等教育招生人数逐年增长。从“十一五”计划开始到“十二五”计划胜利完成，我国高等教育招生规模在逐年扩大。《2006 年全国教育事业发展统计公报》显示，2006 年全国各类高等教育总规模超过 2500 万人；《2015 年全国教育事业发展统计公报》显示，全国各类高等教育总规模超过 3647 万人，这十年我国各类高等教育总规模的年均增长率为 4.28%。具体来说，其一，高等教育毛入学率提升快。2006 年高等教育毛入学率为 22%，2015 年达到 40%，这十年的毛入学率年均增长率为 6.87%。其二，普通高等教育本专科招生规模逐年扩大。2006 年，普通高等教育本专科共招生 546.05 万人，2015 年普通高等教育本专科共招生 737.85 万人，这十年的年均增长率为 3.40%。其三，研究生和博士生招生规模都逐年扩大。2006 年，全国招收研究生 39.79 万人，其中博士生招生 5.6 万人。2015 年研究生招生 64.51 万人，其中博士生招生 7.44 万人。这十年研究生招生的年均增长率为 5.52%，博士生招生的年均增长率为 3.21%。总体看，研究生招生的年均增长率（5.52%）

比普通本专科生招生的年均增长率（3.4%）要高。

（四）高校毕业生人数增幅明显，青年人才文化素质不断提升

从每年高校毕业生人数变化来看，高等教育规模招生扩大的同时，每年的高校毕业生人数也在增长，2006—2016 年高校毕业生人数增幅明显。2006 年为 413 万人，2007 年为 495 万人，2008 年为 559 万人，2009 年为 611 万人，2010 年为 631 万人，2011 年为 660 万人，2012 年为 680 万人，2013 年为 699 万人，2014 年为 727 万人，2015 年为 749 万人，2016 年为 765 万人，2017 年高校毕业生达 795 万。当前，就业还是考研依然是本科生毕业时面临的重大人生抉择，考研大军日益壮大引发社会广泛关注。

从每年全国人口拥有学历变化来看，2015 年全国具有大学程度（大专及以上）的人口为 1.71 亿人，高中程度（含中专）的人口为 2.1 亿人，分别比 2000 年增加 1.27 亿人和 0.72 亿人，增量中绝大多数是青年；2015 年我国新增劳动力平均受教育年限为 13.3 年，与世界发达国家的差距显著缩小。[①] 我国劳动力受教育文化素质不断提升，促进我国向人才强国迈进。

（五）多元化教育促进青年人才发展，在线教育备受青年青睐

第一，多层次、多样化教育的供给大大促进了青年人才发展。一方面，我国幼儿园、中小学、高中、大学、研究生教育体系已经形成。另一方面，国家大力发展职业教育、民办教育、继续教育，为青年接受教育和再教育提供了更多可能和选择。例如，国家加快发展继续教育、建立健全继续教育体制机制、构建灵活开放的终身教育体系成为国家人才培养战略的重要组成部分。

第二，经济、科技的高速发展为青年提供了更多贴近需要、针对性强的教育产品和教育服务——在线教育。第 40 次《中国互联网络发展状况统计报

① 共青团中央专项课题组：《中国青年发展状况综述》,《中国青年研究》2017 年专刊。

告》指出，截至 2017 年 6 月，中国在线教育用户规模达 1.44 亿，较 2016 年年底增加 662 万人，半年增长率为 4.8%；在线教育用户使用率为 19.2%，较 2016 年年底增加 0.4 个百分点。同时，该报告还声称，人工智能技术驱动在线教育产业升级。人工智能技术在教育领域的落地场景主要包括语言类口语考试和智能阅卷、自适应学习、虚拟学习助手和专家系统，基本覆盖“教、学、考、评、管”全产业链条。[①] 在线教育产品给青年学习带来了便利，也为青年适应现代科技发展提供自主学习平台。

教育决定一个国家和民族的未来，是一个民族最根本的事业。教育是人才培养的基础，受教育水平与个人文化素质高低紧密相连。青年人才的培养关键在于教育，教育规模的扩大和青年受教育水平的提高，是我国青年人才在数量上增长和质量上提高的根本保证。

第一，高等教育的大发展为青年人才培养和发展提供了平台。高等教育设施投入、招生规模扩大为大力培养青年人才提供基本保障。我国高等教育规模扩大速度快，教育对外开放呈现出国留学与学成归国同步扩大的局面，促进我国高等教育从精英化发展到今天的大众化，造就了规模庞大的青年人才队伍。同时，教育也是青年获得终身学习和终身发展的动力、热情和必备的基础，为青年自身多样化的发展提供了可能和条件。

第二，教育使青年建立完整的知识体系和树立正确的人生观。青年所学的各类知识尤其是大学专业知识，促进他们建构起自身的完整的知识结构和体系，培养和提升了他们的专业素养。同时，多元化的教育促进青年形成独立健全的人格和良好的品质。在北京大学，习近平总书记在谈人生观价值观的培养时对青年大学生们说：“这就像穿衣服扣扣子一样，如果第一粒扣子扣错了，剩余的扣子都会扣错。人生的扣子从一开始就要扣好。”日益完备的学校教育、家庭教育、社会教育促进当代青年形成正确的人生观、价值观、世界观。

---

① 中国互联网络信息中心：《第 40 次中国互联网络发展状况统计报告》，2017 年 08 月 04 日，见 http://www.cac.gov.cn/2017-08/04/c_1121427728.htm。

第三，教育是培养青年人才适应时代和社会发展的基石。教育帮助青年在学习过程中练就过硬本领，提升自身素质与能力以适应时代发展和事业需要，同时使青年学会更好地融入群体与社会中，学会清醒而客观地认识自身的优缺点。教育是不断提高人的生命质量的重要途径，良好的教育促进青年在未来社会生活中更加文明、更加科学、更加幸福。

三、就业与青年人才培养

就业是民生之本。当前，我国青年待就业人数众多，高校毕业生人数规模庞大。但在就业政策的大力投入与实施中，我国青年就业水平不断提高，在新兴行业就业的青年逐渐增多。

（一）就业政策日益完善，为促进青年充分就业提供支持

平等就业和选择职业的权利是我国劳动者享有的基本权利。党和国家历来高度重视青年就业创业，把促进充分就业作为经济社会发展的优先目标，出台了《大力推进大众创业万众创新若干政策措施的意见》《进一步做好新形势下就业创业工作的意见》《支持农民工等人员返乡创业的意见》等文件，统筹推进高校毕业生、新生代农民工、未升学初高中毕业生等重点群体就业创业。①

针对青年就业，《中长期青年发展规划（2016—2025年）》提出的发展目标是：青年就业比较充分，高校毕业生就业保持在较高水平；青年就业权利保障更加完善，青年的薪资待遇、劳动保护、社会保险等合法权益得到充分保护。保障青年就业是我国就业工作的重中之重。十九大报告指出，就业是最大的民生，要坚持就业优先战略和积极就业政策，实现更高质量和更充分

① 共青团中央专项课题组：《中国青年发展状况综述》，《中国青年研究》2017年专刊。

就业；大规模开展职业技能培训，注重解决结构性就业矛盾，鼓励创业带动就业；提供全方位公共就业服务，促进高校毕业生等青年群体、农民工多渠道就业创业。

（二）就业率呈稳定趋势，就业地域偏向沿海地区和大城市

第一，青年就业率呈稳定趋势，从事职业与所学专业相关度高。《2017年中国大学生就业报告》指出，2014届大学生毕业半年后的全国总体就业率为92.1%，本科就业率为92.6%，高职高专为91.5%；2015届大学毕业生全国总体就业率为91.7%，本科生为92.2%，高职高专为91.2%；2016届大学毕业生全国总体就业率为91.6%，本科为91.8%，高职高专为91.5%。虽然当前经济下行压力大、发展速度减缓，但由于国家、学校、家庭、社会的高度重视和推动，青年学生就业率继续保持稳定。数据表明，2016届大学毕业生的工作与专业相关度为66%，与2015届的调查数据持平。可见，大部分毕业生毕业后从事工作与所学专业相关。[①]

第二，从大学生就业地域来看，"北上广"趋平稳，新一线城市受青睐。根据多项调查分析，总体上我国大学本科毕业生流向区域主要集中在东部经济发达地区，东北和中部区域流入比较少，西部区域更少。据国内最大的招聘平台对于2017年上半年就业市场的分析结果显示，一线城市仍保持着较高的用人需求，新一线城市或原来指称的二线城市则增长迅速，武汉、杭州、成都、南京、苏州和西安等城市同比增幅超过30%。[②]沿海地区和大城市经济发展快，有着较为优渥的生产生活配套设施，生产体系较为完善，是吸引大学生就业的理想之地。

---

① 中国就业网：《〈2017年中国大学生就业报告〉出炉》，2017年06月23日，见http://www.chinajob.gov.cn/EmploymentServices/content/2017-06/23/content_1332824.htm。

② 腾讯教育网：《史上最难就业季 八成大学生创业选择新媒体》,2016年07月16日，见http://edu.qq.com/a/20160716/008045.htm。

（三）“慢就业”现象凸显，“平台型就业”浮现，新型劳动关系出现

第一，青年就业观念有了很大变化，“慢就业”现象凸显。此外，通过对比2010—2014届大学毕业生就业人群分布比例，第三方调查机构麦可思研究院发现，2010年至2014年，毕业半年后仍未就业的大学生比例逐渐增长，“慢就业”现象开始凸显。[①]据新华社报道，2016年7月，腾讯发布的一份毕业季大数据报告显示，52%的“95后”选择找一份稳定工作，但剩下48%的人选择回避就业。[②]在深化供给侧结构性改革和产业结构调整背景下，国有企业、事业单位、私人企业等大幅度进行改革，驱动了青年就业取向的变化，不再满足于“朝九晚五”的工作，端国企“铁饭碗”或者当外企白领已经不再是青年就业的首选，而是选择更加多元化的就业方式。据2016年6月12日麦可思研究院发布的《2016年中国大学生就业报告》指出，大学毕业生就业重心发生变化，民企、中小微企业、地级市及以下地区等成为主要就业去向，中小微企业雇用了超过一半的大学毕业生。[③]

第二，青年人才在新兴行业就业占优势，“平台型就业”浮现。网络技术的发展诞生了新的行业，青年成为这些行业就业的重要主体。党的十八届五中全会对拓展互联网经济空间作出了重要论述，强调实施国家大数据战略。大数据技术已经渗透到各行业发展和人们的日常生活中，越来越多企业需要大数据人才，大数据青年人才已经成为企业争抢的“香饽饽”。2015年8月，《互联网时代的就业重构：互联网对中国社会就业影响的三大趋势》认为，“平

① 中国网：《2017年又将迎来一个“史上最难就业季”慢就业悄然兴起》，2017年02月21日，见http://edu.qlwb.com.cn/0221/863632.shtml。

② 中国青年网：《毕业生“慢就业”现象凸显 国外青年就业观念有何不同》，2017年02月20日，见http://news.youth.cn/jsxw/201702/t20170220_9143637.htm。

③ 中国教育在线网：《就业蓝皮书：报告显示多数毕业生愿去小微企业》，2016年06月12日，见http://career.eol.cn/news/201606/t20160612_1412236.shtml。

台型就业”浮现成为一大趋势。[①]中国人民大学人事学院课题组发布的《阿里巴巴电商平台就业吸纳与带动能力研究（2017年度）》报告指出，2017年阿里零售生态创造就业机会总量达3681万，其中平台产生了1405个交易型就业机会。[②]电商平台就业模式的一边是海量的终端用户，另一边是依托平台衍生的各种产品和服务提供商。平台型就业最显著的特点是以一种“生态系统”的模式发展，其就业机会以青年人为主体。据统计数据显示，互联网行业从业人员的平均年龄为28.3岁，平均工作年限为2.5年，学历背景以本科为主。[③]

第三，共享经济发展导致新型劳动关系出现。当前我国已经进入共享经济时代，共享经济与服务业相结合，产生一种新的就业模式，即“自由人—共享平台—消费者”模式，实现“从劳动者的模块化组合到自由人的平台化联合”的转变。[④]在“互联网+”的新型劳动关系下，出现了不少非传统劳动关系的工作种类，如网约车公司的专车司机、外卖平台的外卖员、网上预约上门的私人厨师等诸如此类的新型劳动工作内容，成了越来越多青年的就业新选择。[⑤]

（四）我国重视海外青年来华就业，海归青年就业成为新关注焦点

青年海归人才是我国青年人才的重要组成部分。2015年5月，习近平总书记在中央统战工作会议上指出，留学人员是人才队伍的重要组成部分，也是统战工作新的着力点。2016年3月，中共中央印发的《关于深化人才发展体制机制改革的意见》提出要拓宽国际视野，吸引国外优秀青年人才来华从

① 波士顿咨询公司:《互联网时代的就业重构：互联网对中国社会就业影响的三大趋势》，行业报告数据库，2015年08月，第5页。

② 中国人民大学劳动人事学院课题组:《阿里巴巴零售电商平台就业吸纳与带动能力研究报告（2017年度）》，行业报告数据库，2018年03月，第1页。

③ 李紫宸:《互联网+时代：“抢人大战”已经开启》,《商学院》2015年第10期。

④ 廉思:《大变革时代中国青年的发展趋势》,《中国青年报》2017年05月08日。

⑤ 中国宏观经济研究院课题组:《我国劳动就业新趋势新特征》,《经济日报》2016年12月15日。

事博士后研究。《中长期青年发展规划（2016—2025年）》提出要坚持自主培养开发与海外引进并举，用好国内优秀人才，吸引海外高层次青年人才和急需紧缺青年专门人才。

《中国留学回国就业蓝皮书2015》显示，改革开放以来，我国出国留学人数稳步增长，到2015年年底，我国累计出国留学人数已经达到404.21万人，年均增长率为19.06%；回国人数也不断增加，从1978年的248人，增加到2015年的40.91万人，累计回国人数达到221.86万人，年均增长率为22.46%。[①]2016年，《"85后"海归成为人才生力军》一文指出，海归群体也日趋年轻化。这些青年海归精英一直在用自己的努力和行动来证明他们也是中华民族伟大复兴进程中的参与者和贡献者。跟国内青年人才就业相比，海归青年就业主要集中在民营企业和外资企业；就业产业分布较广，金融业居首。

（五）青年就业结构性矛盾比较突出，阶层分化与固化加剧青年就业压力

第一，青年就业结构性矛盾比较突出。当前，我国大学生就业困难主要是结构性矛盾比较突出，即青年人才供给与劳动力市场对青年人才的需求存在结构性矛盾。[②]一方面，是由于现行高校毕业生的就业制度、户籍制度、干部人事制度与市场就业机制还不完全适应；另一方面，是青年所学专业知识与市场需求不匹配。比如，我国在产业结构升级过程中，需要大量具有实际操作技能的人才，但实际上我国培养的高技能青年人才严重不足。

第二，青年阶层分化与固化加剧就业压力。《中国青年发展报告（2014）No.2：流动时代下的安居》报告指出，随着一线城市房价节节攀升，"房子已

---

① 教育部：《〈中国留学回国就业蓝皮书2015〉情况介绍》，2016年03月25日，见 http://www.moe.edu.cn/jyb_xwfb/xw_fbh/moe_2069/xwfbh_2016n/xwfb_160325_01/160325_sfcl01/201603/t20160325_235214.html。

② 屈小博：《客观分析青年就业困难》，《中国青年报》2014年01月20日。

经代替职业，成为社会分层新标准”的观点已在青年群体中悄然流行，部分青年甚至认为“当前社会可以被简单划分为两个主要的阶层：有房阶层和无房阶层”。这表明社会资源分布的失衡使“90后”青年阶层分化、阶层固化趋势明显，通过自我奋斗获得成功的空间被严重挤压。为在就业竞争中占得先机，一些“90后”竞相加入“整形大军”，他们想用“隆起的鼻子”在工作竞争中占得先机，提升就业前景和竞争力。①

就业是保障民生的关键，是青年最普遍、最迫切的需求，就业能力的高低是衡量青年人才能力大小的重要指标。

第一，国家就业政策的完善促进了青年充分就业。就业使劳动力与生产资料相结合，创造社会和人们所需的物质财富和精神财富，促进社会再生产。青年渴望通过就业发挥自身所学知识。我们要努力促进青年就业，合理开发青年人才资源，使青年人才各尽所能，保障我国各项事业发展后继有人。

第二，就业是保障青年基本生活的重要支撑。国际劳工组织的《全球就业议程》明确指出，“工作是人们生活的核心。”拥有一份职业、一份工作，是青年平等地进入、融入社会大环境的必要条件，是青年获取经济财富的重要源泉。青年通过就业获得报酬，从而获得基本生活来源，使他们能够不断进行再生产和创造。因此，就业是帮助青年人改善生活条件、实现安居乐业的基本途径，也是解决青年人才的生存权和发展权的关键所在。

第三，就业有利于实现青年人才的自我价值和社会价值，丰富精神生活，提高精神境界，从而促进青年人才的全面发展。青年人才找到适合自己的工作岗位，在工作岗位上尽责尽职，不仅可以得到知识和技能的充实和提高，而且可以充分发挥聪明才智、服务社会、报效祖国，实现自己的人生价值。

① 中国共产党新闻网：《价值多元时代的当代青年群体特征》，2015年12月02日，见http://theory.people.com.cn/n/2015/1202/c40531-27880970.html。

四、创业与青年人才培养

创新创业时代的到来，给青年带来新的就业机会，提供了新的发展空间。青年是创新创业的主力军，一批批青年创业人才竞相涌现，成为“大众创业，万众创新”伟大实践的生动注脚。

（一）国家创业政策为青年创业提供重要支撑

近些年，《关于深化高等学校创新创业教育改革的实施意见》《关于做好全国普通高等学校毕业生就业创业工作的通知》《“全国青年创业示范园区”管理办法》《关于加强共青团促进青年创业就业服务体系建设的实施意见》《关于高校共青团积极促进大学生创业工作的实施意见》《关于大力推进大众创业万众创新若干政策措施的意见》（国发〔2015〕32 号）《关于实施大学生创业引领计划的通知》等相关创业政策相继出台，表明我国对青年创业支持力度不断加大。

十九大报告指出，要激发和保护企业家精神，鼓励更多社会主体投身创新创业。要加快建设创新型国家，培养造就一大批具有国际水平的战略科技人才、科技领军人才、青年科技人才和高水平创新团队。青年创业正当时，创业是培养青年人才的重要途径。

（二）“创业式就业”热潮快速发展，创业平台日益广阔

第一，“创业式就业”热潮在中国快速发展。当前，国家加大了青年创业金融服务，设立了中国青年创新创业板，搭建起青年创业企业专属低门槛资本市场，提供挂牌展示融资、孵化培育、信用评级等综合金融服务，落实结构性减税和普遍性降费等措施为青年创业提供重要支撑。同时，随着互联网技术的发展和普及，网络创业门槛大大降低，极大地激发了青年网络创业的

热情和信心，越来越多的青年选择创业。

第二，青年创业实践的舞台日益广阔，为青年创业大展身手提供了更广阔的空间。国家鼓励建立青年创业导师队伍，开发和完善青年创新创业“慕课”体系，为广大创业青年提供优质的创业课程，打造线上“创青春”中国青年创新创业云平台，开展中国青年创新创业人才训练营、大学生创业实训营、中国青年电商精英训练营等活动，实施农村青年创业致富“领头雁”培养计划等措施，为青年创业提供良好的平台。

（三）大学生自主创业比例呈上升趋势，增长率高于同龄其他人群

第一，大学生自主创业比例呈上升趋势。《2016 大学生就业报告》指出，2015 届大学本专科毕业生自主创业平均比例为 3.0%，其中高职高专毕业生自主创业比例（3.9%）高于本科毕业生（2.1%）；该报告根据国家统计局《2015 年国民经济和社会发展统计公报》发布的普通本专科毕业生人数 680.9 万估算，2015 届大学毕业生中约有 20.4 万人选择了创业。[①] 自主创业而非择业成为一些大学生就业的首选方式。

第二，大学生创业者增长率高于同龄其他人群。2014 年在各级工商部门新登记注册的 16 岁至 30 岁创业者为 301 万人，比 2013 年增加 40.2 万人，增长 15.4%。其中，大学生创业者 47.8 万人，比 2013 年增加 11.9 万人，增长 33.3%。2014 年大学生创业者占青年创业者群体的比例为 15.9%，比 2013 年上升 2.2 个百分点。[②] 大学生创业成为大学校园一个热点话题。

---

① 腾讯网：《大学生就业报告：国企和外企已不再是首选》,2016 年 06 月 13 日，见 http://career.eol.cn/news/201606/t20160613_1412394_1.shtml。

② 佘颖：《高校毕业生创办企业数量呈井喷式增长——凝聚逐梦的力量》,《经济日报》2015 年 11 月 30 日。

（四）创业动机以成就事业、创造财富为主，机会型创业突出，创业存活率明显提升

第一，创业者的创业动机比较主动，机会型创业突出。《中国青年创业现状报告》指出，青年创业者创业动机比较主动，其中成就事业、增加收入、发现机会的创业动机占比较高，而由于就业困难（18.8%）被动创业的占比较低，受政策鼓励开始创业的占 20.9%，说明鼓励创业的政策效应已经在一定程度上显现。[①]

第二，创业存活率明显提升，但同时缺乏资金是青年人创业面临的主要困难。就创业存活率来看，对青年创业者的跟踪调查表明，一年后项目存活率约为 65.8%。[②]然而，就创业风险来看，以 2015 届本科毕业生自主创业为例，其主要风险因素为缺少资金（28%），其后是市场推广困难（26%）、缺乏企业管理经验（24%）。2015 届高职高专毕业生自主创业的主要风险因素也是缺少资金（29%），其后是缺乏企业管理经验（25%）、市场推广困难（21%）等。[③]

（五）创业主要集中在网络新媒体领域，同质化创业问题突出

第一，大学生创业八成选择新媒体。2016 年，国内某高校发布《国际传媒创新创业白皮书》显示，网络新媒体是目前大学生选择创业领域的首要目标，占 81.2%，遥遥领先于广播电视、平面媒体及其他领域。[④]掌握新媒体技术和懂得新媒体运营策略的大学生更有可能在网络创业中取得成功。

---

① 中国新闻网：《中国青年创业现状报告》，2016 年 04 月 13 日，见 http://www.ce.cn/culture/gd/201604/13/t20160413_10418022.shtml。

② 人民网：《青年创业项目一年后存活率 65.8%》，2016 年 12 月 20 日，见 http://cq.people.com.cn/n2/2016/1220/c365405-29486092.html。

③ 就业频道：《就业蓝皮书：大学生自主创业存活率明显提升收入有优势》，2016 年 08 月 12 日，见 http://career.eol.cn/chuangye/201606/t20160612_1412218_1.shtml。

④ 腾讯教育网：《史上最难就业季 八成大学生创业选择新媒体》，2016 年 07 月 16 日，见 http://edu.qq.com/a/20160716/008045.htm。

第二，青年同质化创业问题突出。《中国青年创业现状报告》指出，青年创业者的创业项目遍布了所有行业，其中最多的是批发零售业（34.5%），其次为信息传输、计算机服务和软件业（13.7%），居民服务和其他服务业（9.5%）以及住宿餐饮业（8.6%）的比重也较大。[①] 青年创业的领域比较集中，如青年学生群体倾向于电商、计算机技术支持等方面，而青年农民更愿意从事自己较为熟悉的种养殖业，同质化的创业可以形成一定的规模效应，同时也难免会带来过度竞争。[②] 因而，如何避免同质化创业是青年在进行创业时必须加以思考的问题。

创新创业是新时代下青年发展与成才的重要途径。越来越多的青年加入创业队伍中，培养了一批富有创新精神的青年人才和青年企业家。

第一，日益完善的青年创业政策为青年发展提供了支持和帮助。在创业政策的扶持下，受政策鼓励开始创业的青年人越来越多。2016 年 4 月发布的《中国青年创业现状报告》指出，受政策鼓励开始创业的占 21%，主动型创业占多数，政策鼓励效应明显。在创新创业时代大背景下，日益完善的创新创业政策为青年人才创新提供了支撑，也培养了越来越多的青年创业者。

第二，创业有利于培养青年人才的创业能力和创新精神。相关研究指出，创业能力是一个人在创业实践活动中的自我生存、自我发展的能力，一个创业能力很强的青年不但不会增加社会的就业压力，相反还能通过自主创业活动来增加就业岗位，以缓解社会的就业压力。在创业过程中，创业者面临着资金短缺、技术缺乏等各种问题，挫折甚至失败都在所难免，这就要求青年人才勇于开拓、迎难而上、自立自强，从中锻炼意志，培养他们的风险意识、创新精神和艰苦奋斗的作风。

第三，创业为青年人才发展提供重要平台，有利于青年人才谋求生存与自我价值实现。青年人才通过自主创业，可以把自己的兴趣爱好与职业发展

① 人社部联合宜信：《中国青年创业现状报告》，2016 年 04 月 15 日，见 http://www.lm.gov.cn/NewsCenter/content/2016-04/15/content_1167988.htm。

② 桂杰：《四成青年创业项目盈利》，《中国青年报》2016 年 04 月 13 日。

紧密联系起来，做自己最喜欢、最愿意做和自己认为最有价值的事情。当前，产业结构调整和新技术革命带来大量创业机会，一个鼓励创业、保护创业、崇拜创业的大环境正在逐步形成，青年人才创业浪潮正在袭来。时代呼唤越来越多的青年人才通过自主创业实现自身梦想，为社会创造更多价值，为中华民族伟大复兴的中国梦作出自己的贡献。

五、我国青年人才队伍建设存在的突出问题

自人才强国战略实施以来，我国各领域青年人才队伍发展取得显著成就。然而，目前我国对于青年人才的具体数据统计不清晰，对各类青年人才的学术研究也有待加强。总体上看，我国青年人才队伍建设在培养政策、人才结构、培训开发、人才使用等方面还面临一系列挑战。

（一）政策问题：政策比较分散，执行力度有待加强

相关研究表明，当前中国高层次人才政策存在政策“弱法律化”“激励官本位化”“项目碎片化”“弱企业化”“重引进轻自主培养化”等显著特征。[①] 我国青年发展规划制订得比较晚，还没有形成完整的青年人才培养政策体系。虽然《国家中长期人才发展规划纲要（2010—2020 年）》对六类人才队伍都做了说明，《中长期青年发展规划（2016—2025 年）》提出要大力发展这六类青年人才队伍，但还没有针对这六类青年人才队伍发展的具体规划做出详细规定。而且，青年人才政策分散于教育、就业等各政策中，政策的整合性有待加强。

青年的人才培养的政策执行力度有待加强。一些偏远落后地区受当地条件限制，政策的执行力弱。例如，有些地区受工作力量和工作经费所限，地

① 宁甜甜、张再生：《基于政策工具视角的我国人才政策分析》，《中国行政管理》2014 年第 04 期。

方共青团等相关组织没有充分发挥培养和挖掘优秀青年人才的作用。此外，一些地方的青年人才发展政策在执行过程中虎头蛇尾，更没有对政策进行评估和及时改进。

（二）结构问题：区域分布不均衡，行业分布与需求不匹配

在青年人才队伍建设方面，结构不合理问题尤为突出，主要表现在以下几方面：第一，人才队伍大而不强。我国在六大领域的青年人才队伍扩大速度快，但是人才质量提升慢，综合素质高、综合能力强的青年人才欠缺。第二，区域分布不均衡问题也十分明显。当前，我国区域经济发展不均衡问题突出，沿海地区和大城市经济发展聚集效应强烈。沿海地区人才资源的优化配置、经济结构优化升级加快青年人才流向沿海地区和大城市。偏远农村地区受到经济社会发展政策限制，难以引进和留住青年人才。第三，行业分布与需求不相匹配。一方面，有些行业和工作岗位过剩、饱和，例如，一些青年挤破脑袋想进入党政队伍、金融行业等领域。另一方面，一些行业由于受发展要求和条件限制导致人才匮乏。领军和拔尖青年人才达不到经济社会发展的需要，同时高端青年人才极度短缺等状况仍未得到根本性改善。而条件艰苦的偏远地区的用人单位紧缺青年人才但却无人问津。青年农村实用人才严重缺乏，如何让青年人才愿意在农村广阔天地发挥本领是急需解决的现实问题。

（三）培训开发问题：职业发展规划缺乏，培训方式有待改善

青年人才开发中存在的问题，主要集中在三个方面。第一，一些用人单位岗位设置不合理，没有根据青年专长合理安排岗位和职责。每个青年的才干不尽相同，蕴含待开发的价值差异大，有的擅长做技术操作，有的善于组织协调管理，有的热爱钻研等，因此合理安排青年人才工作岗位事关青年才干的发展与发挥。第二，一些用人单位和青年人才自身缺乏长远的职业发展规划意识，导致出现只顾眼前利益忽视长期发展的现象。对于青年员工离职

的众多调查显示，员工之所以选择跳槽，个人职业需要未能被满足是主因。[①] 职业发展受限，职业稳定性差，如何对青年员工进行有效的职业生涯管理已成为用人单位面临的不可回避的问题。第三，青年人才培训方式与青年发展需求脱节。"90后"青年是个性鲜明、价值观多元的一代，而在一些用人单位开展的笼统性培训不符合青年自身发展需求，致使培训见效不大。《青年人才现状与培养模式调研报告》显示，97%的企业仍采用传统的知识技能方式培训，只有约60%的企业采取导师制、定期交流等人性化沟通培养方式。当前，众多用人单位没有充分利用现代科学技术改善人才培训方式。比如，对青年农村实用人才重要性认识不充分，相关培训严重不足。

（四）人才使用问题：扎堆"短、平、快"，"重引进、轻使用"现象突出

青年人才使用方面的问题突出地表现在两个方面。第一，在急功近利的社会风气影响下，一些青年人才扎堆"短、平、快"项目问题突出。近些年来，一些"80后""90后"中的"学霸"教授吸引了公众的眼球，但在他们光鲜形象背后，则是扎堆"短、平、快"项目的问题。因为应用性项目见效快，而基础研究需要长时间的积累才能有所突破，这就会导致注重应用研究轻基础研究的倾向，不利于科研事业的可持续发展。[②] 同样，在党政人才中，"最年轻市长""最年轻的女镇长"等引起了人们高度关注，同时也让一些党政青年人才在争取当"大官"中迷失了方向。第二，用人单位晋升选拔机制不完善，"重引进、轻使用"现象突出，损害了青年发展利益。青年在选择职业和单位时，注重晋升发展空间等，但一些用人单位存在严重的论资排辈现象，对有才之人压榨其才华，而非尽量保护其发展，损害了青年发展积极性。甚至还有一些用人单位花高价钱把青年人才引进来"装门面"，却不提供施展才华的平台，忽视青年人才的创新创造能力发挥，造成人才资源浪费。

---

① 雷茗：《职业生涯中的发展问题与对策探索》，《产业与科技论坛》2016年第11期。

② 张春海：《青年人才培养要着眼长远》，《中国社会科学报》2016年02月22日。

六、促进青年人才发展的对策

习近平总书记提出，“要择天下英才而用之”“要在全社会大兴识才、爱才、敬才、用才之风”。[①]根据现实发展需要和人力资源发展理论，可以从加强政策引领、优化人才结构、促进人才开发、完善用人机制这些方面来推动青年人才发展，建立一支规模宏大、厚积薄发的青年人才大军。

（一）加强政策引领：整合培养政策，抓好政策落地

人力资源发展战略是青年发展的重要引领。我国各地区政府部门要统筹人力资源发展规划，制定相应的青年人才人力资源发展战略，完善各地区、各行业中的青年教育、就业、创业等政策。第一，在整合青年人才培养政策中提高青年政策精准性。2012 年 8 月 17 日，经党中央、国务院领导批准，由中组部、人社部等 11 个部门和单位联合印发的《国家高层次人才特殊支持计划》政策提出统筹国家重大人才工程，整合各类人才培养支持计划，突出高端人才，集成政策资源，加大支持力度。各地区可以收集并分类整理当地的青年人才政策，保障青年人才政策的规范性、连贯性。同时，应按照《中长期青年发展规划（2016—2025 年）》的要求，坚持加大教育、科技和其他各类人才工程项目对青年人才培养支持力度，在国家重大人才工程项目中设立青年专项。第二，建立健全青年人才普惠性政策支持，保障青年政策实施。在创新创业、互联网科技发展、团体协会组织等平台加强对青年就业引领，完善对青年人才住房、医疗等基本生活保障的需求服务，营造良好的人才政策环境助力青年人才发展。同时，不能让现有的青年人才政策束之高阁，而是要让政策落地落实，抓好青年政策落地的“最后一公里”，服务各领域青年人

---

① 中国共产党新闻网：《习近平的人才观：择天下英才而用之》，2014 年 06 月 20 日，见 http://theory.people.com.cn/n/2014/0620/c40555-25175679.html。

才队伍建设。2018 年以来各主要城市间发起的“抢人大战”，促使不少青年人才政策落地，比如住房补贴、创业补贴的落实，成为促进青年发展的实实在在的政策红利，也是城市吸引青年人才的法宝。

（二）完善青年人才结构：突出需求导向，大力培养紧缺人才

合理的人才结构是大力发展青年人才队伍和青年人才充分发挥才干的重要支撑。第一，要突出青年人才发展需求导向，以高层次青年人才为培养发展目标。2017 年 12 月，中央经济工作会议明确提出我国经济已由高速增长阶段转向高质量发展阶段。中国经济进入新时代，从“中国制造”到“中国创造”。青年人才是我国经济建设的主力军，高质量经济发展同样需要高层次青年人才，因而要坚持以高层次青年人才为培养导向，努力宣传和打造“高精尖缺”人才建设计划，推动我国青年人才向高层次人才发展。第二，要着力培养急需的各类青年人才。要实现“让人才事业兴旺起来”，就需要以习近平人才思想为指导，努力针对各类青年人才加强培养。[①] 一方面，用人单位要在吸引青年人才上下功夫。鼓励和支持青年人才参与战略前沿领域研究，着力培养一批青年科技创新领军人才；加大对偏远农村地区对青年人才的宣传力度，建设农村、高校、城市三位一体的人才培养方式，创造更有利于青年人才的激励机制，培养更多农村实用青年人才。另一方面，建立青年人才智库和各类后备青年人才信息库，不断完善后备青年人才的管理办法，保持一支数量充足、结构合理、有能力的青年人才队伍，以备不时之需。

（三）促进青年人才开发：把握人才成长路径，尊重青年成才规律

20 世纪 60 年代，美国经济学家舒尔茨和贝克尔创立人力资本理论，开辟了关于人类生产能力的崭新思路。对于企业而言，加大对企业人力资本的投入，加大对企业青年员工、青年人才的培养投入不但可以帮助企业获得更

① 蒲冠州、马志霞：《略论习近平青年人才思想及指导意义》，《思想理论教育导刊》2016 年第 12 期。

好的回报，也可以为企业储备更多的人才。[①]

第一，把握青年人才成长路径，为青年人才量身打造，提高其职业胜任能力。根据行业专项青年人才指标逐步细化用人单位对青年人才的评估标准，逐步推行青年人才评估制度。同时，用人单位可以通过对员工的实际能力与胜任力模型的要求进行比较，发现每一个个体的能力优势和弱项，帮助他们制定适合合理的职业发展规划，然后有针对性地进行培训。第二，尊重青年成才发展规律，在实践培训中提高青年人才的综合能力与素质。美国管理学家汤姆·W·戈特提出的成人学习原理，指出人的各种能力最终是在社会实践活动中形成的；成人是通过干中学来提高能力的，运用实例进行培养的效果比较好；成人学习以问题为中心，成人学习活动的发生，通常是为了解决问题而参与学习的，所以成人学习内容应以问题中心的架构作为设计或编撰的基础。[②] 因此，其一，可以建立“传帮带”培养机制，实施导师化培训方式。充分利用用人单位的老员工“传帮带”新员工，形成导师制或师徒制培训方式，让更多青年人才掌握工作核心要领，更准确、有效提高工作能力。其二，在创新活动中培育青年人才，形成“项目化”培训方式。在创新活动中培育人才，拓宽成长通道。习近平总书记指出：“我国要在科技创新方面走在世界前列，必须在创新实践中发现人才、在创新活动中培育人才、在创新事业中凝聚人才。”要为青年人才的成长提供“孵化器”和“双创示范基地”，打造专业青年创新团队，实施青年人才“项目化”管理，为青年人才发展最大限度铺平成长之路。其三，青年一代使用互联网频繁，可以充分利用打破时空限制的网络培训方式，打造“线上线下”相结合的培训方式。

（四）健全选人用人机制：坚持“以用为本”，完善人才选拔机制

人才选拔任用机制是促进青年人才发展的重要手段。《中长期青年发展规划（2016—2025年）》提出，要改革完善青年人才管理体制，创新青年人才培

① 朱云霞：《HL公司青年人才培养策略研究》，云南财经大学2015年硕士学位论文。
② 李超等：《青年科技人才培养模式研究》，《当代经济》2014年第13期。

养开发、评价发现、选拔任用、流动配置、激励保障机制，善于发现、重点支持、放手使用优秀青年人才。“以用为本”是青年人才培养选拔最有效的方法，是青年人才在实践中成长锻炼的基本途径。习近平总书记要求，“要不拘一格、慧眼识才，放手使用优秀青年人才”。要坚持在实践中培养青年人才，不断改进国家重大工程项目、科技项目的用人办法，让更多青年人才参与到国家重大计划中来，通过压担子，在更高的舞台上实现人生价值。同时，也要全面深化青年人才成长的体制机制改革，坚持德才兼备的原则选拔人才。要大力破除论资排辈、求全责备等陈旧观念，坚持德才兼备的原则，注重青年的道德品质、专业技能等，促进青年人才在公平公正的环境中健康发展。

第三章　我国青年健康政策的演进及执行路径

新中国成立以来，特别是改革开放以来，社会经济水平迅速提高，人民生活条件大幅改善，经济建设、政治建设、文化建设、社会建设和生态文明建设都取得了举世瞩目的辉煌成就。作为青年社会化过程的重要组成部分，青年健康不仅关系着人民群众共享改革成果的获得感和主观幸福感的提升，也与全面建成小康社会、实现中华民族伟大复兴之强国梦休戚相关。当前，青年健康水平的提升已成为全球性的热点话题，世界各国均颁布了一系列相关的法律制度和政策文本，并采取有力手段加以改进和完善，不断提高青年健康的目标层次和水平。自中华人民共和国成立以来，从中央到地方先后出台了《中华人民共和国政务院关于改善各级学校学生健康状况的决定》《中共中央、国务院关于加强青少年体育增强青少年体质的意见》《中长期青年发展规划（2016—2025 年）》等一系列政策规定，有效推动了我国青年体质和心理健康事业的发展，青年群体的生活水平和幸福指数显著提升。

然而，与社会经济高速发展形成强烈反差的是，尽管我国青年群体的生活质量和营养指标持续增长，青年健康水平较前期也有所改善，但形势依然不容乐观。以 2014 年全国学生体质与健康监测结果为例，7—22 岁城市男生、城市女生、农村男生、农村女生的肥胖检出率分别为 18.17%、9.71%、8.28%、4.48%，小学、初中、高中、大学学生群体的视力不良率分别为 45.71%、74.36%、83.28%、86.36%，与 2005 年和 2010 年相比，以上指标均有较大幅度增长，另外，大学生的各项身体素质指标如速度、耐力、爆发力等也全面下滑。[①]这些现象直接反映出我国青年健康水平依然偏低，青年群体健康领域存在的问题仍然严峻。尽管我国政府出台了一系列促进青年健康的政策，无论是从政策文本的层次还是类型来看，青年健康领域都属于“政策高密集区”，但是高密集的政策却没有产生应有的效果。[②]这究竟是由于政策制定带来的偏差导致还是在政策执行的环节上出现了问题？这些问题出现的根源和解决途径应是怎样的？发现与解决这些问题对于未来我国政府进一步完善和健全青年健康政策、提升青年健康水平具有十分重要的现实意义和战略价值。本章对青年健康政策的演进历程与现状特征进行梳理与评析，以爱德华政策执行模型为工具对我国青年健康政策的执行效果进行评估，分析青年健康政策执行过程中凸显的问题及其原因，并提出我国青年健康政策有效执行的纾解路径。

一、我国青年健康政策的研究现状

国家和政府一向关心、重视青年的健康成长，青年的生活质量与健康水平成为青年政策的着眼点和落脚点。随着近几年青年群体健康问题的凸显，国内许多学者和政策研究机构对于青年健康政策的研究也越来越多，提出了各自的观点与见解。本章分别从青年体质健康和心理健康两个方面对相关政策研究进行回顾和评述。

（一）青年体质健康政策的研究现状

我国关于青年体质健康政策的研究相对较晚，目前基本还处于探索与完

① 蒋立兵、李永安：《青少年体质问题致因分析与健康促进协同机制研究》，《中国青年研究》2016 年第 06 期。

② 杨成伟、唐炎、张赫等：《青少年体质健康政策的有效执行路径研究——基于米特—霍恩政策执行系统模型的视角》，《体育科学》2014 年第 08 期。

善阶段，从目前所收集到的研究成果来看，大部分学者分别从家庭保护、学校保护和社会保护三个方面对青年体质健康政策进行研究。

所谓家庭保护主要是指父母或其他监护人对青年群体进行的家庭健康保护，既包括提供必要的生活、医疗等物质条件，也包括以良好的教育和健康的思想来引导青年人养成健康、文明的生活习惯。吴晅晔通过问卷调查发现，家庭对促进学生体质健康的作用和局限主要来自家庭成员的体育健康观念、家庭成员榜样示范作用、家庭成员接受教育程度、家庭成员经济收入水平、家庭成员与学校的沟通等。[①] 王梅等学者通过研究发现，双亲抚养的青少年的健康行为总体状况略优于单亲抚养和双亲祖辈共同抚养的青少年，单亲抚养的青少年比双亲抚养的青少年更容易出现不健康饮食、体育锻炼不足等不健康行为，祖辈家长在青少年的体育锻炼习惯和静坐少动行为的教育和管理上有所欠缺。[②] 秦春莉等学者认为，家庭经济资本对饮食行为有显著正向效应，青少年的饮食习惯更多倾向于家庭成员的饮食习惯，因为家庭成员长期生活在同一个屋檐下，生活习惯相似，有着相同的饮食习惯。[③] 蒋立兵等学者认为，影响青少年体质健康的重要因素之一是家长和学生的健康意识淡薄、学生的健身动机低下，要想让家长和学生行动起来，必须通过认知教育提高家长和学生对体质健康的重视程度。[④] 梁海祥通过对中国教育追踪调查数据进行研究发现，与双亲同住的居住方式更有助于孩子的健康，在不同居住方式下形成的生活方式、家庭社会经济地位和父母互动情况都会有差异，而这三种机制

---

① 吴晅晔:《家庭在学生体质健康教育中的作用与局限》,《武汉体育学院学报》2005 年第 12 期。

② 王梅、温煦、吕燕等:《家庭结构对于青少年健康行为的影响》,《体育科学》2012 年第 05 期。

③ 秦春莉、罗炯、孙逊、张庭然、张弛:《社会资本因素对青少年健康行为的影响研究》,《中国体育科技》2016 年第 02 期。

④ 蒋立兵、李永安:《青少年体质问题致因分析与健康促进协同机制研究》,《中国青年研究》2016 年第 06 期。

影响着青少年的健康。[①]

学校保护是指有关的学校及其他教育机构依照我国《未成年人保护法》及其他相关法律、法规，对青年学生实施的专门保护，其中学校的健康教育是影响青年参加体育锻炼、促进青年体质健康非常重要的一个因素。周华珍等学者运用青少年健康行为（HBSC）模型对我国青少年幸福感影响因素进行研究发现，当青少年在学校拥有积极体验时，他们具有更高的健康水平和更好的生活满足感，且健康问题较少，良好的学校环境与健康的自我评价、生活满足感相关。[②]刘星亮等学者认为，应充分发挥体育教师在青少年体质健康教育中的主导作用，良好的学校教育可以有效促进学生掌握体育基础知识和基本技能，充分运用体育特有的魅力来激发学生的求知欲，使学生获得完整的体质健康观念。[③]董静梅等学者认为，学校要开设健康和安全教育课程，如防治艾滋病、预防传染病和慢性病等健康教育课程，引导学生养成热爱运动的习惯，认真参与学校组织的健康体检，拒绝垃圾食品和“三无”食品，进一步贯彻“以学生为本”“健康第一”的指导思想。[④]周菲等学者认为，应将大学生健康管理纳入学校工作的重要日程，高校必须创建健康管理中心，从单纯的病后治疗逐步转型到预防、保健、医疗、健康教育、健康促进为一体的健康管理，为“健康和亚健康学生”提供健康管理和维护的服务系统。[⑤]另外，还有一些学者认为应当合理安排青年学生的作息制度，保证青年学生睡眠，减轻过重的学习负担，改善学校的卫生环境和教学条件，确保青年学生

---

① 梁海祥:《居住方式对青少年健康的影响——基于中国教育追踪调查数据的实证研究》,《华中科技大学学报》(社会科学版）2017 年第 06 期。

② 周华珍、吴梦婷:《我国青少年健康幸福感影响因素研究》,《中国青年政治学院学报》2011 年第 03 期。

③ 刘星亮、陈义龙、刘辉等:《青少年体质健康教育模式研究》,《武汉体育学院学报》2012 年第 03 期。

④ 董静梅、陈佩杰、欧阳林:《我国青少年体质健康促进的社会学归因与策略》,《首都体育学院学报》2014 年第 03 期。

⑤ 周菲、杨红:《大学联盟视域下的大学生健康管理研究》,《辽宁大学学报》(哲学社会科学版）2016 年 第 01 期。

体质健康发展。

关心和保护青年群体的健康成长，不仅是家庭和学校的职责，也是全社会的义务与责任，应把家庭保护、学校保护同社会保护密切结合起来，形成全社会关心青年健康成长的环境和氛围。我国学者陈玉忠提出高校共青团四位一体“钻石模型”，认为多部门应协调配合，发挥各个部门的资源优势，将体质健康监测、疾病预防、康复保健、膳食营养、心理咨询、运动指导等结合起来，建立全社会重视和协同参与青少年体质健康的协同机制，共同有效增进青少年的体质健康水平。[①] 岳保柱提出社会新闻媒体的资源要充分发挥，加大宣传有利于促进青少年体质健康的生活方式和普及体育健康知识，为广大青少年营造一个健康、安全、优美的健康社会环境和良好的氛围。[②] 刘晶等学者探讨了新时期政府公共体育服务机制对青少年健康权保障的应对策略，认为应当强化政府在青少年健康权实现和保障中的义务，形成保护青少年健康权的社会氛围和政策环境，构建更加完善的青少年健康服务保障体系。[③] 汪晓赞等学者通过分析国内外青少年体育健康促进的发展规律和内在价值基础，结合我国实际情况提出青少年健康促进测评和管理体系需要引入现代科学技术，通过建立监测管理网络系统和数据资源平台等方式，形成高效的青少年健康促进监测、评价和管理机制，实现青少年健康促进价值的最大化。[④] 另外还有一些学者分别从特殊青年群体的健康保健、司法保护、制度建设等方面论述了社会保护对于青年体质健康的重要意义。

以上有关青年体质健康的研究成果为青年体质健康政策体系的构建进行了积极的探索并提出有效、可行的策略。从研究主题的分布来看，对于体育、

---

① 陈玉忠：《关于我国青少年体质健康问题的若干社会学思考》，《中国体育科技》2007年第06期。

② 岳保柱：《构建我国青少年体质健康促进服务体系的若干思考》，《西安体育学院学报》2011年第04期。

③ 刘晶等：《政府公共体育服务视角下青少年健康权的法律保障》，《体育学刊》2014年第04期。

④ 汪晓赞等：《中国青少年体育健康促进的理论溯源与框架构建》，《体育科学》2014年第03期。

教育、卫生、家庭等领域的研究相对较多，而对司法、财政、疾控、宣传等领域的研究相对较少；从研究内容来看，学者对某个单一层面的青年健康影响因素研究较多，而对全面、综合性的健康社会决定因素研究较少，并且更多地关注政策问题的提出与政策方案的制定，缺乏政策执行及政策实施效果评价方面的研究。另外，由于青年体质健康问题的复杂性和艰巨性，从我国长期的政策执行与实践效果来看，青年体质健康问题依然不容乐观，高密集的政策并没有产生尽如人意的效果。

（二）青年心理健康政策的研究现状

由于青年群体年龄跨度较大，心理发展的阶段性特征较为明显，因此回顾近年来青年心理健康政策的研究成果，可以发现，青年心理健康的研究主要针对不同的年龄阶段并聚焦于不同类型的青年群体，因此接下来对青年心理健康政策研究成果的梳理主要以不同年龄阶段、不同群体类型的青年政策为依据。

我国对中学生（包括中职、中专学生）心理健康问题的研究相对滞后，并且对不同地区、不同年级的中学生心理健康问题的研究结果也存在一定差异，在此主要筛选部分较为典型的研究进行概述。张敏等对来自 5 个省、直辖市 20 个地区的 912 名中学生进行了 SCL-90 测试，发现有 5.2% 的中学生存在各种明显的心理健康问题，中学生在躯体化、强迫症状、人际关系敏感、抑郁等九个因子上其平均分都显著地高于全国青年组常模，其中男生抑郁、恐怖两个因子平均分显著高于女生，高中生强迫症状因子平均分高于初中生，中学生的心理健康问题仍不容忽视。[①] 任杰等学者认为，影响中学生心理健康的因素是很复杂的，其中生活压力被认为是影响其心理健康的最重要因素之一，由于高中生面临更大的学业压力和应试压力，因此相对初中生而言，高

① 张敏、王振勇：《中学生心理健康状况的调查分析》，《中国心理卫生杂志》2001 年第 04 期。

中生的心理问题检出率较高。[①]辛自强等采用“横断历史研究”方法对中学生心理健康水平下降的社会原因进行了研究，认为当前中学生心理健康状况的下降主要是由社会变迁引起的经济状况、社会威胁和教育状况的变化引起的，社会发展过程中的贫富差距扩大，失业率、离婚率和犯罪率的上升均成为影响中学生心理健康的重要因素。[②]俞国良等学者通过对我国中部地区城市和农村中小学生的心理健康教育状况进行研究，发现农村中小学心理健康教育相对落后，初中、高中阶段的心理健康教育相对薄弱，农村中小学心理健康教育内容不符合农村中小学生需要，建议加强农村学校心理健康教育工作，合理分配心理健康教育资源，全面落实中学生心理健康教育，增强心理健康教育的针对性和实效性。[③]

随着近几年社会的快速发展和竞争的加剧，各种来自学业、求职、情感等方面的问题使得当代大学生（包括高职、高专院校学生）承受的心理压力日趋加大。大学生的心理具有青年中期的许多特点，但又不能完全等同于社会上的其他青年群体，大学生的心理健康受到了前所未有的关注，对大学生心理健康的研究已经成为我国教育学、心理学等学科研究的重要内容。蒋德勤针对当前大学生心理健康教育工作普遍存在的问题，从心理健康教育体系构建、提高专业化教育水平、实现“防治心理疾病—完善心理调节—发展健全人格”三级功能等方面提出做好当前大学生心理健康教育工作的对策。[④]罗鸣春等学者运用元分析技术对中国少数民族大学生的心理健康水平及影响因素进行了系统评价，认为影响少数民族大学生心理健康水平的因素既有由于经济社会发展不平衡造成的地区差异因素，又有学生类别和年龄产生的时间

① 任杰、许浩川、刘毅等:《城乡中学生心理健康与生活满意度的研究》,《教育研究与实验》2009年第02期。

② 辛自强、张梅:《1992年以来中学生心理健康的变迁：一项横断历史研究》,《心理学报》2009年第01期。

③ 俞国良、李天然、王勍:《中部地区学校心理健康教育状况调查》,《中国特殊教育》2015年第04期。

④ 蒋德勤:《大学生心理健康教育的问题与对策》,《思想教育研究》2009年第12期。

因素等，但近年来少数民族大学生心理健康水平基本稳定且略优于大学生常模。[①]沈晓梅提出在网络环境下，应该从建立一支新型的心理健康教育工作者队伍、充实网络环境下心理健康教育的内容、实施系统化网络心理健康教育和构筑大学生心理互助网络体系等方面构建大学生心理健康教育的新模式。[②]

针对社会其他各类青年群体的心理健康状况，不同学者分别展开了相应研究。李强等通过研究发现，青年下岗职工心理健康状况较差，是心理障碍的高发群体，而社会支持与青年下岗职工心理健康有着比较显著的相关关系，良好的社会支持能够在一定程度上降低青年下岗职工的心理应激反应、预防和控制心理障碍的产生与发展。[③]周毅刚等学者选用《心理健康测量量表（PHI）》对部分重点项目的女运动员进行调查研究发现，女运动员与其他职业青年女性心理健康水平无明显差异，但在躯体化、抑郁、焦虑等方面症状明显，部分女运动员存在着某些心理问题和人格缺陷，而影响女运动员心理健康的主要原因有身心因素、社会环境因素和文化程度因素。[④]周小刚等学者运用定量数据从人口特征、经济地位和社会网络三个角度，对新生代农民工心理健康状况进行研究，结果显示新生代农民工的心理健康水平整体较低，人口特征、经济地位、社会网络特征和劳动时间对其心理健康水平具有显著影响。[⑤]张蓓等学者基于 Karasek 模型分析了高校青年教师工作压力的不同影响因子，发现教学任务、科研竞争、出国进修和职称晋升对工作压力产生了不同程度的显著正向影响，而人际和谐和家庭归属对工作压力产生了不同程度的显著负向影响，并提出保障高校青年教师心理健康、缓解高校青年教师工

① 罗鸣春、黄希庭、严进洪等：《中国少数民族大学生心理健康状况的元分析》，《心理科学》2010 年第 04 期。

② 沈晓梅：《构建网络环境下大学生心理健康教育新模式》，《中国青年研究》2012 年第 01 期。

③ 李强、吕勇：《社会支持与青年下岗职工心理健康》，《青年研究》2001 年第 07 期。

④ 周毅刚、房淑珍、刘杰等：《女运动员心理健康调查及对策研究》，《武汉体育学院学报》2004 年第 04 期。

⑤ 周小刚、李丽清：《新生代农民工社会心理健康的影响因素与干预策略》，《社会科学辑刊》2013 年第 02 期。

作压力的管理对策。[①] 另外，还有部分学者分别对青年军人、青年白领、城乡无业青年和青年残疾人等特殊群体的心理健康问题进行了研究。

我国学者关于青年心理健康的研究呈逐年增长的趋势，尤其是进入21世纪后，研究文献数量高速增长，学者的研究主题更加广泛，对不同青年群体的差异更加关注，为我国进一步做好青年心理健康促进工作作出了积极贡献。但同时也不难发现，关于青年学生、青年教师群体的心理健康研究较多，而对其他青年群体的心理健康研究相对较少；关于青年心理健康的现状调查及对策研究较多，而对青年心理健康政策的效果评估研究较少，并且研究成果的发表领域较为狭窄，大多集中在大学学报、教育学、心理学和医学领域的期刊文献中，而通过国际合作、各类资助项目和专门研究机构产生的研究成果明显不足。

二、我国青年健康政策的演进与特征

（一）我国青年健康政策的演进历程

根据世界卫生组织“健康寓于万策”的观点，本文将青年健康政策定义为政府或其他社会组织制定的旨在促进青年健康的各种行动计划、规章制度和行为准则。自新中国成立以来，我国青年健康政策无论是国家宏观政策还是地方性政策均经历了多次动态调整。本章通过对其中比较重要的政策进行梳理，以新中国成立后青年健康政策变化的显著特征为依据选取时间节点，将青年健康政策划分为以下四个阶段：

第一阶段：1949—1977年，我国青年健康政策处于初步形成阶段，其间遭受“文化大革命”的浩劫，政策发展历经曲折与停滞。

① 张蓓、文晓巍、盘思桃：《基于Karasek模型的高校青年教师工作压力成因分析与对策研究》，《高教探索》2017年第10期。

新中国成立初期，我国进入社会主义革命和建设新时期，国内形势复杂，各项事业百废待兴。由于经济水平较低、卫生条件落后，且温饱问题亟待解决，青年群体健康状况不容乐观。在此背景下，国家领导人高度重视，毛泽东提出学校要重视“健康第一，学习第二”以及“身体好、学习好、工作好”的三好要求，周恩来向二届人大所作的《政府工作报告》中，明确提出新中国的体育基本方针要以“发展体育运动，增强人民体质”为基本任务。党和国家领导人的讲话批示成为今后青年健康政策发展的理论依据，青年健康政策及指导方针在探索中得到逐步的恢复与发展。

为培养拥有健康体魄的现代青年，中华人民共和国政务院于 1951 年 8 月颁布了《关于改善各级学校学生健康状况的决定》，这是新中国成立以来的第一部关于青年健康的政策，在调整学生日常学习及作息时间、减轻学生课业学习与社团活动的负担、改进学校卫生工作和改善学生伙食管理办法等方面提出了明确要求。1954 年 6 月中央人民政府教育、卫生、体育等部委联合颁布《关于开展学校保健工作的联合指示》，在各级学校设立校医院或卫生室，加强学校卫生教育，开展卫生宣传，促进青年学生健康成长。1956 年 6 月，教育部编制了我国《中学体育教学大纲》，极大地推动了我国中学体育教学改革，对提高青年体质健康水平具有积极意义。1960 年 5 月，中共中央、国务院根据学生劳动过多、学校师生身体健康水平下降的情况，发出了《关于保证学生、教师身体健康和劳逸结合的指示》，对学生和教师的身体健康问题给予高度关注，规定了教师、学生每天的工作和学习时间，并强化伙食管理，以此促进学生和教师的身体健康。

接下来几年，共青团中央以及教育、体育、卫生等部委单独或联合颁布了《关于保护学生视力的通知》《关于试行中小学校保护学生视力暂行办法（草案）的联合通知》《关于减轻学生负担，保证学生健康问题的报告》《关于减轻高等学校学生学习负担，促进学生德智体全面发展问题的报告》《关于增进高等学校学生健康，实行劳逸结合的若干规定（草案）》等文件，分析和检查了造成青年学生负担过重的原因，明确提出要重视减轻学生负担，改善各级各类学校青年学生的健康状况，并加强青年体育、卫生工作的宣传力度，这在一定程度上提高了青年体质健康水平。1966—1976 年的“文化大革命”，使青年健康工作受到极大的干扰与破坏，青年健康政策的建设陷入困境。其间，1975 年国务院颁布实施的《国家体育锻炼标准》，是“文革”期间的政策亮点之一，有利于鼓励广大青年积极锻炼身体、增强体质健康。

这一时期发布的一系列教育、卫生、体育等领域的青年健康政策，凸显了中共中央对青年健康工作的重视，新中国青年健康政策逐步形成，为今后青年健康政策的发展积累了经验、打下了基础。但这一时期的青年健康政策充满了曲折和艰辛，政治色彩浓厚，政策目标的设定不够精确，政策执行的标准也较为模糊，甚至不同的政策主体颁布的政策还存在不一致的情况。

第二阶段：1978—1992 年，我国青年健康政策进入恢复与重建阶段，强调青年德、智、体全面发展，青年健康政策呈多元有序发展态势。

党的十一届三中全会开启了改革开放的序幕，青年健康工作日益受到重视，专门以青年为对象的法律、法规、条例、规定意见等健康政策如雨后春笋般出现，青年健康政策更加细化和具体，并且逐步开始与国际接轨。教育部、国家体委和卫生部于 1978 年 4 月联合下发了《关于加强学校体育卫生工作的通知》，该通知旨在对学校卫生规章制度进行重新制定与恢复，并将学校体育作为国家体育工作的战略重点进行落实，由此学校卫生、体育工作得到恢复，青年学生的常见病及多发病得到有效控制。1979 年 10 月，国家体委、教育部联合颁布了《中小学体育工作暂行规定》以及《高等学校体育工作暂行规定》，指出学校体育工作应立足于青年一代身心健康成长，为增强中华民族的体质和实现四个现代化作出积极贡献。1988 年 12 月，中共中央颁布了《关于改革和加强中小学德育工作的通知》，综合培养和锻炼青年学生的思想品质和道德情操，使他们具备诚实正直、惜时守信、勇敢坚毅、谦虚宽厚、开拓进取等优良品质，并将社会、家庭教育与学校教育紧密结合，形成全社会共同关心青年学生健康成长的氛围。在此期间，不同政策主体单独或联合颁布的《保护学生视力工作实施办法（试行）》《关于坚持正面教育，严禁体罚和变相体罚学生的通知》《学校体育工作条例》《学校卫生工作条例》等专门以青年为对象的政策文件陆续出台，分别从保护学生视力、关心爱护学生、开展多种形式的强身健体活动、培养学生良好的卫生习惯等多个方面着力增强青年健康工作成效。1991 年 9 月，《中华人民共和国未成年人保护法》经全国人大审议通过，使青年健康保护政策更加全面和具体，更加有法可依。

"体质""健康"开始作为政策文件的标题和内容使用。1985 年 3 月颁布的《关于中国学生体质健康调研工作若干具体问题的通知》与 1988 年 2 月发布的《关于中国学生体质与健康研究公报》，分别提出要把中国学生的体质和健康问题作为重要的基础性科研课题，并通过研究找到相应的科学方法和手段，提高学生的体质与健康水平。①1987 年 12 月，国家教委、体委、卫生部、财政部等六部委联合发布了《关于中国学生体质、健康状况调查研究结果和加强学校体育卫生工作的意见》，要求逐步使学生体质、健康调研工作科学化、制度化，安排专项体育卫生经费，将学生体质、健康作为科研课题长期研究，并吸收日本及欧美发达国家的经验，逐步改善少数民族学生的体质健康状况。1992 年 9 月，国家教委、体委、卫生部、民委、科委发布了《关于进一步加强学校体育卫生工作，提高学生体质健康水平的意见》，要求各级政府应从战略的高度关心青少年的健康成长，重视学校体育卫生工作，把它作为社会发展的重要内容纳入政府工作计划和发展规划，加强对青年体质与健康的研究，并针对当前学生体质健康状况存在的问题，采取切实有效的改进措施。

改革开放指导方针为青年健康政策的恢复与发展提供了制度保障，这一阶段青年政策一个明显的特点是专门以青年为对象的法律法规、条例规定增多，出现多元化政策主体，政策内容趋于丰富和细化，政策目标更加明确和具体，并且逐步与国际接轨，初步体现出政策制定的科学化与规范化，青年健康工作步入了新的历史时期。

---

① 彭雪涵：《改革开放时期学校体育政策法规的文本解读》，《北京体育大学学报》2009 年第 05 期。

第三阶段：1993—2011年，青年健康政策更加完善、规范，逐渐展开对青年心理健康问题的探讨，政策体系初步形成。

以1992年邓小平南方谈话和1993年党的十四届三中全会的召开为标志，中国改革进入新的阶段。随着社会主义市场经济的发展和法治建设步伐的加快，青年素质教育全面推进，心理健康教育的作用日渐凸显。为了实现党的十四大所确定的战略任务，使教育更好地为社会主义现代化建设服务，中共中央、国务院于1993年2月印发的《中国教育改革和发展纲要》明确要求，全社会都要关心和保护青年的健康成长，新闻出版、广播影视、文化艺术等部门要把提供有益于青年身心发展、丰富多彩的精神产品作为义不容辞的责任，注重家庭教育、社会教育与学校教育的密切结合，并强调心理教育在中小学素质教育中的重要地位，为全面开展心理教育奠定了基础。1994年8月，《中共中央关于进一步加强和改进学校德育工作的若干意见》指出，要充分发挥德育工作的导向作用，建立素质教育体系，并明确提出"心理健康教育"一词，应运用不同方法对不同年龄的青年学生进行心理健康指导与教育，帮助学生提高心理素质，健全自身人格，并强调运用法律武器保障青年健康利益。1995年3月颁布的《中华人民共和国教育法》中明确要求，教育、体育、卫生行政部门和学校等教育机构应当完善体育和卫生保健设施，保护学生的身心健康，国家机关、企业事业组织、社会团体等各类社会组织应当为青年学生的健康成长创造良好的社会环境。

青年健康政策进一步走向系统与完善。1999年6月，中共中央、国务院颁布的《关于深化教育改革，全面推进素质教育的决定》指出，健康体魄是青少年为祖国和人民服务的基本前提，学校教育要树立健康第一的指导思想，切实加强体育工作，使学生掌握基本的运动技能，养成坚持锻炼身体的良好习惯，并针对新形势下青少年成长的特点，加强学生的心理健康教育，培养学生坚韧不拔的意志、艰苦奋斗的精神，增强青少年适应社会生活的能力。之后，国务院及相关部门相继下发了《关于加强中小学心理健康教育的若干意见》《关于进一步加强和改进大学生心理健康教育的意见》《关于落实保证中小学生每天体育活动时间的意见》《关于加强青少年体育增强青少年体质的意见》等文件，在多个方面采取措施，大力推进素质教育，加强青年身心健康，进一步丰富和完善了青年健康政策体系。值得一提的是，为了切实提高学生体质健康水平，2006 年 12 月，教育部、国家体育总局、共青团中央联合出台了《关于开展全国亿万学生阳光体育运动的决定》，切实推动全国亿万学生阳光体育运动的广泛开展，吸引广大青年学生走向操场、走进大自然、走到阳光下，积极参加体育锻炼，掀起群众性体育锻炼热潮。

青年健康政策更加注重中长期目标的确立和长效机制建设。2008 年 1 月，国家卫生部、教育部、财政部、共青团中央等十七个部委联合颁布了《全国精神卫生工作体系发展指导纲要（2008—2015 年）》，要求依托素质教育，将学生的心理健康教育和心理、行为问题的预防工作纳入学校日常工作计划，各级共青团组织应配合政府有关部门开展青年精神卫生状况调查，为青年心理健康提供有效服务。2010 年 7 月，国务院常务会议审议并通过了《国家中长期教育改革和发展规划纲要（2010—2020 年）》，坚持加强体育，牢固树立健康第一的思想，不断提高学生和教师的身心健康水平，加强心理健康教育，促进学生身心健康、体魄强健、意志坚强，把促进学生健康成长作为学校一切工作的出发点和落脚点。为全面推进素质教育、促进学生健康成长，2011 年 7 月，教育部印发了《切实保证中小学生每天一小时校园体育活动的规定》的通知，要求严格执行国家关于保证青年学生每天一小时校园体育活动规定，并从组织领导、科学管理、评价考核、条件保障等方面建立长效机制，健全学校体育专项督导制度和奖励问责制度。

社会主义市场经济体制逐步确立和完善，使这一阶段的青年健康政策更加强调改革创新思想，逐步实现了青年健康政策的短期目标向长效机制转变，凸显以人为本、健康第一的价值取向和法治化色彩，青年健康政策的可操作性进一步加强。同时，更加重视青年素质教育和身心全面发展，青年体质健康和心理健康的理论和实践研究逐步展开，全社会形成关注、支持青年健康的合力。

第四阶段：2012 年至今，青年健康政策日益扩展和深化，各领域青年健康政策协同发展，国民健康事业上升到国家战略高度。

党的十八大为中国未来发展指明了方向，为实现全面建成小康社会宏伟目标、奋力开拓中国特色社会主义更为广阔的发展前景作出了战略部署。经济、政治、文化等社会整体制度的创新促进了青年政策的创新，同时，青年健康政策也更加注重多部门协同合作与协调发展。2012 年 12 月，教育部印发了《中小学心理健康教育指导纲要》（2012 年修订），从不同地区的实际和不同年龄阶段学生的身心发展特点出发提出青年学生心理健康教育的主要内容以及心理健康教育的途径和方法，培养青年学生良好的心理素质，促进其身心全面和谐发展。共青团中央、教育部、国家体育总局、全国学联决定从 2014 年开始，在全国高校范围内启动和开展大学生“走下网络、走出宿舍、走向操场”为主题的“三走”活动，开展以班级、宿舍为单位的群众性课外体育锻炼活动，帮助和促进大学生增强体质认知、提高体育锻炼自觉性、提升身体素质。2015 年 8 月，公安部、教育部、共青团中央、国家禁毒办等 14 个部门联合印发了《全国青少年毒品预防教育规划（2016—2018）》，分别从提升学校毒品预防教育工作水平、实现各类青少年群体毒品预防教育全覆盖、拓展应用毒品预防教育社会资源等方面增强青少年抵御毒品的能力，净化青少年成长的社会环境。另外，针对青年吸烟率上升、青年学生感染艾滋病人数增加较快等问题，教育部、国务院办公厅也先后印发了《关于在全国各级各类学校禁烟有关事项的通知》《中国遏制与防治艾滋病“十三五”行动计划》等文件，建立切实有效的控烟、防艾机制促进青年健康成长。

青年健康事业的战略定位日益提高。2016 年 4 月，国家发展改革委发布了《中国足球中长期发展规划（2016—2050 年）》，将足球运动定位为全民健身的重要事业和体育强国的重要基石，通过振兴和发展足球事业促进体育运动全面发展，提高全民健身参与程度和全民族的身心健康水平。2016 年 10 月，中共中央、国务院印发了《“健康中国 2030”规划纲要》，要求实施青年群体的体质健康干预计划和青少年体育活动促进计划，培育青年体育爱好，基本实现青年熟练掌握1项以上体育运动技能，确保学生校内每天体育活动时间不少于1小时，到2030年，学校体育场地设施与器材配置达标率达到100%。2017年4月，《中长期青年发展规划（2016—2025年）》由中共中央、国务院颁布，该规划提出建设健康中国的战略主题为“共建共享、全民健康”，分别从提高青年体质健康水平、加强青年心理健康教育和服务、提高各类青年群体健康水平、加强青年健康促进工作四个方面提出青年健康的发展措施并制定了促进全民健康的中长期战略目标，成为推进健康中国建设的行动纲领和宏伟蓝图。2017年10月，习近平总书记在党的十九大报告中提出实施健康中国战略，将人民健康作为民族昌盛与国家富强的重要标志。这进一步提升了大健康观的地位与意义，将全民健康事业提升到了国家战略的高度，成为新时代健康卫生工作的纲领。

随着21世纪国民健康事业上升到国家战略高度，这一时期青年健康政策也呈现出新特点，更加注重创新、协调、绿色、开放、共享的科学发展理念，倡导多元主体协同治理和多部门合作机制，重视整合社会多方资源，积极借鉴国际先进经验，在政治、教育、卫生、体育和社会服务等多个领域共同促进青年身心健康发展。

（二）现行青年健康政策的特征

通过梳理青年健康领域的政策演进历程，可以发现不同时期的青年健康政策呈现出不同的特征。而现行的青年健康政策具有如下特点：

一是更加注重“大概念”范畴下的青年健康，更加强调向“复合性”政策目标的转变。例如，《“健康中国2030”规划纲要》确立了“以促进健康为中心”的大健康观，以“共建共享、全民健康”为战略主题建设健康中国，在“大概念”的健康政策框架之中全方位、全周期维护和促进青年群体的健康水平。《中长期青年发展规划（2016—2025年）》要求，应将持续提升青年营养与体质健康水平作为青年健康工作的发展目标，使青年心理健康问题的发生率得到有效控制，引领青年积极投身健康中国建设。这是对以往将“增强青年体质”作为手段为政治、军事和劳动提供服务等狭隘认识的突破，也丰富和升华了“增强体质”“健康成长”等单一政策目标，实现了由“重社会需要”向“促青年成长”的理性转变，能够更好地体现出“以人为本、健康第一”的青年健康理念。

二是青年健康政策的传播渠道更加广泛，互联网、多媒体在对青年健康的推动与促进方面发挥着日益重要的作用。《青少年体育“十三五”规划》明确提出要改善青少年体育信息化基础条件，加强互联网青少年体育政务信息数据服务等公共平台建设，建立青少年体育工作管理和服务信息系统，增强信息发布的及时性和权威性，充分发挥“互联网＋”对青少年体育的推动作用。《国家中长期教育改革和发展规划纲要（2010—2020 年）》指出应推进数字化校园建设，不断加快教育信息化进程，重点加强农村学校信息基础建设，实现多种方式接入互联网，缩小城乡数字化差距。各种新媒体、网络平台正以其迅速、便捷的传播方式改变着传统的政策传播渠道，对当今青年群体的健康意识和生活方式产生了显著的影响。

三是青年健康政策的制定与执行更加注重不同政策主体间的协调统一，并通过协同治理促进青年健康政策的落实。传统、单一的政策决策主体已不适应当今社会的发展，政府不同部门之间联合出台青年健康政策的情况更是常见。《全国精神卫生工作体系发展指导纲要（2008—2015 年）》具有一定的代表性，该文件由卫生部、国家发展改革委、教育部、财政部、共青团中央、全国妇联等十七个部门联合发布，文件既明确要求各有关部门要切实履行职责、共同推进工作开展，又根据不同部门的职能制定了具体的工作要求和行动步骤，通过开展富有成效的多部门合作，形成促进政策目标实现的合力。

三、基于爱德华政策执行模型的青年健康政策执行效果评价

尽管我国总体上青年健康水平稳步提升，但各种青年健康问题依然存在，除了社会环境、生活方式的改变和青年自身承受的生存、发展压力等原因外，健康政策不完善和执行不力也是导致青年健康状况下滑的重要原因。我国学者陈庆云认为，将政策理想转化为政策现实、将政策目标转化为政策效益的唯一途径是政策执行，可以说，政策执行是政策生命周期中最重要的环节之一。[①] 由于目前我国各类青年健康政策落实与执行情况的评价指标相对较少，因此本研究通过“爱德华政策执行模型”分析影响青年健康政策执行效果的因素，评述青年健康政策的执行效果，探究我国青年健康政策执行困境中的纾解路径。

G. 爱德华在《执行公共政策》一书中，提出了“爱德华政策执行模型”（图 3–1），该模型认为交流与沟通（communication）、资源（resources）、政策执行者偏好（disposition）和官僚组织结构（bureaucratic structure）四个主要因素的互动关系直接或间接地影响了政策的执行状况。[②] 其中，交流与沟通包括政策内容与执行方法能否清晰准确地传达给政策执行人员，可以深刻影响政策执行者的主观意向；资源包括合格的政策执行人员、政策信息、政策执行所需要的人力、物力、财力和政策权威，是保证政策有效执行的必要条件；执行者偏好包括政策执行者对政策的兴趣、支持程度、选择性解释和自由裁量权的行使等内容，其中政策执行者的态度将对政策执行效果产生极大影响；官僚组织结构分别从标准作业程序和执行权责分散化两个方面影响政策执行

① 陈庆云主编：《公共政策分析》（第 2 版），北京大学出版社 2011 年版，第 153 页。

② George C. Edwards，*Implementing Public Policy*，Washington D.C.: Congressional Quarterly Press，1980.

的效果。

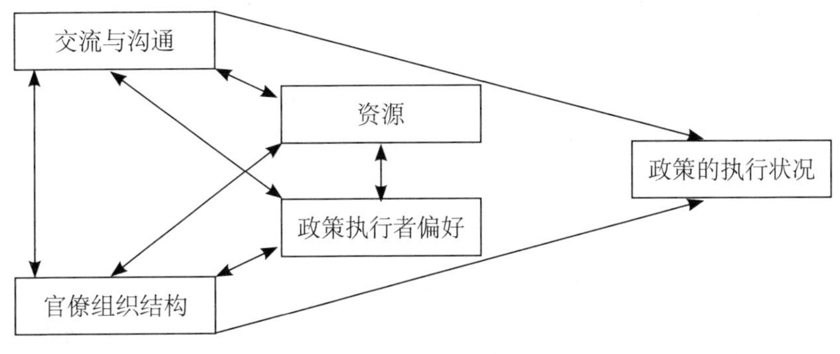

图 3-1　爱德华政策执行模型

（一）政策执行标准模糊，信息沟通不畅

过于笼统的政策执行标准和弹性过大的政策方案会造成政策的标准化程度不高、出现政策执行部门架空政策或敷衍政策的情况。例如，某省出台的《关于强化学校体育促进学生身心健康全面发展的实施意见》中规定："将公共体育设施尽量建设在中小学周边，实现资源共享""逐步增加初中毕业体育考试成绩在学生综合素质评价和中考成绩中的权重"，可以看出，当前很多政策条款在语言表述上使用了"尽量""争取""逐步解决""不断完善"等较为模糊的词汇，缺乏明确的执行标准，政策执行主体具有较大的自由裁量权和变通余地，造成各级政府、部门按照自己的意志来理解和执行青年健康政策，一旦发生利益冲突，政策执行的效果势必大打折扣。

而上级部门获取政策执行情况也更多地依赖于基层单位的逐级上报，缺乏多元监控机制，政策执行信息的不透明、不对称将导致部分政策执行人员谎报或瞒报政策执行情况或相关数据。例如，《国家学生体质健康标准》要求各个学校每年应将测试的数据及时上报至国家学生体质健康标准数据管理系统，然而从多年的统计数据看，总体上报率尚不足 50%，其中 2012 年年底数据上报率要求达到 100%，而上报率最高的省达到 80%，最低的省还不到

10%。[①] 由于青年健康政策宣传不够广泛，政策传播沟通机制不够健全，加上政策执行的监督手段缺位，导致当前很多青年对体质、心理健康政策认知有限，影响了政策执行效果。

（二）政策资源面临短缺，政策权威性不够

青年健康政策的落实离不开人力、财力、物力和信息等政策资源的保障，而各类资源短缺成为制约我国青年健康政策落实的瓶颈。以上海市为例，2017 年上海市中小学共有在校生 120 万人左右，但体育老师仅有 8000 余人，根据国家规定的生师比标准，该市体育老师的标准配置应为 1.2 万左右，缺口达到 1/3。[②] 据统计，随着基础教育课改带来的中小学体育课时量增加和校园阳光体育运动的开展，全国其他城市同样面临体育教师紧缺的问题。从我国财政性教育经费占 GDP（国内生产总值）的比例来看，2014 年国家财政性教育经费为 2.64 万亿元，占 GDP 比例为 4.15%，[③]2015 年国家财政性教育经费为 2.92 万亿元，占 GDP 比例为 4.26%，[④]2016 年国家财政性教育经费为 3.14 万亿元，占 GDP 比例为 4.22%。[⑤] 尽管教育经费投入不断增加，但是与 7% 的世界平均水平相比还有一定差距，也限制了学校体育、卫生保健等工作的开展。另外，根据相关调查可知，有 30% 的高校仍未设立心理咨询中心，70% 的高校缺少负责健康管理的专门人员，80% 的高校未成立健康管理的学生社

---

① 王登峰:《学校体育的困局与破局——在天津市学校体育工作会议上的报告》,《天津体育学院学报》2013 年第 01 期。

② 龚洁芸:《中小学体育老师为何难招也难留》,《解放日报》2017 年 12 月 20 日。

③ 教育部、国家统计局、财政部:《关于 2014 年全国教育经费执行情况统计公告》(教财〔2015〕9 号），2015 年 10 月 09 日，见 http://www.moe.gov.cn/srcsite/A05/s3040/201510/t20151013_213129.html。

④ 教育部、国家统计局、财政部:《关于 2015 年全国教育经费执行情况统计公告》(教财〔2016〕9 号），2016 年 10 月 30 日，见 http://www.moe.gov.cn/srcsite/A05/s3040/201611/t20161110_288422.html。

⑤ 教育部、国家统计局、财政部:《关于 2016 年全国教育经费执行情况统计公告》(教财〔2017〕6 号），2017 年 10 月 10 日，见 http://www.moe.edu.cn/srcsite/A05/s3040/201710/t20171025_317429.html。

团，60% 的高校尚未开设健康管理的相关课程。[①] 这表明，当前高校也存在青年健康管理职能缺位、学生健康管理队伍建设落后、资源投入不足等问题。

政策权威性方面，除《中华人民共和国未成年人保护法》《中华人民共和国体育法》等专门的国家立法外，我国青年健康政策大多以通知、条例、意见、规定等形式发布，在政策实施过程中其法律效力和政策权威性明显不足，不能对各级政策执行人员及行政相对人产生较好的约束作用。以国务院办公厅 2012 年 53 号文件《关于进一步加强学校体育工作若干意见》为例，该通知要求："各级人民政府要认真履行开展学校体育工作的职责，并将学校体育发展工作纳入本级政府的年度工作报告。"但在 2013 年政府工作报告中，全国 31 个省、自治区和直辖市（不含港澳台）除北京外，其他 30 个省级政府均未提及青少年体育发展问题。[②] 由于政策缺乏强制性，造成地方政府缺乏对学校体育工作的重视，在学校体育设施、场馆建设等方面缺乏积极性，进而影响到青年体质健康水平的提高。

（三）政策执行主体的价值取向存在差异，政策环境存在阻滞因素

在政策执行中，相关人员对政策的认同程度以及自身的价值取向将对政策执行的效果产生较大影响。尽管我国的教育理念正在由"应试教育"向"素质教育"转变，但受长期应试教育观念以及"分数第一"人才评价体制的影响，从校长、班主任到任课老师普遍将升学率作为首要目标。根据相关调查，普通中学校长重视学校体育政策执行的占被调查者的 51.6%，一般重视和不重视的比例分别占 35.5% 和 12.9%。[③] 而在高校中，只有 8% 的高校领导对健康管理有一定了解，16% 的校领导表示听说过但不知道具体内容，有

① 伍淑凤、王林：《高校大学生健康管理的现状调查及对策研究》，《体育科技文献通报》2014 年第 01 期。

② 邱晨辉：《学校体育难入地方政府法眼》，2013 年 05 月 07 日，见 http://www.dzwww.com/xinwen/guoneixinwen/201305/t20130507_8336256.htm。

③ 王书彦、孙晓婷：《普通中学体育政策执行力影响因素探析》，《北京体育大学学报》2009 年第 02 期。

20% 的人则表示从来没有听说过健康管理。[①] 这反映出学校管理层缺乏青年健康管理的理念与认识，而班主任和任课老师也对学生健康政策执行的重视程度不足。另外，家长对子女学习成绩的关心程度也远远超过对体育锻炼和身心健康的关心程度。由于升学和考试的压力，在休息日和节假日我国仍有近 70% 的毕业班学生参加课外辅导班，平均每人参加 3 个辅导班，最多的达到 6 个，近 70% 的学生每天做家庭作业的时间超过两个小时。[②] 在“高考指挥棒”以及“唯分数论”的人才选拔机制导向下，学生更关注学习成绩与未来的升学需求，忽视了对体育锻炼和心理问题的疏导。另外，社会、学校、家庭在青年健康发展方面尚缺乏有效衔接协同机制，没有形成立体化的“三位一体”健康教育格局。

随着科学水平的提高和物质条件的改善，当代青年群体更愿意选择上楼乘电梯、出门以车代步、干家务活找家政，锻炼机会较以前大大减少，加上饮食结构不合理，成为青年健康政策有效执行的外在不利条件。人们在享受科技发展成果的同时，却付出了身体机能退化的代价，其中最明显的是人体失去了协调、灵敏、力量、平衡等许多必备的运动素质以及对外界的适应能力。[③] 由于当前青年群体独生子女比例偏高，家长对孩子过度保护、溺爱等问题明显，一些家长怕孩子吃苦或出意外，不愿让孩子参加体育锻炼。据统计，在休息时间及节假日，学生最喜欢做的 3 件事是上网聊天打游戏、听音乐学唱歌和看电视，而出去运动的不到 30%。[④] 越来越多的年轻人缺乏强身健体的意识，最终影响到健康政策的执行效果。

（四）政策执行部门之间存在利益冲突，联动衔接机制不够完善

青年健康政策主要执行机构包括各级国家机关、群团组织以及地方学校，

---

① 伍淑凤、王林：《高校大学生健康管理的现状调查及对策研究》，《体育科技文献通报》2014 年第 01 期。

② 慈鑫：《拯救政策为何止不住青少年体质的下滑》，《中国青年报》2010 年 03 月 21 日。

③ 卢元镇主编：《体育社会学》，高等教育出版社 2001 年版，第 260—261 页。

④ 慈鑫：《拯救政策为何止不住青少年体质的下滑》，《中国青年报》2010 年 03 月 21 日。

这些组织机构分属不同部门和领域。根据公共选择理论，青年健康政策执行的本质就是不同利益相关者进行各种利益博弈、追求各自利益最大化的政治过程。有学者对南京部分高校、中小学的领导和教师进行问卷调查，结果显示只有23.5%的被调查者支持阳光体育运动，而反对阳光体育健身跑的被调查者却占到54.2%，另外22.3%的被调查者认为阳光体育健身跑可有可无，究其原因，每个学校只将升学率视为办学的生命线，因此很难抽出时间开展阳光体育运动。[①]这说明不同部门在青年健康政策的执行中都有自己的利益追求，当利益与政策目标不一致时，就会出现相互矛盾、抵触并导致政策执行的偏差。

此外，青年健康工作事关社会全局，政策执行涉及多部门、多领域。在我国政府系统内部，与健康有关的公共事务治理权力分布在至少11个部委与机构，并且是在全国范围内的省、市层面上运行，这将造成各级政府以及部门之间产生各种协调问题。[②]不同政策执行主体的联动与配合直接影响到青年健康政策的有效执行，但目前政府的科层结构、部门壁垒与市场诉求之间的矛盾依然突出，部门之间还存在配合不完善甚至各自为政的问题。例如体育部门为提升青年学生的体质健康而举办部分体育比赛，却得不到教育部门的认可和升学加分，而教育部门主办的比赛成绩也得不到体育部门的承认，无法与运动员等级评定挂钩。这反映出部门间的联动机制不够完善，造成政策执行成本的增加和目标的偏离。

---

① 张辉、徐英微:《论现行“阳光体育”实施中的形式主义倾向及其系统应对策略》,《南京体育学院学报》(社会科学版)2009年第04期。

② 冯显威等:《健康政策的概念、范围及面临的挑战与选择》,《中国卫生政策研究》2011年第12期。

四、我国青年健康政策有效执行的纾解路径

（一）明确政策执行标准，拓宽政策信息沟通渠道

针对青年健康政策执行标准模糊、信息沟通不畅问题，各级政策执行部门应结合本地区的实际情况，对青年健康政策的执行标准进一步细化，制定更加符合地方实际需求的配套实施意见，拓宽信息沟通渠道，做到实效性、具体性和针对性的统一。

一是明确各级政府部门和组织关于青年健康政策的执行标准及责任划分，积极借鉴发达国家先进经验，着力解决青年健康政策执行过程中存在的责任主体不明确、政策执行刚性不足等实际问题，并建立相应的行政问责制度。二是完善政策执行的保障措施和激励办法，如将青年健康政策的执行和落实情况纳入各级政府的考核指标体系，对青年健康政策执行效果好的地区和学校进行表彰和奖励，提高其执行青年健康政策的主动性和积极性。三是及时对青年健康政策的执行情况进行反馈和上报，建立定期督导、巡视和调研制度，并利用互联网、引入社会专业机构等手段建立第三方监测系统，确保政策制定者及时获取真实有效的政策落实情况，以便及时修订和完善相关政策。四是要更新沟通理念，借助互联网和多媒体手段加强政策信息传播力度，广泛宣传青年健康政策，定期向社会公布青年健康状况监测结果，形成全社会共同关注青年健康的氛围，增强青年健康政策执行效果。

（二）充分整合与优化政策资源，提高青年健康政策的权威性

在公共政策执行中，充分而有效的政策资源是保障政策有效执行的关键，因此，应注重整合与优化人力、财力、物力等相关资源。一是针对我国当前健康管理专业教师数量不足、健康管理课程开设较少，以及用人单位人员编

制限制等问题，构建师资队伍建设的长效机制，既要有计划、大幅度增加健康管理相关专业教师的编制数量，也要对新进教师加强选拔和培养力度，并采取兼职、外聘等形式，建设一支学科互补、人员稳定、专兼结合的青年健康教育师资队伍。二是进一步提高中央及地方财政教育经费及专项经费的供给，使相关财政预算与经费结构更加科学合理，并保证经费供给的及时性、有效性。针对中西部地区经济相对落后、农村健康教育资源相对匮乏的情况，财政资源调配时应适当倾斜，实现有限资源的合理配置。三是各级政府及学校要从发展的战略高度制定青年健康促进计划和健康管理方案，如高校可以建立由校领导负责，校医院、教务处、学工处、心理咨询中心、体育教学部等职能部门及各院系组成的大学生健康管理工作系统，具有医疗、保健、防疫、健康教育、健康促进等多重职能，通过资源的整合更好地服务于青年学生。

政策的权威性能够保障青年健康政策的功能得到有效发挥。因此，一方面，将部分重要的青年健康政策上升到立法议程，以法律形式增强其执行的效力，为政策执行赋予法律保障，并建立科学有效的考核评估及问责机制。另一方面，对当前青年健康政策进行梳理和完善，对于不能适应当今社会标准和要求的政策应及时进行更新和修订，如 1990 年、2002 年分别颁布实施的《学校卫生工作条例》《全国普通高等学校体育课程教学指导纲要》，均存在不同程度的政策陈旧问题，不能较好地适应时代的发展。

（三）革新人才评价方式，帮助青年树立正确的健康观

理性选择制度主义认为，个体的偏好受到自身利益最大化动机的驱使并依赖于制度结构，因此政策的调整将影响和改变政策执行者偏好及行为。以高考为例，可以建立以过程性评价和综合素质评价为主的人才选拔方式，将学生体质、心理健康测试成绩作为高考成绩的一部分，从培养“工具人”的简单教育理念转变为培养“全面发展人”的崇高社会目标，从而提高学校、家长和师生对体质、心理健康教育的重视程度。同时，还要注重网络、媒体

作用的发挥，大力宣传有利于促进青年健康的生活常识和健康知识，提高整个社会对青年健康政策的认识，为青年群体营造积极、和谐的社会环境和舆论氛围。

家庭也要树立“健康第一”的生活理念。首先，家长应树立科学的教育观、成才观、健康观，以“三百六十行，行行出状元”的理念启迪青年人努力实现自我价值，而不只是囿于“学而优则仕”之类的传统思想。其次，除了合理调整膳食结构和营养搭配、形成良好的生活方式与行为习惯外，家长还应注重家庭健康教育，既要在态度上鼓励青年子女积极参与体育锻炼，也要在行动上率先垂范，如多步行骑车少坐车、多户外活动少上网等。通过家庭成员共同参与锻炼和相互交流心得，促进身心健康成长，增进彼此亲情关系。

（四）建立合理的权责机制，实现多元主体协同合作

青年健康政策的执行涉及不同层级、不同职能的政府部门及社会组织，在层级制政府合作中，权力的划分和利益的分配直接影响到公共资源的配置，进而影响到政策执行的效果。因此，既要优化和完善青年健康政策执行过程中的利益分享、冲突调解制度，又要对政策执行主体加强法律约束和组织约束，建立规范的权力与责任相互制约与协调机制，将不同主体的利益更好地统一起来。例如，除升学率外，可以将青年学生的健康状况纳入各级学校及学生本人的评价指标体系，使青年学生的体质、心理健康成为政府、学校及青年学生共同的利益目标。另外，考虑到不同地区自然与社会经济条件的差异，应因地制宜，合理设置政策执行的预期目标与评估方案，保证不同地区及主体在青年健康政策执行中的高动力。

青年健康政策的执行，仅仅依靠教育、卫生、体育等单个部门是远远不够的，应以多层次、跨领域的理念建立多部门联动机制，有效整合多方资源，实现多元主体协同治理。如建立政府部门、学校以及群团组织等多个部门共同参与的联席会议制度，将健康教育、体育锻炼、卫生保健、心理咨询、营

养膳食等工作结合起来，调动充分的政策资源保障青年健康政策的落实，并统筹解决青年健康政策执行中遇到的各类问题。针对影响青年健康的常见问题，如校园的稳定和安全、环境污染的防治、烟草监管、网络净化等，应建立政府、社区组织、学校和家庭等多元主体共同参与的协同治理模式，通过多主体协同合作促进青年健康水平的提高。

第四章　新中国成立后我国青年婚育政策的演变及完善

作为青年社会化过程中不可或缺的组成部分，青年婚恋和生育在很大程度上关乎青年个人及其家庭幸福感的提升。新中国成立以来，我国先后颁行了《中华人民共和国婚姻法》《中华人民共和国人口与计划生育法》《中华人民共和国反家庭暴力法》等法律，民政部、国家卫计委等部门也先后出台了相关配套政策规定等，这在一定意义上对青年婚恋、生育和家庭发展起到了极大的推动作用。在政策的"优势效应"影响下，我国青年逐渐追求更加开放、多样化的婚恋观念，越来越多的青年倾向于晚婚晚育和建立小家庭，青年个人及家庭的幸福指数与生活水平显著提升。然而，现阶段青年婚育家庭领域也存在着较大风险。近年来，青年未婚先孕、离婚比例大幅上升，"物质性恋爱""闪恋闪婚"现象日渐增多，反映出当代青年对待恋爱与婚姻存在不认真、不负责的态度问题；"男多女少"导致很多农村大龄男青年面临择偶困难，婚姻挤压严重；很多青年受晚婚晚育政策潜移默化的影响，平均初婚初育年龄不断推迟，婚育间隔逐渐拉大，上千万适龄青年处于非婚状态，已婚青年家庭"一孩"生育率大幅下降，引发婚育风险；也有很多大城市青年崇尚丁克家庭，导致其生育意愿逐渐降低，这在某种意义上也对人口可持续发展造成影响。这些风险和问题的存在，也从侧面反映出国家修订和完善青年婚育相关政策的必要性和迫切性。

一项法规或政策的制定与颁行，在特定时期都有其特定背景、特定意义和特定目标。青年婚育政策是基于青年在婚恋、生育和家庭领域存在突出问题的背景而提出的，其宗旨和首要目标是要促进青年婚姻幸福、生育质量提升以及家庭和谐。以近期青年婚恋政策为例，继中共中央、国务院印发《中长期青年发展规划（2016—2025年）》后，民政部、共青团中央、国家卫计委于2017年9月联合发布了《关于进一步做好青年婚恋工作的指导意见》（以下简称《指导意见》）这一青年婚恋领域的重磅文件。这可以说是我国青年婚恋政策在当前加快青年发展政策改革和优化社会治理进程中的关键性突破，是在司法体系之外第一个专门针对青年群体而制定的青年婚恋服务政策，同时也是我国多部委首次联合发布的融合青年恋爱、结婚、生育与家庭等于一体的青年婚恋政策文本。

在此背景下，对我国青年婚育政策的发展历程进行梳理，分析其执行过程中凸显的问题并评估其效果，指出未来青年婚育家庭政策的完善方向，是本研究的目标所在。通过分析研究，以期对我国未来的青年婚育工作、青年择偶难题的化解以及青年婚育政策的健全和完善有所启示。

一、青年婚育政策的研究现状

伴随着青年婚育领域中各种问题的出现，相应的社会政策研究也备受学术界关注。从婚恋和生育两个方面来看，目前国内的相关政策研究主要包括：

（一）青年婚恋的政策性研究状况

回顾近年来青年婚恋的政策性研究成果，主要集中在以下几类人群：

一是针对大学生群体。有学者认为政府既要强化婚恋道德教育和加大对婚恋环境的治理力度，又要完善婚恋服务体系和健全大学生婚恋维权机制。[①] 还有学者鉴于大学生婚恋解禁的弊端，提出国家教育主管部门应从“将大学

① 颜柯等：《我国大学生婚恋政策的演进与应对》，《湘潭大学学报》（哲学社会科学版）2012年第06期。

生婚恋发展作为考核评估高校教学的重要指标”、“地方政府应做好高校政策落实的监督整改工作”以及“高校应制定大学生婚恋管理的相应细则”三个层面来完善大学生婚恋制度。[①] 也有学者倡导建构“政府—共青团—高校”三方联动机制，加强共青团与公安、法院、民政等多个政府部门、群团组织及高校的沟通与资源链接。[②]

二是针对流动青年群体。梁土坤等提出应建立该群体住房保障体系、加强政府购买流动青年社会融入服务、多渠道多样化提供婚恋交友平台和婚恋咨询服务、改善流动男性社交圈子与居住质量来缓解其婚恋压力。[③] 王飞则认为，针对当前农民工性问题，要加强对其开展性教育，净化未婚同居风气与不良婚恋文化环境。[④]

三是针对其他特殊群体。王磊以农村大龄未婚男性为研究对象，认为需要国家和政府进一步推动精准扶贫来缩小城乡发展差异，密切关注大龄未婚男性家庭的养老与社会救助，加快推进社会支持政策体系的建立，提升基层政府在工作和婚姻介绍方面的服务水平。[⑤] 秦晨则针对“边际青年”，认为结构性的政策改善是解决“边际青年”婚恋问题的根本策略，一方面需要政府采取多种措施来调控房价和增加就业岗位，另一方面也需要传统婚姻观念、社会风气的改善。[⑥]

以上有关青年婚恋的政策性研究成果为建构青年婚恋政策体系提供了参考和借鉴。然而，不难发现，直接研究青年婚恋政策发展状况及政策对婚恋

---

① 周仁标等：《高校学生婚恋解禁的政策困境及改革构想——对武汉、芜湖两地的调查与分析》，《国家教育行政学院学报》2009 年第 06 期。

② 荣增举等：《青海青少年社会工作服务体系研究》，《中国青年研究》2015 年第 6 期。

③ 梁土坤等：《新生代流动人口婚恋状况影响因素的多维解构及其政策意涵》，《人口与发展》2016 年第 05 期。

④ 王飞：《论新生代农民工性问题》，《中国青年政治学院学报》2014 年第 02 期。

⑤ 王磊：《农村大龄未婚男性的社会支持政策分析》，《北京工业大学学报》（社会科学版）2016 年第 03 期。

⑥ 秦晨：《“边际人”及其“中国式相亲”——转型期中国青年的婚恋观与择偶行为》，《中国青年研究》2017 年第 07 期。

行为影响的相关文献较少，多数研究是以研究青年婚恋中存在的问题为视角，基于相应的调查与分析来探讨完善婚恋服务的政策建议，而与当前青年婚恋政策结合较少。

（二）青年生育的政策性研究状况

随着我国计划生育政策的多次调整、修订与完善，学者们对青年生育政策的研究也随之变化和发展。以生育政策调整为依据，梳理相关研究成果，主要包括：

一是关于“一孩”生育政策。学者们争论的焦点在于计划生育政策存在的问题、对这些问题的认识和政策完善的方向，在此主要梳理一些权威性的研究。计划生育政策的实施在很大程度上促使新增出生人口迅速下降，但计划生育政策不是降低生育率的唯一途径，且与偏高的出生性别比也没有直接因果关系[①]，反而需要肯定计划生育政策的积极效用——有效控制人口规模、实现人口再生产类型的转变以及提供协调的人口与环境条件[②]，并且在公共资源稀缺下显著提升了我国居民的幸福感[③]，同时对于接近适度人口目标和我国社会福利水平的提高也有重要意义[④]。然而，计划生育政策也极大限制了青年的生育策略选择空间和改变家庭的禀赋构成。[⑤]在生育政策调整方面，张纯元认为我国的生育政策在一定时期符合人口再生产规律的要求，未来调整主要呈现在部分细节[⑥]，黄少安等同样认为现阶段仍不能放松计划生育政策，相

① 原新等：《中国出生性别比偏高与计划生育政策》，《人口研究》2005 年第 03 期。
② 王金营等：《论计划生育政策的完善与调整——基于公共政策视角》，《人口学刊》2012 年第 04 期。
③ 王伟等：《计划生育政策降低了居民的幸福感吗——80 后一代视角的研究》，《人口研究》2013 年第 02 期。
④ 王晶等：《论计划生育政策对实现福利适度人口的意义》，《人口学刊》2010 年第 01 期。
⑤ 石智雷：《计划生育政策对家庭发展能力的影响及其政策含义》，《公共管理学报》2014 年第 04 期。
⑥ 张纯元：《中国人口生育政策的演变历程》，《市场与人口分析》2000 年第 01 期。

对人口高增长来说老龄化或“人口红利”丧失的压力偏小[①]。然而，基于中国“未富先老”、人口老龄化问题超出预期的社会现实，需要尽快调整承诺只用于“一代人”、现已产生较大社会后果的计划生育政策[②]，并且不仅调整生育数量，还应构建以鼓励型控制替代限制型控制、以宏观配套政策来替代单一生育政策的调节模式[③]。王焕清则对比分析维持与取消现行生育政策，都将会带来巨大的人口问题，认为适度放松能促使人口结构的更替趋于平衡。[④]

二是关于“双独二孩”政策。由于该政策主要是基于各省的生育状况而做出的调整，因此大部分学者主要以某地区为例来分析“双独二孩”政策对青年生育意愿和社会生育水平的影响。马小红认为，如仅以政策的预期效果为依据，“双独”政策允许的二孩数量大约从2006年快速增长，20世纪80年代、90年代出生的独生子女分别在2020年、2030年前完成二孩生育任务。[⑤]马小红、侯亚非认为独生子女意愿生育仍然保持低水平，而“双独二孩”政策对缓解老龄化具有积极效应，因此建议政府鼓励符合政策条件的家庭生育二胎，并强调建立有效沟通机制和生育意愿跟踪研究机制。[⑥]风笑天则认为“双独二孩”政策的出台一定程度上是对“一孩”政策的补偿，并以实证数据解释“双独二孩”政策对第一代“双独夫妇”和城市其他已婚夫妇二胎生育意愿的影响不存在显著差异。[⑦]

---

① 黄少安等:《人口负担与人口红利的权衡——论中国现阶段不能放松计划生育政策》,《学术月刊》2013年第07期。

② 王桂新:《生育率下降与计划生育政策的作用——对我国实行计划生育政策的认识与思考》,《南京社会科学》2012年第10期。

③ 包蕾萍:《中国计划生育政策50年评估及未来方向》,《社会科学》2009年第06期。

④ 王焕清:《不同计划生育政策下的我国人口预测研究》,《统计与决策》2013年第05期。

⑤ 马小红:《“双独政策”影响下北京市人口生育水平变动分析》,《人口研究》2004年第01期。

⑥ 马小红等:《北京市独生子女及“双独”家庭生育意愿及变化》,《人口与经济》2008年第01期。

⑦ 风笑天:《生育二胎:“双独夫妇”的意愿及相关因素分析》,《社会科学》2010年第05期。

三是针对“单独二孩”政策。学者们的研究焦点在于分析政策的执行效果以及对未来全面放开“二孩”政策的影响。徐俊认为，“单独二孩”政策作为过渡性政策在实施两至三年后如没有达到预期的效果，应尽快全面放开二胎，并建议改革配套的管理制度与计生方式。[①] 风笑天认为，“单独二孩”政策作为一种全覆盖面向独生子女家庭的补偿性政策，城乡家庭生命周期的冲击、青年夫妇因再生育而导致的职业发展受阻、“人口同期群”以及“全面二孩”政策的铺垫均在该政策的影响之下。[②] 褚湜婧认为生育政策调整要多考虑为青年谋福利，强调加强多部门协调合作、保护女职工生育权和关注选择性生育问题。[③] 乔晓春认为“单独二孩”政策“遇冷”并不能作为是否符合预期效果的指标，调整生育政策的真正预期目的是使当前的生育率能恢复到更替水平或以上。[④] 翟振武、李龙认为“单独二孩”政策较全面二孩政策的直接放开更利于促进人口数量与结构的均衡，但该政策并不能足够改善我国人口的年龄结构，也不能快速增加劳动力数量[⑤]，因此，全面二孩政策在多种因素的影响下是大势所趋，当然生育政策的调整也需要其他配套政策的同步实施。

四是针对“全面两孩”政策。生育政策放开后，我国学者较多关注政策对人口结构发展和奖励扶助政策等方面的影响以及对政策预期目标的解读。汤兆云认为全面两孩政策使得福建省0—14岁人口的抚养比系数增高，劳动力人口下降趋势减缓，老年人口规模几乎没有变化。[⑥] 吴帆认为促进人口的均衡发展不仅需要全面放开二胎政策，更重要的是立足于微观个体“结构——

---

① 徐俊：《我国计划生育政策的反思与展望——由“单独二孩”引发的思考》，《人口与经济》2014年第06期。

② 风笑天：《“单独二孩”：生育政策调整的社会影响前瞻》，《国家行政学院学报》2014年第05期。

③ 褚湜婧：《“单独二孩”政策与青年生育》，《中国青年研究》2015年第02期。

④ 乔晓春：《从“单独二孩”政策执行效果看未来生育政策的选择》，《中国人口科学》2015年第02期。

⑤ 翟振武等：《“单独二孩”与生育政策的继续调整完善》，《国家行政学院学报》2014年第05期。

⑥ 汤兆云：《全面两孩政策对人口结构的影响——以福建省为分析对象》，《社会科学家》2017年第05期。

过程——结果”的路径，强调增加家庭福利支持。[①] 吕红平、崔红威等认为，在全面“提倡两孩”的政策调整的同时也需要修订计划生育奖励扶助政策，以新法实施为标志实行“双轨制”扶助措施，重点帮扶因历史因素而导致存在实际生育困难的家庭。[②] 孙友然、温勇等也认为，“全面两孩”政策将会冲击原有奖励政策的价值导向，更多地趋向于控制人口数量、提升人口素质、引导人口性别比平衡、帮扶救助困难家庭的利益导向。[③] 王培安认为，基于二胎生育压力，未来要进一步加强生育保障，多部门协同解决青年夫妇“生得起”“生得出”和“生得好”的问题。[④] 宋健认为，普遍二孩政策并不能在短时间内达到提升生育率的预期效果，并且对于缓解劳动力短缺压力与人口老龄化现状也需要长期的努力。[⑤]

较青年婚恋政策，我国学者对青年生育政策的探讨更深入具体，并且部分政策建议也为我国生育政策的调整做出了很大贡献。对于现行的全面“二孩”政策，也有不少学者预测“二孩”政策的普遍推行虽并不能在短时间取得缓解低生育率、人口老龄化现状等预期效果，但“二孩”政策的全面放开也是基于社会现实的必要选择。

---

① 吴帆:《家庭政策支持：全面二胎放开后人口均衡发展的实现路径》,《广东社会科学》2016 年第 04 期。

② 吕红平等:《“全面两孩”后的计划生育奖励扶助政策走向》,《人口研究》2016 年第 03 期。

③ 孙友然等:《“全面两孩”政策对我国计划生育政策体系的影响研究》,《中州学刊》2016 年第 11 期。

④ 王培安:《论全面两孩政策》,《人口研究》2016 年第 01 期。

⑤ 宋健:《中国普遍二孩生育的政策环境与政策目标》,《人口与经济》2016 年第 04 期。

二、青年婚育政策历程回溯与现状分析

（一）我国青年婚育政策的演变历程

新中国成立以来，我国青年婚育政策经过了多次动态调整。通过梳理青年婚育领域中比较重要的国家与地方政策，可以将我国青年婚育政策的演变历程大致划分为以下四个阶段：

第一阶段：1950年至1979年——婚育政策萌芽并起步，但受干扰致使新政策制定周期变长，旧政策修订缓慢。

新中国成立以来，为废除以往"一夫多妻"的不平等婚姻制度和宣传恋爱结婚自由平等的新婚姻思想，我国于1950年5月颁布新中国成立以来的第一部法律——《婚姻法》，该法阐明了结婚离婚自由、一夫一妻、夫妻平等、禁止买卖婚姻等基本原则。然而，由于当时政策环境、医疗设施完善引起死亡率下降等因素的影响，我国并未出台相应的生育政策，反而在实践中呈现出鼓励人口积极增长的特点。直至1971年7月，国务院在发布《关于做好计划生育工作的报告》中首次将控制人口增长的指标纳入国民经济发展计划，计划生育才被提上国家议程。在1966—1976年间，我国经历了"文革"动乱，人口普查长期停滞，计划生育思想虽有萌芽但未形成制度性的政策，《婚姻法》的修订工作伴随我国法制体系的瘫痪也被搁置。在这一阶段，我国青年婚育政策虽有起步，但新政策的制定与旧政策的修订较为缓慢。

第二阶段：1980年至1999年——政策修订发展迅速，多聚焦于某一群体或特定问题，生育政策试点开始。

伴随着对"文革"的批判性反思和改革开放政策的实施，我国青年婚姻政策的出台与修订进入了飞速发展期。1980年9月，经第五届全国人民代表大会第三次会议审议通过，新修订的《婚姻法》问世，此次修订主要表现为

五点：在旧法基础上增加计划生育和保护老人合法权益两项原则；将男女结婚法定年龄各提升2岁，鼓励青年晚婚晚育；增加男女可按登记约定互为对方家庭成员的规定；增加准予离婚的条例；完善处罚机制。为充分保障妇女的合法权益，1992年4月第七届全国人民代表大会第五次会议通过并颁布了《妇女权益保障法》，该法详细解释了妇女的婚姻家庭权益，国家依法保障妇女享有平等的婚姻家庭权利、婚姻自主、生育自由权利、共享夫妻财产、人身保护的权利。

然而，青年生育政策是基于我国面临庞大人口“过剩”压力下经过漫长的制定而厚积薄发的结果。1980年9月，中共中央发表《关于控制我国人口增长问题致全体共产党员共青团员的公开信》，提倡一对夫妇只生一个孩子，强调晚婚晚育。1982年9月党的十二大将计划生育确定为一项基本国策并于同年写入新修订的《宪法》，生育政策特征由70年代的“晚、稀、少”转变为“晚婚、晚育、少生、优生”，在生育数量上由准许生二孩压缩为城镇职工只准生一个孩子，而农村严格限制生二孩。由于计划生育政策在农村受到较大抵制，1984年4月党中央、国务院重新调整，核心在于农村生育的数量，规定在农村仍坚持提倡一对夫妇生一个孩子，但也要适当放宽生二孩的门槛。这次历史性的调整之后逐步形成了具有相对稳定、长期持续特征的计划生育政策[①]，此后在城市实行“一孩”政策，而在农村试点推行“一孩半”政策，即第一胎为女孩的青年夫妇可再申请生育一个孩子。1998年9月，国家计划生育委员会发布《流动人口计划生育工作管理办法》，旨在强化流动人口计划生育管理、维护流动人口合法接受生育服务的权益以及有效控制流动人口增长，并规定了若干管理措施。可见，在这一阶段，青年生育政策经历了从“零收入”到“多产出”的过程，政策出台与调整更加侧重某一问题或某些群体。

在生育政策试点上，山东省走在全国前列。1984年山东省在14个县的

① 杜本峰等：《中国计划生育政策的回顾与展望——基于公共政策周期理论视角分析》，《西北人口》2011年第03期。

部分乡镇试点独女户“间隔式二孩”政策，此后又根据效果扩大了试点范围。1988年7月，山东省第七届人大常委会第四次会议通过《山东省计划生育条例》，在全国率先实行“双独二孩”政策，此后四川省等27个省、直辖市相继实施。而在农村宽松生育政策的试点上，主要存在三种方式：晚婚、晚育加间隔，以山西翼城县、黑龙江黑河、甘肃酒泉为代表；按法定年龄结婚间隔超过4年可生育第二胎，以河北承德为代表；有计划、按指标、够间隔生育第二胎，以广东南海县为代表。[①] 这一阶段生育政策的试点调整，也为渐进推动“二孩”生育政策的全面放开提供了丰富的实践经验。

第三阶段：2000年至2009年——婚育政策在制度层面上进一步稳步推行，但其局限性也开始显露。

进入21世纪以来，我国首先通过出台和修订相应的法律进一步巩固现有的青年婚育政策，突出表现为：2001年4月，第九届全国人大常委会第二十一次会议通过修订并颁布新《婚姻法》，新增“禁止有配偶者与他人同居”“禁止家庭暴力”“符合结婚实质条件的按规定补办登记”“约定个人特有财产”“无效婚姻与可撤销婚姻的区分”“确定离婚条件标准”等规定；2001年12月，第九届全国人大常委会第二十五次会议审议通过并颁布《人口与计划生育法》，对人口发展规划、生育调节、计划生育技术服务及法律责任做出了详细的说明，并强调合法生育与避孕节育；2005年8月，第十届全国人大常委会第十七次会议审议修订了《妇女权益保障法》，将男女平等写入总则，明确了执法主体和妇联在法律实施中的地位，完善并保护了妇女的政治权利、受教育权、人身权利、婚姻家庭权利、劳动和社会保障权益。青年婚恋和生育政策领域先后有多部重磅的法律颁布和修订，极大地保障了政策的稳步推行。

其次，各种相关条例和解释性法规也相继发布。2001年6月，国务院公布《计划生育技术服务管理条例》，该条例对计划生育技术服务的具体内容、各级部门及人员的责任、监督管理与处罚规定做出了明确说明。2001年12

① 王鹏：《20世纪80年代初期的生育政策试点回顾与思考》，《山西师大学报》（社会科学版）2012年第06期。

月，最高人民法院审议通过《关于使用〈中华人民共和国婚姻法〉若干问题的解释（一）》，进一步解释了《婚姻法》中的“家庭暴力”“已婚者与他人同居”等情形以及民政部《婚姻登记管理条例》中有关婚姻登记等内容。2003年8月，国务院发布《婚姻登记条例》，对结婚与离婚登记、婚姻登记建档以及登记证的使用进行了详细说明。2003年12月，最高人民法院审议通过《关于使用〈中华人民共和国婚姻法〉若干问题的解释（二）》，主要涉及同居关系、无效婚姻、利害关系人、婚前婚后财产认定等内容。2009年4月，国务院常务会议通过并发布《流动人口计划生育工作条例》，在全国建立流动人口计划生育信息管理系统，要求各级公安、民政、卫生等部门做好辖区流动人口生育政策宣传与避孕节育工作。

但是，计划生育政策的长期实行也产生了一些消极影响，如加速我国人口老龄化进程，诱发出生性别比失衡等。并且，出生性别比升高且持续偏高造成婚龄人口性别结构逐渐失衡，进而导致大龄未婚青年数量显著增长，其“择偶难”问题愈发严重。在这一阶段，学术界对我国青年婚育政策所引发社会问题的研究较多，这从侧面也反映出了青年婚育政策的局限性。

第四阶段：2010年至今——政策调整周期缩短，形式逐渐由限制控制型转变为鼓励倡导型。

鉴于几十年来的青年婚育政策实践，一些政策引发的社会问题在这一阶段充分暴露，并且有些政策因不能适应该阶段的人口社会发展而需要进行大幅调整。在青年婚恋政策方面，2011年7月，最高人民法院发布《关于使用〈中华人民共和国婚姻法〉若干问题的解释（三）》，主要解释了结婚登记诉讼、亲子关系确认、财产分割、婚前财产公示、房屋权属等特定情形。2015年12月，第十二届全国人大常委会第十八次会议通过并颁布了《反家庭暴力法》，该法明确并强调了单位、群团组织、公安机关、人民法院、法律援助机构、新闻媒体和学校在处置和预防家庭暴力中的角色。2017年2月，最高人民法院审议通过《关于使用〈中华人民共和国婚姻法〉若干问题的解释（二）的补充规定》，旨在对2003年司法解释的第二十四条进行两款补充。共青团中央、民政部和国家卫生计生委三部委于2017年9月出台了《关于进一步做好青年婚恋工作的指导意见》，创新性地提出“弘扬文明婚恋风尚”“培育公益性婚恋服务项目”等七大内容。

在青年生育政策领域，周期短、鼓励倡导等特征在这一阶段凸显。2011年11月，伴随着《河南省人口与计划生育条例》的修订，“双独二孩”政策在全国范围内全面放开。2013年12月，第十二届全国人大常委会第六次会议通过了在全国实施“单独二孩”政策的议案，夫妻一方为独生子女即可生育两个孩子。2015年12月，第十二届全国人大常委会第十八次会议通过并修正了《人口与计划生育法》，国家提倡一对夫妻生育两个子女，进一步放开了对生育数量的控制。

（二）现行婚育政策的现状特征

通过梳理青年婚育政策演变历程，可以发现不同阶段的婚育政策具有不同的特征。而现行的婚育政策具有以下特点：

一是政策条件进一步放宽，逐渐淡化“行政命令”而重视“道德倡导”。2015年新修订的《人口与计划生育法》打破了严格控制计划外生育的门槛，放宽条件并提倡生“二孩”，在一定程度上缓解了长期低生育率状况，满足了青年夫妇的再生育需求。在计划生育技术方面，国家更多地提倡青年夫妇自主避孕，而非由各地计生部门强制实施。

二是政策侧重整合与汇总，内容更贴近各地实际。在国家三部委《指导意见》正式出台前，部分地方的共青团组织先后出台加强服务青年婚恋交友的政策，如山东省东营市2014年提出搭建青年交友平台，强调实名化、多媒体联动；四川省2016年建设青年婚恋服务“五个一工程”；广东省2017年则倡导团聚型婚恋活动。由此发现，各地政策因其辖区青年婚恋状况的差异而不同，而三部委《指导意见》则糅合汇总了各地有效举措，使得政策更贴近各地青年婚恋现状。此外，“全面二孩”政策的提出，也是基于各地“双独二孩”“单独二孩”政策实施效果评估以及生育现状的总结。

三是政策强调政府与广大社会组织的沟通，通过建构多部门联动机制来促进政策实施。现行青年婚育政策的协调性特征表现得较为充分，尤以三部委出台的《指导意见》更为明显。《指导意见》明确民政和卫生计生等政府部门、各群团组织与社会组织共同参与青年婚恋服务，并强调既要协调同级别各相关组织，也要协调上下级组织，在特色服务项目、服务评估等方面打破壁垒。此外，现行婚育政策的衔接性特征体现为国家在制定出台婚育政策的同时，也强调其他配套医疗、教育、住房、家庭、养老等方面政策的嵌入。

三、青年婚育政策的执行效果评估

由于我国青年的婚恋政策以法律法规为主，评估难度相对较高，可量化的指标相对较少。因此，本研究对青年婚育政策的执行效果评估以生育政策为主，对特定问题结合青年婚恋政策进行简要评述。总体而言，青年婚育政策的执行效果和影响显著，大多符合预期，但也存在一定的问题和局限性。

（一）"黄金阶段"效应明显，但"人口红利"优势弱化

自20世纪70年代初以来，计划生育政策已经实施了40多年，我国育龄妇女总和生育率和"一孩"生育率大幅降低，有效减缓了人口增长速度，为我国创造了经济发展和人口结构转型的"黄金阶段"。有研究表明，在1972—2000年间，我国累计少生人口2.64亿—3.20亿之间，对降低人口自然增长率贡献了61.21%[①]。在1972—2008年间，排除经济社会发展等因素，仅强调计划生育政策，我国少生了近5亿人口[②]。这表明，计划生育政策的实施，极大地缓解了人口增长压力与资源、环境之间发展不平衡的矛盾。

然而，无论是"一孩"政策的强制推行，还是农村"一孩半"政策的宽

① 王金营：《中国计划生育政策的人口效果评估》，《中国人口科学》2006年第05期。
② 陶涛等：《计划生育政策的人口效应》，《人口研究》2011年第01期。

松实施，均会导致新增人口的下降以及出生性别比的失衡，进一步引发劳动力危机、人口老龄化、独生子女婚育压力等连锁问题。陈卫等预测，21 世纪中叶前将是我国老龄化速度最快、水平最高的阶段，低生育率对缓解我国人口老龄化问题存在长远效应，这也意味着仅靠降低生育率在短期并不能很好地缓解老龄化。此外，21 世纪前二三十年也将形成“80 后”“90 后”双独生子女群体的婚育高峰期，[①] 长期执行计划生育政策虽在一定时期存在发展意义，但随着政策执行时间的延长，政策的消极后果也会显现并集中表现为：青壮年的“人口红利”优势逐渐弱化，青年婚育压力显著提升。

（二）贫困农村“计划”的控制力疲弱，超生现象未能较好约束

由于最开始全面推行的“一孩”政策在多数农村受到较强抵制，国家开始调整并衍生出农村“一孩半”政策。然而，在偏远贫困农村，即使是“一孩半”政策，同样呈现“一孩”政策的强制约束与控制意向，部分村民习惯于传统的自由生育模式而并不能很好地执行这一政策，甚至会与计生工作人员发生冲突。这反映出计划生育政策在贫困农村的控制力较为疲弱。

根据全国 2‰生育率调查数据，在 1980—1988 年间，计划外出生人口占全部出生人口比例超过 45%，其中二胎的计划外生育比例接近 25%，三胎以上的生育计划全部为计划外生育[②]，这表明 20 世纪 80 年代农村“二胎”“三胎”的违法超生现象颇为严重。随着部分省份先后试点“双独二孩”政策，农村青年夫妇的二孩偏好在生育政策放松下反弹，导致二胎甚至三胎超生的比例大幅提升。在 2002—2012 年间，有研究证明，随着农村政策的逐步放宽以及独生子女家庭的二孩情结，导致二胎超生普遍反弹[③]。这表明，农村“超

---

① 侯亚非：《北京市计划生育政策实施效果分析与展望》，《人口与经济》2005 年第 02 期。

② 高元祥：《我国七十、八十年代计划生育政策控制效果的比较与评估——全国 1‰、2‰生育率抽样调查比较分析》，《人口与经济》1992 年第 05 期。

③ 孙新华：《农村的二胎超生反弹及其原因探析——以湖北省三个乡镇为例》，《人口与发展》2013 年第 03 期。

生”现象虽在政策收紧时得到抑制，但是一旦政策松动，“超生”现象便重新抬头，多数“独生子女”或“双女户”等家庭宁愿采取交罚款或将超生子女户口迁到其他家庭等方式，也要选择超生。

（三）“单独二孩”政策“遇冷”，“全面二孩”政策逐渐“升温”

自 2013 年 12 月全国开始推行“单独二孩”政策以来，该政策的部分预期效果并未充分实现，“单独夫妇”的二胎生育意愿并未因政策放开而显著增强。有专家于 2014 年指出，“单独二孩”政策实施后的 5 年内，我国预期每年新增出生人口约为 200 万人[①]，而官方的预期数据则为 130 万—160 万，但实际上，2014 年我国新增出生人口仅 47 万。因此，在新增人口数量上，“单独二孩”政策的放开并未实现预期的人口增长目标。此外，育龄妇女的总和生育率并未达到“单独二孩”政策出台前国家所预期的总和生育率超过 2.0 的目标。这也充分证明，发展是现阶段生育率下降的主要催化剂，生育政策变为“非显著”因素[②]，“单独二孩”政策“遇冷”、效果不太符合预期的结果存在必然性。贾志科等基于对南京、保定青年夫妇的调查，指出在“单独二孩”政策子女数上，“双非夫妇”比“单独夫妇”“双独夫妇”呈现出更强烈的“二胎”生育意愿[③]；石智雷等在湖北省的调查也表明，符合“单独二孩”政策的家庭明确要二孩的比重只有 21.51%，城市青年夫妇的二孩生育意愿更低[④]；杨菊华基于全国流动人口调查数据总结，不足 15% 的流动人口、22% 左右的单独夫妇明确表示有二孩的生育意愿，“单独二孩”政策难以出现较强的生育

---

① 翟振武等：《“单独二孩”政策的前因与后果》，《人口与计划生育》2014 年第 03 期。

② 尹文耀等：《生育水平评估与生育政策调整——基于中国大陆分省生育水平现状的分析》，《中国社会科学》2013 年第 06 期。

③ 贾志科、风笑天：《城市“单独夫妇”的二胎生育意愿——基于南京、保定五类行业 558 名青年的调查分析》，《人口学刊》2015 年第 03 期。

④ 石智雷等：《符合“单独二孩”政策家庭的生育意愿与生育行为》，《人口研究》2014 年第 09 期。

意愿反弹[①]。这些调查数据结果反映了我国青年低生育率的现状，一定程度也表明“单独夫妇”家庭的生育压力较大，这种压力可能来自生育风险、成本、时间等方面。在面临长期低生育率陷阱、强制性避孕节育思想遗留的影响下，“单独二孩”政策的放开并未彻底改变现状，其最大的意义在于过渡并推动了“全面二孩”政策的放开。

鉴于“单独二孩”政策的实施并未达到预期效果，国家对生育政策进行了进一步调整和完善，“全面二孩”政策自2016年1月1日起正式实施。根据全国人口变动抽样调查数据结果，在“全面二孩”政策实施的两年内，全国共计出生人口3509万人，比“全面二孩”政策实施前的“十二五”时期年均出生人数平均多出110.5万人，出生率平均提高了0.58个千分点。其中，“全面二孩”政策实施的效果更多体现在二孩出生数量上，2016年二孩出生数量为721万人，2017年进一步上升至883万人，占全部出生人口的比重达到51.2%。可见，“全面二孩”政策逐渐“升温”，“双非夫妇”的二孩生育意愿逐步得到释放。然而，值得注意的是，近年来我国育龄妇女人数呈逐渐减少趋势，2017年20—29岁生育旺盛期的育龄妇女人数比2016年减少近600万人，且女性初婚和初育年龄呈现不断推迟的趋势，生育意愿下降使得一孩出生数量也有所减少，2017年一孩出生人数724万人，比2016年减少249万人[②]。“全面二孩”政策对“双独夫妇”和“单独夫妇”的影响力及其在一孩生育数量和意愿上的影响效果，有待进一步评估。

（四）婚姻政策“无痕迹式”宣传，“钻漏洞”非常规行为渐增

自新中国成立以来，青年婚姻政策最具参考指导意义的是《婚姻法》。《婚姻法》经历多次修订与解释，但《婚姻法》的宣传痕迹较生育政策偏少。

① 杨菊华：《单独二孩政策下流动人口的生育意愿试析》，《中国人口科学》2015年第01期。

② 国家统计局：《2017年我国“全面两孩”政策效果继续显现》，2018年01月21日，见http//www.xinhuanet.com/finance/2018-01/21/c_129795514.htm。

这一方面表明，国家和政府对婚姻政策的宣传力度较弱；另一方面也暴露出社会对青年婚姻政策的重视程度偏低，且存在“婚姻法新解释是‘城市人的法律’”[①]、“新修订的《婚姻法》偏向强者”、“自己奋斗买房是硬道理”等看法。一些媒体还刊发文章呼吁社会，如果不打算过那种伤害家庭与亲人的“另类生活”，就不必过度关注婚姻法的解释性条文，[②]但显然不应如此，因为涉及青年的婚姻政策需要全社会的积极关注，关注并不意味着一定会遭遇这些问题，而是需要了解婚姻政策动向。

离婚率提升不仅是个人思想观念开放的结果，也是政策漏洞与个人“功利性”倾向糅合的结果，这背后隐藏着政策的内在问题。当然，“钻漏洞”的非常规行为不仅包括“功利性”离婚，也包含“未婚同居”“伪裸婚”等。政府理应成为婚姻关系确认者和道德伦理的坚定维护者，但如今则演变为婚姻关系“被支配”主体和“政策性”离婚的工具[③]，反映出我国婚姻政策及其他配套政策在条文设计方面存在漏洞。因此，未来婚姻政策需要明确“假离婚”“伪裸婚”等模糊性的概念，并建立非常规婚姻监测筛选机制。此外，《婚姻法》多次修订简化了结婚离婚手续，国家也逐渐减少了对青年结婚离婚的干预。陈友华则认为，我国通过简化婚姻手续来遵循婚姻自由原则并不妥当，国家既不能为减少离婚率而有意增加离婚难度，但也不能太放任“无限制”自由离婚。[④]关于离婚财产分割，《婚姻法司法解释（三）》在明确财产分割办法的同时，也会削弱《婚姻法》的离婚约束力，反而形成鼓励离婚或未婚同居的“假象”。

---

① 傅达林：《评论称婚姻法新解释是“城市人的法律”》，《京华时报》2011 年 08 月 14 日。

② 单士兵：《不必过度关注那些婚姻法解释》，《长江商报》2010 年 11 月 22 日。

③ 邓志强等：《公共政策视域下青年婚姻匹配及其稳定性研究——基于上海市的调查分析》，《中国青年研究》2015 年第 05 期。

④ 陈友华：《减少婚姻焦虑，须从完善公共政策做起》，《探索与争鸣》2013 年第 05 期。

四、未来青年婚育政策的完善方向

（一）建立健全婚育利益导向机制，鼓励青年适龄结婚生育

青年婚育利益导向机制是国家、政府和社会三方力量为协同指导青年婚育行为与维护婚育利益而建立的政策导向性机制。青年生育的利益导向在生育政策实施时就存在一定的保障，例如，对独生子女家庭提供物质奖励与子女升学就业扶助，对生育困难家庭提供医疗、就业等优惠。但实际上，这些奖励与居民"低保"的差距较大，并伴随着"全面二孩"政策的实施，国家更多的是给予独生子女父母光荣证等精神奖励。然而，青年婚恋利益导向机制还有待建立。

因此，青年婚育政策制度在制定实施的同时应兼顾考虑公益、福利与保障的婚育利益导向。一方面，开展覆盖青年的公益性婚育服务。国家应鼓励政府各相关部门、青年社会组织以及婚育服务机构以公益性为导向开展公益性青年婚恋交友平台搭建、免费婚恋与生育问题咨询、婚育维权倡导等服务。另一方面，加强对困难青年与家庭的福利保障。依据当前的人均收入和消费水平，来"阶梯式"制定对"失独"家庭、生育困难家庭、大龄未婚青年的扶助标准，扩大青年婚育利益导向机制的正效应。

由于20世纪80年代以来我国对青年夫妇晚婚晚育的大力倡导，再加上受到性别结构失衡的影响，青年结婚与生育的时间不断推迟，结婚和生育的间隔拉大，一定程度上导致当前的生育率维持在偏低水平并加剧了青年择偶压力。有调查表明，当代城市青年实际婚恋年龄呈现出了恋爱年龄提前、结婚年龄推迟的特点，恋爱低龄化和结婚高龄化态势明显。[①] 因此，不能止步于

① 贾志科、风笑天：《城市青年的婚恋年龄期望及影响因素——以南京、保定调查为例》，《人口学刊》2018年第02期。

"全面二孩"政策，而要促进青年婚育市场的健康、均衡发展。

（二）加强婚前婚恋辅导与生育教育，倡导青年理性婚育

当前，社会转型期中存在的"闪婚""闪离""裸婚""未婚先孕"等婚育现象也暗含着对青年婚育教育的缺乏。伴随着社会变迁的加快，很多青年在没有接受婚前教育的情况下便匆忙步入婚姻，这种婚姻行为也反映出一些青年对婚姻不认真、不负责的态度。因此，有必要在结婚前对青年进行婚恋辅导与生育教育，引导青年诠释婚姻生育的意义与价值。

第一，国家教育部门和高校努力推动婚恋教育纳入高校大学生综合教育课程体系，将婚恋教育的开展效果作为一项评估指标列入高校考核行列，同时大学生自身也要主动学会学习和了解婚恋相关知识。第二，国家和社会需要对适龄青年开展婚前辅导，帮助青年伴侣澄清传统婚姻观念的影响与彼此结婚动机，评估双方心理特质的契合程度。[①] 第三，政府卫生计生部门及各级医疗机构需要向适龄青年开展婚前生育教育，倡导其理性生育，教育的内容可以包括对当前生育政策、有效避孕方法、理想生育年龄与生育间隔等方面的了解与认知。

（三）建构"非常规"婚育行为的监测制度，增强政策的完备性

针对当前社会存在的"非常规"婚育行为，国家、政府和社会任何一方都不可能做到单独控制，而是需要三方力量协同，建构"非常规"婚育行为的监测制度，达到控制"非常规"婚育行为蔓延、弥补政策漏洞的目标。

第一，国家需要进一步修订婚育政策法规，明确各种"非常规"婚育行为的概念与筛查判断方式。针对"假离婚"或"冲动式"离婚行为可以在现

① 王晓萍:《社会文化变迁背景下的婚姻与婚前准备教育》,《江苏社会科学》2010 年第 04 期。

有程序中增加夫妻情绪冷静期与延期审查制度[1]，增设离婚原因评估环节。第二，各地应尽快建立党政机关“全网通”信息系统，尤其民政、社会保障、住房、教育和财政部门之间应互联居民信息，如住房部门在分配拆迁房时应注意查看分房对象的婚姻状态与离婚的时间；社会保障部门在福利发放时应审查居民婚姻、财产、生育孩子等情况。第三，青年社会组织应积极融入“民政部门、街道、社区、社会组织”四位一体的青年婚育监测体系，与街道、社区居委会协同建立社区青年婚育服务与监测中心，定期了解社区或服务范围内青年的婚姻与生育状况。

① 陈友华等:《家庭发展视角下的中国婚姻法之实然与应然》,《探索与争鸣》2012 年第 06 期。

第五章　改革开放 40 年来我国青年就业创业政策的新发展

就业创业作为青年群体解决生活需要、实现自身价值的基本途径，既关系到青年个人及其家庭的切身利益，更关系到社会的和谐发展和国民经济的稳步提高。尽管在国际环境和国内环境的影响下，青年就业创业压力日益增大，但是国家不断提高对于青年就业创业的重视，出台了一系列的措施对其进行指导和扶持，青年的就业创业活动也取得了一定的进展。

一、青年就业创业概述

（一）青年的劳动权利与义务

在新中国成立之初我国的第一部宪法中就赋予了公民劳动的权利和义务，并在之后的历次宪法修订中不断对这一权利和义务进行完善。《中华人民共和国宪法》第 42 条规定："中华人民共和国公民有劳动的权利和义务。国家通过各种途径，创造劳动就业条件，加强劳动保护，改善劳动条件，并在发展生产的基础上，提高劳动报酬和福利待遇。""国家对就业前的公民进行必要的劳动就业培训。"

而在《中华人民共和国劳动法》中对于劳动者的权利义务做出了明确的规定，《中华人民共和国劳动法》中对于劳动方面的权利规定包括：

劳动者有平等就业和选择职业的权利。这是公民劳动权的首要条件和基本要求。在我国，劳动者不分民族、种族、性别、宗教信仰，都平等地享有就业的权利。劳动者选择就业的权利是平等就业权利的体现。劳动者有获得劳动报酬的权利。劳动者有休息休假的权利。劳动者有在劳动中获得劳动安全和劳动卫生保护的权利。劳动者在安全、卫生的条件下进行劳动是生存权利的基本要求。劳动者有接受职业技能培训的权利。劳动者享有社会保险和福利的权利。劳动者有提请劳动争议处理的权利等。

同时，劳动者在享有一定的劳动权利的同时，必须履行一定的劳动义务。按照《劳动法》的有关规定，劳动者应当履行的义务包括：

完成劳动任务。劳动者首要的义务是对工作尽心尽责，忠于职守，出色地完成任务。提高职业技能。劳动者要有强烈的事业心和主人翁责任感，要刻苦学习专业知识，钻研 职业技术，提高职业技能，掌握过硬的本领。遵守劳动纪律，执行劳动安全卫生规程。劳动者在劳动中必须服从管理人员的指挥，遵守各项规章制度和劳动纪律及安全生产的法规制度、规程标准。职工既是劳动者，又是公民，在社会上，在家庭里，都要遵纪守法。在社会上违法乱纪，也会导致劳动权利的丧失。

（二）青年就业创业的意义

对于社会而言，首先，作为劳动力的新生军，青年就业可以使新生劳动力和生产资料相结合，使得更多的物质财富和精神财富被创造出来，促进经济的发展和社会的进步，同时青年就业可以促进劳动力的不断产生和发展从而维持了社会的持续发展。其次，人力资源开发状况对于一个社会的发展动力以及发展的持续性均有重要影响，青年接受社会给予他们的巨大资源，大多拥有良好的知识和素质，如果不进行就业，就会形成巨大的资源浪费，也会给国家经济和社会保障造成很大的压力。再次，青年就业是青年及其亲属基本生活费用的主要来源，大多数情况下，青年就业获得收入可以保证其自身以及家属的正常生活；青年没有就业就会沦为失业者，加上我国的社会保障制度仍不够完善，我国社会成员的基本生活对于就业的依赖程度非常高，如果出现大量的青年失业问题则必定会造成这个社会里大量家庭的基本经济收入大幅度降低，从而产生严重的贫困问题和贫富差距问题。最后，只有青年实现了充分的就业，才会对自身现在的生活水平有一个较好的评价，才有可能普遍认同社会，形成一种积极的社会态度，所以青年就业可以维持社会的稳定和发展，如果青年长期失业就会成为社会的不稳定因素，对社会治安造成不利影响。

对于青年个人而言，首先，就业是青年取得报酬、获得生活来源的最主要的途径，青年实现就业，可以维持自身及其家属的正常生活，并不断提高他们的生活水平，同时青年就业还是实现社会劳动力不断再生产的主要途径，青年实现了就业就会使劳动力源源不断地产生和发展。其次，青年就业是其实现社会化，平等地进入、融入正常的社会生活环境的一个必要条件。如果青年不能实现就业，就会中断社会联系，停止参加社会生活，出现被社会“边缘化”的情况。这样不仅会造成失业青年与正常社会生活环境之间的联系中断，而且还会使失业青年的尊严以及独立的人格受到严重的伤害。最后，青年就业也是青年寻求个人发展、实现人生价值的必要途径，在通常情况下，青年就业不仅仅是为了解决基本的生活需求，也是为了实现青年心中的理想抱负，为社会作贡献，而就业也就成为了青年的这种抱负和价值观念得以实现的一个有效的途径；同时青年就业也有助于青年职业能力的不断提高，随着科学技术的进步，新兴职业不断被开发，青年可以通过就业不断提高自身的知识水平和业务素质，根据新形势不断对自身的素质和能力进行更新，以适应社会发展的新要求。

（三）我国青年就业的基本情况

掌握最新的知识和技能，富有热情、创造力的青年为我国的劳动力市场注入了新鲜血液，为用人单位提供了新思维和新方法。然而近年来，青年在劳动力市场却面临着巨大的压力和挑战，总体上劳动力市场供大于求。同时在世界金融危机的影响下，青年就业压力进一步增大，青年群体的就业创业问题在国际环境和国内环境共同作用下，复杂多样，矛盾突出。并且在未来10年内，我国劳动力市场依旧会保持供大于求的情况。因此，青年就业创业问题始终会是国家长期重点关注的战略性问题。

一定程度上而言，就业问题是青年就业问题。长期以来，国家一直将促进就业作为党和政府的长期战略和政策，2010年10月，党的十七届五次全会通过的《中共中央关于制定国民经济和社会发展第十二个五年规划的建议》就明确指出："把促进就业放在经济社会发展优先位置"，并将促进就业和构建和谐劳动关系列在保障和改善民生的第一位。国家积极就业政策的实施取得了一定的成效。经济的持续增长为青年提供了大量的就业岗位；经济结构的调整使得青年就业结构不断地优化；国家促进中小企业发展的政策也为青年提供了更多的就业岗位。国家不断对于就业服务制度的完善，对于就业的财政支出的扩大以及对于青年劳动技能培训的重视都使得青年的就业压力得到了很大程度的缓解。

为通过创业带动就业，缓解就业压力，国家采取了一系列措施，鼓励青年自主创业。通过提供税收优惠、小额贷款，组织开展创业培训和跟踪辅导等一系列的服务措施，为青年创业保驾护航。2009年3月，团中央同国家开发银行联合下发《关于深化实施"中国青年创业小额贷款项目"的通知》，合作推动小额贷款担保机制的创新，以解决青年创业的资金难题。2015年，国务院持续强调创新体制机制，实现创业便利化；优化财税政策，强化创业扶持；搞活金融市场，实现便捷融资等措施，加快推进青年创业的发展。在国家政策的指导和扶持下，青年成为了创业的主力军，青年创业活动日趋活跃，创业观念不断更新。

二、青年就业创业政策的历史沿革

作为国家整体就业创业政策的一个重要组成部分，青年就业创业政策的沿革发展与国家就业创业促进政策的沿革发展有着阶段划分上的相同之处，又体现了不同时期国家对于青年就业创业工作的不同要求和重点关注。改革开放以来，国家经济体制经历了由计划经济向市场经济的转型，国家青年就业创业政策也经历了由计划调控阶段到市场调控阶段的转变。城乡二元经济结构的形成转化和高等教育的发展又催生了青年农民工和高校毕业生两个重点群体的就业创业问题，我国青年就业创业政策也随之调整变迁。总体来说，改革开放 40 年来，我国青年就业创业政策基本可以归纳为以下五个阶段：

（一）1978—1987 年：突破统包统配就业制度，过渡期多元渠道的探索

改革开放之前，我国长期实行高度集中的计划经济体制，使得就业政策一直呈现统包统配的基本特征。国家对于就业人员“一包到底”，从工作分配到就业后的工作保障，都是由国家承担。这种就业形式虽然使从业者免除失业之忧，但弊端也日渐暴露。劳动者不能自主选择职业，单位富余人员增多，劳动生产率降低，这些问题极大束缚我国经济的进一步发展。十一届三中全会以后，我国开始从计划经济体制向社会主义市场经济体制的转变，我国的就业政策，尤其是对青年的就业政策发生了巨大变化。

1.“三结合”的多元就业方针

为缓解就业压力、适应当时经济体制改革，1981 年中共中央、国务院明确提出“三结合”的就业方针，即“在国家统筹规划和指导下，实行劳动部

门介绍就业、自愿组织起来就业和自谋职业相结合”[①]，推行多种渠道、多种形式的用工制度。自此，青年就业的途径开始从依赖国有企业招工向国有、集体、个人等多种渠道转变。同期，随着农村家庭联产承包责任制和城镇改革的稳步推进，集体经济成为吸纳青年就业的主渠道。

2.“城乡分割”状态逐渐打破

在“三结合”的多元化就业方针确立之后，政府出台的就业政策进一步开放。与之前严格控制农村劳动力向城镇流入的政策不同，1985年中央一号文件开始鼓励青年农民进城寻求就业机会。这表明长期的“城乡分割”政策开始松动，劳动者有了一定程度上的劳动自主权。[②]这段时期内，劳动力市场走向复苏，政府越来越重视利用市场来配置劳动力资源。

3. 劳动就业的法律法规开始出台

1983年劳动人事部出台《关于招工考核择优录用的暂行规定》，其中，“准备培养作专业技术工人的，一般应具有高中毕业文化程度，年龄不超过二十二周岁”[③]，体现了国家就业政策对青年人群的照顾，也是促进就业年轻化的重要举措。1986年国务院出台《国营企业招用工人暂行规定》，文件明令禁止企业“内招”和“子女顶替”，必须在国家劳动工资计划指标之内，贯彻执行先培训后就业的原则，面向社会、公开招收、全面考核、择优录用。此规定把竞争机制引入就业领域，为就业者和招工单位双向选择关系形成打下了基础。

（二）1987—1992年：发展青年职业技术教育，就业的市场化开始形成

1987年中共十三大明确提出要运用计划调节和市场调节两种手段，逐

① 《关于广开门路，搞活经济，解决城镇就业问题的若干决定》，1981年10月27日，见http://www.scio.gov.cn/zhzc/6/2/Document/1026733/1026733.htm。

② 陆宗祥：《论劳动力市场与政府就业政策选择》，中国社会科学院研究生院2003年硕士学位论文。

③ 袁守启主编：《劳动法全书》，中国宇航出版社1994年版，第229页。

步建立“国家调节市场，市场引导企业”的机制。据1982年人口普查测算，在城镇待业人员中，初中以下文化程度的占64.3%，其中小学文化程度的占12.5%，文盲半文盲占2%。在占待业人员总数35.7%的高中文化程度人员中，绝大多数是普通高中毕业生，很少有职业教育的背景。青年劳动力文化技术水平较低、劳动市场发展不完善制约了我国经济进一步发展，政府也着力对其进行调整和促进。

1. 职业技术教育的兴起

基于我国青年文化、技术职业水平较低的现状，1991年，国务院陆续做出《关于加强职工教育工作的决定》《关于大力发展职业技术教育的决定》等决定，要求各部门高度重视职业技术教育的战略地位和重要性，积极贯彻大力发展青年职业技术教育的方针，加强职业技术教育的改革和基本建设。文件最后还要求全国职工教育管理委员会、教育部组织有关部门着手起草《职工教育法》。

2. 逐渐形成就业的市场化

1992年，党的十四大明确把建立社会主义市场经济体制作为我国经济体制改革的目标，使市场在资源配置中起基础性作用。这从根本上动摇了传统的计划经济体制，也促进了就业领域的市场化进程。1992年7月23日颁布的《全民所有制工业企业转换经营机制条例》指出，“企业可以实行合同化管理或者全员劳动合同制”。条例的出台尤其是逐步推进全员劳动合同制，消除了企业的原有职工与新增职工的用工差别，有利于实现竞争上岗，促进青年劳动者的合理流动，优化劳动组合和生产要素的资源配置。

3. 劳动力市场的培育

紧接着，中国共产党召开了第十四届三中全会。全会对市场经济体制各项改革工作进行了广泛讨论和总结，并通过了关于若干问题的决定。决定指出当前培育市场体系的重点之一，就是发展和培育劳动力市场。决定同时强调：“改革劳动制度，逐步形成劳动力市场。发展多种就业形式，运用经济手段调节就业结构，形成用人单位和劳动者双向选择、合理流动的就业机制。”[①]

（三）1992—2002 年：逐步推进全员劳动合同，政策法制化的速度加快

这段时期随着经济体制改革逐渐深入，我国的劳动就业体制也逐渐进行着改革。重点体现在劳动合同制的试点、推行和完善之上。同时，这一时期也是关于劳动就业立法的高峰期，相比之前的政府规章，法律更具有强制性、权威性、稳定性、影响范围大等诸多优点。就业政策的法制化进程不断推进，给青年的就业创业给予了极大保障。

1. 实行全员劳动合同制

1992 年劳动部发布《关于扩大试行全员劳动合同制的通知》，对于劳动合同的八个方面进行了详细解释。1992 年国务院针对全民所有制的工业企业中普遍存在的转换经营机制问题，指出“企业有权决定用工形式，企业可以实行合同化管理或者全员劳动合同制，企业可以与职工签订有固定期限、无固定期限或者以完成特定生产工作任务为期限的劳动合同”[②]。面对社会主义市场经济中的劳动体制改革，1993 年劳动部发布的总体设想中提到，“九五”期间，争取在各类企业与各类职工中推广落实劳动合同制度，使得劳动关系真正在法制化轨道上运行。

2. 社会保障体系的建设不断完善

1993 年，中共十四届三中全会通过《关于建立社会主义市场经济体制若干问题的决定》。其中提到，为适应劳动力市场的快速发展，要建设全方位、多层次发展的社会保障体系。面对国有企业下岗职工基本生活保障和再就业等问题，1998 年 6 月 9 日，中共中央、国务院《关于切实做好国有企业下岗职工基本生活保障和再就业工作的通知》（中发〔1998〕10 号）中强调：“在

---

① 中共中央文献研究室编：《十四大以来重要文献选编》（上），人民出版社 1996 年版，第 528 页。

② 国务院法制办公室编：《法律法规全书》，中国法制出版社 2014 年版，第 269 页。

所有企业（包括个体、私营等非国有企业）以及外商投资企业的中方职工中推行和深化养老、医疗、失业等社会保险制度及住房制度的改革，建立健全社会保障体系，为劳动力资源的合理配置和正常流动创造条件。”1999 年，我国又在基本生活保障、失业保险、城镇居民最低生活保障三个方面建立了基本的“三条社会保障线”。

3. 法制化进程加快

改革开放后的市场经济发展和充分实践，使得这段时期立法较为集中。1994 年 7 月，第八届全国人民代表大会常务委员会第八次会议通过了《中华人民共和国劳动法》，自 1995 年 1 月 1 日起施行。《劳动法》的出台对于保护劳动者的合法权益，调整劳动关系，建立和维护适应社会主义市场经济的劳动制度，促进经济发展和社会进步具有重大意义。该法首次将“劳动合同制”上升到法律的高度，同时也将竞争机制引入企业，实现企业效益的提升与劳动者人尽其才的双赢。1996 年，第八届全国人大常委会第十九次会议于 1996 年 5 月 15 日修订通过《中华人民共和国职业教育法》，自 1996 年 9 月 1 日起施行。《职业教育法》的颁布，使职业教育也走上了法制化的轨道，随后正式确立了劳动预备制。2000 年 12 月，劳动和社会保障部颁布了《劳动力市场管理规定》，作为《劳动法》的配套法规，用来保护用人单位和劳动者的合法权益，发展和规范劳动力市场。

4. 实施青年职工的“再就业工程”

伴随国企改革的不断深化，下岗职工的安置问题凸显。1996 年年底，全国国有企业的分流下岗职工达到 892 万人，1997 年年底达到 1274 万人，占国有企业职工总数的 17%。基于这一现实，劳动部开始筹备“再就业工程”，即转变就业机制，运用失业保险金的经济杠杆作用进行激励和调节，促使失业人员再就业的工程。经过 1994 年 20 多个城市的试点，1995 年 1 月，劳动部又颁布了《关于全面实施再就业工程的通知》，“再就业工程”在全国开展。1998 年 3 月，共青团中央、劳动和社会保障部联合发出关于开展“下岗青工创业行动”的通知，提出帮助、服务下岗的青年职工再就业的总体思路，着力于把下岗青工培养成适应市场经济发展要求的创业者。《通知》指出，“下岗青工创业行动”以扶持、引导下岗青工通过创业实现再就业为导向，以培养青年兴业领头人为重点，以就业服务和转岗培训为手段，为下岗青工提供切实有效的服务，推动再就业工程的实施。[①]“再就业工程”收获了很好的促进就业效果，据有关部门统计，“1998年至2002年上半年，国有企业下岗职工累计达2611万，其中，实现再就业的有1726万，国有企业职工人数从7500万减少到5000万，国有企业富余人员问题有所缓和”。[②]

（四）2002—2010年：着重关注青年特殊群体，积极就业政策的全覆盖

在这一阶段内的各级政府报告中，有关就业现状和就业措施的比重逐渐加大。政府坚持积极的青年就业政策，确立了“劳动者自主就业、市场调节就业、政府促进就业”的就业方针。同时注重了青年中特殊群体，如高校毕业生、下岗职工、农民工、残疾人等，实现了就业政策的全覆盖。

1. 进一步做好就业和再就业工作

2002年9月，全国再就业工作会议召开，会议明确提出，解决好国有企业下岗失业人员的再就业问题，是整个就业工作的重中之重。同年，中共中央、国务院发布了《关于进一步做好下岗失业人员再就业工作的通知》，文件认为“鼓励兼并、规范破产、下岗分流、减员增效、实施再就业工程”和建立国有企业下岗职工基本生活保障制度、失业保险制度、城市居民最低生活保障制度的“三条保障线”等政策措施是完全正确的。同时文件要求“各地继续坚持，努力开辟就业门路，积极创造就业岗位；完善和落实促进再就业的扶持政策；改进就业服务，强化再就业培训；巩固‘两个确保’，完善社会

① 劳动和社会保障部：《关于全面实施再就业工程有关问题的通知》，1995年04月16日，见 http://www.gov.cn/xxgk/pub/govpublic/mrlm/201011/t20101111_62457.html。

② 陈伯庚等主编：《中国特色就业理论与实践》，吉林大学出版社2008年版，第54—55页。

保障体系”[①]等。在此之后，在短短的一年时间里，有关部门相继出台了25个配套政策文件，连续3年召开全国性的工作会议，围绕解决国有企业下岗失业人员尤其是青年职工再就业问题，制定和完善就业政策，对就业再就业工作进行部署。2005年11月4日，国务院发布《关于进一步加强就业再就业工作的通知》，2007年6月28日，劳动和社会保障部发布《关于全面推进零就业家庭就业援助工作的通知》，都体现了我国政府对青年群体“再就业”的重视态度，努力扩大再就业政策扶持范围，健全再就业援助制度。

2. 做好高校毕业生的就业工作

高校毕业生是青年群体的重要组成部分。1996年6月召开的全国教育工作会议上指出，我国建立毕业生就业制度应当是一个不包分配、竞争上岗、择优录用的用人制度。这标志着我国结束了“计划、分配、派遣”的大学生就业制度，转向了以市场为导向的大学生就业制度。从2000年起，我国面临着不断扩大的高校毕业生群体与有限的就业岗位之间出现供大于求的关系。2002年，为进一步规范大学毕业生的就业指导机构设置，国家要求各省、市、自治区的大学毕业生就业中心进行归口合并，改变原来由多部门管理的体制，统一设立在教育厅（局）下，从而更好发挥就业指导的作用。2005年6月29日，中共中央办公厅和国务院办公厅发布《关于引导和鼓励高校毕业生面向基层就业的意见》，意见指出，“高校毕业生是国家宝贵的人才资源，他们的就业是一个涉及全局的重大问题，不仅关系到广大人民群众的切身利益，而且直接影响到经济发展和社会稳定”。[②]同时，文件也提出，要完善鼓励高校毕业生到西部地区和艰苦边远地区就业的优惠政策，积极鼓励、支持高校毕业生到基层自主创业和灵活就业，探索建立高校毕业生就业见习制度，实施高校毕业生到农村服务计划，实行面向基层就业的定向招生制度，等等。我

① 《关于进一步做好下岗失业人员再就业工作的通知》，2002年11月25日，见http://www.mohrss.gov.cn/gkml/zcfg/gfxwj/201407/t20140717_136603.html。

② 《关于引导和鼓励高校毕业生面向基层就业的意见》，2005年09月20日，见http://www.moa.gov.cn/nybgb/2005/djiuq/201806/t20180618_6152508.htm。

国从2006年开始，有关部门连续三年发出通知，要求切实做好高校毕业生的就业工作。一系列高校毕业生政策的出台，促进了青年人才的健康成长和基层人才队伍结构的优化。2008年，受国际金融危机影响，我国就业形势也变得十分严峻，高校毕业生就业压力随之加大。2009年1月19日，国务院办公厅公布《关于加强普通高等学校毕业生就业工作的通知》，要求“地区、各有关部门要把高校毕业生就业摆在当前就业工作的首位，采取切实有效措施，拓宽就业门路，鼓励高校毕业生到城乡基层、中西部地区和中小企业就业，鼓励自主创业，鼓励骨干企业和科研项目单位吸纳和稳定高校毕业生就业”。[①]

3. 制定解决青年农民工问题的政策

随着我国工业化、城镇化和现代化进程不断加快，青年农民工作为一支新型劳动大军涌现出来。他们户籍仍在农村，有的主要从事非农产业，在农闲季节外出务工、亦工亦农，流动性强；有的长期在城市就业，已成为产业工人的重要组成部分。2006年1月31日，国务院颁布《关于解决农民工问题的若干意见》，旨在统筹城乡发展，保障农民工合法权益，改善青年农民工就业环境，引导农村富余劳动力合理有序转移，推动全面建设小康社会进程。2007年7月，劳动和社会保障部等部委和国务院发展研究中心联合发出了《关于进一步开展农村劳动力开发就业试点工作》的通知，提出改革原有“城乡分割”体制，取消各地区制度上针对农民和外地人口的限制性就业政策；打破垄断和地区保护，积极开展面向城镇迁入人口的各类社会服务，高度重视为迁入人口提供创业、就业、生活等方面的就业服务；在住房、子女教育、医疗等方面，对进城务工的农民提供普遍服务。

4. 制定残疾人就业政策

根据第二次全国残疾人抽样调查数据，截至2006年，我国残疾人总数已达8296万人，占全国总人口比例的6. 34%，全国共有残疾人家庭7050万户，

① 《关于加强普通高等学校毕业生就业工作的通知》，2009年01月23日，见http://www.gov.cn/zwgk/2009-01/23/content_1213491.htm。

达到全国家庭总户数的17.80%，残疾人家庭涉及的人口超过了3亿[①]。这其中有很大比例的残疾人是青年。就业是残疾人生存权和发展权的重要体现和实现人生价值的重要途径，如何促进与保障青年残疾人就业，已成为一个无法回避的社会问题。早在1994年，国务院就颁布了《中华人民共和国残疾人教育条例》，从法律上保障残疾人平等受教育的权利，但没有涉及残疾人就业问题。2007年5月1日，我国颁布《残疾人就业条例》，第二条规定："国家对残疾人就业实行集中就业与分散就业相结合的方针，促进残疾人就业。"[②]并具体规定"用人单位应当按照一定比例安排残疾人就业，并为其提供适当的工种、岗位。具体比例由省、自治区、直辖市人民政府根据本地区的实际情况规定，但不得低于本单位在职职工总数的1.5%"。2008年，我国出台了《中华人民共和国残疾人保障法》，第四章"劳动就业"详细规定了残疾人就业的各项权利。相关部门也紧跟着出台了配套政策，如财政部《国家税务总局关于促进残疾人就业税收优惠政策的通知》和国家税务总局、民政部、中国残疾人联合会《关于促进残疾人就业税收优惠政策征管办法的通知》等，极大保障了残疾人权益，促进青年残疾人进行就业、创业。

5. 积极促进就业的政策体系完善

为进一步促使经济发展与扩大就业相协调，保障社会和谐稳定，2007年8月30日第十届全国人大通过《中华人民共和国就业促进法》，自2008年1月1日起实施。《促进就业法》涉及反对就业歧视专章规定、针对困难群体实行就业援助、职业中介机构要经行政许可等内容，使得多年以来我国就业、再就业的政策措施和实践经验，通过法律的形式固定下来，从而助力青年的就业。2008年，国务院发布《关于做好促进就业工作的通知》，规定："坚持劳动者自主择业、市场调节就业、政府促进就业的方针，努力创造公平就业

① 贾迎军：《残疾人就业促进政策研究》，中央民族大学2013年硕士学位论文。

② 《残疾人就业条例》，2007年02月14日，见http://www.gov.cn/gongbao/content/2007/content_571566.htm。

环境”[①]。同时，县以上的人民政府把扩大就业纳入地方国民经济和社会发展规划。

（五）2010年至今：鼓励灵活多样就业形式，倡导大众创业万众创新

我国积极就业政策经历了从1.0到4.0的发展完善，内容上越来越重视高校毕业生群体和青年创业。2012年政府工作报告首次将高等学校毕业生就业放在了就业问题的首位，充分体现了政府对于高校毕业生就业的重视程度。同时也支持小微企业、“互联网＋”企业等的发展，支持青年多种方式灵活就业，鼓励大众创业、万众创新，让创业成为发展创新的引擎。

1. 支持小微企业与灵活就业

小微企业是经济发展的生力军，在扩大就业、稳定增长、推动创新和丰富人民生活等方面，发挥着非常重要的作用。尤其是小微企业吸纳就业的作用相当明显，随着目前青年就业压力加大、青年创业者增多，小微企业的发展越来越受到关注。2013年国务院办公厅出台了《关于金融支持小微企业发展的实施意见》，从资金支持、财税优惠、创业基地建设、促进企业信息互联互通等方面提出一系列政策措施，扶持小微企业（含个体工商户）健康发展[②]。灵活就业就是指“劳动时间、收入报酬、工作场地、社会保险、劳动关系等几个方面不同于建立在工业化和现代化制度基础上的、传统的主流就业方式的各种就业形式的总称”。[③]它具有非全日制、临时性和弹性工作的特点，主要包括自营劳动者、家庭帮工和非全时工等一般劳动者。2014年李克强总理主持召开国务院常务会议时，在已有政策基础上又推出了一些新措施，如

① 《关于做好促进就业工作的通知》，2003年03月28日，见http://www.gov.cn/zhuanti/2015-06/13/content_2878974.htm。

② 《关于金融支持小微企业发展的实施意见》，2013年08月08日，见http://www.gov.cn/gongbao/content/2013/content_2473879.htm。

③ 莫荣主等主编：《2002年中国就业报告》，中国劳动社会保障出版社2003年版，第140页。

小微企业招用高校毕业生享受社会保险补贴政策延长至2015年年底，对离校未就业高校毕业生实现灵活就业并办理实名登记、缴纳社会保险费的，2年内给予一定数额的社会保险补贴，等等。各地政府也针对灵活就业的青年，不断探索新的管理和服务方法，极大推动了对青年就业保障制度的完善。

2. 大众创业、万众创新

2014年9月的夏季达沃斯论坛上，李克强总理最早在公共场合提到"大众创业、万众创新"的口号。从此之后，在互联网大会、国务院常务会议等各种场合屡屡提到这句口号。每到一地，也经常和当地的年轻"创客"交流和考察。李克强总理在2015年政府工作报告中又提到这句口号，强调"大众创业、万众创新蓬勃发展，全年新登记注册企业增长21.6%，平均每天新增1.2万户。新动能对稳就业、促升级发挥了突出作用，正在推动经济社会发生深刻变革"。这标志着我国第一次把"大众创业、万众创新"上升为国家发展的战略高度。青年界由此掀起了"大众创业""草根创业"的浪潮，就业的形势也呈现"万众创新""人人创新"的新形态。

3. 就业政策4.0：让创业变引擎

2015年国务院下发《关于进一步做好新形势下就业创业工作的意见》。因为文件对当时的就业创业工作起着关键的指导、推动作用，而被社会称作"就业政策4.0"。就业政策4.0的显著特点就是"以创业带动就业"，就是将鼓励创业和促进就业相结合。政策指出要通过深化人事制度改革，支持创业担保贷款发展和"互联网＋"形式创业，为青年创业者营造轻松便捷的准入环境，开创新型创业孵化模式。就业政策4.0的另外一个特点是将大学毕业生作为政策关注和扶持的重点。在就业工作中，积极拓展高校毕业生的就业空间，做好多种形式的就业服务，对未就业的青年高校毕业生结合其自身特点实行精准帮扶。

三、青年就业创业政策现状

就业创业，是青年参与经济社会生产与发展的最直接途径，也是最根本途径。本部分将在对历史政策产生的作用进行评析、详述当前党和政府促进就业创业政策的基础上，将历史政策与当前政策进行比较，更加深入地解读当前青年就业创业政策；并从青年群体就业创业规模与从业行业分布状况、当前青年就业创业客观环境两方面进行论述，进而对当前青年就业与创业能力、面临问题展开进行分析与解剖。

（一）青年就业创业政策现状

改革开放以来，党和政府始终坚持"就业是民生之本"这一核心理念，高度重视就业创业问题，并始终把就业问题视作民生之本、关乎全局的大事牢抓不放。随着经济发展与社会进一步转型，青年作为知识型劳动生产力，对社会经济生产与发展的推动作用愈加重要，党和政府也愈加重视青年就业与创业问题。就业是民生之本，是青年最普遍、最迫切的需求；创业是社会经济发展活力之源，是青年最集中、最突出的优势所在。深入推进青年就业与创业，政策是不可缺位的主导力量。进入21世纪以来，党和政府不断加大改善和解决青年就业创业问题的政策力度。

"十三五"以来新时期的就业创业政策，具有承前启后的时代特点与历史任务，同时也表现出对青年就业创业问题的空前重视。与历史政策相比，当前促进青年就业创业政策表现出以下特点。一是进一步增强经济发展促进就业的能力，"坚持就业优先战略，既要以大众创业、万众创新和新动能培育带动就业，也要保护能带动就业的传统动能……"[①]，创造更加宽松的就业环境，

① 《关于印发"十三五"促进就业规划的通知》，2017年02月06日，见http://www.gov.cn/zhengce/content/2017-02/06/content_5165797.htm。

更加积极培育就业增长点，打造跨界融合、面向未来的就业创业土壤，进一步开发更多类型的新就业创业模式，这不仅进一步优化了青年的就业创业总环境，其政策指向也更符合新时代知识技能型青年的就业创业需求。二是表现在创新创造利益回报机制的完善产生的巨大就业内生推动力对青年就业创业的激励作用明显，“小微创业者增收行动”进一步促进青年步入创业实现就业、创业带动就业的步伐；“技能型人才增收行动”提升技能人才待遇的同时同步性深入完善了技能收入激励机制，营造崇尚知识与技能实现就业创业创造财富的社会氛围，鼓励和引导青年尤其是农民工青年跟上时代潮流，增强自身知识与技能，与市场就业人才需求相匹配，实现青年就业与创业；提升基层公共管理从业人员薪酬待遇，促进和鼓励青年群体尤其是青年大学生进入基层公务员队伍解决就业问题。三是加强重点群体就业保障能力，把高校青年毕业生、农村待转移的劳动力群体、就业困难群体列入开展就业创业工作的重点保障范围，通过深入实施高校青年毕业生就业创业计划，以精准帮扶形式连接青年毕业生与就业市场来促进青年毕业生就业，同时拓宽青年毕业生的就业渠道，支持产业向高科技的智力密集型产业转型，开发更多适合高校青年毕业生的高质量就业岗位；在保障农村转移劳动力就业方面，《“十三五”就业促进规划》重点强调“建立健全城乡劳动者平等就业制度，引导农村劳动力外出就业、就地就近就业”，进而加快推进农村待转移劳动力中青年就业问题的解决；对就业困难群体保障的同时，也推动解决了其中青年就业困难群体的就业问题，如退伍士兵、青年残疾人、青年刑满释放人员等。四是注重强化提升青年劳动者素质与能力，不断加快教育体系改革以培养人才需求导向下的青年人才，同时“依托优势基础学科建设国家青年英才培训基地”，开展青年拔尖人才培养，实现更高质量就业；开展青年职业技能培训，“建立健全以企业、职业院校和各类培训机构为依托，以就业技能培训、岗位技能提升培训和创业培训为主要形式，覆盖全体、贯穿终身的培训体系”，以持续提升青年的就业能力与素质，实现青年固定就业、长期就业。

当代我国青年在经济社会发展各个领域中创新创优就业创业，推动国家经济健康持续发展，因此充分实现就业、引导青年创业，不仅是青年生存和发展的重要基础，也是社会和谐稳定的前提条件。“十三五”新时期以来，党和政府不断实施更加积极的青年就业创业政策，其范围之广、程度之深、力度之大跃然纸上，对以发展促就业、以创业带动就业，解决青年就业创业问题取得显著成效，同时在党和国家对青年就业创业问题高度关注的趋势下，未来我国的青年就业创业问题必然会得到更有效解决。

（二）青年就业创业环境与特征

我国青年的就业创业现状，可以在所有劳动群体就业创业的大环境下得到更清晰的比较和透视。2015年我国16岁及其以上就业人员为76977万，比上一年增加273万，第一、二、三产业占比分别为31.4%、30.1%和38.5%，其中青年就业人员在全国就业人员中所占比重、城镇青年就业人员在城镇就业人员中的比重均继续微弱下降；就青年群体数量而言，2010年第六次全国人口普查数据显示我国目前总人口为133972万人，而青年人口数量占比三分之一，2013年全国人口增长668万人，青年人口数量在我国总人口数量中占比33.03%。[①]因此在全国就业人群基数如此庞大、数量近年来不断增加的大环境下，青年就业面临着激烈的竞争。同时我国经济仍旧处于中高速发展阶段，社会提供就业岗位能力与吸纳青年创业能力不断增强，党和国家历年的高度重视与政策扶持下青年就业创业服务体系与保障机制日臻完善，青年就业创业难题在国家、社会企业和青年个人的共同努力下也正不断得到有效的解决。总体而言，现阶段青年群体在全国总人口占比中地位仍旧突出，青年的就业创业问题也是党和国家重点关注的民生问题和经济发展问题，当前的青年面临着一个前所未有的机遇与挑战并存新时期。

当前我国青年就业创业的大环境，主要体现在经济发展环境、就业创业政策以及市场服务体系发展与完善三个方面。首先是经济发展环境。经济发

① 邓希泉：《中国青年人口与发展统计报告（2015）》，《中国青年研究》2015年第11期。

展与劳动就业创业相辅相成，随着我国经济总量不断增长，社会生产的进一步扩大不断提供新的就业岗位，从业规模不断扩大，改革开放以来我国经济保持高速增长，我国GDP在10年间增长了4.04倍，即使在2009年国际金融危机蔓延的情况下，我国经济依然保持了8.7%的增幅[①]，进入“十三五”时期以来我国经济发展进入新常态，GDP增速稳定在7%左右，仍旧处于中高速发展阶段，经济的高速发展、企业数量的增加与规模的扩大最大限度为青年提供了就业岗位，同时伴随着我国经济的进一步转型和结构优化，第一产业就业从业人员比例下降、第二产业与第三产业就业从业人员比例不断上升，青年就业群体与以知识技能为主导的就业岗位市场需求接轨，市场创业服务体系与保障体系的完善为青年“大众创业、万众创新”提供了更良好的环境。其次是青年就业创业的政策环境。党和政府始终坚持实行积极的就业创业政策，不断扩大财政投入和政策扶持力度，21世纪以来党和政府用于促进就业与再就业的专项资金迅猛增长，进入“十二五”以来至今支持和鼓励青年创业的政策以前所未有的力度与广度铺开，以政策推进加强青年技能培训，实施《加强职业培训提高就业能力计划》《国家高技能人才培训工程》以及“青年技能振兴计划”等，提高青年农民群体劳动就业创业技能，实行见习制度培养高校青年毕业生就业能力等。创业政策为青年创业注入了源源不断的动力，2016年《中国青年创业现状报告》显示84.6%的创业者至少享受了一项创业政策或服务[②]，青年在政策支持与引导下在创业实现就业、创业带动就业的道路上步伐愈加稳健。在市场服务体系发展与完善方面，市场化中的劳动合同制、市场劳动中介制、就业服务制等进一步完善，为青年就业人员和用人单位提供了一个更加有效的联系和保障平台。

当前我国青年就业创业的整体特征，主要体现在以下几个方面。一是高校青年毕业生和青年农民工日渐成为就业的主体。二是制造业等行业成为青

---

① 安国启：《新世纪中国青年发展报告（2000—2010）》，《中国青年研究》2012年第04期。

② 鲍春雷：《中国青年创业现状报告》，《中国劳动》2016年第09期。

年就业的主要领域，主要是集中在轻纺工业、加工工业以及机械电子制造业。创业行业主要分布在批发零售、计算机行业以及软件业等第三产业，城镇失业青年在批发零售行业比重较大，而受过较好教育的高校青年毕业生主要分布在计算机服务、信息传递与软件服务领域，集中体现出青年创业群体的知识技能型创业特征。同时青年创业更加具有积极性、主动性与活力性，“当代青年创业活动中，生存型创业的占 53%，主要分布在零售、信息服务、加工业、餐饮业、保健、教育服务和娱乐业等领域；机会型创业的占 47%，主要分布在金融、保险、电子商务、房地产等商业服务业领域”[①]，可见我国生存型创业比例逐步下降，而机会型创业的比例则缓慢提升。三是青年创业活动日渐活跃，精神势头奋起勃发，大多数青年自主创业性与独立创业性强，并且时间灵活，善于开创多种新形式的创业活动，数据显示“主要集中于 25—44 岁之间，青年成为创业活动的主体；29—34 岁的青年尤为积极”，这个年龄段的青年比较成熟，自主创新的意识和能力也比较强。同时“大众创业、万众创新”激发了亿万群众的创造力与生产力，青年则是各类创业群体中最具活力与代表性的群体，成为推动“双创”的重要力量。四是青年就业创业的压力巨大，而且成为青年就业创业不稳定的重要因素。由于青年群体平均工作时间较长产生疲劳和压力感，主观导致青年已就业人员频繁换工作，造成就业不稳定；创业领域由于新型创业行为很大程度上领先创业扶持和保障政策，因此存在较大的创业风险从而一定程度上影响青年创业稳定性与持续性。

（三）青年就业创业面临的主要问题

党和政府历来高度重视青年就业创业问题，随着经济的不断发展与政府服务水平的提高，就业创业政策不断完善，青年就业创业问题毋庸置疑取得了卓越的成绩。

但是由于全球经济总体萧条，我国经济发展速度不可避免受到很大程度

① 安国启等:《新世纪中国青年发展报告（2000—2010）》,《中国青年研究》2012 年第 04 期。

的影响，同时我国经济处于关键的转型期，经济发展又由追求速度转型为兼顾质量与速度，“十三五”规划确定我国未来一段时期的结构性改革重点是去产能与去库存，产生新增员工就业与去产能过程中的失业人员再就业问题，我国社会总体就业岗位的增长受到影响；另外，我国当前青年人口增加速度依然较快，产生新增劳动人口供大于求的局面，以青年群体中的高校青年毕业生为例，近年来总量一直保持持续上升形势，2016 年总数在 2015 年基数上增长 16 万，达到 765 万，青年群体人数的增加无疑也给当前就业创业带来很大压力。青年群体就业方面存在的问题多元复杂且需要时间逐步推进解决，当前阶段主要面临以下几个方面。

首先，青年就业供需矛盾突出。新增青年劳动待就业人口持续增加，供大于求，“未来数年我国青年新增劳动人口每年仍保持在 1500—2200 万之间的高位，供大于求，就业压力大”。[①] 同时由于生产技术的进步和劳动者工资水平的提高，企业的生产成本上升且同样工作量需要的劳动力数量不断减少，国有经济和集体经济改革过程中其劳动力的吸纳能力下降，产生青年就业困难问题。另外，青年就业能力需要有一个时间积累过程，这与市场的迫切直接需求不相匹配，高校青年毕业生面临着异地就业、专业知识技能与就业工作岗位需求不对口、缺少就业工作经验与经历等问题，不能在短时间内解决自身就业问题；青年农民工则面临着知识技能有限、城市底层就业、就业流动性大、就业质量不高、就业后合法权益得不到有效保障等问题，因此待就业青年农民工与市场就业岗位需求在一定程度上不匹配。青年群体在就业方面同时面临着就业观念与市场不相适应的现实矛盾，“不正确的就业观念是影响青年就业最重要的主观因素”[②]，青年大学毕业生受过高等教育的同时，对进入社会就业抱有过高的、超出对应社会供给水平的期待，因此面临择业时“高不成低不就”，迟迟不能解决自身就业问题；青年农民工群体在就业观念

① 邓希泉等:《新世纪中国青年发展报告（2000—2010）》,《中国青年研究》2012 年第 04 期。

② 陈跃强:《影响青年就业难的因素分析》,《天津职业院校联合学报》2014 年第 09 期。

方面表现为就业方向意识局限、地域性观念影响导致工作更换频繁，更愿意往东部经济发展水平好的地区找工作而不愿意在家乡等地区就业，容易造成就业与再就业间隙的失业状态。

其次，青年创业风险较大。青年在创业方面表现积极热情，但部分创业青年由于经验的缺乏，对市场与周边环境的分析把握不甚准确，创业主观意识较强，最终导致与市场需求不匹配因而创业受阻；创业风险极大，青年受挫能力有限，部分创业青年如若在创业过程中面临挫折容易一蹶不振。尽管党和政府不断加大青年创业扶持力度、健全和完善创业服务和保障体系，但政策效果在落地执行中不可避免会有所折损，繁杂且必要的工商、卫生和税务等手续审批需要较长时间，优惠性政策由于信息的不完全开放从而导致青年创业者享受不到创业优惠支持。创业保障体系仍不健全是青年创业面临的另一重大困难，青年创业过程中的巨大风险难以有效分摊，导致出现融资困难、创业进度难以推进，这也成为当前青年创业所面临的现状。

最后，除了供需矛盾、就业观念、劳动者个体能力、市场环境等多种影响因素之外，青年就业创业政策的效果不佳也是影响青年就业创业的重要原因之一，表现在以下几个方面：

1. 政策主体协同性不足，政策整体性有待加强

政策主体是在整个公共政策系统中占据主要地位，可按照自主意志对各类政策客体主动施加影响，主导政策的制定、执行、评估等各项活动的个人、群体或组织[①]。青年就业创业政策涉及人力资源社会保障、教育、编办、公安、组织、发改、财政、工商、税务等多个党政机构政策主体，不同部门都根据各自的工作职责制定并出台相关政策。由于缺乏充分的利益协调沟通机制，可能导致政策多源、内容重叠交叉、部门利益化等问题存在，使得政策在其整体功能和实施效果方面大打折扣。“政策是一种自相矛盾的反论，在那

① 王春城：《政策精准性与精准性政策——“精准时代”的一个重要公共政策走向》，《中国行政管理》2018 年第 01 期。

里，可能同时存在几种依赖于同一观点的矛盾的真理。”[①] 例如当前的人事管理制度、报到证制度、档案管理制度、户籍管理体制等与市场的资源配置方式不适应，影响劳动力资源的自由就业和合理流动。

2. 政策内容碎片化严重，针对性、精细化有待加强

青年就业创业政策不仅是要规范管理青年的就业创业活动，更是为青年的就业创业提供引导和服务支持，提供基本保障。因此，有效的青年就业创业政策不仅要内容完善、系统，更要具有鲜明的针对性和可操作性。目前我国相关政策的内容碎片化比较严重，有部分政策缺乏针对性和精细化的可操作性。一是青年就业创业政策注重经济、金融支持，忽视就业指导和劳动者素质提升。从目前国家相关部委和各地出台的青年就业创业政策内容来看，大多内容偏重于工商、税务、贷款、户籍、人事等政策性支持，而针对青年的就业指导、服务机构和培育青年就业创业技能的相关实际可操作举措较少。二是针对“青年”这一群体的主体特殊性不足，使相关政策可操作性不强。对青年群体主体性的判断与确认，决定了相关政策的性质和地位[②]。但我国青年就业创业政策的制定和实施往往忽视青年这一群体的特殊性，特别是不同类别青年群体的区别。例如一些地方出台政策直接将解决下岗工人再就业问题的补助和支持政策延伸到高校毕业生群体。

3. 政策实施效果达不到预期目标，执行保障机制有待加强

政策的执行，是能够将政策目标转化为政策现实的唯一途径，因此政策执行的成效往往事关到政策本身的成败。政策执行过程是一个复杂的过程，政策实施执行要想达到目标，需要强有力的执行保障机制。当前我国青年就业创业政策执行过程中，还存在一些突出的问题。一是政策传播机制不完善，政策宣传效果不佳。政策方案并不能自发地被接受，更不会自动地被执行。政策对象对政策的认知、信任、理解和支持是取得良好实施效果的前提。在

① ［美］查尔斯·J. 福克斯：《后现代公共行政：话语指向》，楚艳红等译，中国人民大学出版社 2013 年版，第 82 页。

② 邓希泉等：《青年就业创业的政策独立与工作创新》，《青年探索》2017 年第 04 期。

传播渠道日益多元的今天，特别是针对青年这一特殊群体，多数青年就业创业政策仍采取政府内渠道自上而下的线性传播方式，势必会造成信息的流失和失真，网络新媒体等也不同程度存在特定视角解读，这些都不利于政策对象更好地了解政策信息。例如一项针对大学生创业政策认知的调研显示，有80.8%的大学生对创业相关政策不了解，有15.87%的学生表示比较了解，只有3.33%的学生表示了解[①]。二是政策监督控制和调整机制不完善。政策的执行需要通过监控机制发现政策目标与手段、目标与绩效之间的差距，及时进行信息反馈，调整政策目标或加大执行力度、重新配置资源等。目前，我国的青年就业创业相关政策由各相关部门制定执行，但在执行和实施过程中缺乏相应监控机制，也没有设立相应的监督执行机构。这就造成各级地方政府和部门在执行政策过程中有较大的自由裁量权，根据自身理解或为了地方局部利益需要，造成对政策的片面执行或选择性执行，结果使一些青年就业创业政策偏离政策目标，达不到预期效果。

四、我国青年就业创业政策的对策分析

经过多年的发展，特别是《中长期青年发展规划（2016—2025年）》的制定出台，我国青年就业创业政策建设已经取得了一定的成就，但国际经济形势复杂多变，国内经济发展新常态和供给侧结构性改革、新一轮科技革命和产业变革的兴起对青年就业创业政策的发展提出了新的要求。

（一）建立政策主体协同工作机制，构建整体统一的青年就业创业政策体系

针对目前青年就业创业政策制定实施过程中存在的政出多门、权责重复

① 颜中玉等：《大学生自主创业认知调查及对策——以湖南7所高校为例》，《湖南师范大学教育科学学报》2013年第04期。

错位等问题，首先建立青年就业创业工作部际联席会议制度。我国行政改革过程中，部际联席会议逐渐成为部际横向协调机制的重要形式。部际联席会议，是国务院批准建立，为协商办理涉及国务院多部门职责的事项，各成员单位按商定的工作制度，及时沟通情况、协调意见，来推动特定任务顺利落实的工作机制。部际联席会议是我国当前行政机构中最高层次的联席会议制度①。在就业创业问题上部际联席会议已运行多年。2003 年建立的再就业工作部际联席会议制度，由劳动保障部、国务院办公厅、民政部、中央编办等 14 个部委组成，指导和推动全国再就业工作开展，同时地方各级政府也要相应建立再就业工作领导机构。2005 年，国务院决定将再就业工作部际联席会议制度调整为就业工作部际联席会议制度，地方各级人民政府也要对联席会议制度作相应调整，形成统一领导、分工协作的工作机制②。2004 年建立由教育部牵头的高校毕业生就业工作部际联席会议制度，负责进一步完善高校毕业生就业工作管理体制和工作机制，完善政策和服务体系，指导和推动高校毕业生就业工作③。其由教育部、发展改革委、公安部、民政部等 10 个部委组成，在教育部设立办公室负责日常工作。2006 年由劳动保障部牵头建立国务院农民工工作联席会议制度（国函〔2006〕19 号），由国务院办公厅等共 31 个部门和单位组成，研究拟定农民工工作的重大政策措施，督促检查各地区、各部门相关政策落实情况和任务完成情况，协调解决政策落实中的难点问题。2013 年国务院成立了国务院农民工工作领导小组，取代联席会议制度。2015 年建立由发展改革委牵头的推进大众创业万众创新部际联席会议制度，由发展改革委、科技部、人力资源部、财政部等 24 个部委组成，统筹协调推进大众创业万众创新相关工作。由此可见，成立由共青团中央牵头青年就业创业

---

① 《部际联席会议》，2011 年 07 月 19 日，见 http://www.scopsr.gov.cn/zlzx/bzcs/201203/t20120326_55622.html。

② 《关于进一步加强就业再就业工作的通知》，2005 年 11 月 04 日，见 http://www.gov.cn/gongbao/content/2005/content_129498.htm。

③ 《关于同意建立高校毕业生就业工作部际联席会议制度的批复》，2005 年 08 月 25 日，见 http://www.gov.cn/zwgk/2005-08/25/content_25964.htm。

工作部际联席会议制度将成为解决青年就业创业工作的有效制度安排，相比目前各部门各自为政的状况，能更有效形成政策的协同效应，避免政策趋同、重叠交叉、互相矛盾等情况的出现。

其次，强化顶层设计和总体规划，构建不同政策单元之间协调统一的政策体系。良好的公共政策体系其效力等级是分明的，不同层次的公共政策之间是一致的、无矛盾的，构成一个严密逻辑等级的统一体[①]。为了解决青年就业创业过程中遇到的突出问题，各有关政府部门和各级地方政府根据部门工作职责和地方经济发展状况推出了一系列就业创业政策支持服务政策。例如引导城乡基层就业的“三支一扶”计划、大学生村官等基层项目，促进企业吸纳就业的社会保险、税费补贴、财政贴息等政策，鼓励青年自主创业的减半征收企业所得税、暂免征收增值税、有条件的地方提供一次性创业补贴等，但是从政策制定的系统和完整性上看当前青年就业创业政策比较分散、零碎、滞后，尚未形成基于一个核心政策的青年就业创业政策体系，没有基于上位政策或上位法而衍生制定相配套的政策措施的政策依据[②]。在后续政策制定过程中，一是要成立青年就业创业政策制定协调机构，统一协调指导青年就业创业政策的制定、发布工作，以期理顺政策制定主体的权力结构，形成利于促进就业创业的宏观政策体系。二是政府专门机构要主导并协同相关部门建立工作协调机制，从政策体系角度对劳动者就业能力提升、创业带动就业、重点群体就业保障等不同单元政策之间的关系进行梳理，加强青年就业创业政策与财税、贸易、投资等宏观经济政策的资源结合，以及青年就业创业政策与人才培训、职业教育、社保等社会政策的统筹协调，保障政策的整体性和协同性。三是理顺上位政策和下位政策、配套政策之间的关系，使中央政策和各地方政策之间保持层次性、统一性和灵活性的有机结合。

① 张润泽：《形式、事实和价值：公共政策评估标准的三个维度》，《湖南社会科学》2010年第03期。

② 邓希泉等：《青年就业创业的政策独立与工作创新》，《青年探索》2017年第04期。

（二）构建政策执行的保障服务，确保青年就业创业政策有效实施

当前，公共事务的复杂性、多样性不断扩展，青年就业创业政策的制定执行是一项系统工程，关系经济发展、民生改善和社会稳定，由于涉及主体、客体众多，天生具有复杂性和系统性。同时，政策的执行和实施也是一个政治、经济、信息等资源配置和整合的过程，需要政府、社会、企业各方的参与和联动。政策目标的有效实现，依赖于政策执行过程中的各项保障机制运行。一是建立青年就业创业政策实施的协调机制。青年就业创业政策在实施过程中涉及部门众多，同时实施过程中也会有社会力量和企业参与其中，这就需要建立有效的政策实施协调机制和机构，负责监督政策的实施进程和效果，反馈执行信息，调整政策。二是建立促进青年就业创业的政府目标责任制度和国家督促检查制度，确保政策效力不衰减。为强化政府在促进青年就业创业方面的责任，要把青年就业创业作为各级政府考核的重要组成部分，同时健全相应的考核指标体系。建立国家督促检查制度，加大国家对促进青年就业创业工作的检查力度，开展了专项督查，督促落实促进就业创业的各项部署和政策。三是加强政策传播机制建设。政策传播和宣传有效与否，直接影响公共政策的实施效果。必须采取切实可行的机制，优化青年就业创业政策的传播效果。要根据青年人的认知特点，优化政府自身定位，构建青年就业创业政策网络传播机制，确保政策信息无缝隙、不失真地传递到各类青年。

（三）针对青年群体特点，增加政策的针对性和可操作性

从青年的群体特征看，青年处在成长中，生理上有待发育、心理上有待成熟、阅历上有待丰富、思想上有待定型，容易受到外部伤害，需要社会以青年政策的方式给予特殊保护，同时，青年在社会利益的选择和分配中缺乏

参与权和决定权，往往居于弱势地位[1]。青年就业创业政策，不仅要在政策目标上着力支持和保障青年群体的权益和利益，更要在政策内容与工具手段的使用方面，与其他就业创业群体做出明显区分。一是建立以市场需求为导向的青年职业培训体系。随着经济社会的不断发展，市场对于劳动力的素质和能力不断提出新的要求，这就要求作为劳动力的主力军之一的青年劳动者，应随着市场的需求不断强化自身能力。做好社会调研，利用信息优势把握市场动向，建立以市场需求为导向的科学合理的青年教育与培训体系，避免出现摩擦性失业。二是搭建基层青年的就业创业服务平台，从而健全覆盖城乡、高效全面的就业创业服务体系。完善有力的就业服务可以在一定程度上缓解就业压力。加强青年就业服务的信息化建设，特别是结合信息技术、大数据、新媒体的发展，建立有效覆盖、全面准确的就业信息化平台。建立青年职业生涯指导服务体系，完善职业咨询师队伍建设，为青年职业生涯规划和职业能力提升提供全面而完善的服务。三是继续加大对于青年创业的扶持服务力度。要从资金、资格审查等方面降低创建微小型企业的准入门槛，从开展创业教育和创业培训等方面增强创业青年的意识和能力。建立、完善能充分对接青年创业的服务平台，充分对各方信息资源进行整合。针对有不同需求的创业群体，为其量身定做个性化、差异化的扶持政策。四是引导青年转变就业创业观念。避免出现青年劳动力的自愿性失业状态。通过媒介宣传等方式，帮助青年改变不合理的固有观念，引导其树立灵活就业、自主择业等观念。引导青年走出就业误区，帮助青年正确认识基层和体制外的工作的价值。

（四）建立青年就业创业政策实施的科学评估机制

公共政策评估是指公共政策评估主体根据一定的政策评估标准和程序，对政策系统、政策过程和政策结果的质量、效益、效果等方面进行判断或评价的一系列活动。其目的是改善公共政策系统，提高公共政策决策质量，保

① 张良驯：《论我国青年政策的独立性、完整性和专项性》，《中国青年研究》2015年第02期。

证政策目标实现[①]。青年就业创业政策涉及环节多、政策目标群体多，只有通过科学的评估才能判定一项政策是否达到了预期目标，并由此决定政策的延续、调整还是终止。独立、客观的政策评估是青年就业创业政策实施和改进的重要保障。

首先，青年就业创业政策评估的着眼点应该是政策效果。广义的政策效果应该是政策实施所产生的多方面、多层次、多领域的社会效果，包括预定目标的完成程度、政策实施的非预期影响以及政府行为导致的各种环境变化等。评估过程中需要区分政策对不同群体产生效果的不同，区分政策实施所产生的短期效果、长期效果、附带效果和潜在效果。其次，探索建立由政府主导、由第三方机构开展的青年就业创业政策评估工作机制。第三方评估作为一种必要而有效的外部制衡机制，弥补了传统的政府自我评估的缺陷，不仅完善了政府绩效评估体系，显著提高了政府绩效评估结果的客观性和公正性，还在改善政府形象、增强政府能力、促进服务型政府建设等方面发挥了不可替代的促进作用[②]。通过定期的评估和合理的评价，检查政策执行中存在的问题，明确可行性程度，提供继续执行或停止执行的参考；对于明显不适用于青年群体的政策应及时废除，对于应调整的政策及时提出修改建议，对于即将出台的政策进行充分的论证。对现有政策实施过程中的问题及建议的提出，还可以为后续政策的制定和政策资源分配提供有效借鉴，不断提高青年就业创业政策的质量。

① 高兴武：《公共政策评估：体系与过程》，《中国行政管理》2018 年第 02 期。

② 徐双敏：《政府绩效管理中的“第三方评估”模式及其完善》，《中国行政管理》2011 年第 01 期。

第六章　中国青年网络文化政策发展趋势

20 世纪 90 年代以来，中国社会迈入了一个以信息为基础，以网络为媒介与现实社会共存的网络社会。全体社会成员，尤其是青年人，不管主动的还是被动的都进入了网络生存环境中。可以说网络社会的到来是近三十年来对中国社会生活产生重大影响的事情之一，作为第三种生活的网络生活，不仅极大地改变了中国人的表层生活，同时也使我们社会生活的深层结构发生潜移默化的改变，如文化传递模式、教育方式等。这种改变针对不同人群其程度与表现特征具有十分明显的差异，一个毋庸置疑的事实是青少年是受网络影响最大的人群。

2018 年 1 月 31 日，中国互联网络信息中心发布第 41 次《中国互联网络发展状况统计报告》。报告中对网民年龄的统计显示，截至 2017 年 12 月，我国网民仍以 10—39 岁群体为主，占整体的 73%：其中 20—29 岁年龄段的网民占比最高，达 30%；10—19 岁群体占比为 19.6%[①]。由此可见，青年群体[②]目前在网民数量中占比接近半数，群体庞大。

青年政策是国家公共政策的重要组成部分，青年政策与国家政治、经济、文化发展背景紧密相连。21 世纪以来，我国政府先后颁布了一系列规范和引导青年网络文化的政策。那么，这些政策的执行效果如何？连续性和稳定性如何？政策制定主体是谁？政策效力如何？政策工具是什么？现有的政策体

① 中国互联网络信息中心：《第 41 次中国互联网络发展状况统计报告》，2018 年 01 月 31 日，见 http://www.cnnic.net.cn/。

② 《中长期青年发展规划（2016—2025 年）》将“青年”的年龄确定为 14—35 周岁。

系是否完善？对这些问题的回答，需要以现有的青年网络文化政策作为研究对象，在政策文献量化分析的基础上，探寻中国青年网络文化政策的发展历程、基本特点和存在的问题，以期为政策优化设计提供有效信息，推动青年网络文化政策的持续健康发展。

一、文献综述与概念界定

（一）文献综述

伴随着网络社会的到来，知识与技术更新速度加快，网络文化逐渐成为主流并越来越多地影响青年的思维方式和价值观念，青年网络文化的健康与否，离不开相应政策的规范与调控，但目前国内关于青年网络文化政策的研究堪称匮乏。马中红、杨长征将网络文化概括为网络社交文化、二次元文化、PGC 文化、粉丝文化、网络流行词汇文化、网络音乐文化以及网络性别文化七种类别，[①] 对现有青年网络文化政策的研究不外乎这七种文化类别。陈德志从政治文化视角展开研究，梳理了其内涵、特点及功能，在“多源流”分析模型基础上，阐释了网络政治文化影响之下的青年如何参与网络政策制定。[②] 李宁蒙指出我国网络文化政策存在主体繁杂、政出多门、操作性差等现状，[③] 对完善我国网络文化政策提供了可行性建议。李庆云对网络文学和网络作品出版的研究表明，网络文学作品存在缺乏版权保护、内容不健康等问题，[④] 急需相应的政策、法律进行约束和规范。孙司芮认为我国的网络游戏在立法层

① 马中红等主编：《新媒介 · 新青年 · 新文化：中国青少年网络流行文化现象研究》，清华大学出版社 2016 年版，第 6—10 页。

② 陈德志：《网络政治文化：青年网络政策参与的新窗口》，《中国青年研究》2011 年第 06 期。

③ 李宁蒙：《我国网络文化安全政策分析》，《新闻世界》2014 年第 03 期。

④ 李庆云：《网络文学出版经营管理研究——以盛大文学为例》，安徽大学 2013 年硕士学位论文。

面，存在立法位阶较低、缺乏系统性、立法主体过多、立法重管理而轻权利保障、立法水平较低缺乏适用性等问题[①]。宋蕊佳系统分析目前网络文化现有的政策法规，指出法律方式是网络文化制度建构的立身之本，行政方式则是其重要依靠[②]。金澜强调网络文化安全的重要性，认为网络文化安全与国家安全息息相关，需要政策的规范和引导[③]。但是，我国网络文化政策存在政策前瞻性不足、执行效果一般和缺乏有效评估等问题。杨胜忠立足网络直播行业开展研究，认为应当从国家、地方以及行业自律三个层面，把握政策脉络走向，规范网络直播行业[④]。陈美华、沈广倩指出网络语言暴力问题的频发让网络环境受到空前的挑战，教育部门应从语言政策角度提出指导性建议[⑤]。

文献的梳理为本章提供了有益的启发和思路，但上述文献未针对现有与青年相关的网络文化政策进行系统归纳，未能发掘现有政策的特点及发展趋势，也未能就政策的执行效果进行有效评价。据此，本章以政策文献量化为方法，从发文数量及内容、发文部门、政策工具和政策强度等角度构建分析框架，揭示青年网络文化政策发展特点，评价其效果并对政策发展走向提出建议。

（二）概念界定

青年网络文化政策，指的是政府为了规范网络文化秩序、加强互联网内容建设，为青年营造清朗的网络空间，确保青年汲取健康的网络营养所发布的一系列引导与规范的政策与法律。我国的青年网络文化政策，纵向上分为四个层次：由全国人大及常委会制定颁发的法律条文、由国家行政机关颁发

① 孙司芮：《我国网络游戏政府监管问题研究》，东北师范大学2016年硕士学位论文。

② 宋蕊佳：《自由与规范：网络文学制度研究》，沈阳师范大学2016年硕士学位论文。

③ 金澜：《国家治理视角下我国网络文化安全策略研究》，武汉科技大学2016年硕士学位论文。

④ 杨胜忠：《网络直播行业政策走向》，《声屏世界》2016年第12期。

⑤ 陈美华等：《大学生网络语言暴力问题研究及对语言教育政策的若干思考》，《江苏大学学报》2017年第09期。

的行政法规、由国务院所属部门发布的部门规章和由部委相关部门制定和下达的各种政策性文件。此外，由于网络文化和网络治理涉及意识形态，因此中央网信办、中央宣传部等部门联合出台的文件、意见以及中央领导人的指示、意见广义上均属青年网络文化政策范畴。青年网络文化政策内容主要涉及网络文明规范、网络信息安全、网络意识形态建设、网络文化市场管理等几个方面。

二、研究框架与数据基础

（一）研究框架

网络作为一种新媒体，对人们尤其是占据网民比例最高的青年群体在价值观念、思维方式、文化发展等方面产生着潜移默化的重大影响。在推进网络文化发展的进程中，政府发挥着积极的推动和引导作用。

首先，选取2000年以来党中央、国务院、各部委颁发的与青年网络文化政策相关的文献为研究对象，梳理出有效政策文本50份。其次，对政策文本进行内容分类和量化统计，包括发文数量与内容分析、发文部门、政策工具、作用对象分析和政策强度分析。再次，对量化结果进行归纳总结，揭示时代变迁下政策文本的发展历程和阶段性特征。最后，评价政策效果并对政策未来发展趋向提出相应建议。

（二）政策文本选择

2000年国务院出台的《互联网信息服务管理办法》首次提到“教育类互联网信息”，教育涉及青年群体，因此可将其设置为青年网络文化政策体系发展的起点。因此，本章将政策查询的起点设置为2000年，终点设置为2017年。本章所选取的政策文献均来自政府公开门户网站，主要从文化部、工业与信息化部、中央网信办、共青团中央等国家相关部委网站以及中国青少年网络协会网站搜索，政策类型为行政法规、决定、规划、通知、意见、讲话等文件。最终得到有效政策文本50份（见表6–1）。

表6–1　中国青年网络文化政策

年份	发布部门	文号	政策文件名称
2000	国务院	国务院令第292号	《互联网信息服务管理办法》
2001	教育部等		《青少年网络文明公约》
2001	国务院办公厅	国办发〔2001〕59号	《国务院办公厅关于进一步整顿和规范文化市场秩序的通知》
2002	国务院	国务院令第363号	《互联网上网服务营业场所管理条例》
2002	文化部市场司	文市发〔2002〕46号	《文化部关于贯彻〈互联网上网服务营业场所管理条例〉的通知》
2002	文化部市场司	文市发〔2002〕10号	《文化部关于加强网络文化市场管理的通知》
2004	团中央等	中青联发〔2004〕3号	《关于开展“青少年网络文明”行动的通知》
2004	文化部等		《关于开展网吧等互联网上网服务营业场所专项整治的意见》
2004	宣传部等	中青联发〔2004〕11号	《关于实施青年文化行动加强青年文化建设的通知》
2004	最高人民法院等	法释〔2004〕11号	《关于办理利用互联网、移动通讯终端、声讯台制作、复制、出版、贩卖、传播淫秽电子信息刑事案件具体应用法律若干问题的解释》
2004	中共中央、国务院	中发〔2004〕8号	《中共中央国务院关于进一步加强和改进未成年人思想道德建设的若干意见》
2004	团中央等	中青联发〔2004〕30号	《关于加强和改进未成年人思想道德建设的实施意见》
2004	团中央等	中青联发〔2004〕41号	《关于开展“感动”——首届全国青少年网络短信作品的通知》
2004	中共中央	中发〔2004〕16号	《中共中央国务院关于进一步加强和改进大学生思想政治教育的意见》
2005	团中央等		《共青团中央关于进一步加强和改进大学生思想政治教育的实施意见》

续表

年份	发布部门	文号	政策文件名称
2005	团中央等	中青联发〔2005〕91号	《关于实施中国青少年绿色网络行动切实加强青少年网络文化建设的通知》
2005	团中央等	中青联发〔2005〕18号	《关于开展“健康上网拒绝沉迷——帮助未成年人戒除网瘾大行动”的通知》
2005	团中央等	中青联发〔2005〕44号	《关于开展第二届“感动”——首届全国青少年网络短信作品的通知》
2005	团中央等	中青联发〔2005〕4号	《关于在全国开展“为了明天——青春自护远离网瘾行动”的通知》
2005	文化部等	文市发〔2005〕21号	《文化部信息产业部关于网络游戏发展和管理的若干意见》
2005	文化部等	文市发〔2005〕10号	《关于进一步深化网吧管理工作的通知》
2005	文化部等	文市发〔2005〕14号	《关于净化网络游戏工作的通知》
2006	国务院	国务院令第468号	《信息网络传播权保护条例》
2006	团中央		《杨岳同志在“中国未成年人网脉工程”启动仪式上的讲话》
2006	团中央		《深化青年文化行动为构建社会主义和谐社会贡献力量（卢雍政同志在深化青年文化行动研讨会上的讲话）》
2006	团中央		《卢雍政同志在帮助未成年人预防和戒除网瘾工作经验交流暨现场推进会上的讲话》
2006	团中央等	中青联发〔2006〕47号	《关于深入推进“健康上网拒绝沉迷——帮助未成年人戒除网瘾大行动”的通知》
2007	团中央		《充分发挥青少年在网络文化建设中的作用，为青少年成长创造文明健康的网络环境》
2007	文化部等	文市发〔2007〕10号	《关于进一步加强网吧及网络游戏管理工作的通知》
2007	团中央	中青联发〔2007〕27号	《关于贯彻未成年人保护法实施“未成年人保护行动”的意见》
2008	团中央	中青办发〔2008〕7号	《关于实施青少年网络建设工程的方案》
2008	广电总局等	信息产业部令第56号	《互联网视听节目服务管理规定》
2008	文化部等	文市发〔2008〕25号	《关于网吧管理工作有关问题的通知》

续表

年份	发布部门	文号	政策文件名称
2009	中央办公厅等	中办发〔2009〕6号	《关于进一步净化社会文化环境促进未成年人健康成长若干意见》
2009	文化部等	文市发〔2009〕9号	《关于进一步净化网吧市场有关工作的通知》
2009	文化部等	文市发〔2009〕20号	《关于加强网络游戏虚拟货币管理工作的通知》
2010	文化部	文化部令第49号	《网络游戏管理暂行办法》
2010	教育部	教基一〔2010〕2号	《教育部关于加强中小学网络道德教育抵制网络不良信息的通知》
2010	文化部市场司	文市发〔2010〕27号	《文化部关于贯彻实施〈网络游戏管理暂行办法〉的通知》
2010	文化部市场司	文市函〔2010〕458号	《文化部关于加大对网吧接纳未成年人违法行为处罚力度的通知》
2010	最高人民法院等	法释〔2010〕3号	《关于办理利用互联网、移动通讯终端、声讯台制作、复制、出版、贩卖、传播淫秽电子信息刑事案件具体应用法律若干问题的解释（二）》
2011	文化部	文化部令第57号	《互联网文化管理暂行规定》
2014	团中央	中青办发〔2014〕19号	《共青团中央办公厅关于深入开展“青年好声音”网络文化行动的通知》
2015	中央办公厅等		《关于进一步加强和改进新形势下高校宣传思想工作的意见》
2016	网信办		《互联网直播服务管理规定》
2016	广电总局等	2016年第5号令	《网络出版服务管理规定》
2016	文化部市场司	文市发〔2016〕32号	《文化部关于规范网络游戏运营加强事中事后监管工作的通知》
2017	全国人大	主席令第53号	《中华人民共和国网络安全法》
2017	文化部等	国务院令第666号	《网络游戏管理暂行办法（修订）》
2017	中共中央、国务院		《中长期青年发展规划（2016—2025年）》

（三）政策文本编码

本章将内容分析单元界定为单独政策文本的相应条款，对50份政策文本内容按照“政策编号—政策名称—分析单元—章节编码”进行整理，编码表如表 6-2 所示 。

表 6-2 青年网络文化政策的内容分析单元译码

政策编号	政策名称	分析单元（具体条款）	章节编码
1	互联网信息服务管理办法等互联网信息服务……	从事新闻、出版、教育、医疗保健、药品和医疗器械	1-5
2	青少年网络文明公约	要善于网上学习，不浏览不良信息	2-1
……	……	……	……
46	网络游戏管理暂行办法	以未成年人为对象的网络游戏不得含有诱发未成年人模仿违反社会公德的行为和违法犯罪的行为的内容，以及恐怖、残酷等妨害未成年人身心健康的内容	46-16
47	中长期青年发展规划（2016—2025 年）	引领网络文化，保护网络知识产权，扶持高质量网络文化生产……	47-2-6-1
		净化网络空间，完善网络文化、网络出版、网络视听节目审查制度和市场监管……	47-2-9-2
		打造一批有影响力的青年新媒体产品展播平台，开展全国性青年互联网创新创意活动……	47-3-5
		深入推进“阳光跟帖行动”，引导广大青年依法上网、文明上网、理性上网，争当中国好网民	47-3-6

三、青年网络文化政策量化分析

（一）政策发文主体分析

根据中国现行的政治体制，不同等级权力主体发布的政策具备不同的效力级别。本章按照发文主体效力的大小将以上 50 份政策文本分为四类，分别是：由立法机关全国人大及常委会制定的相关法律（1 份）、由国务院颁布的行政法规（5份）、国务院所属部门发布的部令（3份）及各部委在职权范围内制定的部门规章或中共中央领导指示、意见、讲话等（41份）。这表明，从人大立法、国务院条例到各部委的条例、通知，中国已经自上而下形成了一个相对完整的青年网络文化政策体系。

通过发文主体分析可以发现：青年网络文化政策的颁发共涉及22个部门，其中文化部、网信办等6个部委独立颁布政策，团中央、教育部等其余16个部门则以联合发文方式参与到青年网络文化政策的制定和颁布之中。进一步对政策发文最多的部门分析显示：在中央政府层面，国务院、文化部、共青团中央、工业和信息化部等部委对青年网络文化的发展有显著的引领和管理作用。

（二）政策工具及作用对象分析

1.X 维度

政策工具维度。政策工具是政府用来实现公共治理的途径和手段，政策目标的实现需要借助有效的政策工具。借鉴已有研究，本章根据政府干预强度将政策工具分为自愿型工具、规制型工具和社会型工具并以此建立X维度①。三种政策工具类型对青年网络文化规范和引导的作用如图6-1所示。自愿型政策工具主要体现为党政部门、群团组织发起的对于网络文化的文明公约或自律书。如2001年文化部、教育部等八部门联合向社会发布的《中国青少年网络文明公约》。自愿型政策工具所占比例较少，在整个青年网络政策体系中占据2%。

规制型政策工具作用主要表现为维护、规范网络文化市场秩序，保证互联网信息安全。可将此类政策工具分为“管制”和“策略性措施”两方面，所占比例最大，为整个政策体系的52%。例如，2004年团中央等部门联合颁发的中青联发2004年3号文件《关于开展“青少年网络文明”行动的通知》

① 李从欣等：《政策工具视角下河北省节能减排政策研究》，《石家庄经济学院学报》2016年第05期。

和2005年团中央等部门联合颁发的2005年91号文件《关于实施中国青少年绿色网络行动切实加强青少年网络文化建设的通知》，在规范青年群体文明上网、引导青年群体健康网民行为方面发挥积极作用；在推进互联网文化市场管理、规范网民言论等方面的典型政策则有2005年文化部等颁发的《关于进一步深化网吧管理工作的通知》、2008年信息产业部等颁发的第56号部令《互联网视听节目服务管理规定》、2016年网信办颁发的《互联网直播服务管理规定》和广电总局2016年第5号令《网络出版服务管理规定》等。

社会型政策工具的作用主要表现为政策对青年网络文化发展的助推力。政府通过提供资金支持、推进网络信息安全等措施，引导社会组织、媒体、企业、学校等多元主体协同施策网络文化治理。可将该类政策工具划分为信息劝诫、人才培养、公共服务等方面，在政策工具体系中占据46%。例如，中央办公厅2009年颁发的《关于进一步净化社会文化环境促进未成年人健康成长若干意见》和2015年颁发的《关于进一步加强和改进新形势下高校宣传思想工作的意见》等政策文件积极倡导发挥社会、媒体、学校等部门的多元协同作用，共同助力青年网络文化发展，如图6–1所示。

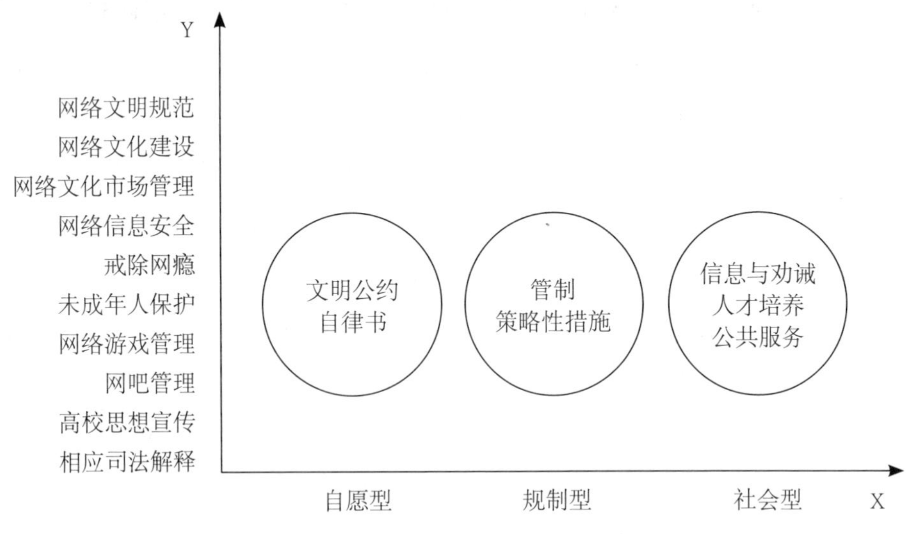

图6–1 青年网络文化政策工具及作用图

2.Y 纬度

青年网络文化政策体系。一系列青年网络文化政策法规的颁布涉及网络文明、网络文化建设、网络市场规范与管理以及网络信息保护等方面。其分别占据比例如图 6–2 所示。

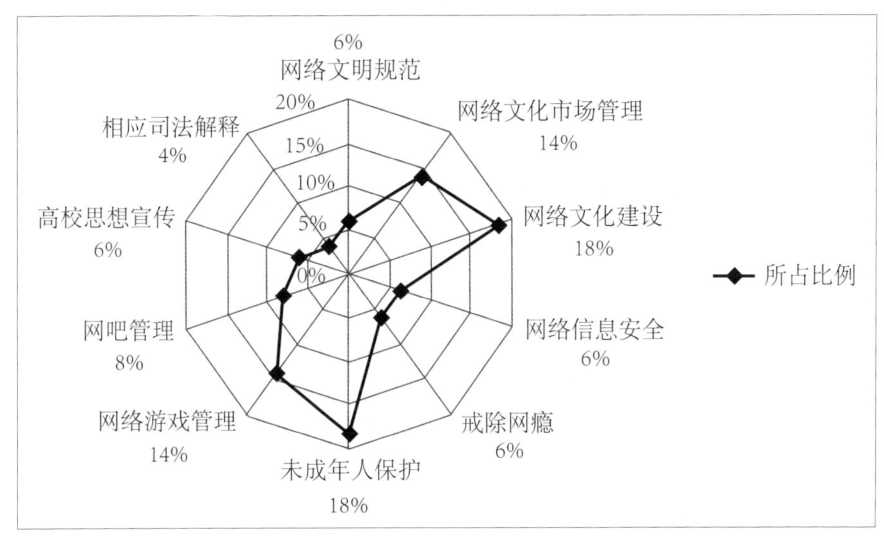

图 6–2 政策体系内容结构分析

综观整个青年网络文化政策体系，内容涉及网络文化建设和未成年人网络保护方面的政策文本较多，在整个政策体系中占比最大，分别占比 18%；其次为网络文化市场管理和网络游戏管理方面，分别占比为 14%；涉及网吧管理方面的内容数量再次之，占比为 8%；网络信息安全、网络文明规范、高等学校思想教育与宣传以及戒除网瘾等方面的内容所占比例均为 6%；此外，政策体系还包括两条相应的司法解释，占比为 4%。

（三）政策效力量化评估

为了全面评估我国青年网络文化政策效力，本章从政策力度、政策目标、政策措施三个层面建立对政策文本的量化分析模型。政策力度维度用于描述该项政策的影响力和法律效力，由政策颁发部门决定，颁发部门行政级别越高，政策力度越大；政策目标维度用于计量政策中所要实现预期目标的可量化程度，量化程度高，得分就越高；政策措施维度是指政策中为解决实际问题，实现目标所采取的具体方式和手段，政策越具体，内容越清晰，得分越高。详见表 6–3：

表 6–3 政策评估量化标准

项目	得分	判断标准
政策力度 P	5	全国人大及其常委会颁布的法律、法规
	4	国务院颁发的条例；文化部、信息部等各部委颁发的部令
	3	国务院颁发的暂行条例；各部委颁发的条例、规定
	2	各部委颁发的意见、办法、暂行规定、指南等
	1	通知、公告、发言等
政策目标 G	5	“必须”“严禁”等明确最强语气详细描述目标
	4	“切实”“不可”“严格”等强语气较为详细描述目标
	3	“充分利用”“不低于”等较强语气描述目标
	2	“加强”“完善”等一般性描述
	1	“可”“亦可”等较弱描述
政策措施	5	列出具体措施，针对每一项均给出严格的执行与控制标准，对其进行具体说明
	4	列出具体措施，针对每一项给出较详细的执行与控制标准
	3	列出较具体的措施，从多个方面分类给出大体的执行内容
	2	列出一些基础措施，并给出简要的执行内容
	1	仅从宏观上谈及相关内容，没有具体操作方案

利用公式：

$$PMG_i = \sum_{j=1}^{n}(m_j + g_j)p_j, i = [2000,2017]$$

根据政策力度、政策目标和政策措施计算每一年度发布政策的效力[①]。上式中，i 为计分政策的发布年份；n 为第 i 年颁发的政策的总数；j 为第 i 年颁

① 仲为国等：《政策测量、政策协同与技术绩效：基于中国创新政策的实证研究（1978—2006）》，《科学学与科学技术管理》2009 年第 03 期。

发的第 j 项政策；PMG_i 为第 i 年青年网络文化相关政策效力的总体情况。

（四）政策变迁趋势分析

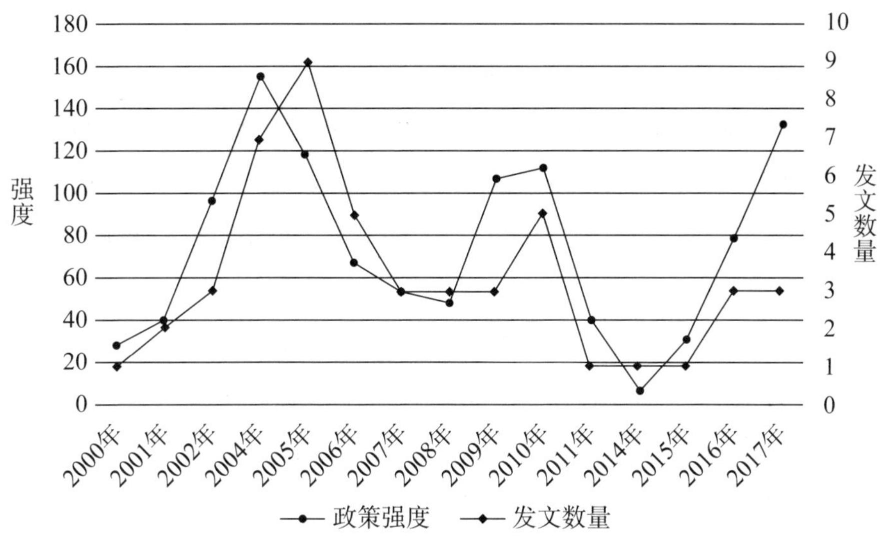

图 6–3　青年网络文化政策数量与强度趋势图

1994 年堪称“中国互联网元年”[①]。《90 年代国家产业政策纲要》的发布，标志着中国开始对互联网进行引导和规范，同年颁布的《中华人民共和国计算机信息系统安全保护条例》，将维护计算机信息网络及其运行安全以法规形式予以确定。1996 年国务院第 195 号令颁发了《中华人民共和国计算机信息网络国际联网管理暂行规定》，对国内用户接轨国际互联网加以规范。一系列政策的出台推动了国内互联网产业的良性发展，并且客观上鼓励了国内互联网创业者探索革新的勇气。但需要承认的是，1997 年之前，对于国内民众来说，“网络”这一概念与他们还距离尚远，当时的网民数量虽有 62 万，但多数为计算机行业从业者。全新的“网络社会”诞生自 1997 年，这一年，“上网”成为了仅次于“香港回归”的流行词、第一条互联网广告出现、中国互

① 李小毛：《三分天下见豪情》，《中国信息化》2005 年第 14 期。

联网络信息中心（CNNIC）成立、人民日报主办的人民网开通。1998 年之后，电子商务逐步兴起，网络文学开始起步、互联网“第四媒体”概念正式提出。

可以看出，1994—2000 年期间，在互联网中国首次浪潮兴起之时，在相关政策的制定出台上以互联网运行安全和推动互联网这一新兴产业良性发展为主，政策尚未单独涉及青年，在网络文化政策层面存在缺失。

2000 年以后，随着互联网科技的飞速发展，我国网络文化问题也随之滋生。如图 6–3 所示，随着不同互联网时代背景和新生网络文化问题的陆续出现，青年网络文化政策也呈现出动态性和时代性，网络治理大致历经了以下几个发展阶段：

2000—2002 年是我国青年网络文化政策的探索和兴起阶段。2000 年国务院出台《互联网信息服务管理办法》首次提到“教育类互联网信息”，教育涉及青年群体，因此可将其视为青年网络文化政策体系发展的起点，教育信息化在 2001 年以后全线上马。这一阶段，QQ、聊天室火遍全国，网络游戏开始释放巨大能量，博客兴起，网络文学发展欣欣向荣。但从此阶段颁发的政策法规来看，国家层面对于青年网络文化政策的关注视角主要在于未成年人上网保护、未成年人网络信息安全等方面。例如，2001 年国务院办公厅颁布的《关于进一步整顿和规范文化市场秩序的通知》，首次针对未成年人进入网吧、不健康电子游戏经营等突出问题提出专项整治意见。此外，2001 年 6 月，北京海淀区学院路“蓝极速”网吧火灾事件引发网络经营场所规范管理，同年，国务院第 363 号令《互联网上网服务营业场所管理条例》出台。可以看出，在起步探索阶段，网络聊天室、网游等平台暴露的低俗、色情、暴力网络文化问题较少，青年网络文化规范、引领政策因此出台较少，仅有 2001 年，教育部、文化部以及全国青少年网络协会等部门联合颁发的《全国青少年网络文明公约》倡议“青少年文明上网、抵制不良信息”。

2003—2007 年迎来了青年网络文化政策的快速增长期，发文数量与政策效力达到顶峰。2003 年的“非典”催生“宅经济”，网游成为彼时国人足不出户最主要的休闲娱乐方式，其用户数量激增一倍，当年市场规模达到 13.2

亿元。2003年也是网络文学发展史上的关键一年，起点中文网首创网络文学收费运营方式。2004年，随着网民数量和网络应用的增加，网络慈善、网络维权等新生网络文化事物日趋丰富，但“裸聊”等低俗色情网络文化，以及网络暴力和网络诈骗等网络违法行为也随之出现，相应的管理、规范政策文件陆续出台。如2004年团中央等部门联合颁发的《关于开展“青少年网络文明”行动的通知》《关于实施青年文化行动加强青年文化建设的通知》和最高人民法院的《关于办理利用互联网、移动通讯终端、声讯台制作、复制、出版、贩卖、传播淫秽电子信息刑事案件具体应用法律若干问题的解释》，以及2005年文化部《文化部 信息产业部关于网络游戏发展和管理的若干意见》《关于净化网络游戏工作的通知》等。2005年，联合国大会第六十届会议决议又增列了全球化、信息和通信技术等世界青年事务的5个优先领域。可以看出，互联网以及信息、通信技术的飞速发展带来的社会变革引起了世界范围内的广泛重视，青年网络信息化已成为与青年教育、青年就业、预防青年犯罪等并驾齐驱的优先发展领域，此外，2005年中国网民数量过亿，青年网络政策制定的重要性与迫切性与日俱增。2006年，网络安全事故频发，互联网“双刃剑”的态势逐渐被人熟知，当年国务院正式颁发《信息网络传播权保护条例》，在互联网信息安全保护中发挥了积极作用。2007年堪称互联网经济发展的重要一年，互联网财富时代来临。与此同时，“两会”“十七大”“最牛钉子户”“网购、电商”等焦点、热点在互联网的作用下被不断放大。同年，中国互联网协会反垃圾邮件综合处理平台正式开通。网络文化、网络经济蓬勃发展的背后带来的负面网络信息对于青年群体和未成年人的影响力可谓首当其冲，2007年，团中央出台《关于贯彻未成年人保护法实施“未成年人保护行动”的意见》，在面对网络垃圾、网络犯罪等消极网络影响方面，为未成年人群体积极及时地提出应对保护措施。

2008—2014年，青年网络文化政策迎来第二个发展高峰。2008年爆发的“艳照门”事件引发政府和公众对于网络文化环境净化和个人隐私保护的关注。该事件暴露了网络管理滞后的弊端，如果问题处理不及时，网络将成为淫秽、低俗、色情信息的扩散器。此外，2008 年，中国网民总数为 2.53 亿，位居世界第一。同年，网络影视异军突起，在同传统媒体的竞争中逐步占据半壁江山，国家广播电影电视总局、中华人民共和国信息产业部联合颁布《互联网视听节目服务管理规定》，指出要为青年群体提供优质的互联网视听节目，打造清朗的网络文化环境。2009 年 1 月，国务院新闻办公室、工业和信息化部等七部委在北京联合召开电视电话会议，部署在全国范围内开展整治互联网低俗之风专项行动。2009 年 11 月，全国“扫黄打非”办公室下发了《关于严厉打击手机网站制作、传播淫秽色情信息活动的紧急通知》。2009 年国家还开始加大网络监管力度，陆续出台了《关于加强和改进网络音乐内容审查工作的通知》《中央编办对文化部、广电总局、新闻出版总署“三定”规定中有关动漫、网络游戏和文化市场综合执法的部分条文的解释》等文件。随着一系列互联网整顿举措的升级，包括 BT 中国联盟在内的 530 多家 BT 网站被陆续关停。此外，2009 年网游市场呈现动荡趋势，网游公司收购频现，网游虚拟货币市场管理混乱，文化部等《关于加强网络游戏虚拟货币管理工作的通知》政策文件随后出台。2010 年的网站版权纠纷、电商纠纷、微博大战推动了国家制定出台相关政策的步伐，文化部发布《网络游戏管理暂行办法》，国家工商总局《网络商品交易服务管理行为暂行办法》开始实施，《侵权责任法》开始生效。2011 年，文化部颁布了第 57 号部令《互联网文化管理暂行规定》，2012 年国家广电总局与国家互联网信息办联合下发了《关于进一步加强网络剧、微电影等网络视听节目管理的通知》。2013 年名噪一时的“秦火火”案件，引发了国家对于“网络谣言”这一灰色网络经济的关注，公安部开展打击网络谣言专项治理，同年 9 月 16 日，最高人民法院、最高人民检察院发布《最高人民法院、最高人民检察院关于办理利用信息网络实施诽谤等刑事案件适用法律若干问题的解释》。但值得注意的是，《互联网文化管理暂行规定》等专门针对互联网文化的政策文件属于社会普适性政策文件，并没有单独提及青年群体。

2015—2017 年，青年网络文化政策进入第三个发展阶段。“网红”“网络主播”层出不穷，直播、快手、抖音等网络视频乱象丛生。2017 年，我国网络直播市场整体收益达 304.5 亿元，成为网络文化市场的重要组成部分，从市场规模来说，作为后起的文化媒介，网络直播已经丝毫不逊色于电视、电影，涉及主体多以青年网民为主。2016 年，中央网信办颁发《互联网直播服务管理规定》指出要在社会主义核心价值观的指引下为青少年群体塑造风清气正的网络空间。同年，广电总局、工业和信息化部联合颁发《网络出版服务管理规定》，针对未成年群体网络出版物内容方面给出明确规定。2017 年 4 月，中共中央、国务院印发了《中长期青年发展规划（2016—2025 年）》，首次鲜明提出“党管青年”原则，聚焦思想道德、教育、健康、文化等十个青年发展迫切需要关注的领域。规划导向性明确，突出青年群体和网络之间的天然联系，倡导网络正能量，打造清朗网络空间，对于青年网络文化具有极大的规范和引领意义。此外，2017 年 6 月 1 日正式实施的《中华人民共和国网络安全法》，从立法的角度规范网络信息传播秩序，尤其针对涉及未成年人健康的网络产品和服务方面，《网络安全法》做出明确规定。

四、青年网络文化政策评价

（一）治理成效渐显

一系列相关政策、法规的发布，在打造青年网络生态文明，保护网络作品知识产权和抵制不健康网络文化等方面取得了不俗战绩。当前，网络文化生态总体呈良性发展态势，深挖乱拔，不分青红皂白的“人肉搜索”现象少了，而以“小粉红”“小青马”为代表的网络青年群体的“网上祭奠”等爱国义举多了；网络造谣、传播的行为明显少了，而热心提供生活服务等信息的行为增多了。此外，我国互联网原创作品的规模不断扩大，截至 2017 年年底，各网站原创作品总量高达 1646.7 万种。与此同时，自 2017 年《网络安全法》实施以来，国家网信办会同公安部、广电总局加大对低俗网络娱乐的整治力度，“卓伟粉丝后援会”“娱姬小妖”等账号永久关闭，网络主播“MC天佑”“五五开”等被全网禁播。这说明我国对网络抄袭、低俗网络娱乐的打击监察力度逐步加大，在网络作品的“扫黄打非”、“净网”行动、青少年天朗气清的网络空间治理方面取得了一定成效。

（二）政策主体范畴增加，政策强度呈现波动趋势

青年网络文化政策涉及部门较多，如前文所述，共有22个部门参与其中。由于青年网络文化的不同发展阶段特征，各阶段参与制定青年网络文化政策的部门也有相应变化。除文化部之外，共青团中央、关工委、国务院法制办等部门在早期的网络文化市场建设、青年网络文化引领方面参与较多。随着网络视听、直播等一系列新生事物的出现，广电总局、网信办等部门逐渐加入，在规范网络文明方面发挥积极作用。此外，《中长期青年发展规划（2016—2025年）》等社会性政策还涉及中央决策部门和宣传部、教育部、社会保障等核心部门。

从政策量化的角度而言，排除个别年份发文数量为空白，我国青年网络文化政策强度整体上呈现三个阶段，2004—2006年的急剧上升，达到峰值；2008—2010年的大幅增长；2016—2017年的发文数量虽有所下降，但政策强度呈现上升势头。

（三）青年专有政策匮乏，政策制定前瞻性不足

综观本章涉及的50份政策文件，去掉团中央领导在青年网络文化引领方面的讲话，真正单独体现青年网络文化的政策数量仅为6个，其余均为社会政策的内隐性条款，上升到立法角度的专有青年网络文化政策更是匮乏。青年群体思想活跃，接受新事物能力较强，近年来随着互联网技术影响面的不断发展扩大，青年网民的数量日趋增多，网络直播、“网红”等参与主体及影响群体均以年轻网民为主，青年群体更是网络诈骗、网络犯罪的高危人群，

亟须制定专门的青年网络文化立法和政策条文，以使青年网络文明有章可循，打击网络违法行为有法可依。此外，通过对现有政策出台背景以及制定理由的整理发现，青年网络文化政策在制定上存在一定的滞后性，往往是不同网络文化问题爆发后提出的应对、处理措施，鲜有根据网络文化发展态势制定的预防性和导向性政策，政策制定缺乏前瞻性。

（四）政策的执行效力低下

在我国青年网络文化政策构成效力的三个维度中，政策措施较多，政策力度偏低，可以发现其以部门规章为主，整体立法层次较低，没有关于青年网络文化的专门立法。虽然《中华人民共和国网络安全法》《未成年人保护法》等法律的部分条款都对青年网络文化问题有所规范，但其政策目标缺乏量化，在实际的操作中很难与行政法规或部门规章文件形成密切配合。

（五）缺乏独立的政策评估组织

我国中央到地方各级政府均设有相应的机构，对相关政策进行评估和优化。此外文化部、工信部等职能部门为了促进网络文化的发展，也均设有相关评估网络文化政策和方案的司局。但显而易见，这些机构隶属于政府行政部门，在政策评估之时往往注重其社会性和通用性，很难针对青年群体展开专门评估，目前共青团机关也尚未建立起专门的青年政策绩效评估部门，这使得青年网络文化政策的执行和效果反馈大打折扣，也在一定程度上影响了政策的完善与演进。

五、青年网络文化政策的改进措施

解决我国青年网络文化政策存在的相关问题，需要我们继续完善青年网络文化政策体系设计，进一步明确青年网络文化政策的改进方向。

（一）与时俱进，结合互联网发展态势出台前瞻性政策

青年群体是网络文化的主要参与者、缔造者、传播者和影响者，青年群体有着自己独特的参与网络文化生产与消费的方式。2017 年中国互联网协会发布的《2017 年中国互联网产业发展综述与 2018 年发展趋势》显示，青年群体在网络共享经济、借呗、花呗等网络借贷平台、快手等直播平台以及《王者荣耀》等手游中占据主体地位，看似绚烂多彩的网络文化实际上内涵问题不容小觑。以网贷为例，2017 年以来，青年群体尤其青年中的高知群体——大学生“校园贷”、裸贷等引发的惨案频发。《网络借贷信息中介机构业务活动管理暂行办法》出台后，国家加大了对网络金融监管的力度。但是在谴责和惩治网络诈骗和违法分子之余，还应将关注的眼光放在那些为了手机、整容等原因而丧失了最起码的责任和道德底线的青年群体身上，团中央、教育部等部门应结合当下形势，加快备具前瞻性和专有性的政策制定，倡导青年群体正确的消费理念，减少网贷等问题引发的悲剧。

（二）结合青年群体特点出台相应的政策措施

青年群体网络使用娱乐性特点突出，在网络视频、网络游戏、网络文学等方面的使用频率均高于整体网民[①]。2017 年 6 月，团中央联合搜狗大数据分析团队发布《中国青年网民网络行为报告》，报告显示：“80 后”“90 后”“00 后”平均每天四分之一的时间被网络占据。起床先摸手机，白天浏览网页、网购，睡前观看短视频的现象在青年网民中的表现非常突出。中国成为了巴西之后的上网时长第二的国家，然而，这并非什么值得乐观的事情。在互联网时代，通过网络娱乐和社交无可厚非，但青年群体多为学生或刚踏入工作岗位的职场新人，过度沉迷网络，必将影响学习成绩和个体健康，应该注意对上网时间的分配和控制。共青团和网络文明协会应当根据青年网民的网络

① 胡瓛：《网络传播的青年亚文化批判》，重庆工商大学 2013 年硕士学位论文。

使用特点，在倡导健康生活、合理安排上网时间等方面出台相应引导政策。

此外，青年网民正处于世界观、价值观完善时期，他们思维活跃但也易受错误思潮影响。网络发展时至今日，一些极端思潮从未放弃对青年群体的煽动和腐蚀，因此，在政策制定的方向上，青年理想信念构建和思想引领应始终占据主流。

（三）打造既有整体性又兼顾层次性的青年网络文化政策体系

在我国青年网络文化政策体系的建构中，既要宏观把握整体性，又要有针对性地兼顾层次性。国家在制定了全局性的青年网络文化政策之后，各省市应根据实际情况予以完善和适当延展，体现层次性，形成政策体系的完整行动框架。在2017年国家出台《中长期青年发展规划（2016—2015年）》后，天津出台《天津市中长期青年发展规划（2016—2025年）》，在国家提出的10个青年发展领域之外又提出“互联网与青年”这个专门领域，并提出相应发展举措。这很好地体现了对全局性政策的完善和延伸，有助于形成完整的青年网络文化政策体系。

（四）增强青年网络文化政策的综合效力

在出台有针对性的青年网络文化政策的同时，要从政策落地、政策路径、政策回馈等多个维度，强化青年网络文化政策的实施效果。要加快推进青年网络文化政策的法律化进程，从立法角度提高政策力度，保护青年群体的网络文化主权和利益不受损害。同时，在发布政策措施的同时，还要注重政策目标的可量化性，使得政策在执行过程中目标更加明确，保障青年网络文化政策执行落到实处。

（五）提高青年网络文化政策监测评估能力

授权共青团机关成立专门的政策绩效评估部门，亦可依托第三方评估或是青年政策智库的力量，全面提高青年网络文化政策绩效监测评估能力。以专业的量化分析方法，判断青年网络文化政策效果如何，并分析政策效果显著或欠佳的原因，据此提出切实可行的政策调整方案。此外，青年网络文化政策绩效评估还要注重吸纳普通青年网民的参与。通过访谈、问卷调查等方式倾听青年心声，了解政策发布、实施后对青年网络文化方面带来的改善与调整，掌握相应政策在规范网络文明、抵制低俗网络文化、减少网络谣言等方面发挥的作用，以便切实总结政策效果。

第七章　青年社会参与政策的现状与效果评价

十九大报告指出："青年兴则国家兴，青年强则国家强。青年一代有理想、有本领、有担当，国家就有前途，民族就有希望。中国梦是历史的、现实的，也是未来的；是我们这一代的，更是青年一代的。"这充分表明青年一代在我国"五位一体"总体布局和"四个全面"战略布局的贯彻和落实中将发挥主体作用，是决胜全面建成小康社会，夺取新时代中国特色社会主义伟大胜利的核心力量。青年的社会参与不仅是推进社会发展，构建和谐社会的社会性要求，也是青年自身成长和发展的内在需求。通过社会参与，青年将实现技能社会化、行为社会化和政治社会化的全方位转变。

基于青年社会参与的重要意义，新中国成立以来，尤其是改革开放以来，党和政府针对青年的社会参与先后出台了多项政策，将引导和规范青年的社会参与和国家发展紧密结合起来。伴随着"两个一百年"奋斗目标的持续推进，伴随着中国社会主要矛盾的变化，伴随着"中华民族迎来了从站起来、富起来到强起来的伟大飞跃"，新时代的青年是当之无愧的强国一代。新的时代必然会对强国一代在更广阔的参与范围内、更高参与层次上提出新的发展要求。也必然会要求强国一代要以新的思想、新的理念去理解转型、理解未来。为此，2017 年 4 月，中共中央、国务院印发了《中长期青年发展规划（2016—2025 年）》，这一历史突破性的政策性文件将青年的社会参与列为十项发展领域之一。可以预见，我们将会迎来一个不同于以往的、更加丰富多彩、更富有创造精神的、激动人心的青年社会参与新时期。

面对国家的期盼、时代发展的需要，当下青年的社会参与能否积极主动回应国家需求值得关注。随着社会主义市场经济体制的建立、社会阶层结构的变化、社会利益集团的分化、思想文化领域的多元化，各种非主流意识形态通过不同渠道涌向我国青年。信仰迷失、实用主义、感性快乐主义、佛系生活、无欲无为丧文化的流行……各种非主流意识文化正对抗着我们对青年社会参与的初衷。在这样的现实背景下，研究青年社会参与政策的纵深发展就显得尤为迫切和必要。学界对社会参与展开了丰富的研究，在对青年社会参与范围的界定上，也存在广义和狭义之争。广义上的青年社会参与囊括了政治参与、经济参与、文化参与和社会事务参与等诸多方面。如《中长期青年发展规划（2016—2025 年）》中的青年社会参与主要涉及政治生活、经济发展、社会建设、生态文明建设、对外交流等。而狭义的青年社会参与则是社会成员以角色承担者的身份，为制定、实施社会政策或阻止某些损害国家和社会利益的社会措施的推行所从事的活动[①]。根据本研究的需要，我们采用广义的界定，拟从青年的社会组织参与、社区参与和政治参与三个方面进行研究。通过回溯历史，我们可以清晰地探寻当下青年社会参与政策的历史逻辑；通过审视现状，我们可以明确地判断当下青年社会参与政策的执行效果；通过政策执行效果的分析，我们可以预判青年社会参与政策的走向。这些问题的研究为我们科学地定位新时代青年社会参与政策的改革，更准确地把握新时代青年社会参与政策的走向奠定重要的理论基础。

一、青年社会参与政策相关的文献研究现状

青年的社会参与直接影响着社会的整体走向，直接决定着国家的前途命运。学界对党和国家的期待积极回应，从不同的视角探讨了青年社会参与政策的各项问题，取得了丰硕的成果。

---

① 董小苹：《全球化与青年发展》，上海社会科学院出版社 2004 年版，第 122 页。

（一）从参与主体看青年社会参与政策

高中建通过实证分析“80后”青年社会认同和社会参与的现状及两者之间的关系，指出政策是强化青年社会建设参与的基础条件，通过其导向、规范、调控作用可以支撑“80后”青年的社会建设参与[①]。吴际等在探究流动人口社会参与度的性别差异及其影响因子的基础上，从社区、学校、妇联等不同组织入手对提高流动人口的社会参与度提出了相应的政策建议[②]。此外，对青年社会参与主体的研究还涉及青年学生、农村青年、城市青年、少数民族青年等多个群体。学者们的研究强调参与政策对不同群体的参与均有举足轻重的作用。同时既往的研究也体现出青年社会参与政策目标受众的多样性。

（二）从参与内容看青年社会参与政策

刘宏森从政治参与、文化参与、经济参与、社会活动参与四个方面考察青少年的社会参与状况，强调要一方面加强立法，细化促进青少年社会参与的各项政策制度；另一方面要完善青少年社会参与促进机制[③]。郗杰英在研究当代青年权益时梳理了国家在保障青年参与选举、决策、监督等公共参与权益的多个方面时所采取的政策[④]。董小平在其专著中通过研究不同国家青年的政治参与、经济参与、文化参与、社会参与，表示政策能够对青年参与国家事务给予切实保障，促进青年全方位、多层面地参与社会发展[⑤]。闫立超、高

① 高中建：《“80后”青年社会认同和社会建设参与研究》，人民出版社2015年版，第285—290页。

② 吴际等：《流动人口社会参与度的性别差异及其影响因子检验》，《统计与决策》2017年第03期。

③ 刘宏森主编：《激情与回应青少年社会参与研究》，上海交通大学出版社2011年版，第199—205页。

④ 郗杰英主编：《当代中国青年权益状况研究报告——中国青年发展状况研究报告（2008—2009）》，研究出版社2009年版，第110—127页。

⑤ 董小苹主编：《全球化与青年发展》，上海社会科学院出版社2004年版，第179-181页。

中建从社会建设参与的角度分析了政策、法律与习惯法在此过程中的地位、作用及三者间相互关系，其中青年社会参与政策在青年社会建设参与的过程中起着主要的推动作用[①]。吴庆基于参与内容总结了当代青年政治参与的规律和特点，强调政策优化必须追求适合青年特点的政治参与制度创新[②]。学者们的研究结果显示青年社会参与政策贯穿了青年群体的政治参与、经济参与、文化参与等多个方面，体现出青年社会参与政策涵盖内容的广泛性。

（三）从参与问题看青年社会参与政策

董小苹通过梳理1992年至2012年中国青少年社会参与的基本概况，指出中国青少年的社会参与存在渠道不够畅通、保障社会参与实施的制度不健全等问题，表示只有健全政府相关政策才能使青年合法、有序、充分地进行社会参与[③]。张月、马玉海从主客观两个方面对当代青年非理性政治参与这一问题进行探讨，并表示解决措施必须从政策着手[④]。金志堃在探讨青年参与进一步发展需要解决的问题时提出，要设立一个权威部门来统一和综合青年政策的制定、建立政府的青年事务机构、建立青年参与的评价体系和检验标准等[⑤]。石国亮、邓希泉在探究当前我国青年参与机制时指出，政府要通过法律和政策确认青年参与权，并应创设条件来引导和鼓励青年参与[⑥]。学者们在研究青年社会参与相关的问题时提出的解决措施都落脚于政府的政策、法律和制度，充分表明青年社会参与政策是解决我国青年社会参与问题的核心所在。

综上所述，青年社会参与政策是学者们关注的重要议题，学者们从不同

---

① 闫立超等:《青年社会建设参与中的政策、法律与习惯法》,《学会》2012年第03期。

② 吴庆主编:《青年政治参与与共青团工作》，中国青年出版社2015年版，第249—258页。

③ 董小苹:《1992—2012：中国青少年的社会参与》,《青年研究》2013年第06期。

④ 张月等:《当代青年非理性政治参与的原因及消解》,《中国青年研究》2016年第01期。

⑤ 金志堃:《当代青年社会参与的若干问题》,《当代青年研究》1994年第01期。

⑥ 石国亮等:《当前我国青年参与机制研究》,《广东青年干部学院学报》2006年第04期。

的视角论证了青年社会参与政策已经成为影响青年社会参与行为，提升青年社会参与效果的关键因素。然而专门针对青年社会参与政策这一主题的研究还比较匮乏，青年社会参与政策的现状如何，政策执行的效果如何，未来的发展趋势和完善方向如何，都亟待我们深入探讨和研究。这些问题的探索将直接影响新时代青年社会参与政策的改革定位和发展走向，为政府科学规划青年社会参与政策的发展提供智力支持。

二、青年社会参与政策的历史回溯

自新中国成立以来，国家根据不同时代的现实需求，对青年社会参与政策进行了多次调整。通过回溯青年社会参与政策发展的历史逻辑脉络，分析国家在不同阶段的重大青年社会参与政策，我们可以将青年社会参与政策的演进分为四个阶段。

第一阶段：以勇于牺牲、自觉奉献为特点的“大我式”社会参与（1949—1966年）。新中国成立初期，百废待兴，时代最突出的主流价值观就是舍“小我”为“大我”的集体主义精神。这一时期的青年社会参与政策主要体现在：一是号召青年抗美援朝，要求青年勇于牺牲奉献。二是向全国推广青年突击队，要求青年“把青春献给祖国”。三是向科学文化进军，要求青年成为扫盲和学习科学的骨干力量。四是知识分子上山下乡，要求青年为发展农业贡献力量。五是学雷锋、树新风，要求青年引领良好的社会风气。这一时期国家制定的青年社会参与政策体现了“忘我”的时代特征，要求青年的个人需求和社会需求高度契合。因此青年社会参与政策具有明显的一元化、群体性特点，体现出理想主义、民族主义和英雄主义倾向，注重政治忠诚和献身精神。

第二阶段：以盲从和抗争为特点的运动式参与（1966—1976年）。1957年以后几乎不间断的政治运动，以及在这些运动中不断发展的工作指导思想上的“左”的倾向，给国家和人民带来了灾难深重的十年“文革”。这一时期，“左”倾思想的错误使得国家和社会要求青年以文化革命的形式来进行社会参与。被卷入到“文革”中的青年，在社会参与上被打上了“运动”的烙印。青年社会参与政策主要体现在：一是对领袖狂热崇拜，对政治盲目热情的红卫兵运动。二是知识青年上山下乡运动。三是具有抗争精神的“四五运动”。这一时期，政治参与是青年社会参与的唯一表达形式，青年社会参与政策陷入“政治批斗”的误区。而后，青年以“四五运动”的进步补偿了“文革”的失误，体现了对祖国、对人民的高度责任感。

第三阶段：以反思和探寻为特点的探索式参与（1976—1978 年）。从 1976 年粉碎“四人帮”，到党的十一届三中全会决定全党工作重心转移，全党、全国人民经历了“两个凡是”禁锢下的两年徘徊，经历了十一届三中全会前后关于真理标准问题的解放思想大讨论，经历了平反冤假错案解决历史遗留问题的痛苦反思[①]。这一时期，国家正积极探索新的发展道路，要求青年的社会参与同人民一起拨乱反正、探寻出路有机结合起来。青年社会参与政策主要体现为：一是重新凝聚在共青团的组织下。二是投入到真理标准大讨论，为国家发展、民族命运探索出路的参与模式。这一时期的探索和思考为青年下一阶段全方位参与奠定了扎实的基础。

第四阶段：以积极和主动为特点的全方位主体参与（1979 年至今）。改革开放以来，我国社会主义建设的重心转变为以经济建设为中心，从计划经济体制转型为市场经济体制，政治体制改革也全面展开。国家必然要求青年在社会参与中增强主体意识，以更加积极主动的态势，实现从一元向多元的转变，最终形成全方位、立体式的社会参与发展局面。这一时期的青年社会参与政策主要体现为：一是干部队伍方面，干部年轻化政策为青年治国理政提供了政策保障。二是社会组织方面，已逐渐形成了以党团为核心，以青年社团为外围的立体参与体系。三是在社区参与方面，建立和完善了青少年参

① 张华：《1949—2009：中国青年社会参与的特点和历史经验》，《中国青年研究》2009 年第 10 期。

与社区服务和社区建设的相关政策。四是在公益活动方面，通过希望工程、志愿者行动、青年文明号等项目吸引了青年踊跃参与志愿者服务。尤其是在2008年北京奥运会和汶川大地震中，青年志愿者的社会参与活动表现十分突出，充分体现了其积极主动的特点。五是在文化交流方面，通过项目制的形式，建立了不同国家、不同群体、不同阶层之间青年的交流机制。六是在生态和扶贫方面，制定了青年参与可持续发展建设、三农建设和精准扶贫等活动的相关政策。这一时期的青年社会参与体现了对国家和党的方针政策的认同，体现了激情与理性并举、积极主动的全方位参与特性。

回溯历史，我们清晰地看到青年社会参与政策的历史逻辑和历史支撑。不同时期的青年社会参与政策打上了浓墨重彩的时代烙印，当中国社会踏入从站起来富起来到强起来的新时代时，必将展现出对新时代新问题新特点的新思考。

三、青年社会参与政策的现状分析

我国现行的青年社会参与政策与新时代的时代背景息息相关，作为“强国一代”的青年，必将要求他们成为改革的推进者、支持者和参与者。党和国家从新时代的新要求出发，为进一步认清工作方向、明确工作对象、做好青年工作、肩负时代使命出台了一系列青年社会参与政策，涉及青年社会参与的方方面面。其中最为关键的是青年社会组织参与政策、青年社区参与政策、青年政治参与政策三个方面，笔者将着重从这几个方面对政策现状进行梳理。

（一）青年的社会组织参与政策现状

2013年共青团十七大报告中正式明确“青年社会组织”这一概念，并强调要“注重加强对青年社会组织的联系、服务和引导”。2014年共青团十七届二中全会指出，发挥共青团的枢纽作用应作为共青团事业改革发展的七项任务之首。“十二五”规划明确指出“大力引导、扶持、培育和发展青年社会组织和青年社会团体，充分发挥其在构建和谐社会中的作用，促进其健康有序地发展”，为引导青年社会组织有序开展相关工作，积极承担社会责任，加快融入社会生活，党政机构和共青团组织出台了一系列政策。由此可见，当前我国青年社会组织参与已逐渐形成了以党团为核心，以青年社团为外围的立体参与体系[①]：

在党政机构引导青年社会组织参与方面主要政策如下：第一，《国务院机构改革和职能转变方案（草案）》正式披露，改革的方向是“小政府、大社会”，要把可以下放的政府职能交给社会组织，增强青年社会组织在积极参与社会管理方面所起的作用。第二，十八届三中全会通过的《中共中央关于全面深化改革若干重大问题的决定》中明确规定行业协会商会类、科技类、公益慈善类、城乡社区服务类四大类社会组织可以直接在民政部门依法申请登记，不需要由业务主管单位审查同意。这在一定程度上保障了青年社会组织在参与社会事务时的自主性。第三，《中国人民政治协商会议章程》规定中国人民政治协商会议全国委员会由各党派、团体、各族各界人士组成，这为青年社会组织有效参与政治协商提供了制度保障。第四，青年联合会提出要增设新的社会组织界别，这对吸纳更多青年社会组织骨干和新兴青年群体中的优秀代表充实青联队伍起到了组织保障。第五，2016 年 7 月，中央统战部正式组建了新社会阶层人士工作局，这一组织机构的设立为新社会阶层青年的社会参与提供了专门机构和指导组织。第六，2016 年全国人大常委会发布的《中华人民共和国网络安全法》、2017 年国家互联网信息办公室印发的《互联网用户公众账号信息服务管理规定》和《互联网群组信息服务管理规定》等诸多法律法规都积极促进了青年通过社会组织健康有序地进行网络参与，维护了青年的合法权益，营造了风清气正的网络参与氛围。

① 郗杰英主编：《当代中国青年权益状况研究报告——中国青年发展状况研究报告（2008—2009）》，研究出版社 2009 年版，第 124 页。

在共青团自身建设方面，组织改革持续进行。2015年中共中央全面深化改革领导小组会议通过上海、重庆两市的群团试点方案，拉开了共青团全面改革的帷幕。上海方面，《共青团上海市委员会改革实施方案》决定探索实行遴选制；上海闵行团委成立青年议事会，吸引广大青年参与探讨国计民生；青年网上评议直接确定上海市2016年度十大重点工作项目等举措极大地提升了青年的参与热情。重庆方面，与妇联、工会等组织共同创建群团服务站，并入驻“基础团务＋社区市民学校”项目品牌吸引青年参与，提升服务效能；制定《团支部书记年度满意度测评工作实施办法》和《团支部书记年度满意度测评工作规范》等举措来约束和激励组织干部[①]。此后，以点带面掀起了全国共青团改革的热潮。

在共青团支持引导其他组织有序参与方面主要有如下政策：一是共青团重视对不同青年社会组织的分类培育，重视资源整合，与青年社会组织结成伙伴关系，设立支持型青年社会组织[②]，这使得青年社会组织得到迅猛发展。二是《共青团中央改革方案》指出，成立社会联络部，加强对青年社会组织及新兴青年群体的联系和引导。三是团中央实施新兴青年群体“筑梦计划”，聚焦签约作家、自由撰稿人、独立制片人、独立演员歌手、自由美术工作者和新社会组织从业人员等新兴群体中的青年，在全国确定了71个筑梦计划的重点联系城市，率先进行工作探索和经验积累。

青年社会组织开始兴起后，党政机构和共青团组织始终紧随时代发展的脚步，制定了一系列具有指导意义、体现实践价值、符合发展规律的政策规划，开创了青年社会组织工作的新局面。

① 康晓强：《现代国家治理视域下共青团与青年社会组织的关系建构》，人民出版社2017年版，第111页。

② 康晓强：《现代国家治理视域下共青团与青年社会组织的关系建构》，人民出版社2017年版，第212—219页。

（二）青年社区参与政策现状

青年社区参与是青年社会参与的重要组成部分。《中共中央、国务院关于深化教育改革全面推进素质教育的决定》中明确指出要“建立青少年参与社区服务和社区建设的制度”。目前学界比较认同杨涛对青年社区参与的划分方法，笔者以他的划分方式，即事务性参与、维权性参与、公益性参与和文娱性参与四方面来梳理现行的青年社区参与政策[①]。

事务性的参与政策包括：（1）推荐优秀青年代表担任所在社区的人民监督员、人民调解员等职务，实现青年从社区治理的旁观者向参与者的转变。（2）重点发展城乡社区服务类青年组织，积极发挥青年组织团体在参与社区事务中的示范带动作用[②]。（3）提倡社区党组织成员与自治组织成员通过民主程序实行交叉任职，鼓励年轻干部和大中专毕业生到城乡社区建功立业。（4）鼓励高校毕业生、退役军人、返乡农民工等优秀人才到城乡社区工作[③]。（5）青年就业见习计划。在社区建设一批见习、实习基地，开发一批具有职业发展空间、技能训练机会的见习、实习岗位[④]。（6）通过政府购买服务、设立项目资金等途径，积极引导各种社会组织和各类志愿者参与社区管理和服务，鼓励和支持社区居民开展互助服务，使之成为推进社区居民委员会工作的重要力量[⑤]。事务性政策主要侧重于引导和推动青年广泛而有序地参与社区生活，提高青年群体的社会融入感和获得感。

---

① 杨涛：《城市社区参与的分类、组织结构及其有效性分析——以南京市华侨路街道为例》，《河海大学学报》（哲学社会科学版）2012年第03期。

② 《中长期青年发展规划（2016—2025年）》，2017年04月13日，见 http://www.gov.cn/zhengce/2017-04/13/content_5185555.htm#1。

③ 《城乡社区服务体系建设规划（2016-2020年）》，2016年11月28日，见 http://www.mca.gov.cn/article/yw/shgzyzyfw/fgwj/201611/20161100002519.shtml。

④ 《中长期青年发展规划（2016—2025年）》，2017年04月13日，见 http://www.gov.cn/zhengce/2017-04/13/content_5185555.htm#1。

⑤ 《中长期青年发展规划（2016—2025年）》，2017年04月13日，见 http://www.gov.cn/zhengce/2017-04/13/content_5185555.htm#1。

维权性参与政策包括：（1）加快了流动人口聚居地社区居委会组建工作。（2）完善城乡社区民主选举制度，通过依法选举稳步提高城市社区居民委员会成员中本社区居民比例，切实保障外出务工农民民主选举权利[①]。（3）外来人口集中的农村社区重点推进了社区基本公共服务向非户籍居民覆盖，维护了非户籍社区居民的权利[②]。（4）经国务院同意建立的全国社区建设部际联席会议制度为青年参与处理社区建设工作中需要跨部门协调解决的问题，推进社区建设的工作提供了制度支撑。维权性政策侧重于维护青年的各项权益，从政策的角度为青年融入社区提供优惠和方便，吸引青年更加积极主动地参与社会建设。

公益性参与政策包括：（1）建立健全城乡社区志愿者招募注册、志愿者培训管理、志愿服务记录与证明出具、志愿服务评价激励等制度[③]。（2）广泛开展大中专学生"三下乡"、志愿服务等社会实践活动，鼓励青年参与社会公共服务和社会公益事业[④]。（3）2014年团中央出台《关于加强青少年事务社会工作专业人才队伍建设的意见》推动了全国青少年事务社工队伍的不断壮大，提高了城乡基层青年参与社会服务的专业水平。公益方面的青年社区参与政策主要侧重于引导青年热心参与社会公益活动，让青年在奉献自身的同时感受人生价值，提升其社会参与能力，为推动社会发展贡献青年力量。

文娱性参与政策包括：（1）2009年《民政部关于进一步推进和谐社区建设工作的意见》指出要积极发展社区教育，利用社区资源为社区内青年开展素质教育和社会实践活动提供方便，这一举措为提升青年社会参与能力提供了教育支持。（2）国务院以社区文化为载体，加强基层特色文化品牌建设，

---

① 《中共中央、国务院关于加强和完善城乡社区治理的意见》，2017年06月12日，见http://www.mca.gov.cn/article/zwgk/topnew/201706/20170600004773.shtml。

② 《关于深入推进农村社区建设试点工作的指导意见》，2015年05月31日，见http://www.gov.cn/xinwen/2015-05/31/content_2871051.htm。

③ 《城乡社区服务体系建设规划（2016—2020年）》，2016年11月28日，见http://www.mca.gov.cn/article/yw/shgzyzyfw/fgwj/201611/20161100002519.shtml。

④ 《中长期青年发展规划（2016—2025年）》，2017年04月13日，见http://www.gov.cn/zhengce/2017-04/13/content_5185555.htm#1。

推动青年人均年度图书阅读量和艺术鉴赏、科普水平逐年提高。总体来说，文娱方面的政策主要从思想和行为两个方面对青年进行引导，优化社区文娱环境，加强思想品德教育，提高科学文化素养，提升青年的社会参与能力。

（三）青年政治参与政策现状

青年的政治参与是影响我国政治文明建设的重要变量，笔者将从政治参与的四个主要形式着手对我国当前的青年政治参与政策进行梳理。

青年参与民主选举的相关政策。《中华人民共和国宪法》保障了青年公民的选举权和被选举权，进一步体现在以下政策法规中。（1）《中华人民共和国全国人民代表大会和地方各级人民代表大会选举法》保障了人民代表大会制度中青年参与的权利。（2）《村民委员会组织法》和《居民委员会组织法》保障了青年参与基层民主自治选举的权利。（3）《中国共产党章程》保障了青年党员选举与被选举为党代表的权利。（4）《中国共产主义青年团章程》保障了团员在团组织内民主生活中的选举权。

青年参与民主管理的相关政策。随着民主政治的发展，国家出台了诸多政策法律来引导广大青年参与管理国家事务，其中最为典型的就是干部“四化”政策中的“年轻化”给青年提供了进行民主管理的制度保障。多年来中央出台了多项政策法规，主要有《关于领导班子年轻化几个问题的通知》（1986年）、《中共中央关于抓紧培养教育青年干部的决定》（1991年）、《中共中央关于抓紧培养选拔优秀年轻干部的通知》（1995年）、《关于加强培养选拔年轻干部工作的意见》（2009年）、《关于加强和改进优秀年轻干部培养选拔工作的意见》（2014年）等文件。

青年参与民主决策的相关政策。早在1994年出台的《中国21世纪议程——中国21世纪人口、环境与发展白皮书》就明确提出“以青年组织代表为联系形式，使男女青年能够在国家、区域、地方的有关环境与发展问题上发表意见，参与有关的决策过程”。随着民主意识的觉醒，青年在政府的公共决策中扮演着越来越重要的角色。（1）全国人民代表大会制度和中国共产党领导的多党合作和政治协商制度为青年参政议政、积极参与国家事务和公共决策的制定提供了重要的制度保障。（2）教育部、人事部、民政部、建设部等国家部委以及各省市政府，共出台了100多个支持和促进青年参与社会生活和决策的相关文件，为青年社会参与提供了政策支持。在团中央的部署下，2015年上海市设立的“青年汇智团”为青年参与决策搭建了重要平台。（3）“共青团与人大代表、政协委员面对面”的活动至今已持续了10年。10年来共青团中央和各级团组织通过这一活动与广大青年沟通协商、凝聚共识，推动青年参与民主决策工作的开展。

青年参与民主监督的相关政策：（1）青年直接监督的政策保障有：向纪检监察机关、检察院等有关部门反映情况的信访制度。通过举报信、行政长官接待日、市长电话、市长信箱、听证会、座谈会等多种形式进行检举和申诉的监督制度。（2）青年通过团体组织间接监督的相关政策法律有：《中华人民共和国宪法》规定各级人大及其常委会具有监督本级政府、法院、检察院的职能，保证了广大青年通过人大及常委进行监督。1989年发布的《中共中央关于坚持和完善中国共产党领导的多党合作和政治协商制度的意见》让青年能够借助人民政协在社会事务中行使政治协商和民主监督的功能。《政协全国委员会关于政治协商、民主监督的暂行规定》则对青年借助政协这一组织进行民主监督的内容和范围做出了明确规定。《中国共产主义青年团章程》明确规定共青团有参与民主管理和民主监督的功能。

青年政治参与政策主要包含民主选举、民主管理、民主决策和民主监督。综合这四个方面来看，党和国家意识到青年群体是实现中华民族伟大复兴不可或缺的重要力量。此外，保障青年参与文化生活和参与生态文明建设的政策也越发受到政界和学界的关注，正在逐渐建立健全。

通过对当前我国青年社会参与政策的梳理发现，现行政策涵盖了青年社会组织参与、社区参与、政治参与、文化参与、生态文明建设参与等多个领域，充分体现了国家对青年社会参与的重视。但不可否认，由于经验的缺失，国家在制定青年社会参与的政策上还存在一些问题。因此，对现行政策执行效果进行评价就显得尤为重要，这关系到我国青年社会参与政策未来的走向。

四、青年社会参与政策的执行效果评价

青年社会参与政策的实效性取决于两个重要的前提：一是政府的政策制度是否具有很强的民主性和先进性，能否尽可能充分满足青年社会参与的需求，能否平等对待所有参与者；二是能否帮助和促进青年在社会参与过程中充分实现自身价值，青年是否能够感受到社会参与符合他们的利益或有利于社会的发展。根据这一原则我们评估目前我国青年社会参与政策的执行效果。总体而言，我国青年社会参与政策符合预期目标，但仍存在一些问题。

（一）政策的成效方面

1. 青年社会参与政策更趋科学

新时期的青年社会参与政策比过去更加体现政策的民主性和先进性。首先，在政策的制定方面，青年能够依托信访制度、政治协商制度、人民代表大会制度等多项制度和政策规划亲自参与政策的制定，告别了自主决策型，正在逐步向民主决策型深入发展。其次，目前青年社会参与政策体现了与时俱进的特质。伴随着我国政府由全能型政府向服务型政府的转变，青年社会参与的领域也由原来侧重的经济和政治领域向各个领域全方位拓展，青年社会参与政策不断完善更新。

2. 青年社会参与政策更加多元化

我国现行的青年社会参与政策范围十分广阔，一定程度上基本满足了广大青年在参与政治生活、经济生活、文化生活、生态建设、志愿活动等多个方面的需求。（1）政治方面，以团干部的常态化下沉基层为着力点，通过团干部直接联系青年的制度，让团组织了解青年的切身需要，增强了青年的社会参与意识。（2）经济方面，《关于进一步引导和鼓励高校毕业生到基层工作

的意见》提出“进一步引导和鼓励高校毕业生到基层工作，发挥高校毕业生在促进基层经济社会发展中的作用”，这一政策有效地促进了青年们投身于全面建成小康社会、积极参与三农建设与精准扶贫等各项工作。（3）社会文化方面，先后开展了“青春之声·节水中国”微视频的征集活动、中国梦践行者的青春励志故事等活动，一定程度上促进了青年的文化自信。此外，近年来服务于青年参与国际合作交流的各项政策规划也取得了显著的成效。（4）志愿活动参与方面，2003 年团中央实施了大学生志愿服务西部计划，鼓励大学生到西部基层开展支医、支教、支农等志愿服务。截至 2016 年，共安排专项资金 20 亿元，西部计划实施规模已由 2003 年的 6000 名左右增加到目前的 18300 名左右，产生了广泛的社会影响和综合效益，推动了中西部贫困地区的经济社会发展[①]。2016 年共青团中央、国家发展改革委、中国人民银行联合印发《青年信用体系建设规划（2016—2020 年）》，中央全面深化改革领导小组通过的《关于建立完善守信联合激励和失信联合惩戒制度加快推进社会诚信建设的指导意见》中明确提出要对优秀青年志愿者进行守信联合激励，建设青年志愿者信用信息系统。这些举措都全面推进了青年信用体系建设。（5）环保政策方面，通过政策引导青年参与多种形式的环保活动，使得青年的环保意识有了显著提高。

3. 青年社会参与政策更加公平

现行政策保障了不同青年群体平等参与社会生活的权利，满足了不同群体的不同需求。（1）现行政策保障了弱势青年的参与权益。1991 年开始施行的《中华人民共和国残疾人保障法》为保障残疾青年的社会融入、社会福利和社会参与方面提供了法律依据。（2）现行政策增强了对流动青年的管理。2006 年发布的《国务院关于解决农民工问题的若干意见》、2014 年国务院印发的《关于进一步推进户籍制度改革的意见》都保障了流动青年和青年农民工积极参与社会事务的权利。（3）现行政策开始重视新社会阶层青年群体的

① 《教育部、财政部、人社部有关负责同志在 2016 年西部计划视讯会上的讲话》，2016 年 05 月 05 日，见 http://xibu.youth.cn/jyjl/jzjb/201605/t20160505_7956817_1.htm。

参与需求。"筑梦计划"的实施保障了签约作家、自由撰稿人、独立制片人等新兴青年群体的社会参与与社会融入。各地政府纷纷响应号召，在团中央的指导下积极开展各具特色的相关工作：辽宁省团委针对新兴青年群体打造了"机关开放日"活动；青岛市团委创建了"青岛新兴青年筑梦家园"；桂林市团委举办了新兴青年群体沙龙和青年文化创意集市等。

4. 青年社会参与政策更加注重青年社会价值与个人价值的统一

随着青年自我意识的觉醒，现行社会参与政策除了在引导和鼓励青年投身于社会建设，推动社会进步，创造社会价值等方面效果显著之外，在促进青年社会化，充分实现自身价值上也卓有成效。主要表现在：（1）技能社会化。随着科学技术飞速发展和知识爆炸，诸如新兴青年群体"筑梦计划"等现行政策在培养青年日常生活技能的基础上，还鼓励当代青年学习新的文化科学知识，掌握职业技能。（2）政治社会化。共青团中央成立了社会联络部，各地出台的政策规划都吸引了青年主动参与探讨国计民生，强化了青年的参与意识，提升了青年的参与能力。（3）行为社会化。四类社会组织取消审批、外来人口社区融入等政策从多个方面促进了流动青年、海归青年等多个青年群体的社会融入、社会认同和社会参与，保障了青年个体价值和社会价值的一致性。

（二）政策执行的偏差

我国青年社会参与政策文件众多，形式多样，对其进行量化评估的操作难度极大。因此，笔者拟从政策本身、执行主体、执行环境三个方面入手对我国青年社会参与政策的执行效果进行简要评析：

1. 政策本身

政策目标群体不明确。在青年的年龄界定上，目前出台的政策中存在将青年和少年统合为"青少年"来进行笼统规划的现象。这就容易导致决策者在制定政策时无法将青年和少年划分开来。不同年龄层次的青年群体的社会参与需求存在差异，如果对政策的目标群体认识不足，就无法真正做到对症下药，进而影响政策本身的科学性。

对政策问题的构建不准确。由于在政策制定中，我们对问题本身的构建出现了偏差，对问题本身的判断发生了失误，从而导致政策制定的偏差。

2. 执行主体

政策的执行主体包括执行一项政策时具体配套的机构设置、人员配备和物资、场所等资源供给。目前我国在执行主体方面还存在以下问题。

政策执行的组织机构设置方面：我国还没有专门的行政组织机构来对整个政策实施和执行进行组织和协调。青年的社会参与外延广泛，涉及的部门众多，其执行部门也很分散，这就极易出现职权不清、相互扯皮的现象，导致政策执行效果不佳。虽然有共青团的引导，但共青团并不具有管理其他行政部门的权力，只能起到一定的宣传呼吁、沟通青年群众的作用，无法起到中央调控的主导作用。

政策的执行方面，主要有执行设施短缺与执行人员素质不高两个问题。中央政府在推进政策执行时支持力度欠佳，导致地方政府需要自行筹集所需的人力、物力、财力，这就容易出现执行设施和资源的短缺。而基层执行人员本身的政策意识、思想觉悟、个人文化等水平的不平衡，也会导致选择性政策执行或者错误传达相关政策，进而影响基层的政策执行效果。

3. 执行环境

对青年政策的宣传不到位。政府部门和有关机构对社会参与的政策宣传力度不足，导致很多青年对保障自身社会参与行为的政策认知欠缺。同时，我国部分青年意识中还残留着传统政治文化中的烙印，消极、盲从的政治态度和逆来顺受的“臣民”观念仍束缚着他们，导致他们缺乏政治主体意识，进而影响到其参与态度和行为，使得政策在实施和执行时缺乏了内在推动力。

总体来说，我国青年社会参与政策已取得显著效果。但针对作为现代化强国目标的主力军和“两个一百年”奋斗目标的推进者的当代青年，我们还需要加大对其社会参与能力的培育，需要进一步完善青年社会参与的相关政策。

五、青年社会参与政策的完善方向

面对新时代发展的新目标新特点，未来青年社会参与政策必将符合历史发展规律，回应现实发展需要。反思青年社会参与政策执行效果，我们应从以下方面予以完善：

（一）注重新时代的新特点，加强习近平新时代中国特色社会主义思想的引导作用

新时代出现了新特点，“为实现中华民族伟大复兴的中国梦而奋斗，是中国青年运动的时代主题”[①]，这一时代的青年必将回应中国的强国梦，成为两个百年建设的核心，解决人民日益增长的美好生活需要；必将在社会参与中着力回应时代需求，解决时代课题；必然要求青年“只有把人生理想融入国家和民族的事业中，才能最终成就一番事业”[②]，要求“当代中国青年要有所作为，就必须投身人民的伟大奋斗。同人民一起奋斗，青春才能亮丽；同人民一起前进，青春才能昂扬；同人民一起梦想，青春才能无悔”[③]。因此未来青年社会参与政策必然打下强国一代的特点，必将要使青年的社会参与和我国的主要矛盾紧密结合，必将要在政策上重视新时代的新特点。

中国特色社会主义青年运动方向的核心意蕴是党管青年，其本质是青年发展的集体主义取向和社会主义取向，是以个体自觉主动承担时代责任并形成整体效果的青年发展指向。习近平新时代中国特色社会主义思想对青年工

① 闻言：《为实现中华民族伟大复兴的中国梦而奋斗是中国青年运动的时代主题》，《人民日报》2017 年 09 月 12 日。

② 人民网：《习近平给大学生回信：勇做走在时代前面的奋进者开拓者奉献者》，2013 年 05 月 05 日，http://cpc.people.com.cn/n/2013/0505/c64094-21367212.html。

③ 习近平：《致全国青联十二届全委会和全国学联二十六大的贺信》，《人民日报》2015 年 7 月 25 日。

作提出了一系列富有创见的新思想新观点新论断。这些新思想新观点和新论断全面系统、内涵丰富，对如何认识青年、青年如何成长成才、如何教育引领青年、如何发挥青年作用等问题做出了科学回答，体现了理论和实践的高度统一、历史和现实的有机统一、世界眼光和中国视角的协调并重，是引领当代青年发展的行动指南。因此未来的青年社会参与政策必然是在新时代中国特色社会主义思想引导之下，充分体现党的领导。

（二）强化机制建设，推动青年社会参与健康、科学、可持续发展

强化青年社会参与的机制，促进青年社会参与的法制化。开拓和疏通参与渠道，重视对青年社会参与的网络引导。有效地吸收和疏导青年日益扩大的社会参与需求，推动青年社会参与健康、科学、可持续发展。

1. 强化青年社会参与的机制，促进青年社会参与的法制化

我国目前仍缺乏一个明确统一的青年专门法体系，相关的规定只是散见于其他各种政策文件中，这势必会导致政策缺乏权威性和约束力，影响政策目标的实现。青年政策体系不完善、结构不合理、内容不全面，青年政策的推行机制和管理体制存在较大缺陷。因此，未来青年社会参与政策制定时，相关部门要相互协调，明确青年的主体地位，并通过促进青年发展的专门法律的建立来进一步明确青年社会参与的权利与责任、形式与程序等，用法规来保障、规范青年的社会参与行为，推动青年社会参与的法制化建设。

此外，青年的社会参与还需要一系列配套的制度政策支撑。通过制度建设来保障青年群体的知情权、表达权、监督权等。并细化这些相关的法律政策使得青年能够无阻碍地进行社会参与。

除了青年社会参与外部制度的保障外，还需要加强青年社会参与主体的内部制度保障。比如对青年的教育培训机制，这种教育培训既要包括对青年参与意识的培养，还应为青年有序社会参与提供实践机会。通过内外制度的保障，让青年社会参与落到实处，确保青年有序地进行社会参与。

2. 开拓和疏通参与渠道，重视对青年社会参与的网络引导

要从政策上拓展和规范青年社会参与政策的渠道和方式，推进社会管理创新，实现青年参与的制度化、程序化、规范化。进一步拓展青年参与的渠道应包括参与范围、参与方式、参与机制等方面的创新[①]。尤其是青年在网络方面的参与。网络参与方式一方面为青年的参与提供了平台，使得青年参与更加方便快捷，让他们参与的主动性和积极性大大提高；另一方面同样存在着一些问题，容易导致青年的非理性参与。这就需要我们在政策上重视对青年社会参与的网络引导。

3. 有效地疏导和满足青年日益扩大的社会参与需求

我国青年在各领域、各行业以及各地区等都有分布，他们的关注点和利益要求等各有不同。例如农村青年和城市青年的参与需求和利益关注点就存在显著差异，城市青年在社会参与中聚焦于城市的公共服务和公共政策上，对城市管理者提高服务的决策水平有着强烈的诉求[②]；而 96.1% 的农村青年对村务、财务公开有强烈的要求，对如何发展个体私营经济、推进农业产业化经营等提出了不少建议[③]。除了城乡差别之外，还有地区的差别。我国大陆地区与香港、澳门的情况又有所不同，谢素军的调查显示：港澳地区的青年参与社会社团时更关注宗教组织，而对工会和政治类团体缺乏兴趣；而广州青年的社会参与在各方面的比例均相对较高[④]。因此在制定青年社会参与政策时要充分考虑到差异性。

就青年社会参与政策的具体内容来讲，在政治、经济、社会、文化等各个方面，青年都会越来越发挥其主体作用。同时青年社会参与也渗透到环境保护和扶贫开发等各个领域。基于青年社会参与领域的扩大，未来青年社会参与政策也需要不断更新，以有效地疏导和满足青年日益扩大的社会参与

① 郭开元:《论我国政策制定中的青年参与》,《中国青年研究》2011 年第 11 期。
② 郭开元:《论我国政策制定中的青年参与》,《中国青年研究》2011 年第 11 期。
③ 郝杰英等:《新跨越：当代中国农村青年报告》,《中国青年研究》2000 年第 03 期。
④ 谢素军:《穗港澳青年参与社会团体的比较研究》,《北京青年研究》2017 年第 03 期。

需求。

（三）规范青年社会参与组织，确保青年社会参与的有序性

青年组织是青年实现政治和社会参与的主要渠道和组织载体。未来的青年社会参与政策制定，必将以规范组织为抓手，以确保参与的有序性为要求，全面提升青年社会参与的质量。

1. 从政策上进一步规范青年社会参与组织，加强对青年组织的扶持力度

中国共产党和中国共青团是青年实现政治和社会参与的主要渠道和组织载体[①]，中共中央组织部的最新数据显示，截至2016年12月31日，中共35岁以下党员共计2272.5万名，占党员总数比重约25%。根据共青团中央权益部提供的数据，截至2014年年底，全团共摸查了约10.3万个青年社会组织，而刘俊彦表示“真正登记注册的青年组织实际上不到十分之一，绝大多数青年社会组织并未登记”，调查数据显示青年社会组织所开展的活动受欢迎比例为84.1%，不受欢迎比例仅占2.7%[②]。除此之外，还有社会组织和青年自组织两大类，由此可见当前我国青年社会组织涨势之迅猛和受欢迎程度之高。基于此种情况，要为青年组织的社会参与给予政策上的支持。

伴随着法治中国的构建，未来青年社会参与一定不再是单打独斗的局势，组织规范化将是其重要的趋势。青年组织可以及时传递党和国家相关政策，是青年群体争取自身权益的依靠，也是青年表达利益诉求的重要载体。青年组织的规范化和法制化必然是未来青年社会参与政策的题中要义。

2. 确保青年社会参与的有序性

伴随着青年自身参与能力的不断提升，青年社会参与将会呈现出越来越理性、越来越有序的特点。在政策上确保青年能够有序有效地参与，将是青

① 安国启等主编：《新世纪中国青年发展报告（2000—2010）》，光明日报出版社2012年版，第89页。

② 刘俊彦主编：《青年与青年社会组织——中国青年社会组织发展状况研究报告》，中国青年出版社2014年版，第10—15页。

年社会参与政策的发展要求和重要思路。

首先，政府应建立多元主体间的有机互动和良性合作制度，为保障青年社会参与的有序进行提供制度基础。一方面在政策制定时融入青年的意见，体现青年的需求，确保青年的发言权，保障青年的监督权。另一方面要协调不同青年群体之间的良好互动，团结协作，为其有序社会参与提供制度保障。

其次，提高青年对政府的认同，建立互信的参与规则。构建以青年满意为导向的参与评价机制，加强政府的回应机制，推进政府信息公开，建立张弛有度的对话规则和约束体系，从而建立互信的参与规则，确保参与的有序性。

科学制定青年社会参与政策，全面培养青年的社会参与能力，关乎未来社会的稳定，关乎民族兴衰，更关乎祖国命运。如何准确地为新时代青年社会参与政策的改革进行定位，为未来发展走向进行预判，这一课题不仅值得党和政府持续关注，更值得学界和整个社会倾力研究，不懈思考，不断推进。

第八章　改革开放以来青年组织政策的变迁与发展

党的十八届三中全会将推进国家治理体系和治理能力现代化作为我国全面深化改革的总目标之一，党的十九大报告进一步提出要使中国特色社会主义制度更加完善，国家治理体系和治理能力现代化水平明显提高。社会治理强调社会治理主体的多元性[①]，社会组织作为社会治理参与的重要主体形式被给予了高度关注，政府相继出台了大量的有关社会组织的政策，形成了社会组织政策的小高潮。青年组织是社会组织的重要组成部分，具有社会组织的共性，又有其自身的独特性。本章通过梳理改革开放以来的政策文本，旨在发现青年组织政策发展、变迁的历程，青年组织的政策困境以及青年组织政策的建议。

一、青年组织政策的界定

改革开放后，随着经济体制改革的逐渐深化，社会领域的改革也逐步放开，社会组织在经历了自身的变革与发展后，逐渐成为我国社会治理体系的重要组成部分。本章关注青年组织政策的发展，首先厘清几个相关的概念，对其做理论上的界定与说明。

---

① 邵光学等:《从“社会管理”到“社会治理”——浅谈中国共产党执政理念的新变化》，《学术论坛》2014 年第 02 期。

（一）社会组织、青年社会组织与青年组织

广义的社会组织泛指人类共同活动的群体，狭义的社会组织则是指人们为了实现特定目标而有意识地组合起来的社会群体[①]。改革开放以来，计划经济体制逐步转变为市场经济体制，我国政府从注重经济建设逐渐到注重提供公共服务。在经济、社会转型背景下，社会组织的发展经历了社会团体、社会中介组织、自组织、民间组织等称谓上的变化，例如在党的十五大报告中曾使用社会中介组织，十六大报告中使用社会团体、社会中介组织、群众自组织，党的十六届六中全会提出社会组织的概念，2007 年十七大以后社会组织的说法开始被固定使用并逐渐成为官方的政策话语。称谓的发展变化反映了不同时期对社会组织理解的差异，也说明了这类组织边界的开放性和模糊性。我国不同部门对社会组织的认定范围也不尽一致，但在政策领域，被政策主体认定为政策对象的社会组织一般是指“在民政部门登记注册的，有社团、基金会、民办非企业登记证，有组织机构代码证，有法人、有独立账号、有专门的工作人员、有固定工作场所的机构”[②]。按照这个标准，截至 2017 年年底，全国共有社会组织 755215 家，其中社会团体 352048 家，民办非企业单位 396844 家，基金会 6323 家[③]。有调查研究指出，正式登记的民间组织数量只占民间组织实际数量的 8%—13%，总体估计，民间组织的数量约 10 倍于登记在册的民间组织的数量[④]。这个数据表明中国社会组织的实际数目远远大于注册登记的数目。

在总数庞大的社会组织中，青年已经成为主要的从业人员，到 2015 年年

---

① 李芹主编：《社会学概论》，山东人民出版社 2012 年版，第 75 页。

②《2015 年社会服务统计制度》，2014 年 11 月 25 日，见 http://www.mca.gov.cn/article/sj//tjjb/sjsj/201711/ 2014115416 54.html。

③ 中华人民共和国民政部：《民政部 2017 三季度社会服务统计数据》，2017 年 11 月 24 日，见 http://www.mca.gov.cn/article/sj/tjjb/sjsj/201711/ 201711241654.html。

④ 胡献忠：《社会“自组织”现象与党的青年群众工作》，《中国青年研究》2013 年第 09 期。

底，全国注册社会组织的从业人员中，年龄在45岁以下的占71.15%[①]。这些以青年为主要参与主体或以青年为主要服务对象的社会组织一般被称为青年社会组织[②]。有的青年社会组织政策的对象较为宽泛，如共青团湖北省委、湖北省民政厅在《关于加强全省青年社会组织工作的意见》中，明确指出青年社会组织是“以40周岁以下青年为主体，自发成立、自主运作、自我管理，以促进社会公益、引领主流健康文化、维护青少年合法权益为主要目的非营利的社会组织”，但目前我国绝大多数政策主体对社会组织的认定规则是“已经注册、登记或备案”，而未注册登记，也没有在系统、单位内部登记备案的符合以上青年社会组织定义特征的，在现实中一般被称作青年自组织[③]。

在我国，还有一些组织规模较大的青年组织，即中国社会主义青年团（以下简称共青团）、中华全国青年联合会（以下简称青联）及其社团单位中国学生联合会（以下简称学联）等，它们是具有较强的政治性的社会团体。根据1998年国务院颁布的《社会团体登记管理条例》的规定，这两类组织属于“免予登记”的一种特殊类型的社会团体。还有一类青年组织是专业青年组织，主要有青年研究会、青年志愿者协会、青年企业家协会、青年科技工作者协会、青年创业家协会等，这类组织的主要特点是专业性较强，同时具有较强的政治性和严密的组织性；其他青年组织主要有国企和事业单位的青年社团、学生社团、自发组成的非正式青年组织。学校注册的学生社团和企事业单位青年社团具有趣缘性较强、组织较严密等特点；青年自发组成的非正式青年组织具有独立性较强、组织较松散等特点；青年网络组织属于虚拟组织，同时具有独立性较强、组织较松散和趣缘性较强等特点[④]。

① 谦敦实：《青年社会组织工作的“123”》，《中国青年报》2016年08月31日。

② 郑长忠：《走向政党主导的多元合作：中国公民社会的生成逻辑——基于对中国共青团与青年社会组织关系的考察》，《中国青年研究》，2010年第08期。

③ 吴庆等主编：《中国共青团发展报告（2015）》，中国青年出版社2016年版，第147—156页。

④ 杨名：《基于国际比较分析的中国青年组织发展》，《中国青年社会科学》2015年第01期。

本章拟对以青年为主体的组织的政策进行分析，为区别于特定的政策对象，本章用青年组织指称登记注册的青年社会组织和尚未登记注册的青年自组织的合集，概念之间的逻辑关系以图 8–1 来呈现。

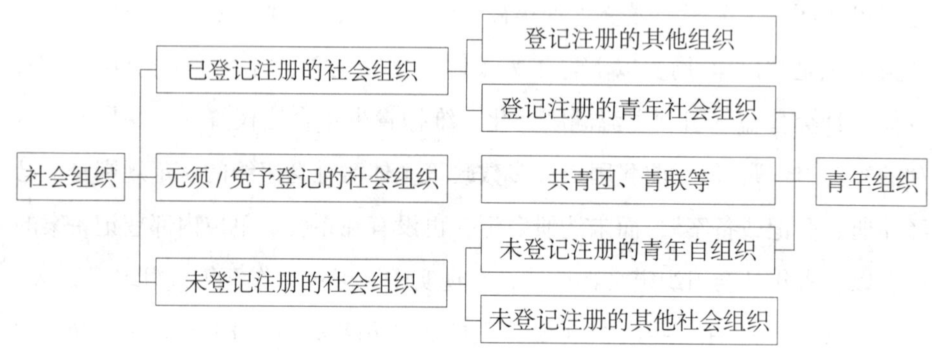

图 8–1 青年组织及其相关概念的逻辑关系

注：本图中关于无须 / 免予登记的社会组织一类，根据《关于对部分团体免予社团登记有关问题的通知》（民发 2000256 号），共青团、青联等 8 大人民团体和中国文联等 14 个群团组织属于我国免予登记的社会团体，图中列出的是本研究涉及的共青团、青联等。

（二）青年组织政策的界定

政策是国家政权机关、政党组织和其他社会政治集团为了实现自己所代表的阶级、阶层的利益与意志，以权威形式标准化地规定在一定的历史时期内，应该达到的奋斗目标、遵循的行动原则、完成的明确任务、实行的工作方式、采取的一般步骤和具体措施。本文将青年组织政策界定为现有的社会组织、青年社会组织、青年自组织、共青团、青联等领域的法律、法规、政策等政策工具的集合，是青年组织生存和发展的制度保障和支持体系。之所以这样界定，是因为我国尚没有明确的以“青年组织”为名的政策，但我国现存的社会组织都涵盖了青年群体，就是说目前我国大部分青年组织政策是一种“内隐式政策”，它们散布在和隐现于别的政策当中[①]，因此我们对青年组织政策分析，应当且必须借助现存的社会组织政策。

① 陈涛：《中国青少年社会政策：文本内容分析》，《青年研究》2003 年第 05 期。

二、研究设计

（一）研究方法

本章采用内容分析的研究方法，对改革开放以来的青年组织政策进行研究，分析政策发布时间、发布单位、政策内容等要素的发展特点，构建青年组织政策分析框架，探索我国青年组织政策的变迁历程，为未来的政策制定提供参考和建议。

（二）研究过程

1. 政策文本的选取

本章研究的对象为 1978 年到 2017 年年底的青年组织政策文本，根据以上对青年组织政策的界定，在选取政策文本时，首先从民政部国家社会组织管理局的网站——中国社会组织网、中国共青团网收集有关社会组织的政策文本，共收集政策文本 164 条，其中 18 条明显不符合本文立意，删除后得到 146 条。由于互联网建设发展的历史性原因，这些政策的时间大部分都在 1998 年之后，因此，笔者进一步检索了以上没有检索到但属于本章研究对象的政策文本，此步检索的主要依据是《社会组织政策选编》[①]《社会组织法律法规与政策》[②] 中的政策目录，通过此方法补充了 54 条。最后对共青团中央的报告、决议等进行分析，在互联网以青年组织、青年社会组织为关键词进行网络地毯式政策搜索，收集到相关文本 13 条，最后确定与本文研究目的相关的

① 国家民间组织管理局编：《社会组织政策法规选编》，中国社会出版社 2015 年版，第 24—26 页。

② 王世强主编：《社会组织法律法规与政策》，首都经济贸易大学出版社 2017 年版，第 78—93 页。

政策共计 213 条。

2. 编码

对收集到的 213 条政策按照发布时间（年）、发布部门、独立部门发布还是联合发布、内容中是否专门提及青年、是否专门青年组织政策、政策内容类型等进行编码，形成青年组织政策分析数据库。

3. 数据分析

使用大对数据进行处理，分析青年组织政策的发展变化特点。

三、青年组织政策的内容体系

对 213 条政策文本的内容进行分析，可以将现有的青年组织政策分成六大类，六类政策的分布情况见图 8–2。

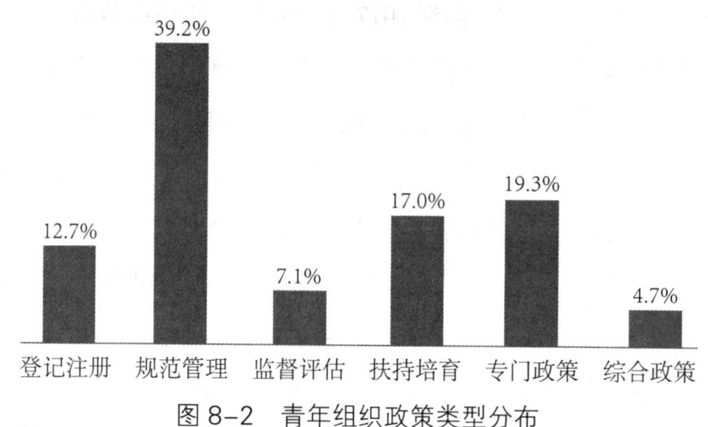

图 8–2 青年组织政策类型分布

（一）登记注册类政策

这类政策主要涉及社会组织的登记、变更和注销等。除中共中央、国务院批准的免予登记和无须登记的人民团体、社团团体、行业协会等，登记注册制度是我国社会组织成立的必经程序，也是其获得合法地位的必要条件。

登记注册类政策有 27 条，在青年组织政策中占 12.7%。

青年组织登记注册依循我国现有的社会组织的登记注册政策，如《社会团体登记管理条例》《民办非企业单位登记管理暂行条例》等，采取“归口登记、分级管理、双重负责”制度，这种制度在执行过程中遇到了很多问题，有些组织找不到业务主管单位而无法注册，双重管理导致权责不清，挂靠制导致有些社会组织成为“二政府”[①]。面对这些问题，我国社会组织登记政策一直在不断改革，以《社会团体登记管理条例》为例，1989 年国务院颁布了《社会团体登记管理条例》，规范社会团体登记管理的相关事项。1998 年对《社会团体登记管理条例》进行了修订，以适应社会发展的变化，2016 年再次进行调整。在登记的方式方面，登记注册政策也有较大的改革。2013 年 3 月，十二届全国人大一次会议审议通过《国务院机构改革和职能转变方案》，明确提出：“行业协会商会类、科技类、公益慈善类、城乡社区服务类社会组织直接向民政部门依法申请登记，不再需要业务主管部门审查同意。”同年 11 月，党的十八届三中全会通过的《中共中央关于全面深化改革若干重大问题的决定》也提到，“重点培育和优先发展行业协会商会类、科技类、公益慈善类、城乡社区服务类社会组织，成立时直接依法申请登记”。2016 年 8 月，中共中央办公厅、国务院办公厅印发《关于改革社会组织管理制度促进社会组织健康有序发展的意见》，再次确认推进社会组织直接登记。理念上的转变直接促进了登记注册政策的调整并引导了政策变革的方向，2016 年国务院公布了《社会团体登记管理条例》《基金会管理条例》与《社会服务机构登记管理条例》(《民办非企业单位登记管理暂行条例》) 的征求意见稿，明确规定了对四类社会组织进行直接登记。这些政策工具的改革大大促进了我国青年组织的发展与繁荣，青年组织数量激增、内容拓宽。2014 年，我国大多数省份实行

① 王世强主编:《社会组织法律法规与政策》，首都经济贸易大学出版社 2017 年版，第 78—93 页。

或试点四类社会组织直接登记，全国已直接登记社会组织3万多个[①]。但另一方面，我国仍有大量的青年组织尚未注册，有些是因为其达不到注册的条件，而另一些不注册则是主动选择的结果。这为青年组织政策的发展提出了现实性的挑战和调整的空间。

（二）规范管理类政策

对青年组织进行规范管理是保证其良好发展的重要举措和制度保障，总体来说，我国社会组织发展还处于粗放型发展的阶段，我国青年组织仍处于发展的起步阶段，相当一部分组织的管理机制尚不完善。因此，为规范和完善青年组织的运行和发展，我国出台了大量的政策对社会组织进行规范管理。本研究中这类政策有84条，占39.2%。从政策发展的历史进程看，规范管理类政策呈现出三段式特点：监管与控制——调整与规范——健全与深化。

第一，监管与控制，主要体现于控制、清理、整顿等管控类型的政策。1984年11月，中共中央、国务院下发《关于严格控制成立全国性组织的通知》，严格控制成立跨行业、跨部门、跨地区的全国性组织。1997年4月国务院发布《国务院办公厅转发民政部门关于清理整顿社会团体意见的通知》，要求分期分批对所有社会团体普遍进行一次检查、清理、整顿，通过清理整顿工作，加强对社会团体的管理，规范社会团体行为，提高社会团体整体质量。1997年5月民政部发布《关于查处非法社团组织的通知》，要求对未经核准登记，擅自以社会团体或社会团体分支组织名义在社会上进行活动的非法社团组织加以查处。1998年11月，民政部下发《关于清理整顿社会团体审定和换发证书工作的通知》。这类规范管理政策的特点体现为监督和控制，在2000年之前较多且比较集中，近年这类政策较少。

第二，调整与规范，主要体现在社会组织规范性制度建设的政策。1999年5月民政部发布《对机构改革后有关社会团体业务主管单位问题的意见》，

---

① 民政部：《2014年中国民政工作报告》，2014年12月24日，见 http://mzzt.mca.gov.cn/article/qgmgzs phy2015/gzbg/。

针对国务院机构改革后的社会团体主管单位的归属做了说明。2000 年 8 月民政部出台《社会团体章程示范文本》、2004 年 5 月出台《基金会章程示范文本》等章程示范文本对同一类组织的章程做了规定与说明。2003 年 10 月民政部、财政部联合发布《关于调整社会团体会费政策等有关问题的通知》，根据国务院关于行政审批制度改革工作实施意见的有关精神，调整了社会团体会费政策。2012 年 10 月，民政部印发《关于规范社会团体开展合作活动若干问题的规定》的通知，对社会团体行为和社会团体开展合作活动进一步调整和明确。2015 年 3 月，民政部、财政部下发《关于规范全国性社会组织年度财务审计工作的通知》，对社会组织的年度财务审计工作、财务管理会计工作等做了说明。这些政策会伴随社会组织成长，在社会组织发展中出现了新的问题，需要规范和引导的时候，这类政策给予了社会组织政策规范和行动方向，同时约束青年组织在发展中的不良行为。

第三，健全与深化，主要体现为政策的内容逐渐丰富与细化。首先，规范财税制度：2007 年 12 月，民政部下发《关于规范社会团体收费行为有关问题的通知》，对收费的内容、标准等问题做了明确的说明。其次，对从业人员的社会保障加以规范：2005 年 12 月，劳动和社会保障部、人事部、民政部下发《关于事业单位、民间非营利组织工作人员工伤有关问题的通知》，从制度上保障社会组织从业人员因工作遭受事故伤害或者患职业病的工伤保险待遇。2008 年 4 月，劳动和社会保障部、民政部发布《关于社会组织专职工作人员参加养老保险有关问题的通知》，对社会组织工作人员的养老保险制度问题做了说明。最后，健全信息公布制度：2006 年 1 月，民政部下发《基金会信息公布办法》，对基金会信息公开的内容、时间、公布信息覆盖领域、监督等做了详细的说明。另外，2015 年 9 月中共中央办公厅印发《关于加强社会组织党的建设工作的意见（试行）》，开展社会组织信用建设。2017 年民政部发布《社会组织信用管理办法（征求意见稿）》，在社会组织的党建工作、信用管理等方面都进行了说明。这就为社会组织的发展建构了全方位的政策体系，使其行动都有据可依，发展的方向更加明确，有效避免道德或舆论风险。

（三）监督评估类政策

这里的监督评估政策是指社会组织的年度检查、外部监督、评估等政策，本研究中此类政策有 15 条，占 7.1%。

监督评估类政策最初表现为最基本的年度检查，如民政部 1994 年 1 月就发布的《关于开展全国性社会团体年度检查工作的通知》，2005 年 4 月发布的《民办非企业单位年度检查办法》。2007 年 8 月，民政部颁布《全国性民间组织评估实施办法》，对民间组织评估的程序、参评资格、评委条件、预判问题等做了详细说明，表明我国确立了民间组织的评估制度。随后，监督与评估政策进一步深化，2010 年 12 月民政部颁布《社会组织评估管理办法》，对评估对象与内容、评估机构与职责、程序与方法、回避与复核等做了详细的规定。2011 年 8 月民政部下发《关于印发各类社会组织评估指标的通知》，2015 年 5 月民政部发布《关于探索建立社会组织第三方评估机制的指导意见》，这些政策完善了社会组织评估的指标体系评估制度，对社会组织评估的面向逐步扩大，评估手段和评估内容的科学性不断提高。

（四）扶持培育类政策

为适应社会建设的发展和要求，充分发挥社会组织的重要作用，我国政府在培育、发展和扶持社会组织方面做了大量的尝试与努力，出台了一系列政策。在本研究中，扶持培育类政策有 36 条，大约占 17.0%。

我国对社会组织自上而下大规模的扶持培育基本发生在 2000 年，起初支持力度小，未形成大规模的制度效应。在 2012 年 3 月 19 日召开的第十三次全国民政会议上，时任国务院总理温家宝强调，政府的事务性管理工作、适合通过市场和社会提供的公共服务，可以适当的方式交给社会组织、中介机构、社区等基层组织承担。自此以后，我国社会组织提供公共服务的实践逐渐普遍。目前我国对于社会组织的扶持培育已经形成较为系统的政策体系：简政放权政策、购买服务政策、财税政策、激励政策。

第一，简政放权政策。本章在登记注册类政策中提到登记注册政策的改革方向，一是降低门槛，如取消对四类社会组织的业务主管部门前置审批，不需要再找挂靠单位而直接进行登记。二是简化社会组织审批环节，权力下放。如民政部2014年2月下发《关于贯彻落实国务院取消全国性社会团体分支机构、代表机构登记行政审批项目的决定有关问题的通知》中提出取消社会团体、基金会设立分支机构、代表机构的审批，社会团体可以自行决定分支机构、代表机构的设立、变更和终止。

第二，购买服务政策。进入21世纪以来，中央政府出台了一系列关于政府购买服务的规范性文件，为政府购买服务的开展提供了政策依据。最开始的政策发生在个别领域，如2006年8月，财政部下发《关于城市社区卫生服务补助政策的意见》，提出采取政府购买服务的方式购买社区公共卫生服务。2011年7月，民政部发布《中国慈善事业发展指导纲要（2011—2015）》，提出建立和实施政府购买服务制度。2012年3月，民政部下发《中央财政支持社会组织参与社会服务项目公告》，从2012年起，中央财政安排专项资金，支持社会组织参与社会服务，并每年随项目下发本年度《中央财政支持社会组织参与社会服务项目资金使用管理办法》，2015年中央财政支持社会组织参与社会服务立项达到446个，总资金1.95亿元，带动配套资金约1.53亿元[①]。购买服务政策极大地鼓励了社会组织参与社会服务，充分发挥了社会组织的积极作用。2012年以后，有关购买服务支持社会组织的政策密集出台，2013年9月国务院办公厅颁布《关于政府向社会力量购买服务的指导意见》，对购买服务的总体方向、过程管理等问题做了明确说明。2014年1月财政部下发《关于政府购买服务有关预算管理问题的通知》，规范了资金的预算管理问题，有利于社会组织优化资源配置，提高财政资金使用效益。2015年1月财政部、民政部、工商总局下发《政府购买服务管理办法（暂行）》，对购买服务的主体、内容、方式及程序、预算及财务管理、绩效和监督管理做了全面、详细

① 民政部:《2015年中国民政工作报告》，2015年12月01日，见http://www.mca.gov.cn/article/gk/。

的规定。2016年，财政部、民政部下发《关于通过政府购买服务支持社会组织培育发展的指导意见》，2017年，共青团中央、财政部、民政部发布《关于做好政府购买青少年社会工作服务的意见》，进一步明确通过购买服务完善社会治理，对社会组织进行扶持培育。

第三，财税政策。国家在政策层面为扶持青年组织发展提供了较为完善的税务优惠政策。我国扶持培育青年组织的财税政策有两种方式，第一种方式是直接对青年组织执行税收优惠，第二种方式是对向青年组织捐赠的企业和个人执行税收优惠。我国在这两个方面都出台了相应的政策。第一，针对青年组织的税收优惠政策，如1997年10月，财政部和国家税务总局下发了《关于事业单位、社会团体征收企业所得税相关问题的通知》，明确了社会团体免征企业所得税的项目。1999年2月、4月，国家税务总局先后下发《关于基金会应税收入问题的通知》《事业单位、社会团体、民办非企业单位企业所得税征收管理办法》，对各类青年组织的税收优惠政策做了详细的规定。随着我国社会建设与青年组织的蓬勃发展，税收优惠方面的政策也在不断改革和调整，并且将优惠政策推向全面。2009年11月财政部、国家税务总局下发《关于非营利业所得税免税收入问题的通知》，明确了免税收入范围。2014年1月，财政部、国家税务总局下发《非营利组织免税资格认定管理有关问题的通知》，明确了非营利组织免税资格，对免税资格范围等做了具体说明。2015年12月，财政部、海关总署、国家税务总局联合公布了《慈善捐赠物资免征进口税收暂行办法》，2016年4月民政部、海关总署发布《关于社会团体和基金会办理进口慈善捐赠物资减免税手续有关问题的通知》，这些政策标志着我国对青年组织的税收优惠涉及的范围逐步加大，扶持青年组织发展的税收优惠正在走向深远。第二，对向青年组织捐赠的企业和个人的税收优惠，国家财税部门、民政部门等也下发了一系列通知，如2003年的《财政部关于加强企业对外捐赠财务管理的通知》，2008年财政部、国家税务总局、民政部下发的《关于公益性捐赠税前扣除有关问题的通知》，2016年财政部、民政部《关于进一步明确公益性社会组织领公益事业捐赠票据有关问题的通知》，2016年

9月执行的《慈善法》等，都对支持青年组织发展而发起捐赠的企业和个人在税收方面给予税收优惠政策。

第四，激励政策。共青团中央已经表彰了十一届中国青年志愿者、优秀个人、优秀组织和优秀项目，凝聚和吸引了更多的青年和青年组织，2017年10月共青团中央联合中央文明办等六部门下发《关于举办第四届中国青年志愿服务项目大赛暨志愿服务交流会的通知》，以荣誉鼓励和政策资金支持青年志愿组织，2017年8月，团中央下发《关于开展2017年中国青年社会组织公益创投大赛的通知》，目的是培育一批有发展潜力的初创期和中小型公益组织，联系一批社会责任感强、综合素质高的青年社会组织骨干等。

（五）专门政策

专门政策是指专门的青年组织政策或在政策文本中涉及青年群体的社会组织政策，在本研究中有41条，占19.3%，主要集中于共青团或地方性的专门组织政策和涉及青年的志愿者或志愿服务政策。

1999年12月，共青团中央专门印发《全国性青年社会团体管理办法》，对全国性青年社团的名称规范、设立要素、注册条件、监管职责、活动管理等方面进行了具体细化规定。

2006年，共青团中央出台《中国注册志愿者管理办法》，规定了志愿者的注册、权利和义务、组织与管理、激励与表彰等内容，明确由共青团中央青年志愿者工作部、中国青年志愿者协会秘书处负责全国注册志愿者工作的规划、协调和指导。2008年10月，中央精神文明建设指导委员会发布《关于深入开展志愿服务活动的意见》，涉及了志愿服务的指导思想、基本原则、工作重点、领导体制、运行机制、任务分工等方面，是我国志愿服务事业的纲领性文件。2013年，共青团中央修订出台《中国注册志愿者管理办法》，2014年2月19日，中央文明委印发《关于推进志愿服务制度化的意见》，提出推进志愿服务制度化的重要意义和指导思想、建立健全志愿服务制度、加强对志愿服务制度化的组织推动等。2015年8月3日，中央文明办、民政部、教育部和共青团中央联合下发《关于规范志愿服务记录证明工作的指导意见》。2016 年 7 月，中央宣传部、中央文明办、民政部等印发《关于支持和发展志愿服务组织的意见》，这些政策都保护、鼓励、促进了青年组织的发展成长和规范运行。

不少地方出台了专门政策，如上海市 2011 年 7 月出台《关于进一步做好本市青年社会组织服务管理工作的若干意见》，2015 年 1 月陕西省出台《关于加强全省青年社会组织建设与管理的意见》，2016 年 8 月江西省出台《关于加强全省青年社会组织建设与管理的意见》，2014 年 12 月湖北省出台《关于加强全省青年适合组织工作的意见》，2015 年 12 月湖州市团市委六举措助推青年社会组织发展，2014 年 5 月宿迁团市委发布关于实施青年社会组织培育发展工程的意见，2014 年 3 月共青团江苏省委印发《江苏省青年社会组织“111 工程”实施意见》。

（六）综合政策

这类政策主要是一些通用的、综合性的政策，有 10 条，占 4.7%。这类政策虽然对青年政策有重大影响，如《中华人民共和国慈善法》，但它的边界界定更为宽泛，所以将其单独列为一类。

四、青年组织政策的变迁

（一）从政策时间看，改革开放以来我国青年组织政策的发展可以分成三个阶段

从时间角度看，我国青年组织政策的发展呈现出阶段性特征，第一个阶段是 1997 年以前，青年组织政策数量少，发展速度平缓；第二个阶段在 1998—2007 年，青年组织政策发展出现第一个高峰期；第三个阶段是 2008 年

至今，青年组织政策发展进入第二个高峰期。青年组织政策的年度分布见图8-3。

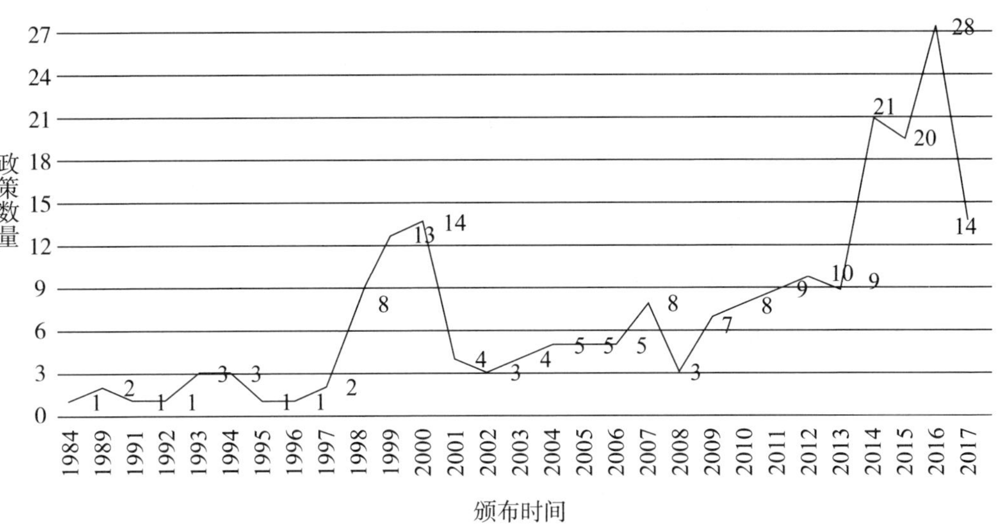

图 8-3　青年组织政策的时间分布图

按照以上对青年组织政策的阶段性划分，本研究的213个政策文本中，1997年之前发布的政策占7.0%，1998—2007年间发布的政策占33.8%，2008年以后发布的政策占59.2%。三阶段的政策分布见图8-4。

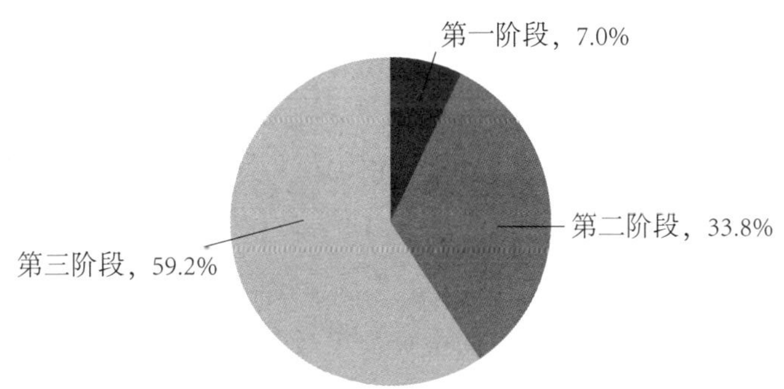

图 8-4　三个阶段的政策分布百分比

1. 第一阶段：政策探索时期

这一阶段的政策占7.0%。1978年十一届三中全会确立了我国以经济建设为中心的指导思想，当时的社会组织处于恢复和重建时期，且形式较少，主要是科技协会、学会类。从已有的政策文献看，在改革开放初期我国关于社会组织的政策非常少见，可以说此时我国社会组织的相关法制和管理体制尚未建立起来[①]。1978 年 2 月，我国设立民政部，但当时的社会组织管理（主要是社团管理）由多个部门共同负责，各个部门都可以审批社团，导致社团管理工作的混乱无序。国务院授命民政部于 1988 年 8 月正式组建社团管理司，明确由民政部归口登记管理社会团体工作，青年组织政策的发展也因此步入正轨。这个时期的政策是清理、整顿和制度建设等，探索社会组织管理的政策，因此在这个时期社会组织数量曾一度出现下降，主要是政策上的规范所致。从共青团对青年组织的管理和政策看，这一时期在共青团的话语中，对青年组织的称呼以“青年社团”居多，此阶段共青团对青年组织的认知逐步深化，但仍处于探索时期[②]，在政策领域也是处于探路阶段。1997 年，党的十五大提出“培育和发展社会中介组织”，标志着我国社会组织发展进入有序稳定的阶段。

2. 第二阶段：扩张规范时期

这一时期的青年组织政策占 33.8%。1998 年 3 月，在九届全国人大一次会议上《关于国务院机构改革方案的说明》中，首次出现了“社会管理”一词，同年民政部社团管理司正式改名为民间组织管理局，这标志着我国社会组织建设进入了一个新的时期。在此期间，社会组织数量从 1997 年的 18.1 万家增加到 2007 年年底的 38.73 万家。社会组织扩张发展时期新问题、新情况层出不穷，需要建立基础性制度以规范青年组织发展的方向，因此这一时期出台了大量的规范性的社会组织政策，尤其是在 2000 年前后集中出台了一批政策。共青团方面，1999 年共青团中央与民政部联合下发《关于全国性青年

① 刘求实等:《改革开放以来我国民间组织的发展及其社会基础》,《公共行政评论》2009 年第 02 期。

② 康晓强:《改革开放以来共青团对青年社会组织的政策取向及启示》,《科学社会主义》2017 年第 03 期。

社会团体有关问题的通知》，就共青团加强对青年社团的业务指导作出明确、具体的说明。1999 年 12 月共青团中央印发《全国性青年社会团体管理办法》，对全国性青年社团的名称、设立要素、注册条件、监管职责、活动管理等方面进行了具体细化规定。因此这一时期社会组织政策的主要特征是制度建设，规范青年组织的成长和发展，同时对青年组织成长中出现的问题予以管理。

3. 第三阶段：立体网络时期

2007 年，党的十七大用“社会组织”代替“民间组织”一词，青年组织也迎来了发展的黄金时期。这一时期党和国家紧锣密鼓地出台了大量的政策，在本研究中这阶段的政策占了 59.2%。而且，这一时期政策的面向更加广泛，各类政策竞相出台，涉及问题更加细化。在共青团方面，2013 年 8 月，团的十七大首次以官方文件的形式明确了“青年社会组织”的概念，并将青年社会组织的发展提到了战略高度。2014 年 1 月 11 日，团的十七届二中全会通过的《全面深化改革进程中共青团工作五年发展纲要》就如何凝聚青年社会组织做出了详细规划。2016 年 8 月，民政部民间组织管理局正式更名为社会组织管理局。这一时期，青年组织政策的领域全面开放，内容方面细化深入，主要特点体现为规范政策继续改进，政策领域越发多元，财税政策更加完善，激励政策趋于理性。总体上，这个阶段，我国青年组织的政策在横向的覆盖面上逐渐全面，在纵向的内容深度上越发细致，形成了以覆盖面为基础，以政策内容的细致深入为主要特征的立体网络。

（二）从政策内容看，青年组织政策逐渐完善但仍然分散

我国青年组织政策是专门青年组织政策与社会组织政策的合集，从政策的内容看，青年组织政策从无到有，从基本制度建设到全面的政策网络形成，从政策探索到政策完善。经过四十年的发展，我国青年组织政策已经形成了包含登记注册、规范管理、监督评估、扶持培育、专门政策等类别的相对完备的政策体系，体现了党和政府对社会组织的认识的深化，政策分析等学科的发展也使得政策决策更加科学。从我国青年组织政策内容来看，政策内容

的完善过程呈现前慢后快、前少后多的特点，这与我国社会发展的进程息息相关。在社会治理现代化的背景下，青年组织政策在内容与深度方面将会有更进一步的发展和完善。但在这内容全面的青年组织政策体系中，由于专门政策少，青年组织的政策分散与隐藏与其他政策中的特点依然突出。

（三）从政策制定看，青年组织政策主体呈现多元性

本研究涉及的 213 条政策文本中，青年组织的政策主体有以下特点：

第一，政策主体多元。综览本次研究的 213 条政策文本，政策发布部门涉及国务院及其绝大多数的行政部门等，但发布政策最多的依次是民政部、共青团、国务院、财政部、国家税务总局等或它们的联合。民政部单独或与其他部门联合发布了 59.1% 的政策，是最大的政策主体，其次是共青团、国务院、财政部等。

第二，多主体联合发布青年组织政策愈发明显。通过政策文本研究发现，近 30% 青年组织政策是两个及两个以上部门联合发布的，而且联合发布呈现出一定的规律，即青年政策多政策主体的倾向加大。按照以上对政策发展阶段的划分，1997 年之前有 3 条、1998—2007 年有 16 条、2008 年以后有 35 条是联合发布的，分别占本阶段政策总数的 20%、23.5%，33.7%。

第三，民政部和共青团是两大主要部门。在 213 条政策文本中，民政部单独或参与发布了 126 条，共青团（中央或地方）则单独或参与发布几乎所有的专门政策，即共青团在青年组织专门政策产生中扮演了极其重要的角色，在青年组织专门政策的制定与管理中发挥着最重要的作用。

（四）从政策执行看，共青团与青年组织的关系受到挑战

从青年组织的实践看，共青团在青年组织发展中做了大量的工作，中国共青团除了对我国各级团组织、单位内部青年社团进行登记、年检、指导、

培训外，还对我国各种青年自组织也给予了密切关注[①]，然而对共青团的这种热情，青年组织并没有给予同等的回应。青年组织大多追求自由宽松、不受束缚，它们大多游离于政府与共青团管辖之外，并且这种游离往往是它们自愿选择的，这使得政府和共青团时常处于一种尴尬中。在实践中，共青团也发现青年组织并非理所当然地归自己管、服自己管[②]。在一定程度上，青年组织的发展给共青团的发展带来了启示和挑战[③]。

（五）从政策效果看，青年组织政策极大促进了青年组织的发展

图 8–5　社会组织数量的发展趋势图

伴随着社会建设的不断发展和社会组织政策不断完善，我国社会组织数量不断提升，其发展趋势见图 8–5。虽然我国对青年组织的数量尚无准确的统计，但根据社会组织中青年从业人员占 71.15% 的比例推测，青年组织应该

① 刘俊彦主编：《青年与青年社会组织——中国青年社会组织发展状况研究报告》，中国青年出版社 2014 年版，第 47—68 页。

② 黄婷婷：《我国青年社会组织发展趋向探析》，《中国青年社会科学》2016 年第 01 期。

③ 石国亮等：《民间青年组织与共青团比较研究——基于全国七省市的调查分析》，《中国青年政治学院学报》2011 年第 05 期。

是一个非常庞大的群体。青年组织的数量发展趋势至少应该与图 8-5 保持一致，甚至更加突出。这种趋势表明，我国青年组织政策极大促进了青年组织的发展，对促成多元主体协同参与社会治理发挥了积极的作用。

五、青年组织政策的困境

青年组织政策经过近四十年的探索，形成了自己的体系，积累了一些经验，取得了一些成果。但是在我国社会建设不断深化、社会治理需要日益凸显、青年价值越发多元的背景下，我国青年组织政策的发展仍面临一些问题。

（一）青年组织内隐性政策多，专门政策少

如前所述，在本研究的 213 条青年组织政策文本中，有 40 条是专门政策或在其文本中提及了青年组织。尽管我国青年组织是社会组织的一个组成部分，然而青年组织又有自己的独特性，社会组织的政策对青年组织的适用性不高的问题比较突出。我国青年组织已经成为我国社会组织的中坚力量，是社会治理的重要组成部分，在社会建设的各个方面发挥重要作用，但政策层面尚未显现出这种重要性。以登记注册政策为例，由于我国对社会组织实行统一的登记注册制度，没有考虑到青年组织的特殊性，很多青年组织不能达到注册的条件，对于有注册登记需要而无法获得注册的青年组织，最后不得已注册登记为公司形式[①]。

（二）青年组织政策载体主要是规范性文件，立法层次低

对 213 条政策文本进行分析发现，我国青年组织政策几乎全部以行政法规、部门规章、意见、办法等甚至更低层次的形式存在，国务院及其部门的

① 刘俊彦主编:《青年与青年社会组织——中国青年社会组织发展状况研究报告》，中国青年出版社 2014 年版，第 58 页。

规范性文件占了政策文本的绝大部分，而以青年组织为对象的专门性立法文件几乎不存在。因此我国青年组织政策总体上层次不高、数量不多、配套较少，而且没有专门的、严谨的、全面的关于青年组织的法律，这就使得青年组织的设立、性质、地位、作用及功能等没有完全明确、规范，缺乏相关的行业自律环境，不利于青年组织的进一步发展。

（三）青年组织政策主体多元，政策执行保障不力

在对青年组织政策主体的分析中，我们看到政策发布部门涉及我国绝大多数的行政部门，而且政策主体多元化，部门联合发布政策的趋势加强。对于政策执行的监督，事实上处于管理缺位状态，甚至责任都无法追究。多政策主体容易造成部门权责不清，互相推诿，在政策执行中，有一些政策不能到达青年组织。在可及的政策中，一些青年组织需要面对多头的政策主体和不甚明确的政策内容，也经常望策兴叹，这样就使得青年组织政策的执行力度受到很大的影响。

（四）共青团受双重身份影响，在青年组织政策中位置尴尬

一方面，共青团是党和政府在青年群体中的助手，又是青年人的群众组织；另一方面，共青团是社会组织政策的制定者，又是某些青年组织政策的执行者。作为党的助手和后备军，共青团是党和政府联系青年的桥梁和纽带，承担党的青年工作和国家青年事务的管理工作。作为青年人的群众组织，其服务青年的责任也义不容辞[①]。在实践中，共青团的政治合法性和社会合法性均面临诸多挑战[②]。在选择工作重心时，如果把重心放在政府助手和政策制定者身份上，不利于青年群体自身利益的最大化；如果把重心放在青年组织身份上，势必会导致自己的政治职能的发挥或者利用政治资源造成其他社会组

---

① 中国青少年研究中心课题组：《我国城市青年社会组织发展状况研究报告》，《青年学报》2014 年第 04 期。

② 曹彦鹏：《当前共青团工作面临的问题与对策初探》，《青年探索》2007 年第 01 期。

织的不公[①]。另一方面，我国政府机构设置中没有专门管理青年事务的部门，共青团组织便成为管理我国青年工作的核心力量。对青年组织来说，依据社会组织政策，它应当纳入民政部门的社会组织的管理体系内，而现实中的青年组织绝大多数没有进入民政部门的视野。由于青年组织的成员的特点，共青团一直自告奋勇联系、指导和服务青年组织，在实践中却不一定受欢迎[②]。这种嵌套的双重身份，使得共青团在青年组织政策中的位置非常尴尬。

（五）与青年组织的快速变迁相比，青年组织政策明显滞后

随着我国社会建设的不断深入，青年组织快速发展，发展中的新问题、新现象日新月异，青年组织政策往往滞后于青年组织中出现的新问题。2011年11月，广州市民政局印发《关于进一步深化社会组织登记改革助推社会组织发展的通知》，对社会组织“降低准入门槛、简化登记程序、减轻登记负担、提高工作效率”，明确了社会组织无须挂靠，直接登记的登记制度，这比我国国家层面的直接登记制度早了近五年，一时吸引了有需要的外地青年组织到广州登记注册并获得成功[③]。我国国家层面在2013年3月《国务院机构改革和职能转变方案》中才开始提出社会组织直接登记的制度，这种现象反映了我国青年组织政策不能及时反映青年组织发展中的需求，在一定程度上阻碍了青年组织的发展。

---

① 艾昆鹏：《社会组织化建构体系下共青团与自发性青年组织的关系分析》，《中国青年研究》2010年第08期。

② 黄婷婷：《我国青年社会组织发展趋向探析》，《中国青年社会科学》2016年第01期。

③ 马慧娟：《青年社会组织：一个“若隐若现”的庞大群体》，《中国青年报》2014年07月13日。

六、青年组织政策发展的建议

（一）完善青年组织政策的体系建设

我国青年组织政策嵌在我国社会组织政策中，政策适用性不高。青年组织的快速崛起需要与其适切性更高的政策；青年群体的独特性呼唤适用性强的政策出台，因此，加强青年组织专门政策建设势在必行。完善现有青年组织的政策体系，出台符合青年组织特点的适用性更强的政策应是破题之策。

（二）加强对青年组织政策的立法工作

我国目前青年组织政策的层次较低，须尽快出台统一完备的法律以及与之配套的法规，例如“青年组织登记与管理条例”，更好地满足社会组织的权益保障需求，规范组织与组织之间、组织与个人之间的权利与义务关系，维护青年组织的权益，提高青年组织的公信力，保障青年组织的发展[①]。

（三）加大青年组织政策的评估

政策执行评估是检验政策执行效果的重要环节，是监督政策执行的重要手段，目前我国青年组织政策执行缺少政策执行评估环节。为更好地发挥青年组织政策的作用，提高青年组织政策效果，建议对青年组织政策执行评估纳入制度化建设中，以检验政策目标的实现程度，优化政策配置，为政策的修订或终止提供科学的决策依据。

---

① 赵亚静等：《青年社会组织发展中存在的问题与破解之策》，《内蒙古民族大学学报》（社会科学版）2016年第03期。

（四）提升共青团在青年组织政策中的作用

无论在学界还是在实务界，关于共青团与青年组织的关系，能达成的共识是共青团与青年组织既存在耦合性，又存在竞争性[①]。2015 年 2 月，中共中央印发《关于加强和改进党的群团工作的意见》，明确提出群团改革的作用和举措。2016 年 8 月，中共中央办公厅印发《共青团中央改革方案》。在群团改革的背景下，重新思考共青团在青年组织政策中的地位和作用意义重大。首先，明确共青团作为青年组织的枢纽型社会组织的地位[②]，在实践中，坚持团总览全局，把牢政治性；其次政府适度放权给共青团，优化其准行政性，可将青年组织的登记部门归口到共青团而非民政部门；最后，以治理主体的角色参与社会治理[③]，嵌入青年组织，通过青年组织激发基层团组织的活力，使青年组织成为基层团组织的一种新型资源。

（五）提高青年组织政策回应青年组织需求的精准性

新公共管理理论主张，政府作为政策制定者应该以顾客为中心，以顾客的需求为导向[④]。顾客，在本文中可以理解为青年组织。我国现行的青年组织政策仍以自上而下的政府主导方式为主，政府决定“供给什么”和“怎么供给”[⑤]，这种政策制定的程序忽视了青年组织的需求，青年组织只能被动接受政策产品。这就导致了目前青年组织需求与青年组织政策供给的错位，政策不

① 康晓强：《现代国家治理视域下共青团与青年组织的关系建构》，人民出版社 2017 年版，第 108—112 页。

② 徐双敏等：《枢纽型社会组织参与政府购买服务的逻辑与路径——以共青团组织为例》，《中国行政管理》2014 年第 09 期。

③ 黄建平等：《国家治理体系框架下共青团转型的定位与实现》，《中国青年研究》2014 年第 10 期。

④ 张成福等主编：《公共管理学》（修订版），中国人民大学出版社 2007 年版，第 207—213 页。

⑤ 吴超：《需求导向的农村公共文化政策研究》，浙江大学 2014 年硕士学位论文，第 32—34 页。

能有效满足青年组织的需求，而且造成有限资源的不合理配置。因此，在制定青年组织政策之前评估青年组织需求，有利于提高青年组织政策的精准性，优化政策效果。

第九章　新时代我国青年社会组织发展的创新政策与生态建构

青年是最活跃的社会群体，青年社会组织是社会组织中最广泛最活跃的力量。青年社会组织主要是指以青少年为参与主体或以青少年为主要服务对象的社会团体、基金会、社会服务机构和社区服务组织的总称。青年社会组织的发展基于青年发展不同方面与层次的需求设计和开展各类项目，对青年群体阶段化、具体化、动态化的深层需求形成了有效回应，日益成为与政府、市场功能相补充的重要力量。[①] 党的十八大以来，在习近平新时代中国特色社会主义思想的指引下，国家治理体系和治理能力现代化革新取得了重大突破，党和国家机构改革、党的群团组织改革、社会组织治理政策改革得以大力推进，加之技术赋权效应的凸显，公益文化的广泛传播，社会企业潮流的兴起，使得青年社会组织所面临的政治环境、功能定位和发展生态都发生了深刻变化。而置于这样宏大时代背景下加以审视的青年社会组织也被寄予了厚望，其发展亦得以被纳入更加突出的战略位置加以考虑，一个将政府、共青团、青年社会组织、企业、媒体联结起来高度共生的跨界生态圈正在形成，青年社会组织生存发展的土壤环境不断改良、根植系统日渐壮大。[②]

---

① 林红：《中国青年社会组织发展报告》，载陈光金等主编：《中国青年发展报告（2018）：社会融入与社会参与》，社会科学文献出版社2018年版，第208页。

② 黄晓勇主编：《中国社会组织报告（2016—2017）》，社会科学文献出版社2017年版，第26—32页。

一、影响我国青年社会组织政策演进与生态建构的时代因素

（一）社会组织在国家治理中的地位日益凸显

十八大以来，我国大力推进以简政放权为路径的国家治理体系和治理能力改革提升，政府将瘦身过程中转移出来的职能交给社会和市场，“激发市场的活力和社会的创造力”，这就构成了社会组织治理领域“放、管、服”的重要逻辑前提。2017年10月召开的十九大将社会组织视为全方位参与新时代国家建设和发展的重要力量，社会组织被正式纳入中国特色社会主义事业“五位一体”的总体布局，成为破解“经济社会发展的不平衡与人民日益增长的对美好生活的需求”这一新时代社会主要矛盾的重要力量。社会组织协商与政党协商、人大协商、政府协商、政协协商、人民团体协商、基层协商并列成为社会主义协商民主发展和人民有序政治参与的七大协商主体之一，以此“保证人民在日常政治生活中享有广泛持续深入参与的权利”。社会组织在“加强社区治理体系建设，推动社会治理重心向基层下移，实现政府治理和社会调节、居民自治良性互动”中的作用受到重视。政府为主导、企业为主体、社会组织和公众共同参与的环境治理体系中，社会组织角色重要。社会组织基层党组织建设与发展党员问题提上日程。2018年3月，党的十九届三中全会之后印发的《党和国家机构改革方案》第一次将社会组织纳入国家最高层面机构改革设计，与群团组织改革、事业单位改革列为同一层级的单独部分进行论述，提出“激发社会组织活力，使之与人民团体、企事业单位一起成为党的统一领导下协调行动、增强合力的九大主体之一”，由此可见社会组织逐渐被视为党总揽全局、协调各方中一支独立的重要力量。

（二）社会组织相关法治建设的持续大力推进

社会组织、公益慈善、志愿服务、民事财税等相关法律的出台、修订和完善，使得青年社会组织的法治环境不断改善，一些事关青年社会组织发展的法律建设取得突破。法律制度供给力度的加大以及融通性、衔接性和连贯性的实现，使得青年社会组织生存发展的法治生态环境获得了前所未有的改善和优化。

一是慈善事业立法突破。2016年《慈善法》获得通过并颁布实施被认为是我国社会组织法律法规体系健全和完善的关键一环，作为公益慈善领域首部基础性、综合性、专项性的法律法规，《慈善法》倡导大慈善的理念，其对于慈善组织、慈善募捐、慈善财产、慈善信托、信息公开等内容的界定和规范，已大大超越了对公益慈善法治化发展的推动，进而为所有社会组织发展提供了导向引领和规范指南，并带动了一系列与之有关法律法规的修改和出台，为制定一部统一、完善、健康的社会组织基本法提供了法律规范基础。

二是社会组织管理制度调整。2016年，中办、国办印发了《关于改革社会组织管理制度促进社会组织健康有序发展的意见》，进一步阐述了国家对于社会组织发展的总体设想。受到《慈善法》和《民法总则》相关法律条文的影响，2018年8月3日，民政部发布将社会团体、基金会、社会服务机构“三合一”的《社会组织登记管理条例（草案征求意见稿）》并公开征求意见，我国关于社会组织直接注册登记的政策倡导正落实为更加具体的法律制度，与其直接相关的可操作性和配套性政策也将加快出台，青年社会组织的直接注册登记制度将具备更加权威的法律保障。

三是志愿服务制度化建设取得进展。近些年来，全国各地陆续出台了数十部规范志愿服务的地方性法规和政府规章，共青团中央、民政部、司法部、教育部、文化部等中央部委也出台了领域性行业性志愿服务规范文件，如《关于推进志愿服务制度化的意见》（2014）、《关于规范志愿服务记录证明工作的指导意见》（2015）等。在政协共青团和青联界别的大力倡导下，自2011年起，国务院法制办（2011—2013 年）、民政部（2014—2017 年）先后牵头志愿服务立法起草工作，2017 年，国务院正式发布实施的《志愿服务条例》在国家层面将志愿服务工作纳入法治轨道，随后，《关于支持和发展志愿服务组织的意见》《关于加强中学生志愿服务工作的实施意见》相继出台，民政部主导的全国志愿服务信息系统也建立起来，这些都体现出了国家以弘扬志愿服务精神、提升志愿服务组织能力、规范志愿服务法律关系为切入点，以志愿服务促进慈善事业发展的意图。

四是民事法律调整跟进。2017 年，《民法总则》通过并实施，这部法律突破传统的政府管理思维，调整法人分类方式，将法人分为营利法人、非营利法人和特别法人三种类型。将民办非企业单位更名为社会服务机构，将社会团体、基金会、社会服务机构与事业单位并列为“非营利法人类别”，并赋予基层群众自治组织等“非法人组织”以“特别法人地位”，这就从民事法律层面解决了大量存在的青年自组织长期以来“缺乏法人资格”的问题。根据这一制度安排，没有正式登记注册不具备法人资格的备案型社会组织，以及以各种名义开展社会活动的“人的集合”的组织，被归入“非法人组织”，非法人组织同样可以在法律法规规定的范围内，依法以自己的名义从事民事活动。这就不仅有利于对社会组织的依法管理，而且给予了包括青年社会组织在内的那些弱小社会组织以依法自治、自主管理的空间。这种在法律上对“主体”身份的确认，使得青年社会组织——无论是正式注册登记抑或尚未注册登记，都获得巨大自由自主的生存空间，发展活力得以进一步激活，进而有助于社会组织治理的一系列政策得以有机的耦合衔接。而事业单位与社会服务机构的登记管理、信息共享和业务协同也在不断强化，所产生的影响将更具有深远意义和价值。

（三）以互联网为代表的技术创新的推动

互联网具有新基础设施、新生产要素和新结构三大特征与动力，其对经济社会的影响遵循着从技术创新到商业创新再到社会创新的路径。青年与互联网具有天生的耦合性，青年群体是互联网最早期的、最广泛的使用者，互联网的兴起使得青年的网络聚合成为了潮流，也为青年社会组织发展提供了更为合意的时代场景和技术工具。互联网的链接功能以及赋权功能使得青年社会组织通过与互联网的深度融合从而在意见表达、成员发展、组织运行、内部建设、活动动员、信息公开、公益传播、互动交流、跨界合作、资源整合等方面都获得了空前的优势，其展现出的活力和潜质都通过新媒介得以空前扩散，受到了前所未有的关注。一大批自组织性质的青年社会组织借助互联网络所创设的场域，由意见表达到建立组织，由线上聚集到线下活动而不断发展起来。

青年社会组织跨界生态圈的形成需要利益相关者的共创关系和协作模式，为系统内的不同类型参与者提供互动参与、跨界协同的渠道和平台，青年社会组织在这样的平台上从资源的帮助者和接受者转变为产品和服务的共创者、众筹者和共享者，而互联网的兴起恰好就提供了这样的平台和渠道。有研究认为，新媒体赋权体现在信息、表达和行动三个维度五个方面：第一，提供了一种倡导、动员社会关注的平台；第二，一种理念和行动的工具；第三，公共舆论的监督、认同与支持为行动者提供合法性、正当性；第四，对相关法律和公共政策的推动；第五，激发社会资本，调动社会资源，形成公共传播之势，助力行动实现。青年社会组织主流类型集中于公益慈善、志愿服务、社区服务、兴趣爱好等领域，新技术场景的来临，使得青年社会组织开展的“互联网 + 公益”“互联网 + 慈善”“互联网 + 俱乐部”活动都体现出了专业性、参与性、互动性、体验性等鲜明的时代特征。青年社会组织越来越娴熟地运用微信微博、公益众筹、公益 App 等多元工具，更为灵活自主地筹集资源和运行组织；信息公开和透明建设更为便捷有效，方便监督和监管，公信力建设更为有效；可以更广泛、更高效地扩大工作对象和社会公众等传播受众，拓展了参与的渠道，降低了参与成本，人人可以参与的“微公益”“人人公益”“日常公益”得以兴起；注重公益慈善和志愿服务活动中的兴趣引导、充分互动和快乐分享，使公益成为青年乐在其中的时尚潮流；创设让成员和参与者体验的场景，形成换位思考、感同身受的生命体验，从而“重构了公益生态中各要素的互动关系，有助于个体与公益组织的更好结合，形成了公益事业的跨界融合与协同发展”，青年社会组织的互联网思维与战略对青年社会组织政策创新发展形成了倒逼效应。

（四）社会企业潮流的兴起

近些年来，企业社会责任成为了一个时髦的管理工具和商业潮流，而西方传播而来的“社会企业”也成为了一种具有光明前景的积极趋势，它倡导企业将“公益慈善”和“社会责任”纳入企业的核心理念，以“社会企业”作为自身的定位。社会企业家们通过巧妙地驾驭商业技术和慈善技术，运用市场力量创造社会价值、推动社会变革，在企业的“营利性”与社会组织“非营利性”双重目标和双重底线之间达至平衡，这些都使得企业与公益慈善类为主体的青年社会组织之间有了更多结合点。而随着热爱和参与志愿服务的学生毕业步入职场，以其作为纽带的企业、社会、高校公益慈善和志愿服务跨界协同也拥有了越来越广泛的社会基础，有研究显示：尽管学生和青年群体依然是我国志愿服务的主力军，但是学生在志愿者中的占比却是逐年下降的，这就意味着社会在职人员在志愿服务中的参与规模不断扩大，而且区别于普通志愿服务的技能型、专业型志愿服务比重逐渐上升，成为了潮流的引领者。例如北京惠泽人公益发展中心就将专业志愿服务界定为“机构或个人自愿、无偿、有组织管理的、应用自身职业化技能或资源，为社会或他人所提供的公益性专业服务”。加之税收减免等激励政策的出台，以及一些地方工商行政与市场综合管理部门也在尝试试点社会企业类别，希望借此促成政策红利出台，这就开启了一个对于企业社会责任的激励政策之窗，企业与青年社会组织跨界协同合作生态圈的形成，大大改善了青年社会组织的资源获取状况。

二、推动青年社会组织生态建构的政策演进态势

青年社会组织既是共青团的工作对象，也是工作伙伴，在不同历史时期，中国共青团始终在与青年社团的互动中履行着自己的政治使命和社会职能。在新时代历史条件下共青团必须“提高团的吸引力和凝聚力”“扩大团的组织和工作有效覆盖面”，进而完成好培养社会主义建设者和接班人这一根本任务，担负起巩固和扩大党执政的青年群众基础这一政治责任，贯穿好围绕中心、服务大局这一工作主线。这就要求共青团一方面“增强与改革窗口期赛跑、与青年社会组织发展壮大速度赛跑、与青年主动选择组织分化程度赛跑的责任感和紧迫感，坚定不移推进共青团改革再出发”；另一方面，通过设立新的非科层制组织（团属青年社会组织）去覆盖和影响青年，以及通过联络青年社会组织，再通过青年社会组织的领袖、骨干和成员去影响广大青年。青年社会组织在与政府、共青团互动中，逐渐成为了共青团发挥党和政府与青年之间桥梁纽带作用的一个重要中介变量。而合意的社会技术工具、方法以及领导力行为也使得青年社会组织“意识和觉察力从自我系统前进到生态系统”。

（一）抓好重点类型，分层分类探索青年社会组织联系、服务、引导工作

2013 年 6 月，团十七大报告中开始使用“青年社会组织”替代“青年自组织”，并开启了“联系、服务、引导”的全方位青年社会组织政策演进历程，这次会议确定的工作重点，一是“要了解把握兴趣类、互助类、公益类等各种青年社会组织的信息和动态，加强与青年社会组织特别是其骨干人员的联系沟通”；二是“要用好团内资源，依托青年中心、青年汇、青年家园等工作平台，为青年社会组织开展活动提供信息、阵地等方面的服务并开展工作项目合作”；三是“加强对青年社会组织的引导，在有条件的青年社会组织

中建立团组织，进一步延展团的工作手臂”。2014 年年初，共青团十七届二中全会通过《全面深化改革进程中共青团工作五年发展纲要》，提出“经过 5 年努力，力争实现对有一定规模的青年社会组织密切联系、有效服务，使之成为共青团组织延伸手臂、增强活力的重要依托”的目标。2014 年 2 月，全团青年社会组织工作会议在沪举行，这次会议是青年社会组织政策发展演进的里程碑事件，从此之后，关于青年社会组织的顶层制度设计逐渐开始有了质的飞跃。2015 年，按照“先试点后推广、先地方后中央、先局部后全国”的稳健改革路线，共青团改革试点在上海和重庆启动，其中，青年社会组织政策正是改革试点的重要内容。

共青团还在青年组织体系目标方面提出了“共青团＋团属社团＋青年社会组织”的由紧密层（团属青年社会组织、共青团直接领导的社会组织）、骨干层（领军型、枢纽型社会组织）和协同层（广大青年社会组织）构成的青年组织体系。2017 年，《中长期青年发展规划》提出了青年社会组织的两个“重点支持对象”，即“重点支持行为规范、运作有序、公信力强、适应经济社会发展要求的青年社会组织，重点发展科技类、公益慈善类、城乡社区服务类青年社会组织，积极发挥重点青年社会组织的示范带动作用”。2018 年 6 月，团十八大对于新时代青年社会组织发展的新形势进行了研判，并提出了一些新的论断，包括：“积极联系、凝聚、培养青年文化人才，通过成立新文艺青年组织、推介优秀青年文化产品等路径，为兴盛社会主义文化丰富人才储备”；“实施青年社会组织社区发展计划，面向社区群众特别是青少年开展常态化、针对性强的服务”；“发挥共青团组织的枢纽作用，广泛培育和支持青少年环保类社团，鼓励青年积极投身绿色技术开发”。

2015 年年底，全团摸查掌握的青年社会组织共有 13.1 万个，其中重点联系的 2.4 万个，而到了 2018 年团十八大前夕，这一数量达到了 4 万个，但是受到各地经济社会发展水平的影响，这些社会组织规模、数量、发育水平差别很大，各地方的青年社会组织政策水平和工作力度也有所不同，但共青团的青年社会组织合作伙伴“朋友圈”的确是在不断扩大了，而青年社会组织发展的政策环境逐步进入一个整体性变革的新时代。

（二）从整体上思考和推进青年社会组织政策体系建构

2016年9月，共青团改革启动之后的首次全团社会联络工作会议提出了共青团要建立“三三三”青年社会组织工作框架，也就是三维工作体系（分级定责、分层推进、分类实施）、三大服务阵地（青年社会组织培育服务基地、“青年之声”社会服务联盟、青年社会组织信息服务平台）、三项基础工作（资源供给、人才培养、规范管理）。2017年4月，中共中央、国务院联合印发的《中长期青年发展规划（2016—2025年）》是新中国历史上第一份整体性、独立性、专项性的青年政策纲领，规划编制过程对分散于各个党政部门、群团组织中的青年政策进行了全面梳理，以此着眼于对青年发展整体考虑、系统设计、全面推进。规划的出台大大增强了我国青年发展政策体系总体性、协同性、连贯性以及不同青年发展政策之间的系统性、衔接性、耦合性。从文本分析来看，规划基本对我国既有的青年社会组织政策进行了较为全面的梳理，并明确提出了“引导青年社会组织健康有序发展”的要求，加强对青年社会组织的政治引领，完善党委和政府与青年社会组织沟通交流机制，把对青年社会组织的管理和引导纳入法治化轨道；改进对青年社会组织的联系服务，充分发挥共青团和青联组织作用，通过资金支持、提供阵地场所、培训骨干人员等方式扶持青年社会组织健康发展。规划出台后，青年社会组织政策规范化的顶层设计进一步加快。2018年，我国社会工作领域首个国家技术标准《青少年社会工作服务指南》公开征求意见，“青年社会组织孵化基地建设指南”“青少年事务社会工作专业人才薪酬指导标准”等支持性、规范性文件的编制出台也正提上日程。

除了政策顶层设计的整体性，政策执行落地的基层设计也纳入考量。社区是青年社会组织发展的内部生态系统与外部生态系统耦合衔接的临界地带和合意场域，因此，共青团还提出了以社区为载体的综合性青年社会组织发展政策目标。典型的案例就是近些年来全面推进的“青年中心”“青年之家”

青少年综合服务平台建设政策，以及2017年以来的“四社联动”政策以及“伙伴计划”“2020计划”“筑梦计划”等落实政策的项目载体。青年之家正是“城乡基层团委领导和指导下，基于青年自主管理和网络信息技术手段的，由35岁以下团员青年为主要服务对象的社区型青年组织”，作为社区青年社会组织，“青年中心”、“青年之家”等基层综合服务平台的建设为共青团打通联系服务青年的“最后一公里”提供了抓手。“四社联动”是“社区+青年社会组织+青少年事务社工和青年志愿者+社会公益项目”的工作格局，而三个计划则是分别针对青年社会组织、青少年事务社会工作专业人才队伍、新兴青年群体，在针对社区问题上提出了“希望社区”这一平台建设目标。[①] 而地方层面的探索更加丰富多元，上海青年家园民间组织服务中心在过去十多年里曾联系了2100多家青年社会组织，并在11个社区建立了社区志愿服务中心管理模式，推动青年社会组织及服务项目在社区落地，推动社区服务项目、管理模式向青年社会组织推广输出。成立于2016年的江西省首个社区青年社会组织平台——南昌市西湖区隆泰苑社区“社区青巢”，通过引进社会组织和志愿者，并孵化自己的青年社会组织实现“社区服务青年，青年服务社区”的目标。

表9–1　青年社会组织在青年发展各个领域的功能

发展领域	青年社会组织的功能定位
教育	鼓励社会组织为有组织的青年社会实践提供帮助和便利
健康	鼓励和支持青年体育类社会组织发展
婚恋	发挥社会组织作用，为青年婚恋交友提供必要的基础保障和适合青年特点的便利条件
就业创业	着力培育服务青年创业的社会组织

① 团中央办公厅：《徐晓同志在2017年全团社会联络工作培训班上的讲话》，2017年03月20日。

续表

发展领域	青年社会组织的功能定位
社会融入与社会参与	共青团、青联、学联组织在促进青年社会融入和社会参与中的主导作用充分发挥，带动各类青年组织在促进青年有序社会参与中发挥积极作用。发展培育青年社团，加强对各行各业青年的凝聚和服务，更好联系、服务和引导青年社会组织，促进青年有序社会参与。支持各类青年社会组织立足自身优势，以合适方式参与政府购买服务。充分发挥青年社会组织等社会力量的独特作用，吸引和带动青年广泛参与各类社会服务，不断培养和提升社会化技能
文化	采取政府购买、项目补贴、定向资助等方式，鼓励青年文化阵地、青年文化团体等社会力量承接青年文化服务
权益维护	增进“青年社会组织骨干”等群体的政治认同和社会参与，带动青年社会组织、青少年社会事务工作者积极参与维护青少年权益。鼓励和支持社会组织依法为未成年人提供公益性法律服务和援助
预防犯罪	发挥青少年事务社会工作专业人才和社会工作服务机构作用，对重点青少年群体提供困难帮扶、法制教育、法律援助、心理疏导、行为矫治等专业服务
社会保障	开展面向残疾青年的专业社会工作和志愿服务

（三）注重多元政策主体的协同联动

青年社会组织的主要工作力量和政策供给主体是共青团和各级民政部门，此外，各级文明办、统战、文化、环保、妇联、教育、网信、人社等相关部门也在一定程度上提供了一定的分散化、碎片化、领域性的青年社会组织的公共政策，例如环保部门主管的官方枢纽型社会组织中华环保联合会就凝聚了一大批环境保护类青年社会组织，其每年召开的中华环保社会组织可持续发展年会就成为了诸多环保类青年社会组织展示成果、沟通信息、分享经验，以及与决策者、实践者、研究者和传播者跨界协同合作的平台。中央网信办也印发了《网络社会组织“同心圆”工程实施方案》（2017 年）并召开了全国网络社会组织工作推进会。《中长期青年发展规划（2016—2025 年）》颁布实施之后，将青年社会组织发展纳入经济社会发展全局和青年发展战略，有利于青年社会组织协同治理的顶层设计和体制机制正逐步建立起来。规划出台以后，由中央领导牵头建立由 51 个中央部委[①]构成的落实中长期青年发展规

① 以 2018 年党和国家机构改革前为统计口径。

划联席会议制度使得青年工作的政策协调、工作联动、措施衔接、信息共享、资源整合、监测评估具有了制度化、规范化、机制化、常态化的平台，这无疑将使得“改善青年社会组织的监督管理，建立完善民政部门和共青团、青联等群团组织及有关职能部门协同发挥作用的管理机制”成为可能。

（四）注重青年社会组织治理经验的拓展运用

受到这一时期青年社会组织政策总体变革的启示，有关于高校学生社团这一教育领域特殊青年社会组织类型的政策制度及责任问题也得到进一步完善和明确，高校学生社团数量庞大，但是对于这一青年社会组织类型的治理长期以来一直缺乏专门的、明确的法律或政策规定，而是分散于普通高校学生管理规定以及大学生思想政治教育相关文件之中，对于许多问题的界定较为模糊，不利于学生社团的健康发展和作用发挥。2016 年年初，共青团中央、教育部和全国学联联合印发《高校学生社团管理暂行办法》，这是继 2005 年印发《关于加强和改进大学生社团工作的意见》之后，根据新形势对意见中提出的要求进行了适时的修订、细化，使得高校学生社团管理的制度安排和程序设计进一步规范化、精细化。该办法对于高校学生社团明确界定为“由高校学生依据兴趣爱好自愿组成，为实现成员共同意愿，按照其章程自主开展活动的群众性学生组织”，《办法》对于“高校党委统一领导本校学生社团工作”和“高校团委履行本校学生社团工作的主要管理职能”加以明确，根据《办法》的规定，高校团委必须设立专门的机构并配备专门的人员从事学生社团的全方位和全过程的管理监督工作，包括注册、年审、注销、组织建设、活动管理、经费管理和活动保障等。借助数量众多、类型多样的青年社会组织，高校共青团的枢纽型功能得到发挥，实现了对最广大学生的覆盖，并在对学生社团及活动的管理过程中向着更加专业化的“大学生课外活动指导服务中心”方向拓展，在高等教育领域和意识形态领域中的地位获得了新的合法性资源的支撑。

（五）拓展青年社会组织发挥作用的领域

鼓励青年社会组织在中华优秀传统文化传承传播、“一带一路”建设、人类命运共同体构建等更广阔的国家和社会治理领域发挥作用。纵观西方全球化的发展历程，青年与青年组织始终都是重要的参与和推动力量。无论是19世纪末，欧美国家的青年海外传教运动，还是“二战”之后海外志愿服务活动，都是青年作为主体向全世界传播西方价值观的体现。[①]2017年，围绕习近平总书记提出的“一带一路”倡议和构建人类命运共同体的主张，对于青年社会组织在推进“一带一路”中的角色定位问题也逐渐进入决策视野，2017年6月，团中央和广西联合举行了“‘一带一路’倡议中青年社会组织的作用与责任”论坛。近年来，中国青少年发展基金会、中国青年志愿者协会等一些团属青年社会组织也已经走进“一带一路”沿线国家开展了“希望工程走进非洲”“海外志愿服务”等项目，在青年民心相通方面实现了广泛参与和多元合作。“一带一路”建设中，民心相通具有根基、桥梁、润滑剂、催化剂的特殊重要意义，而社会组织无疑在塑造软实力方面具有政府组织所不具备的民间性、亲和力和接地气等独特优势，这对于破解过去我国走出去过程中“缺乏与当地国家社区的互动、缺乏人文关怀、缺乏劳资关系纽带、缺乏与当地民间组织的交往、缺乏信息共享体系”的弊病和缺陷具有重要意义。

三、新时代青年社会组织发展生态建构的政策工具运用

公共政策工具是公共政策主体得以依赖以实现政策目标的手段和方法。一般来说，社会组织政策工具主要包括组织孵化的政策工具、购买服务的政

① 朱峰、王培光:《价值传统、传播变革与现代主义：西方国家青年外交多元实践形态发展演进的历史考察》,《青年发展论坛》2017年第06期。

策工具、信息公开的政策工具、信用声誉管理的政策工具、政治吸纳的政策工具、表彰奖励的政策工具、补贴政策工具、塑造文化的政策工具，等等。当然，还有一些具备复合效应的综合性扶持政策工具，包括税收优惠、专项资金、场地支持、培育孵化、第三方扶持、绩效激励等多种措施。开展青年社会组织工作的政策工具探索也经历了一个循序渐进的过程。尤其是地方层面的积极探索、创新实践的丰富、多样都使得有关于青年社会组织的顶层设计与政策演进基础扎实，水到渠成。

（一）直接注册登记政策工具

事实上，我国早在2006年至2008年前后就已经启动了社会组织直接注册登记制度等试点工作，广州、深圳都较早尝试了对于“低政治诉求、低政治潜质、低社会风险”类型社会组织予以直接注册登记的制度安排。2005年，民政部发文允许各级民政部门担任慈善组织的业务主管部门，对“双重登记制度”松动调整的迹象十分明显。2008年，深圳市启动了对工商经济类、社会福利类、公益慈善类三类民间组织“无主管直接登记”试点的第一步；2011年年底，广州市作出了“除依据国家法律法规需前置行政审批外，行业协会、异地商会、公益服务类、社会服务类、经济类、科技类、体育类、文化类等八类社会组织可以直接向登记管理机关申请登记”的规定；2012年，广东省将业务主管单位改为业务指导单位，“社会组织无须前置审批就可以直接向民政部门申请成立”，在各省区市中率先结束了双重管理体制。2012年，民政部启动了全国性社会组织直接登记工作，19个省份开展或试行了社会组织直接登记。2013年3月印发的《国务院机构改革和职能转变方案》明确提出“重点培育、优先发展行业协会商会类、科技类、公益慈善类、城乡社区服务类社会组织。成立这些民间组织，直接向民政部门依法申请登记，不再需要业务主管单位审查同意”。随后，北京、上海、安徽等一些省市以该文件的精神与要求为遵循，在民政部的支持指导下，启动了落实社会组织直接登记的探索工作，这些探索主要涉及简化登记程序、降低登记门槛（包括放宽注册资金限制、降低对会员数量限制、放宽组织办公场所限制）等具体的政策操作。在前期充分试点的基础上，2014 年，民政部提出了对于行业协会类、公益慈善类、城乡社区服务类、科技创新类四种类型社会组织的注册登记制度进行改革，由过去的主管单位和民政部门双重管理变革为直接注册登记。2017 年，民政部印发的《关于大力培育发展社区社会组织的意见》对于直接注册登记制度又做出了拓展性的规定，以鼓励社区社会组织的发展，根据该规定：符合直接登记条件的社区社会组织可以直接登记，并且民政部门将“简化登记程序、提高登记效率、结合社区社会组织特点制定章程文本等方式优化登记服务”；除此之外，根据中央有关文件要求，对未达到登记条件的社区社会组织，按照不同规模、业务范围、成员构成和服务对象，由街道办事处（乡镇政府）实施管理，加强分类指导和业务指导；对于规模较小、组织较为松散的社区社会组织，由社区党组织领导，基层群众性自治组织对其活动进行指导和管理。这就在客观上默认了备案制等其他灵活的管理办法，对于大多数达不到要求的青年社会组织而言，无疑具有特别的意义。

学术界普遍认为，在民政部门正式注册登记的社会组织只不过是冰山一角，那些活跃在民间、基层和网络的未注册的社会组织数量远远超过已经注册的社会组织，有人测算其数量或在 300 万左右，以社区组织、学生社团和网络虚拟社团为重要类型，而青年无疑是这三种重要类型社会组织中的最活跃群体，换言之，青年社会组织构成了未注册社会组织中的较大比例。中国青少年研究中心组织的一项全国青年社会组织调查结论也对此形成了佐证，其数据显示：“有 22.3% 的青年社会组织有过注册尝试，但未成功。真正登记注册的青年社会组织实际上不到十分之一，绝大多数青年社会组织并未登记。”《2017 年中国志愿服务发展指数报告》也测算到 2017 年，全国共有志愿服务组织 130.67 万家，其中未注册的有 38.39 万家，约占 29.38%，多为草根性质的青年志愿服务组织，而未注册志愿服务组织的贡献未必比注册志愿服务组织的贡献小，非注册类志愿者活跃度（70%—80%）明显高于注册志愿者（20%—30%），在志愿服务时间及价值贡献方面，非注册志愿者的贡献也占到了注册的2倍左右。统计显示，从2013年3月至2014年9月的一年半时间里，全国直接注册登记的社会组织3万个，到2018年5月，全国共注册社会组织为80.01万个，其中，除了行业协会组织外，公益慈善类组织也占有较大比重，而青年社会组织在当中也占有一定比例。

因此，直接注册登记制度对于青年社会组织的影响最为显著，其政策效果远远超出了合法性身份赋予这一直接政策功能，而在引导青年社会组织实现内部治理的规范化和科学化，拓展社会组织承接购买服务、参与社会建设、投身社区治理，实现将青年社会组织纳入制度化监管框架等方面都产生了积极影响。这一制度出台之后，共青团的青年社会组织事务就增加了一项重要内容——鼓励、引导、孵化和扶助青年社会组织向“正式注册登记”目标方向发展，而对于社区青年社会组织备案制的实践探索也获得了良好的政策保障。

（二）组织孵化工具

《中国志愿服务发展指数报告（2018）》指出，志愿服务组织面临的最严峻的挑战就是管理运作不够规范（19.76%）、缺少评估与反馈（16.93%），以及没有激励机制（15.38%）。[①] 内部治理规范化是青年社会组织普遍面临的问题。成立和鼓励发展各种平台型、孵化培育型、枢纽型、资金支持型、能力建设型的青年社会组织对于青年社会组织的进化就具有了特殊重要的意义。共青团在青年社会组织工作中的亮点表现为：重视分类培育、重视资源整合、结成“伙伴”、设立支持型青年社会组织，“对于共青团孵化培育的、联系紧密的青年社会组织，要在入驻孵化基地、承接服务项目等环节明确准入条件，促进其加强自身规范和行业自律”。青年社会组织生态系统建构的平台和场域需要全新的社会技术，帮助青年社会组织利益相关者将协作方式从自我系统思维提升至生态系统的逻辑和意识。“集合是促进合作进化的最具潜力的结

① 翟雁、辛华：《2017年中国志愿服务发展指数报告》，载杨团主编：《中国慈善发展报告（2018）》，社会科学文献出版社2018年版，第87—89页。

构”，这些生态链条上游的平台型青年社会组织的发展，通过枢纽功能、资金支持、能力建设和培育孵化作用的发挥，在客观上建立和优化了包括生态链条下游的运作型组织在内的整体青年社会组织生存发展的生态系统和环境。

从某种意义上说，这些支持型平台型的青年社会组织起到了一种转换器的作用，将政府、社会、公众、企业、社区等外部资源转化为青年社会组织发展的内生资源，“将来自政府、社会的外部‘输血’转变成了内部‘造血’机制，在社会组织内部形成了一个自我驱动的动力机制”。[①] 例如2014年成立的宁波市（鄞州区）公益性社会组织及青年志愿服务组织孵化中心建立起以“孵化培育、资源共享、供需对接、公共服务、交流沟通”五大模块为支持的青年社会组织支持体系，将青年社会组织归入权益维护、慈善公益、志愿互助、社会参与、文化创意、学术研究、创业就业、情感交流八大学科，通过“学院式”管理机制和“咨询、会计、法律、营销、信息”五大专业团队，为青年社会组织提供项目策划辅导、项目运作监测、项目品牌打造、社会效果评估等服务。针对处于不同发展阶段的青年社会组织提供针对性的服务工具，实现了初创期“孵化”的新手服务、发展期“陪伴（培育）”的成长服务、成熟期“合作”的云孵化服务三级阶梯式培养路径，培养服务涵盖了办公场所活动场地支持、运行活动硬件设施、组织理念塑造培育、活动项目优化服务、人才培训能力提升、组织团队建设支持、活动运营资金支持、媒体联络宣传服务、依法注册登记协助等具体项目。可见，借助于孵化器、支持性组织的发展，也为综合型扶持政策工具的运用提供了舞台和场景，使青年社会组织获得了孵化支持、场地支持、补贴支持、专项资金、表彰奖励、身份背书、信用建设、内部治理、交流展示、经验扩散、文化塑造等综合型政策工具的扶持。

除了显而易见的直接影响，支持型青年社会组织对于拓展运作型青年社会组织的社会资本具有更为显著的影响，它营造出了一种“从只关心自身利

---

① 黄晓勇主编:《中国社会组织报告（2016—2017）》，社会科学文献出版社2017年版，第26—32页。

益的自我系统意识转变为关心全体利益（包括自身利益在内）的生态系统意识”。除了青年社会组织孵化器之外，作为青年社会组织嘉年华的志愿服务展示交流会，近年来也构成了青年社会组织展示交流沟通的平台，广州还专门设立了青年社会服务项目交易所（评估中心、市场中心、监管中心），使得青年社会组织项目交流日渐常态化。不同类型、不同发展阶段的青年社会组织在这样一个平台上相互学习、相互借鉴、共享资源信息，通过长期面对面的分享交流，“给经验匮乏者带来弥足珍贵的经验，给遭遇挫折者带来坚持的力量，给初入门槛者树立学习的榜样，给孤单独行者集体的力量，给经验丰富者分享的荣光”。[①] 这个过程正是各类青年社会组织将思维模式从自我系统逻辑向着生态系统逻辑转变的过程，各类青年社会组织得以通过别人的眼光，尤其是那些边缘的、最为弱小的自组织的眼光看问题，有助于各类青年社会组织从多重利益相关者的视角、从系统整体的视角看待系统。[②] 这也就是聚集的溢出效应，聚集的正向外部性无论是对于青年、青年创业企业、青年社会组织都是非常适用的，其原因就在于聚集能够通过知识溢出效应、集体学习效应、空间效应、时间效应、信息共享效应等释放正向外部性，并建构起社会资本。学者康晓强研究发现：上海共青团在开展青年社会组织孵化政策创新过程中的主要经验就在于建构起了联系平台、展示平台、人才培养平台，这些“会产生强烈的情绪感染力和正向推动力，这些好的经验和情绪，随着更多力量的汇入和势能的积累，能够加速社会组织生态系统的形成和完善”。[③] 总的来看，“通过培训骨干力量、建设孵化平台、实施示范项目等措施，重点培育和联系社区服务类、公益慈善类、生态环保类青年社会组织，打造共

① 黄晓勇主编：《中国社会组织报告（2016—2017 年）》，社会科学文献出版社 2017 年版，第 26—32 页。

② 康晓强：《改革开放以来共青团对青年社会组织的政策取向及启示》，《科学社会主义》2017 年第 03 期。

③ ［美］奥托·夏莫、凯特琳·考费尔：《U 型变革：从自我到生态的系统革命》，陈秋佳译，浙江人民出版社 2014 年版，第 148—156 页。

青团主导的青年社会组织体系”[①]是这一工具的主要目标。团中央书记处书记徐晓在2017年全团社会联络工作培训班上也明确指出：“加强孵化基地建设，是联系服务青年社会组织行之有效的工作手段。”

（三）资源链接工具

“探索购买服务、公益创投等方式，引导支持青年社会组织投身社会公益、参与社会治理”是“政府购买服务”这一政策工具使用的初衷。各地共青团普遍注重购买服务工具的运用，尤其是一些地方还在推动购买服务过程中将青年需求调查、青年需求表达和青年社会组织需求整合，从而实现了服务社会治理与服务青年发展的参与式治理服务模式。购买服务这一工具更适合于那些组织结构相对更为成熟、运行相对规范的青年社会组织，而政府对于购买服务的社会组织资格的规定，例如按时年检、定期换届、信息公开等要求都带有鲜明的引导作用。2017年，共青团中央联合民政部、财政部印发《关于做好政府购买青少年社会工作服务的意见》，对于在青少年社会工作服务领域的政府购买社会服务所涉及的购买内容、购买机制、服务标准、资金保障、监管机制、绩效评价问题进行了全面规定，并编制了《政府购买青少年社会工作服务清单》，文件明确了共青团作为政府购买服务主体之一的地位，“鼓励政府职能部门加强与共青团的工作协调，支持共青团参与政府购买青少年社会工作服务”，共青团中央希望未来“在青年社会组织等级评估、承接政府购买服务资质评定、项目评审等方面”，通过探索制度化、规范化的方式“提升共青团的参与度”。2017年，共青团中央决定深化启动青年社会组织“伙伴计划”[②]以及青年社会组织公益创投大赛，从全团顶层设计的角度优化联系、服务和引导青年社会组织的工作机制，突出关键领域和重点群体，加强

① 共青团中央办公厅：《徐晓同志在2017年全团社会联络工作培训班上的讲话》，2017年03月20日。

② 该计划最初是由北京团市委于2010年发起，后经过实践检验取得显著成效而被共青团中央采纳为全团的青年社会组织发展计划项目。

社会组织骨干培养，培育优秀项目。共青团探索带领青年社会组织在基层社区治理中发挥作用的路径也在2017年之后得到了各地团组织的积极响应。例如，2017年全国青年社会组织“伙伴计划”收到各省推荐的1224个公益项目，就分别来自770家已注册的青年社会组织和454家未注册的青年自组织，领域涵盖了慈善救助（163家）、社区建设（121家）、健康卫生（102家）、文化发展（90家）、扶贫济困（84家）、家庭教育（79家）、生态环境（60家）以及科学普及、法律服务、职业发展、赈灾救援、体育健身以及青少年发展等其他项目（525家）类型，其中，获奖项目还获得了企业提供的公益创投基金支持。

（四）政治吸纳的政策工具

这类政策工具主要是通过政治吸纳、组织嵌入、荣誉激励、骨干培养等手段将青年社会组织及其领袖、骨干纳入团的工作体系的做法。2016年，《共青团中央改革方案》之后，共青团中央进行了机构调整，成立了社会联络部，专门从事青年社会组织和新兴青年群体的联络、服务和引导工作。各级团的代表大会、青年联合会、青年志愿者协会也分别成立了青年社会组织界别或新社会阶层青年界别，吸纳青年社会组织领袖或骨干加入界别，成为团代表、青联委员或志愿者协会理事等，还有一些地方成立青年社会组织联合会或新社会阶层人士联谊会等专门的组织加以吸纳，合法身份的赋予、代表权的保障不仅完成了共青团对青年社会组织的政治吸纳和组织嵌入，也使得青年社会组织有了更为畅通的表达和参与渠道，荣誉感和责任感得到激发。事实上，通过给予政治合法性身份等方式对青年社会组织进行吸纳的做法在共青团系统内已经经历了一定时间的探索。例如，共青团河北省委早在2009年就尝试通过建立“民间志愿服务联盟”和“网络志愿服务联盟”等“两盟”对于活跃于民间、基层和网络等场域的青年社会组织进行吸纳。现在回过头去看“两盟”，发现其性质更像是介于枢纽型青年社会组织和青年社会组织孵化中心之间，推动了组织规范化进程、赋予了合法性身份背书、提供了微量资源支持、协调了青年社会组织竞合关系、满足了部分活动场所需求，在当时的语境下，在无法完成正式注册的情况下，确实是起到了最大限度的获得合法性资源和拓展社会行动空间的功能，青年社会组织内部治理制度和自律机制建设也得到了一定优化，避免了恶性竞争事件的发生。[①]

共青团还在专挂兼团干部队伍建设环节，拓展了共青团对青年社会组织吸纳、嵌入和互动的方式，即兼职团干部可以“从有议事能力的先进青年典型、青年社会组织负责人、专家学者中选拔，主要在重要事项决策和推动重大工作中发挥优势和作用”。针对青年社会组织骨干等群体，团中央提出“坚持服务为先，指导和推动各级团组织做好思想引导、诉求表达、情感交流、组织吸纳等工作”，下大力气抓好“社会组织团建工作”，积极推进“青年兴趣组织建团”，并再次明确“加强联系服务引导，把青年社会组织紧密团结起来”。在这之后，各级共青团改革过程中都非常注重从有影响力的青年社会组织中选拔兼职团干部以改进团组织的工作，延伸团组织的手臂，扩大对青年的影响力。笔者在 2017 年的调研中就发现，河北省县级市任丘就从当地公益慈善类青年社会组织领袖中选拔了兼职团市委副书记，使得共青团与青年社会组织的伙伴关系更加密切，也拓展了“青年之家”建设的空间，动员了更广泛的社会和市场资源，丰富了服务青年的活动形态。此外，加强青年社会组织团建和干部培训也是方法之一。“加强对治理相对规范社会公信度高的青年社会组织的宣传推介，推动符合条件的青年社会组织中建立团的组织，将青年社会组织中的团干部纳入团干部轮训序列”；“针对兼职团干部、团属事业单位人员、青年社会组织骨干、志愿者骨干等群体，要通过参加系统培训、职业水平考试等方式，鼓励其转化为青少年事务社工”。[②]

总的来看，伴随着社会组织治理顶层设计的完善，共青团对青年社会组织整体生态系统建构谋划的加强，青年社会组织内部、外部生态系统正逐步

---

① 朱峰:《新时代青年发展政策与青年社会组织》，现代出版社 2018 年版，第 227 页。

② 团中央办公厅:《徐晓同志在 2017 年全团社会联络工作培训班上的讲话》，2017 年 03 月 20 日。

建立起来，青年社会组织生存发展的总体政策和社会环境渐趋优化。青年社会组织类型日趋多样化，青年社会组织内部治理机制逐步健全以及青年社会组织之间竞合关系的改善使得内部生态系统趋于规范、科学和合理。法律法规的健全，青年社会组织与政府、共青团、媒体、企业的关系模式的完善，使得青年社会组织生存发展的外部生态系统不断优化。在理想的青年社会组织政策工具作用下，我国青年社会组织与政府、共青团、媒体、网络、企业等正形成一个跨界协同的圈群。

四、推动青年社会组织生态建构的政策演进趋势前瞻

（一）青年社会组织生态建构的政策不足

第一，青年社会组织政策内容的整体衔接的协调配合有待增强。青年社会组织的政策资源、工作力量客观上分散于多个党政部门和群团组织，在一定时期，青年社会组织政策处于摸着石头过河的状态，呈现出了“头痛医头、脚痛医脚”的碎片化、分散化、单一化状态，许多政策举措和资源投入的总体规划缺乏，政策合力不足，出台政策缺乏从社会发展和青年发展的战略高度进行谋划，这就要求未来青年社会组织政策必须朝向整体性、前瞻性和系统性方向演进。

第二，配套性、可操作性实施细则和地方政策有待增强。关于青年社会组织发展的一些宏观性、倡导性、鼓励性政策，有待于出台一些可操作性较强的政策解释、实施细则、地方性方案和配套性政策作为支撑，进而使之深化、细化、具体化并动态调整，从而将政策精神和价值目标落地落细。很显然，不同部门、不同地方的工作力度参差不齐，尤其是直接注册登记制度这样的社会组织治理制度重大变革，常因不同地方彼此观望、相互借鉴，而使得其落实落地必然有一个有先有后、层层传导、逐步推进的过程。

第三，针对政策目标的工具运用和绩效评估尚须增强。例如，政府购买青年社会组织服务这一工具面临“提供组织发展资源”和“有效满足青年需求”两个政策目标的矛盾困境。对于初创期组织，这一工具对于实现前者效果更加显著，对于后一目标则效果并不显著。而对于运作更加规范、专业能力较强的成长成熟期组织，在实现后一目标上更为有效。此外，统一信息平台建设、信息公开的政策运用、信用和名声等兼具规制性、引导性、激励性的政策工具的针对性运用都尚显不足。这些都预示着未来我国青年社会组织治理政策新的发展方向和增长点。

（二）我国青年社会组织政策演进趋势展望

第一，联系、服务和引导青年社会组织的政策将更加规范科学，协同衔接将更加优化。可以预见，未来不同部门青年社会组织政策的衔接将更加顺畅。一种既能保证青年社会组织自主性发展空间，又能实现以合作为目标的、以共青团枢纽性功能发挥为纽带的社会建设发展领域多元协同治理关系生态将逐步建立起来。在此过程中，不断扩大共青团在青年社会组织中的影响力，使青年社会组织成为共青团联系服务青少年的重要依托，成为党领导下共青团主导的参与社会建设的积极力量。团建将成为青年社会组织发展达到一定程度后可持续发展的重要条件。无论是服务、监管还是激励，都应把塑造青年社会组织健康发展的公益慈善文化的长远目标融入其中，使青年社会组织珍视自己的使命和价值，使得公益慈善文化成为内部治理的柔性实力和全体成员的价值遵循。通过政府、学校、媒体在全社会营造和传播公益慈善文化氛围，增进青年社会组织在社会公众和地方党政领导中的知名度和美誉度，进而营造出良好的社会文化环境，使得制度与文化、他律与自律交相辉映，协同发挥作用。

第二，支持青年社会组织与基层社区黏性发展的政策体系将成为趋势。国家针对青年社会组织的政策导向在社区，青年社会组织的服务和项目落地也在社区。社区既是青年社会组织生成发育的空间，又是青年社会组织获得力量和资源的场域，也是实现自身功能与价值的场所。在完善社区治理整体格局的过程中培育社区青年社会组织，增强青年社会组织对于社区的黏性，既是社区发展的需要，也是青年社会组织壮大的路径，两者的黏性发展和协同演进意义重大。城乡社区服务类社会组织在提供社区服务、扩大居民参与、培育社区文化、促进社区和谐中具有积极作用，对社区服务类社会组织应实施分类管理、明确发展重点、加大扶持力度、促进能力提升。要将对青年社会组织的综合支持服务平台放在街道和社区，使城乡社区团组织成为青年社会组织的枢纽与核心，"通过开展青年社会组织之间分领域、分类别的对话交流，开展圆桌式议事协商，鼓励青年社会组织之间相互学习、相互监督、有序发展"，[①] 使其在基层社会主义协商民主过程中扮演重要角色。共青团正在探索的"四社联动""希望社区"本质上是青年友好型社区。目前，武汉等城市在大规模建设长江青年城等青年安居房和青年廉租房，并以此为契机推动青年主题社区建设，这些青年社区无疑将提供给"四社联动"探索、"希望社区"建设以契机和试验场。[②] 有统计显示："全国 3000 多家基金会中只有 1.5%资助过草根组织活动"，[③] 而且现有的资助也主要是对项目活动的资助，对于青年社会组织本身建设与运行的资助则非常有限。在政策支持引导下，未来一些为社区青年社会组织发挥作用提供支持的社区型青少年基金会也将建立起来。现有的社区基金会也将逐步把社区青年社会组织纳入资助范围，他们在将财政资金和社会资金等资源向社区青少年事务聚合过程中扮演更为重要的角色。共青团通过政府购买青年社会组织服务等方式设立公益性社工岗位，让青年社会组织骨干成为专职社工的做法未来也将成为时尚和潮流。

第三，政策工具组合及运用的针对性更强。不同类型、不同阶段青年社

① 康晓强：《改革开放以来共青团对青年社会组织的政策取向及启示》，《科学社会主义》2017 年第 03 期。

② 朱峰、单耀军：《以人为核心的新型城市化与新时代青年发展》，《青年发展论坛》2018 年第 04 期。

③ 王辉：《NGO 首次给资助方打分 仅 1.5%基金会资助过草根组织》，《京华时报》2013 年 11 月 11 日。

会组织其生成发展逻辑不同，需要针对性、精细化、差异化地选取采用培育发展政策工具，以最大限度发挥关键杠杆的牵引和撬动作用。这就要求青年社会组织孵化器和平台型社会组织建设升级为青年社会组织的综合性服务支持平台和专业化服务机构，建立起来针对初创期、成长期和成熟期等不同发展阶段青年社会组织的全程专业化扶持体系。健全公益创投运行机制，推动塑造品牌项目，加强专业提升，链接更多社会资源，实现更广泛的资源汲取能力。青年社会组织与互联网耦合发展之势将持续，基于移动互联、大数据、云计算、人工智能、直播等新技术的集合组织运行、信息公开、形象展示、项目推介、资源对接、人才吸引、协同管理、各方监督、绩效评估等于一体的有效服务青年社会组织信息公开和服务监管平台将加快建立。

当然，从发展的眼光看，上文所提到的高校学生社团治理与城乡青年社会组织治理具有互通性、衔接性。未来中间阶层将成为国家的中坚力量，而高校毕业生无疑是这一群体的最重要来源。青年时期习得的组织技能和理念往往可以伴随一生，成为一代人的重要群体特征的重要内容。[①] 高校学生在校主要参与高校学生社团的活动，而近年来城乡青年社会组织参与者中，高校学生也逐渐占到一定比例，学生会根据体验对学生社团与城乡社会组织治理政策及效果进行比较；当学生毕业通过“三支一扶”、公务员、选调生、大学生村官等渠道成为城乡基层社区管理者和服务者的时候，也会将校园时代的知识、体验、经验带入工作实践，带向基层社区，带到直接或间接的青年社会组织治理实践，对于未来社会的再组织化影响巨大而又深远。因此，在青年社会组织政策整体性变革的背景下，也应从全方位青年发展的视角审视学生社团发展问题。[②]

“青年是开风气之先的力量”。青年社会组织的发展是青年投身公益创业、

① 陈光金主编：《中国青年发展报告：社会融入与社会参与》，社会科学文献出版社 2018 年版，第 16 页。

② 李丁：《共青团组织推动高校学生社团发展与治理的历程研究》，《青年研究》2017 年第 05 期。

参与社会建设、展现“担当民族复兴大任时代新人”面貌的载体和缩影。从新时代我国深化改革过程中“国家—社会—市场”关系演进的趋势看，青年社会组织必将在从社区群众服务到协商民主实践，从传承传播中华优秀传统文化到“一带一路”建设的广阔天地中发挥自身的独特作用。青年社会组织政策的演进也必然是遵循渐进主义路径，经历一个螺旋上升完善的过程，前景光明，但也不能完全避免困难曲折，从这个意义上说，“共青团需要向党寻求的就不仅仅是工作性、利益性政策了，而应该是在此基础上寻求政党在政治上予以支持的保护性和激励性政策”。①

① 郑长忠:《走向政党主导的多元合作：中国公民社会的生成逻辑》,《中国青年研究》2010 年第 08 期。

第十章 "新一线城市"青年友好型城市政策创新

城市象征着美好生活。"人们为了生活来到城邦，为了更好的生活留在城邦"。城市作为增长的机器、发展的引擎、繁荣的基地和创新的中心，不仅创造新的生产力与生产方式，还创造新的生产关系和生活方式。"城市是人们聚会、交流思想、购物，或者简单放松和享受自我的场所"，"所谓理想的城市，不过是理想生活的另一种表达方式"。① 青年人口带着对美好生活的向往在流动中向城市聚集，推动了城市化的进程，城市化主要是青年人口的城市化。青年是新市民的主体，城市的包容性与宜居性在一定程度上体现为对作为新市民的青年人口的吸引、凝聚和承载，为青年的人生出彩提供舞台。而青年的"未来""希望""生力军"角色也体现为通过就业创业、社会参与等知识溢出活动推动城市经济社会的发展进步。近年来，新一线城市积极推进青年友好型城市政策创新，探索城市与以青年为代表的新城市人口的良性互动之道，构成了新时代我国城市青年政策发展演进的重要观察样本。

① 徐良:《人性化的设计让城市空间更有活力》,《城市建设理论研究》(电子版)2015 年第 29 期。

一、城市文明与青年发展互动的理论逻辑

（一）城市吸引与承载青年集聚的机理

青年是战略力量，人才是第一资源，2016年我国高等教育毛入学率已经达到了42.7%，2017年高校毕业生规模达到了795万，青年已经成为了受教育程度最高的社会群体。能否充分吸引吸纳青年人口择业择居成为了考察城市魅力、活力和竞争力的重要分析维度。城市对于具有较高知识技能水平的青年之凝聚力和吸引力，是城市可持续发展的最深厚持久的战略潜能，城市从青年的集聚中能够获得战略性资源优势，进而有助于在城市竞争中脱颖而出。

第一，产业集聚所带来的高收入机会是城市吸纳青年的基本动因。聚集经济是一种通过规模经济和范围经济的实现来提高效率和降低成本的系统力量，表现为与专业化经济相联系的“规模经济利益”和与多样化经济相关的“范围经济利益”两个方面。对于城市而言，产业和人口是能够形成规模效应的两个关键因素，城市化进程也主要表现为产业的集群和人口的集聚。新发展理念指导下的新型城市化进程必然要更多依靠创新驱动，创新的动力在于产业，产业的集聚可以形成产业集群的规模效应，从而带动更多发展要素和创新要素的聚集。而产业结构的进一步发展、升级和优化有赖于先进生产要素和优秀人力资源的集聚。一个城市的产业就好比这个城市擅长的领域，犹如一种磁场把有着相同追求、不同特性的人吸引在一起，这也是城市之于人类尤其是青年的魅力所在。在区域要素边际收益差异和自我价值实现诉求等因素的引致和驱动下，青年人才资源会通过不断流动在某一区域或行业内形成聚集，并自然带来技术投资和就业岗位等经济增长因素。集聚所形成的人才效应具有显著的外部性，人才知识的外部溢出无疑又将形成在特定城市空

间内的聚合裂变，活跃生产要素，产生巨大能量，形成创新驱动的原动力。尤其是IT、大数据、人工智能等新兴产业绝大多数都产生于大城市，这些知识和创新密集型的产业以其更优厚的收入水平吸引凝聚着青年人才，成为了青年占据绝对优势的行业领域。北京团市委调研发现：北京的中关村及朝阳区就集聚了"小编""码农"等网络及新媒体从业青年61.9万人，在通州宋庄、朝阳798艺术区、怀柔中影基地等地聚集了美创、音乐、舞蹈、戏曲、影视等创作的"流动艺术青年"8.4万人，这非常直观地展现出城市、产业与青年之间的关系。[①] 集聚对于青年发展的意义亦是非凡、鲜活和具体的：集聚提供了密集和流动的人才市场，将人才与工作以及工作与人才相匹配，帮助青年找到适合自己、与自己技能和偏好相匹配的较高收入之就业岗位；集聚造就了婚恋择偶市场，帮助青年找到自己的生活伴侣；集聚带来了由优质公共资源和城市环境带来的较高质量之生活条件与生活方式，并形成广泛示范效应；集聚提供了能够激发人类创意和将这种创意转化成经济价值的生态体系。优先聚集具有优秀教育背景和较高收入水平的高知识、高技术、高技能青年人才，还会形成对低技能人力资源的需求，如家政、餐饮、物流等，从而形成城市整体人力资源市场的规模效应和连锁效应。

第二，完善的基础设施、优质的公共服务和宽容的社会环境是城市承载青年的关键因素。城市之所以能够吸引青年不断涌入，源自于其作为"优质公共服务资源集聚地"的地理空间，能够提高人类的生活品质，为人类提供更为优质、配套、便捷的人性化、多元化、丰富的公共服务。从城市公共服务供给中获益最大、对个人生活影响最深的是那些较为弱势的群体，对于这些人的公共服务供给的不足或不公平将使得其生活需求得不到满足，导致个人上升空间变得狭窄，最终影响其对自身社会地位和城市治理能力的判断。从这个意义上说，青年对于城市公共服务的感知以及自身城市生活的感知，是测度衡量城市治理能力的一个极为关键的指标。从更广阔的社会文化意义

① 共青团北京市委编：《北京青年社会结构变化与共青团工作改革》，社会科学文献出版社2016年版，第2—7页。

上来看，城市若想吸引青年，还必须具有一定的软实力和价值观，诸如绿色、安全、公正、魅力、和谐、幸福等都应当成为城市发展的重要战略和核心价值。新加坡就曾经将城市建设分为硬件、软件和心件，其中心件就是指城市的人文关怀与幸福感建设，“真正让城市宜居，且让软硬件发挥功效的，是城市的‘心’件，这是终极的软件，使得我们内部强大并且创造了一个建设更美好城市的共同目标”。青年有其独特的群体特质、生活方式和价值观念，喜欢选择具有包容力、多样性、开放性、自我存在感等一系列特质的地区聚集。对于城市而言想方设法打造这样一种环境，吸引富有创意思维和创新精神的青年人才成为政策规划成败之关键因素。“地区文化熔炉指数与高科技指数呈正相关关系”，“宽容的社会文化环境是青年人才区域聚集的主要影响因子，也是创造知识经济和高技术产业发展所需要的交流环境的必要条件”，[①] 宽容程度、公民参与、文化体验等都是城市软实力的体现，是吸引青年技术人才和创意工作者在特定城市聚集的社会文化因素。美国学者理查德·佛罗里达深刻洞悉着 21 世纪城市所发生的变化，他认为新的时代城市的崛起更加依赖于新经济，而新经济则又依赖于创意工作者，未来的世界是争夺创意人才的竞争，唯有吸引创意阶层前去工作和生活的地方才能获得经济成功。在理查德·佛罗里达看来，创意人才既包括从事科学和工程学、建筑与设计、教育、艺术、音乐和娱乐的人们，也包括商业、金融、法律、保健以及相关领域的创意专业人才，他们的使命正是创造新观念、新技术、新的创意内容。合意的创意社会必须符合 3T 标准，即技术（Technology）、人才（Talent）和宽容（Tolerance），“宽容吸引人才，人才创造科技”，也就是说这个城市必须具有强大的技术基础，具备吸引和留住人才的魅力，具有对多样性的宽容，以吸引集聚各式各样的人，“对于城市和地区而言，如果想要在未来经济中占有一席之地，就必须提前进行自我塑造，这种塑造主要是由那些年轻和富有想象力的人来推动的……今天是一个创造力和想象力尽情挥洒的时代，这个时代

① ［美］理查德·佛罗里达：《创意阶层的崛起》，司徒爱勤译，中信出版社 2010 年版，第 1—7 页。

需要崭新的以技术、人才和宽容度为重心的经济文化”。[①]

（二）青年贡献城市发展之逻辑

第一，青年人才通过集聚效应贡献城市发展。青年与时代是互相成就的。青年人口向城市的大规模流动，极大地推动了城市化进程，成为了城镇化、工业化、现代化、信息化进程的先锋队和生力军，为经济社会发展开发出了可观的人口红利，使得城市成为了人类发展进步的重要动力源泉。经济增长、产业结构转换、要素集聚是影响中国城市化水平的三个重要因素，是人口流动促进城市水平提高的重要传导渠道。人是生产要素中最核心、最活跃的要素，发展所需的各种要素都要靠人去掌握、去应用、去创造，城市和区域发展的真正驱动因素是人才集聚带来的生产力的提高，人才聚集具有实现自我价值、产生聚集效应和使聚集地区先行发展的作用，有利于增强集群的竞争能力和塑造竞争优势、有利于集群技术创新、有利于集群区域社会化协作及专业化生产，形成产业技术链接，使人才的聚集效应得到发挥。印度总理莫迪就曾放言：“我相信21世纪一定是印度的世纪”，“我对印度如此有信心是因为我们是一个如此年轻的国家，我们65%的人口都在35岁以下。一个有着8亿年轻人的国家有什么奇迹不能创造？”[②]聚集青年人口在合意的条件下可以通过知识溢出效应、集体学习效应、空间效应、创新效应、时间效应、规模效应、信息共享效应、激励效应等产生经济外部性，形塑和强化创新性社会资本，也将能形成对产业和市场主体的吸引力，形塑城市区位优势。[③]“城市容纳了各色的人群、多样的职业、多元的观念和丰富的想象，这就使得城市成为了创新创造的摇篮和观念激荡的地方，不断孕育和喷发着创新性知识，是野心和雄心激荡、到处创业的地方”。通过多种平台如学校、工厂以及互联

① ［美］理查德·佛罗里达：《创意阶层的崛起》，司徒爱勤译，中信出版社2010年版，第1—7页。

② 王辉耀、苗绿：《人才战争2.0》，东方出版社2018年版，第84页。

③ 牛冲槐等：《科技型人才聚集下的知识溢出效应研究》，《管理学报》2010年第01期。

网等形式的聚集，原先分散的“年轻人”得以相互交流、相互启发，甚至相互冲突，原本各异的思想情感、价值观念激荡在一起，以裂变的态势逐步融合形成为众多成员普遍接受和内化的新思想情感、价值观念，“青年”作为一个新社会阶层由此形成，并作用于经济社会发展。[①]江西省为支持共青团城市发展，鼓励全省独立学院入驻该市办学，正是借助青年的聚集效应助推城市先导区建设，进而形成城市的“教育高地”“人才高地”“创业高地”的探索实践。而另一项统计显示：西安市的高校生数量在2015年以来高于南京和成都，但其GDP却只有7000亿元，被这两个过万亿元的城市甩在了后头，其原因也正是在于青年人才的大量流失。

第二，知识溢出效应是青年人才聚集效应特征之一。知识具有区别于其他生产要素的特征，知识在被吸引和应用的基础上，可以再生产，形成增值性。人才既是知识溢出的主体，又是知识接受、吸收的主体，知识溢出效应对于增强人才的知识积累，实现知识的转化、传播、共享和创新，加速经济增长，提升科技竞争力，具有积极的推动作用。从微观层面看，在人才集聚的条件下，知识外部溢出的作用机制表现为：知识拥有者通过一定的形式、渠道、方法、手段对知识接受者所形成的明示、暗示、启发、示范和带动作用；知识接受者向知识拥有者的学习、模仿效应；接受者和拥有者相互之间的竞争、交易、交流效应。随着技术进步带来的时空压缩、边界淡化，显性知识通过媒体、网络、合作、交易、会议等方式溢出的具体形式越来越多。“隐性知识中的缄默知识、在传播中不易留下痕迹的知识以及受高度语境限制和不确定的知识，更适合通过不断重复的接触和面对面交流来传播”。[②]同时，知识溢出又是一个多级溢出、聚集裂变的过程，城市青年人才聚集效应取决于人才聚集程度和知识溢出效应程度，知识被越多的人使用，有助于知识溢出的城市政策和城市环境越完备，这种增值性就越明显。青年面对面交流的

① 刘宏森：《青年研究：在关注现实和梳理历史中提升》，《社会科学报》2018年03月01日。

② 牛冲槐等：《科技型人才聚集下的知识溢出效应研究》，《管理学报》2010年第01期。

机会会大大增加，不仅可以形成向周围优秀人学习的“人力资本外部性效应”和专业业务自我学习积累的“干中学效应”，进而缩短知识传播的距离，加快知识特别是隐性知识的渗透、扩散。甚至于低教育程度的青年也可以在人才聚集的城市中享受到知识、技能、信息带来的正向外部性，诸如语言表达、待人接物、生活习惯、思维方式等都可以在聚集的条件下增长见识或获得经验。

二、传统城市化道路与青年发展之困

（一）青年的弱势性需要特殊政策关照

我国的城市化进程主要是青年人口的城市化进程。我国每年大约有千万人进入城市就业，这些新市民主要由各级各类学校毕业生、城—城流动人口和从农业农村转移出来的新生代农民工构成。2016 年，我国流动人口总数达到了 2.45 亿，流动人口平均年龄约为 29.8 岁，其中 14—35 岁青年约占 51%。在 16—59 岁的劳动年龄流动人口中，“80 后”流动人口比重由 2011 年的不足 50% 升至 2016 年的 56.5%，“90 后”流动人口的比重由 2013 年的 14.5% 升至 2016 年的 18.7%。相较于年长的一辈而言，青年人的教育程度更高，思想观念更为灵活，向上精力更为旺盛，创新创造更为活跃。随着代际更迭，农村青年的城市流动由频繁的“钟摆流动”“外出务工，返乡养老”向在城市稳定生活、稳定工作以及“扎根城市、融入城市”转变。近年来，我国每年毕业的大学生数量也在逐年增长，近年来更是达到每年七八百万的规模，他们大多也选择在城市就业。人口大规模城市化意味着公共服务需求的增加，而需求又是分层次和多元化的，这就要求既应该充分考虑和包容工作、学习、生活在其中市民的普遍性需求，也要对不同生命周期阶段的特殊需求给予充分回应和现实关照。青年期是从对依赖家庭的少年儿童向成年人过渡的生命周期阶段，面临着全面实现和承担成年人社会角色的社会化挑战。青年对于城市公共服务需求既有普遍性的需求，也有生命周期所特有的阶段性、特殊性、广泛性的需求。普遍性需求就是各个年龄群体都普遍具有的诸如对于医疗健康、子女教育、文化设施、体育设施、便捷交通、公园绿地、社区服务、社会保障等公共服务设施的需求，对于物流配送、便民超市、银行网点、诊所药店等社区便民生活服务圈的需求等。而特殊性需求就是基于特定生命阶段特质所形成的特殊社会需求。青年时期作为人生过渡阶段，其特殊性需求就包括了恋爱、婚姻、生育、家庭发展、就业、创业、社会融入与社会参与等在生存与发展、物质条件与精神心理、物理空间与社会文化等多维度多层面的需求。青年群体内部也存在一定的异质性：按技能学历层次可以分为新生代农民工、技能青年、专技青年、本专科生、博士硕士研究生、高层次青年人才等；按经济条件可分为家庭经济条件较好的青年以及中等或较差经济条件家庭的青年，其具体需求也存在一定差异，这些地方性、分众化的需求就要求城市的治理必须准确识别和精细回应。全面成长中所形成的向上向外张力，使得青年群体扮演先锋作用，成为经济社会发展的生力军和主力军。但青年群体掌控的资源有限，又属于弱势群体，存在制度性和结构性排斥的城市环境会阻碍其城市融入，加剧这种弱势性。“一个公平正义的社会和经济资源分配必定是以最弱者利益最大化为准则”。从公平正义和可持续性的城市发展伦理视角看，必须树立起青年优先发展的理念和价值观，将青年的利益纳入城市发展与城市规划体系之中，在经济社会发展成果分配过程中给予青年优先权并使之最大化，尤其是把青年的福利性发展放在重要位置，以满足青年的基本生存和发展需要。而这些是以人为核心的正义城市的起点，是可持续发展的核心和基础，也是“青年友好型城市”建设的基本维度。[①]

① 陆士桢、徐选国：《世界城市与青年发展战略思考》，《北京青年政治学院学报》2011年第03期。

（二）“城市病”积重成疾

然而，过去在经济优先、市场导向和现代主义的影响下，传统城市化道路崇尚GDP至上的价值观，过分看重“物”，盲目追求城市经济繁荣和发展效率，忽视了人的发展与需求，尤其是普通公众的需求。“重增长、轻人力资本和公共服务”导致在产业和经济快速发展的同时，医疗、卫生、教育、住房、环境等基础设施、公共服务以及城市理念没能同步发展，保障条件设置又使得青年成为“高不成低不就”的“夹心层”，城市经济社会发展成果没有完全同步惠及普通青年，“城市病”带给在城市中打拼的青年沉重压力，由此引致的阶层分化和资源错配导致的制度性排斥产生了极强外部性效果，产生了多方面的不公平感和被剥夺感，普通青年没有普遍的获得感，城市承载力的桎梏与青年发展需求之间形成了激烈的冲突，也使整个社会的价值观发生了畸形。一是住房问题。城市尤其是一线城市房价上涨幅度已经远远超出了正常范围，其对城市新增人口和弱势群体的排斥最为明显，超出了普通青年及家庭的承受能力，带给在城市中打拼的青年沉重压力，而公共租赁住房供给不足及城市住房保障的条件设置又使得青年成为了“高不成低不就”的“夹心层”，形成了由住房引致的阶层分化、要素价值扭曲和社会资源错配。二是户籍问题。“户籍”缺失意味着一个人市民身份的不完整，无法全面享受市民的教育、医疗、就业、社会保障等各项城市权利。2016年，我国常住人口城镇化率达到了57.4%，但户籍人口城镇化率仅为41.2%，这中间有16.2%的差距，说明我国城镇化水平和质量不高，大量生活在城市中的人口无法在城市中落户。三是空间困境。商业和房地产开发如火如荼，而公共空间、步行活动和作为城市居民聚会场所的城市空间被放在非常次要的位置上，甚至被忽略，城市的互动关系和公共空间则被日益孤立、封闭自守、拥挤密集的商品房开发取代。四是应对失策。近年来，一些城市对于人口增长估计不足而没有采取相应的应对之策，并未在城市治理的技术和管理上实现革新。[①]

（三）社会排斥与价值观风险

青年生活工作在城市，若因制度的、经济的、空间的、环境的、文化的壁垒，其正当城市权利与社会保障若遭遇结构性的拒绝，那么，住房、户籍、就业、结婚、生育、家庭、养老加之城市交通、环境、医疗等等都将带给青年重重压力，这些犹如高筑起的一座座大山阻碍青年在城市中融入，使其不能成为完整意义上的城市人。这种边缘化的外部性波及青年的恋爱婚姻、就业创业等多个方面，对于青年的更好成长、更快发展形成了诸多负面影响。从空巢青年、佛系青年到中年少女、“90后”中年危机，叹老族们暮气沉沉，秃顶、油腻、枸杞子、保温杯成了标配。青年们过早的“老”去，不仅使得自身无法得到充分、全面、均衡和可持续发展，也抑制了城市发展的活力和潜质，弱化了城市发展的永续性和宜居性。青年无法在城市安家，奋斗的价值被房价和户口所消解，知识和劳动的价值被房价和户口碾压得粉碎，梦想和奋斗在固化的利益结构之中如此苍白无力。在这样的城市结构中，整个社会的价值观发生了畸形，“奋斗不如炒房”消解了青年向上的斗志，在存在制度性和结构性的压制之下，青年的“生力军”和“主力军”角色无法由理想、抽象的概念照进现实、变得具体。尤其是家庭资源不足的普通家庭、贫困家庭的青年，在城市融入过程中面临风险更为严峻。更为严重的是这种长期错配的要素价值破坏的是一个正义社会、一个创新社会的核心价值观和基本规则秩序，使得青年对于知识的价值，对于奋斗的力量产生怀疑，其负面外部性不容忽视。“能否为这座城市出身于不同家庭的年轻一辈提供公平发展的机会，让他们在各自的天地中尽力施展，这将是城市发展后劲的决定性因素”。[②]

① 杨露：《人口自由流动，来自大城生长的呼唤》，《南风窗》2018年第05期。
② 张东明：《都市新一代寻梦新一天》，《南方日报》2014年06月12日。

（四）洄游青年两难选择

城市压力使得“逃离北上广”一度成为潮流，广州市穗港澳青少年研究所发布的《2017年广州市青年发展报告》显示：2015年广州青年人口总量504.7万，相较于2010年的552万减少近47.44万人。究其原因，除了低生育率、少子化趋势等因素之外，城市各项压力导致的青年流动人口减少，尤其是省外人口流入趋缓也是重要原因。然而，逃往三四线城市却也并不如意。这些地方虽然生活成本低，生活压力小，但是无论公共服务水平还是产业发育程度都还有很大不足，吸引就业能力和集聚能力较低，就业岗位稀有、生活方式单调、关系规则繁多、裙带联系复杂、治理效能低下，都带给青年无限苦恼。学者王辉耀就曾研究发现：中国规模庞大的大学生以及海外留学生是天然的青年创意人才储备库，吸引他们为创意产业服务是极大的创意资源，“但由于长期以来的制度性壁垒（如户籍）阻碍了人才的流动，许多创意人才被制约不能成功流动到适宜创意产生的地区聚集，创新的思维得不到碰撞，阻碍了创意经济发展。今天有许多青年人才离开‘北上广’，去一些可能并不能激发创意的地方，仅仅是因为户籍、房价”。[①] 因此，这些年来，“逃离北上广”与“逃回北上广”两股潮流的此起彼伏、循环往复都反映出北漂、沪漂、穗漂面对超大城市和特大城市时的喜怒哀乐以及“想说爱你不容易”的迷茫纠结。“城市病”凸显下的青年困局，彰显了对充满活力的、安全的、可持续的、健康的美好城市品质的一种明确、强烈渴望和追求，召唤以人为本、体现对人的尊重和人文关怀的新型城市化道路。这种指向人群的分离、分裂、对立、冲突，在社会共存意义上不可持续的城市，不平等的、排斥的城市，向着包容的城市和所有人和谐共处的城市愿景的努力，就成了顺理成章的方向。

因此，通过青年政策的整体性、连贯性、衔接性和创新性建设以弥补青

① ［美］理查德·佛罗里达：《创意阶层的崛起》，司徒爱勤译，中信出版社2010年版，第1—7页。

年发展中的政府失灵和市场失灵，实现城市青年事务治理体系和治理能力现代化，就成了新型城市化进程中无法回避的重要一环。

三、“新一线城市”探索青年友好型城市理论与现实逻辑

包容性城市发展是以人为核心的城市化，它倡导“共享、参与和融合”的理念与价值观，以实现对人，尤其是弱势群体的经济、政治、社会、文化和空间在内的全方位包容，青年作为从少年儿童向成年人过渡人生转型的社会群体，面临全面社会化的风险和挑战，尤其具有某种特殊“脆弱性”。十八大以来，国家大力推动以人为核心的新型城市化顶层设计，中央城镇化工作会议和城市工作会议先后召开，《关于深入推进新型城镇化建设的若干意见》和《住房租赁和销售管理条例》陆续颁布，我国大力推进以人的城镇化为核心的新型城镇化道路，并在户籍、居住证、住房租赁、共有产权住房、基本公共服务全覆盖、农业转移人口市民化等多个方面密集推出了系列新政策，以期实现提高城市的可持续发展能力，增强城市经济、基础设施、公共服务和资源环境对人口的承载能力，有效预防和治理“城市病”，建设和谐宜居、富有特色、充满活力的现代城市，其核心正是在于聚焦“人”，尊重人的权利，尊重自然人的选择，关注于如何让人在城市中的生活更方便、更舒适、更美好。顶层政策设计的完善为城市青年政策创新提供了合法性支持和制度性空间，对青年友好型城市政策的探索也进一步加快。在产业转移过程以及新经济机会的牵引下，经济发展速度更快，对劳动力的需求进一步提高，面对新时代经济社会发展新态势，面临人口红利消退以及一线城市向外疏解功能的人口发展变化新形势，通过对城市发展道路进行顶层设计谋划和实施普惠性青年人才新政为突破口，以破解严重的“城市病”，成为了我国以新一线城市为代表的一批明智城市政府打造城市发展新战略优势的切入点。陆续有

一大批一线城市、新一线城市、二三线城市等加入了抢夺青年的大军，广州、北京、深圳、上海等一线城市也发布了“租购同权”“共享产权”住房政策或积分落户政策等新政措施，截至2018年年初，已经有二十多个城市加入了“抢人”行列。

“新一线城市”是2013年《第一财经周刊》提出的概念，其基于品牌商业数据、互联网企业用户行为轨迹数据和数据机构城市大数据，运用商业资源集聚度（测度城市与商业的关系）、城市枢纽性（测度城市与城市的连接）、城市人活跃度（测度市民在城市中的生活轨迹）、生活方式多样性（测度城市提供给人们的选择多元性）和未来可塑性（测度城市对人才尤其是青年的吸引力以及未来发展潜质）五个方面近百个基础数据指标，对全国三百余个地级以上城市进行评估，除“北上广深”之外取前15位为新一线城市。每年入围名单均有一定变化，2017年，共有成都、杭州、武汉、重庆、南京、天津、苏州、西安、长沙、沈阳、青岛、郑州、大连、东莞、宁波15个城市入围。“新一线城市”的“新”在很大程度能够反映出城市发展和青年发展互动关系的丰富信息，包括城市对于青年的吸引力、凝聚力、承载力，以及城市青年就业、消费、休闲、表达、社交、交通行为活跃程度等。“城市人活跃度”就是考察作为城市活力主体的城市人的生活、工作、消费、思考、出行、娱乐、上网等行为轨迹，以此来判断城市时刻的变化及年轻人的集聚情况。例如外卖、网购、海淘、视频浏览、移动支付、手机使用等都是城市青年日常生活脉络中习以为常的消费行为轨迹。智联招聘简历完成度、知乎活跃用户数、滴滴出行活跃度、城市夜间活跃度等也都反映出年轻人的面貌及其与城市的互动情况。“未来可塑性”则是从未来发展潜质和可持续性来考察城市成长和可塑的空间问题，资源聚集和生活多样是城市不断吸引青年涌入和留下的最大优势，优质高校数量、简历投递数、海归人员落脚数等反映出人才储备及吸引力；城市由于资源和人才的聚集创设了合作的可能场景、创造了知识，实现了有效率的信息和创意的交流，是合意的创业场所。[①]可见，“城市对青年是否友好、青年对城市能否有为”成为城市晋级“新一线”的重要因素。

“新一线城市”普遍具有这样的特点：大多为直辖市、省会城市、区域中心城市，经济发展、文教资源、社会发育、基础设施、交通条件优良。在经历了一定时间的承接产业转移以及推动产业升级之后，城市综合实力有了较大跃升，进一步经济发展由对廉价劳动力的依赖转向对知识和技术的依靠，原有人力资本结构已经不能够满足城市进一步发展需求，具有吸纳青年为主的优质人力资源的强劲动力。例如，武汉自2016年起GDP已经上万亿，到2017年更是达到了1.34万亿元，商事主体不断增加，创造了大量就业岗位。《中国就业市场景气报告》显示：2017年第四季度一线城市在线招聘职位数同比负增长6%，而新一线城市在线职位数上涨51%。聚集青年人口在合意的条件下可以通过知识溢出效应、集体学习效应、空间效应、创新效应、时间效应、规模效应、信息共享效应、激励效应等产生经济性效应，使得创新性、增值性、继承性、发散性、合作性的公共产品属性的知识在全社会扩散，形塑和强化创新性社会的社会资本，也将能形成对产业和市场主体的吸引力，形塑城市区位优势，不断汇聚融合资金流、信息流、科技流、创意流、物质流等要素禀赋，“有利于增强集群的竞争能力和塑造竞争优势，有利于集群技术创新，有利于集群区域社会化协作及专业化生产，形成产业技术连接”。[②]

青年友好型城市是指城市政府基于青年优先发展和积极发展的理念，在城市规划设计、制度结构、专业共识、政策实践、资源配置等诸方面，以及大城市、中等城市、小城市乃至社区多层面的公共事务中都能关注青年福祉、给予青年发展以优先权，注重将青年的需求纳入公共决策和城市规划之中的城市公共政策框架。事实上，我国地方层面对于青年发展型城市政策的创新探索已有多年。最早提出青年友好型城市的正是老牌一线城市——上海。

① 沈从乐等：《什么样的城市才是最好的城市：2017中国城市商业魅力排行榜》，《第一财经周刊》2017年第20期。

② 牛冲槐等：《科技型人才聚集下的知识溢出效应研究》，《管理学报》2010年第01期。

2010年上海承办世博会，“城市发展与人类发展”成为热门话题，“海宝一代”特别论坛上，近两百位“鸟巢一代”“海宝一代”“骄阳一代”的青年志愿者联合发布《海宝宣言》倡导建设青年友好型城市，号召青年们通过参与志愿服务活动、弘扬志愿服务精神以实现“城市承载青年梦想，青年引领城市未来”的美好愿景。2016年年底，南通市确立了建设青年和人才友好型城市的战略，提出了建设10个左右青年和人才友好型示范小镇（园区）的发展目标，并从优质的政务环境、就业创业发展空间和服务、功能完备的青年社区、生态环境友好等方面对于青年和人才友好型小镇（园区）进行了系统谋划，其海门科技园率先建成并进一步提出了“青年和人才友好型示范小镇评价指数”。深圳自改革开放以来一直是全国最年轻的城市，2017年深圳常住人口平均年龄32.5岁。数量可观的年轻人口构成了深圳城市竞争力的最大优势，是深圳引领改革开放潮流的最关键因素。2017年，借助于《中长期青年发展规划》出台契机，深圳市意识到“城市要发展，青年首先要发展”，提出编制《深圳市中长期青年发展规划暨“青年发展型城市”建设规划》，大力推进青年友好型城市建设。

2016—2017年，以武汉提出打造“大学之城、青年之城、梦想之城、创新之城”，争创“大学生最友好城市，再赢第二次人口红利”为标志，“新一线城市”围绕产业结构调整、科学技术进步、人口结构转型的目标，竞相推出更加密集、更为全面、力度空前的青年友好型城市政策措施争抢青年资源。这些政策被媒体称作“新一线城市”人才新政，但这些政策措施不仅面向高层次人才和青年精英，也在很大程度上覆盖了大中专毕业生、创业青年、专业技术人员、职业技能人员等更为广泛的青年群体，具有一定的普惠性青年发展政策特质，因此，这些政策亦可称为“青年政策创新”或“青年新政”。统计显示，自2016年至2018年年初，几乎全部15个新一线城市都不同程度出台了以吸引青年为目标的政策措施，其中武汉、西安、南京、长沙等多个城市明确提出了5年吸引百万青年人才就业创业的目标。这些新政不仅采取了多元丰富的政策工具包，也涵盖了住房援助、空间友好、户籍制度、就业保护、创业促进、政务服务等诸多方面。

表 10–1 部分新一线城市主要青年新政一览表

城市	青年新政	主要政策文件
武汉	百万大学生留汉就业创业（留汉九条）	《关于支持百万大学生留汉创业就业的若干政策措施》及《关于进一步鼓励高校毕业生在汉创新创业的意见》《关于加强大学毕业生安居保障的实施意见》《关于进一步放宽留汉大学毕业生落户试行政策》《武汉市大学毕业生在汉工作指导性最低年薪标准》等实施细则
长沙	长沙人才新政22条	《长沙市建设创新创业人才高地的若干措施》及《长沙市青年人才筑梦工程实施细则》《长沙市高校毕业生落户实施计划》20余个实施细则
成都	蓉漂计划，人才新政 12 条	《成都实施人才优先发展战略行动计划》以及《关于明确青年人才驿站运营机制的通知》等配套实施办法
西安	23 条人才新政，百万大学生留西安就业创业 5 年行动计划	《西安市深化人才发展体制机制改革打造“一带一路”人才高地若干政策措施》及《西安市人民政府办公厅关于进一步鼓励吸引高校毕业生在西安就业创业的意见》《“创业西安”行动计划（2017—2021 年）》《百万大学生留西安就业创业 5 年行动计划》《西安市推进“5552”众创载体建设实施方案》等
郑州	智汇郑州人才工程 1+N	《关于实施“智汇郑州”人才工程加快推进国家中心城市建设的意见》以及《郑州市青年人才储备计划实施细则（暂行）》《郑州市人才落户政策实施办法（暂行）》等配套实施细
南京	宁聚计划	《南京市人才安居办法（试行）》《关于进一步加强人才安居工作的实施意见》《关于大学本科及以上学历人才和技术技能人才来宁落户的实施办法（试行）》
杭州	人才新政27条，若干意见 22 条	《关于杭州市高层次人才、创新创业人才及团队引进培养工作的若干意见》《关于深化人才发展体制机制改革完善人才新政的若干意见》等

四、“新一线城市”的城市青年政策创新

（一）住房援助政策

“有恒产者有恒心”，“住有所居”作为青年城市生活的基本需求，关乎青年就业、创业、婚恋、成家、生育、参与、融入等后续社会化使命的实现。

党的十九大明确提出“要坚持房子是用来住的、不是用来炒的定位，加快建立多主体供给、多渠道保障、租购并举的住房制度”，因此，针对青年住房痛点，新一线城市根据本地实际情况出台了面向不同青年群体的多元住房援助政策体系，以帮助青年获得可负担的“适宜住房”，其中尤以武汉为代表，该市依托较为完备的城市住房保障体系，发展出了激励型、包容型、项目型、金融型、科技型和非政府型等多种类型的工具，在青年住房援助政策领域走在前列。

第一，筹集青年住房，鼓励更多资源投入青年保障性住房供应。针对政府产权和私人产权的住房分别采取了建设、配建、改建、购买、租赁、购买社会服务、引导社会投资、盘活转化存量公租房、吸纳限制商品房、鼓励社会和市场供应、鼓励用人单位自建、与村集体经济组织合作等多元工具和制度建设，激励企事业单位、社区（村集体）、开发商、房屋租赁企业、国家政策性银行、商业银行、金融机构等异质性主体参与扩大青年保障性房屋供给，并提供青年安居房、租赁房、共有产权房多种选择。武汉市在建设大学生房屋保障体系方面较为全面，该市计划五年内在地铁站点或沿线、工业园区、科创园区等交通便捷的宜居宜业宜创区位，新建、配建、改建、盘活250万平方米青年大学生保障房。考虑到青年群体内部对于是否拥有购房的能力或意愿等具体需求以及青年在毕业后过渡期的实际，保障房注重“住有所居”与“居者有其屋”、“租”与“售”的平衡，包括85万平方米以60平米小户型为主的安居房和165万平方米以20平方米为主的小户型租赁房，总计可容纳10万—20万青年居住，约占百万大学生留汉目标人数的10%—20%，租售比例约为1∶2，这与武汉外来青年比重较大的实际相适应。宁波、杭州、成都以及深圳则启动了覆盖市区和郊区的青年人才驿站服务，以降低毕业生的求职创业初期成本。青年人才驿站借鉴了青年旅社的运行机制和原理设计了开放式的居室和公共空间，为前来本地求职毕业生提供短期临时住宿、就业求职咨询、信息服务、生活服务、人才交流、城市融入、创业孵化等普惠性、综合性服务。

第二，从降低保障房开发成本和降低青年租购成本两个方向着力降低房价。一方面通过税收优惠、土地出让金分期、减少行政事业性收费、中长期优惠贷款利率等降低保障房开发建设的制度性交易成本和开发建设成本，以鼓励压缩利润，降低租金和房价。通过拓展保障房外围配套服务的市场运营增值空间（如建立共享厨房、共享洗衣房和共享客厅）实现新的赢利点。另一方面，通过租房购房折扣（补砖头）、租房购房补贴（补人头）、共有产权、人才住房券（激励企业）、允许大学生存缴使用公积金、“首套房”免户籍社保个税限制、享受保障房和商品房两次“首套房”政策优惠等方式降低大学生租赁、购置住房支付成本。“建设长江青年城，我们不需要政府的补贴，而是希望探索一条建设大学毕业生保障性住房的新路，同时也为企业带来人力资源”，在长江青年城项目负责人聂磊看来：“从长江青年城创业大学生中优选并培育优秀项目，与之共同成长，这是我们最看重的运营方向”，“聚合丰富的人才、智力资源将形成新民营经济聚集的宽广创业塔基”。此外，为了减轻青年在毕业初期面临的住房压力困境，武汉还联合成都、长沙、合肥、南昌等城市出台了“允许自由职业和在读大学生自愿缴存使用公积金”的规定，这对于留汉工作青年的意义在于：在读期间存缴的公积金在毕业之后可以接续，金额和时间可以连续计算，这样，在毕业的时候即可以提取公积金支付房租，并相应更早取得贷款权。武汉提出让青年毕业生低于市场价20%购买安居房和低于市场价20%租住廉租房（合租可以低30%）的目标，正是基于对上述政策工具综合运用的结果。一些城市为青年保障性住房配备了诸如空调、热水器、家具等相对完备的室内基础设施也是降低青年经济、精力负担的做法。

第三，加强供给管理方面，明确进出规则，确保青年保障房的过渡性流转房性质。资格准入环节，基于毕业时间、户籍、就业创业、自有住房、住房交易等情况对于申购安居房、申请租赁房、申请共享产权房的青年资质进行评估。在配额分配环节，通过轮候、摇号等方式确保获得机会的公平正义。循环过渡环节，对安居房和共有产权房的交易进行限制，如禁止进入房地产市场进行交易，出售对象只能为政府，回购价格为届时市场价的 80%（因为青年购入时享受八折优惠）。对租赁房的期限及优惠幅度进行限制，租赁 3 年内按市场价 8 折优惠执行，期满可以申请延期 2 年，但租金恢复市场价，超期予以收回。不同青年保障住房优惠政策不可同时得兼，已申请租赁房的，如购买商品房或安居房则须退出租赁房；已有安居房或共有产权房的，如购买商品房则需退出安居房或共有产权房。

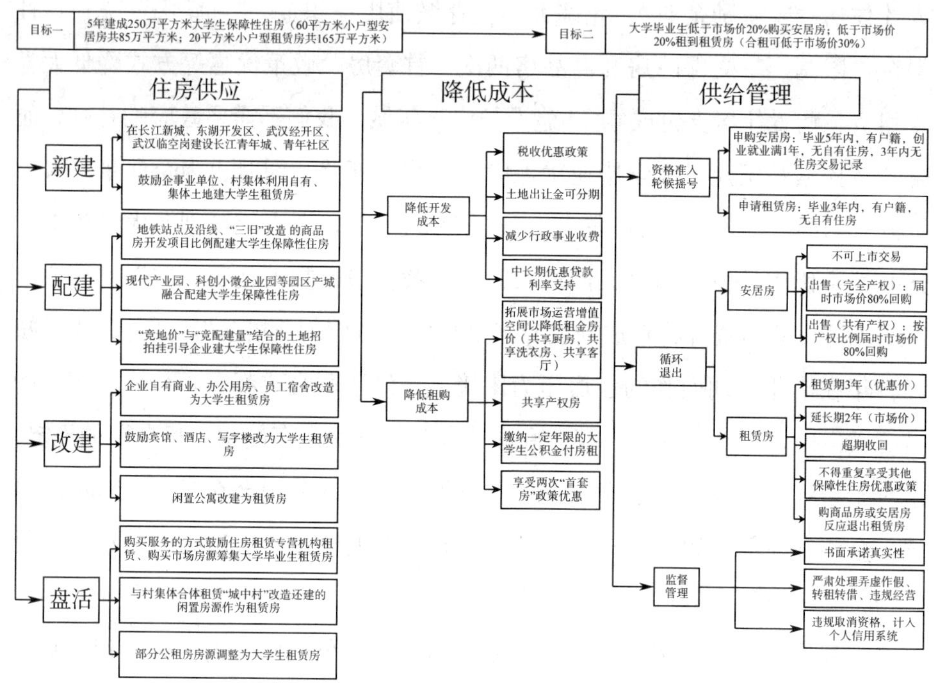

图 10–1　武汉市大学生住房保障体系逻辑图

（二）空间友好政策

第一，在空间可达性方面，青年与城市空间的互动方式，与通勤行为、就业可达性等城市空间行为具有密切关联，若受制于就业可达性差、时空制约紧张、生活出行复杂等时空困境，将会对青年生活质量、生活成本与全面发展形成负面影响。武汉等城市非常注重青年城市机会的空间可达性，其青年保障房选址多为新城区（如长江新城、东湖开发区、武汉经开区、武汉临空港）、交通便利（地铁站点及沿线、商品房配建）、产城融合园区（现代产业园、科创小微企业园）等便于交通可达的优质区位。同时，注意交通配套、生活配套，注重青年保障性住房在促进就业、激发创业、摆脱贫困、休闲娱乐、降低通勤和生活成本、社会交往等方面改善青年的总体福利，是具有前瞻性的做法。前瞻性地谋划优质物业服务机制、便民生活设施、文化娱乐社交空间、医疗教育公共服务配套等，为青年提供“拎包入住”标准的温馨服务，这种专业化的社会服务和生活服务让青年无后顾之忧，从琐碎生活事务中解脱出来，树立起更高的人生价值追求，将更多创意、时间和精力资源投入创新创造创业创优。

第二，宽松社会文化氛围方面，公共空间具有意味深远的社会重要性，宽容友好的社会文化环境是优质社会资本，这是城市功能得以实现的舞台和催化剂，是青年区位集聚的主要因子，也是创造知识经济和高技术产业发展所需要的交流环境的必要条件。建构和放大社会资本对青年人才的集聚具有积极影响，充分、有效地利用社会资本，可以促进青年人才聚集的形成以及聚集效应的产生，进而实现创新驱动、推动产业升级。在理查德·佛罗里达看来，这种环境是指对新人和新观念持有开放态度的地区，人们可以自由结成社交网络，另类的观念不会受到压制而会受到扶持，形成新项目、新公司以及经济增长来源。诸如武汉长江青年城等青年聚集的青年主题社区公共空间以“宜居＋宜业＋宜创”为目标、旨在实现“青年安居＋产业孵化”“生活＋创业＋资本”，为青年提供社会交往、思想激荡、合作共赢的系统性、协调性和衔接性的公共场域和环境设施，创设了青年面对面交流的知识溢出效应发生条件：青年聚集越来越多，非正式面对面交流的机会越多，个人联系更加紧密便捷，各种形式的交流更加频繁，交流的内容更加宽泛，“既可缩短交流的距离，减少交流成本；也可减少交流环节，消减知识在交流中的遗失、扭曲、失真等现象，加快隐性知识的传播速度，保障隐性知识传播的真实性”。“频繁的非正式面对面交流，有助于在聚集的科技型人才中形成一个共同认识的基础，促进个人隐性知识的传播，产生‘说者无心，听者有意’的效果，出于对新知识的渴望，隐性知识接受者就可能将在交谈中获得的隐性知识运用到显性知识的学习与研究之中，出现显性与隐性知识碰撞融合、交相辉映的场景，形成新知识体系”。[①]

（三）青年户籍政策

“户籍”具有身份识别和福利区分的功能，城市“户籍”本质是市民能够享有排他性社会福利的制度安排。在国家放宽城市落户、共享产权、租购同权等新型城市化政策背景下，新一线城市普遍出台了一定学历层次应往届毕业生、青年技能人才、青年专业技术人才“零门槛”落户、先落户后就业等新户籍政策，即取消了“户籍”与自有住房、社保缴纳年限、个税缴纳年限、户籍亲属等挂钩的限制规定。对于放开年龄、学历、职称和技能层次，不同城市幅度有所不同，普遍的做法是放开本科层次“先落户后就业”，而中西部城市和东部宜居城市则根据实际或降低学历限制或提高学历要求。例如作为中部城市的郑州和西安分别提出中专和大专以上毕业生“零门槛”落户政策。杭州则对硕士以上放开了“零门槛”落户，而对本科则要求“先就业后落户”，对专科做出了紧缺专业的要求。对于年龄限制，以本科为例，郑州未做限制，长沙为 35 岁以下，武汉、南京为 40 岁以下，成都、西安、杭州为 45 岁以下。落户选择上，青年可以在自有住房家庭户、亲友家庭户、租赁房屋家庭户、单位公共户、社区公共户、人才市场公共户、租赁房屋所在社区公共户直接落户。部分城市还人性化地放开了亲属投靠或随迁落户条件限制。在落户程序上，普遍取消了繁琐的程序和手续，凭毕业证、身份证即可直接办理，对于一定年限内的毕业生“一站式”的“马上办、网上办、一次办”，条件齐全“当场办结”，部分城市还允许微信公号、App、支付宝城市服务等互联网终端办理或开辟青年毕业生专属办理通道。西安则推出了力度更大的

① 牛冲槐等:《科技型人才聚集下的知识溢出效应研究》,《管理学报》2010 年第 01 期。

免跑落户——凭学历落社区集体户只需通过掌上户籍室上传学历、身份证照片即可办理。

（四）青年收入保护及就业创业促进政策

就业岗位是青年完成社会化角色转变的重要步骤，是青年在城市立足、参与和贡献城市经济社会发展，以及与城市有机互动的关键途径。而创新创业活动则是彰显释放青年作为经济社会进步变革生力军角色特质与本质最重要的途径。收入与贡献有关，在一定程度上体现着一个人的价值，能够有更多机会获得高收入也是城市对于青年的吸引力的最重要因素之一。具体看，新一线城市主要采用了如下就业收入保护政策：第一，大学毕业生最低年薪标准。最低收入标准代表着一个城市对劳动者就业权益保护和劳动报酬保护的力度，是确保经济社会发展成果向人的发展投入的制度性安排之一，也是对人力资本价值的制度性确认。最低工资标准具体可以分为按地区、按行业、按群体设立等不同形式。在经济增长阶段，最低工资若设置合理，商事主体可以接受，则能起到激励劳动力供给的效果，使青年参加意愿更为强烈。武汉市在全国率先出台了大学毕业生指导性最低年薪标准：专科生四万元，本科生五万元，硕士研究生六万元，博士研究生八万元，该标准明显高于全市1750元的最低月工资标准，体现了针对青年特点实施的特殊性、专门性就业保护。作为一种政策倡导，该标准本身没有强制性，为了确保该标准的执行，武汉市采取了这样一些促进策略：市属国有企业率先执行标准；武汉市工商联执委单位率先执行标准，并向会员单位发布倡议；组建武汉大学毕业生最低薪酬联盟；集中发布达到最低年薪标准的31662个留汉工程校园招聘岗位。第二，生活补贴、见习（生活）补贴。郑州、杭州、长沙等地则采取给本科、硕士博士和技师等青年人才发放一定年限普惠性租房和生活补贴等方式为青年人才收入提供保障；南京市还为赴宁参加面试的青年大学生发放2000元的差旅补贴；一些城市还提出通过宏观调控控制物价，保持住生活成本低于一线城市的比较优势，这些举措都有助于保障和缓解青年免于受到人生起步期个体财务自由不足所带来的生存和发展压力。第三，就业扶持政策。包括设立实习实训基地、发放见习补贴、组织青年专场招聘、政府购买基层公益岗位等方式。第四，创业促进政策。综合使用了能力提升、创业资助、金融支持、荣誉激励、服务优化等多元化政策工具。能力提升策略包括建设创业孵化基地、提供创业导师指导、提供免费创业培训或发放培训补贴、创业人才培养等；创业资助包括免费经营场所或工位、场所房屋补贴、水电暖等运营费补贴、设立引导投资基金、设立专项扶持资金、创业大赛优秀项目奖励及转化补贴、企业开业开办补贴、创业孵化补贴、税收贡献资助、带动就业资助、社保税收缴纳补贴、电商经营资助等；金融支持包括创业贷款贴息、小额贷款担保、风险融资支持等。杭州无疑在青年创业气氛方面独占鳌头，尤其是在互联网和信息技术领域，其在创业促进政策工具的运用方面也最为全面。一些城市还加大了政府各类项目或工程中的青年专项，确保政府财政对青年的特殊倾斜和照顾。

（五）政务服务友好政策

"好的城市治理是可以实现市民美好生活的治理；实现市民美好生活的关键，取决于城市政府的能力，尤其是城市政府的公共服务能力"。不少新一线城市政府还尝试了提升公共治理效率的改革，建立统一的服务窗口和服务平台，统筹公共服务资源解决青年办事服务的分散化、碎片化的问题。信息政策工具也得到了广泛使用，一些城市设立了专门网站、微信公号作为信息发布、释疑解惑以及业务受理平台，为青年获得信息、了解政策、办理业务提供便利，使青年可以更简单、更便捷享受公共服务。例如 2017 年，杭州深入推进"最多跑一次"改革，梳理公布"最多跑一次"事项 9593 项，其中市本级 771 项，实现比例达 97.10%。累计归集数据 230.52 亿条，在登记、审批、公民个人办事等领域实现了政府信息大数据。杭州不动产登记的"60 分钟领证"，实现了 296 项公民个人办事事项仅凭身份证即可办理。

五、“新一线城市”青年人才新政的特点与成效

（一）“新一线城市”青年人才新政的特点

第一，普惠性。一方面，从覆盖群体看，与以往的仅限于面向精英的城市人才政策相比，此轮出台人才新政的城市大多给予了本科以上层次学历的青年人才以普惠性、全面性的政策支持和照顾。另一方面，政策涵盖的领域更为丰富、多元、普遍，户籍、住房、收入、就业、创业、服务等都被纳入政策工具包。武汉市通过了《关于支持百万大学生留汉就业创业的若干措施》，决定通过实施“百万大学生留汉创业就业工程”打造“大学生最友好城市”，努力成为“大学之城、青年之城、梦想之城、创新之城”。“留汉九条”与“三大新政”涵盖了安居保障、落户政策和指导性最低年薪标准等青年最为关心的三大领域。除此之外，青年友好型主题社区建设、青年人才潜能发挥的体制机制建设、政务商事服务发展和程序流程优化等新的吸引力增长点在此过程中也被不断提出、实践，并形成了青年政策深入创新发展的良性循环。从某种意义上说这种普惠性的青年福利是对市场失灵条件下要素价值扭曲和社会资源错配的一种纠偏。

第二，衔接性。武汉市青年人才政策与湖北省《关于实施“我选湖北”计划大力促进大学生在鄂就业创业的意见》相衔接，各区县则在市政策的基础上出台了本区的政策实施细则和特色政策，例如洪山区还采用了发放租房补贴，提出联合婚恋服务机构在大学生公寓举办联谊交友、青年婚恋、线下休闲等活动，以及协同高校、文化机构走进青年社区提供免费、普惠的文化娱乐活动支持等本区个性化的政策服务。武汉市江岸区也在市级政策的基础上推出了更为优惠的“江岸区大学生留汉新政 2.0”，通过优岗位、增薪酬、保安居、送文化、赠学位、强服务 6 个方面出台青年人才扶持政策，以建设

“大学生最友好城区”，其设置的最低薪酬标准普遍比全市标准提高了 1—2 万元。武汉市的青年新政已然建构起上下衔接、左右协同的政策体系，形成了党委、政府、群团组织、企业、事业、高校、社会组织、金融机构等各界协同施策“大学生最友好城市”建设的框架和格局。西安在实施最大力度的青年人才落户政策的同时，没有同步推进青年公共住房体系建设，导致骤然增加的青年落户之后无法安居，这就是政策衔接性不足所导致的后果。

第三，适应性。城市青年人才新政举措必须与城市的经济社会发展状况、资源要素禀赋、公共服务基础、城市发展特色、政府治理水平普遍相适应，不同类型城市在青年人才的需求定位方面也多有差异。中山大学何艳玲教授领导的研究团队曾于 2014—2015 年，对全国 19 个主要城市政府公共服务能力进行了评价，研究发现：杭州和南京在城市政府公共服务能力方面排名前两位，杭州、南京和武汉名列城市政府服务供给能力前三强，这三者在社会保障方面也处于前四位，其中，杭州的社会保障表现最为优异，具有突出的社会公共服务供给能力，武汉则在住房保障方面表现最为出色。宁波、西安、天津、成都、重庆在城市政府公共服务总体能力排名靠后，而在公共服务供给能力方面，宁波、天津、西安、沈阳、成都、重庆等排名靠后，成都、宁波、武汉在政府学习成长能力方面排名靠后，西安、武汉、天津、成都、重庆在需求识别能力方面排名靠后。这些都直接或间接对各城市青年人才新政工具及其效果产生着影响。①

第四，动态性。建设青年友好型城市是一个系统工程，随着协同的优化、竞争的加剧，青年人才新政呈现出了显著的动态演进、不断升级的规律和特点。一些城市在推出青年人才新政 1.0 版本之后，在竞争中相互学习、总结经验、反思不足、借鉴其他城市经验，不断对原有政策进行修补和完善，又推出了 2.0 升级版，或拓展政策领域，或扩大普惠范围。政策的整体性、系统性、衔接性也在动态的竞争、发展和完善中不断得以优化，逐步发展成为

① 何艳玲：《中国城市政府公共服务能力评估报告（2016）》，社会科学文献出版社 2016 年版，第 1—40 页。

青年友好型城市整体性青年政策框架。从环节维度看，新政也呈现出前移与后拓双重趋势。政策前移是指青年人才新政更加注重城校合作的深化，城市发展与学校人才培养关系进一步融合，教育、市场、产业的对接进一步优化，城市引导学校根据城市产业发展方向和定位来调整学科专业设置，同时，学校的人才培养过程也注重吸纳城市、产业的全程参与，使得课程建设、师资培养、就业创业、实习实训等人才培养全过程诸环节都实践了城校合作、产学协同的理念。政策后拓则是对青年发展的未来性需求做出预判，如武汉在吸纳青年落户就业之后，迅速组织学前教育、中小学教育资源供给的谋划，2018 年就新增 50 所各级各类普惠性幼儿园、义务教育学校，各类学位都大幅增加，前瞻性地解决了青年后顾之忧。

表 10–2 主要“新一线城市”普惠性青年新政工具运用情况分析

政策工具		武汉	长沙	成都	西安	郑州	南京	杭州
户籍	零门槛学历	本科	本科	本科	中专	中专	本科	研究生
	最高开放年龄	40 岁以下	35 岁以下	45 岁以下	45 岁以下（本）35 岁以下（中）	无	40 岁以下	50 岁以下（研）45 岁以下（本）
	落户就业顺序	先落户	先落户	先落户	先落户	先落户	先落户	先落户（研）先就业（本）
住房收入	提供安居房	●						
	提供租赁房	●			●	●	●	●
	租房补贴	○	●		●		●	●
	购房补贴		●		●	●		
	租房折扣	●						
	购房折扣	●						
	首套房政策		●			●		
	青年人才驿站			●				●
	共有产权房	●					●	
	室内家具配套	●						

续表

政策工具		武汉	长沙	成都	西安	郑州	南京	杭州
住房收入	交通区位便利	●						
	大学生公积金	●	●	●				
	最低工资标准	●						
	最低工资联盟	●						
	生活补贴		●			●		
就业创业	实习实训基地	●	●		●			
	见习实训补贴	○	●		●			
	面试差旅补贴						●	
	青年专场招聘	●			●			
	购买公益岗位	●	●		●			
	创业培训/补贴	●	●	●	●			
	免费场所/工位	●						●
	场所房屋补贴		●					●
	小额贷款担保	●			●			●
	创业贷款贴息			●	●			
	引导投资基金	●						●
	专项扶持资金		●					●
	风险融资支持							●
	优秀项目资助	●			●			
	开业开办补贴		●		●	●	●	●
	创业孵化补贴				●	●		
	大赛奖励转化				●	●		●
	创业人才培育				●	●		●
	税收贡献资助							●
	带动就业资助							●
	电商经营资助				●			●
	档案托管服务				●			
	社会保险补贴				●			

续表

政策工具		武汉	长沙	成都	西安	郑州	南京	杭州
公共服务	青年主题社区	●						
	生活服务配套	●						
	青年主题活动	●		●	●			
	高效政务服务	●		●	●	●		●
	子女教育配套	●						

注：所列政策为面向青年人才提供的普惠性支持政策，不包括只针对高端人才的优惠政策，●表示全市性政策，○为市辖区采取的政策。

资料来源：本表根据各新一线城市青年新政文本（2018 年 2 月底）整理。

（二）新型城市化下的青年人才新政效果评价

一方面，青年新政改善了青年福利，缓解了由于住房、户籍等制度性、结构性的社会排斥带给青年的生存发展压力，起到了为青年赋权的政策效果。对于青年吸引力的增加使得青年友好型城市正在成为青年求职新沃土，青年集聚使得城市整体人口结构年轻化、产业升级加速度。智联招聘就业报告显示：2017 届应届毕业生签约“新一线城市”人数追平“一线城市”。数据显示，2017 全年，西安（70.19 万人）、杭州（28.00 万人）、长沙（27.29 万人）、成都（12.71 万人）、武汉（12.67 万人）等实行青年人才新政的城市常住人口均有了较大增加（括号中为各城市新增加的常住人口数量）；而北京（–2.20 万人）、上海（–1.37 万人）则出现了不同程度的减少。2017 年，武汉市实现大学毕业生留汉就业创业 30.1 万人，新落户 14.2 万人，分别是 2016 年的 2 倍和 6 倍，在汉落户大学毕业生逐步向周边省份辐射，广州、北京等传统一线城市大学毕业生在汉落户量位列前四。2017 年，落户成都本科以上人才超过 11 万；2017 年，杭州市人才净流入率位于全国首位。2018 届应届高校毕业生就业意向调查显示：毕业生首选“新一线城市”就业的比例高达 37%，比 31% 首选“一线城市”就业者多出约 6 个百分点。我国一些媒体或智库也对城市的青年友好性水平及年轻程度进行了测度，除了《第一财经周刊》新一线城市研究所推出的“中国城市商业魅力排行榜”之外，QQ 大数据实验室也于2016—2018年三年基于QQ用户中的16—35岁青年群体行为轨迹大数据，尤其是青年群体占比、青年在城市间流动比率等数据，对全国从一线到五线的300余座城市年轻程度进行测算。比对中国城市商业魅力（以下简称商业魅力榜）和全国年轻城市指数（以下简称年轻指数榜）两个排行榜，可以发现：2016年，商业魅力榜的四个一线城市和杭州、武汉、苏州三个新一线城市入围，而2017年和2018年，一线城市中只有北京和深圳入围年轻城市榜，新一线城市则增加为七个，分别为杭州、武汉、苏州、西安、长沙、郑州和东莞，这反映出过去两年大批年轻人从一线城市投入新一线城市，使得新一线城市人口结构变得更加年轻化。特别是近年来面对一线城市的人口和功能疏解对青年人口的“挤出效应”，一些“新一线城市”下大力气布局高新技术产业，并依托青年政策创新形成对传统一线城市青年人口的分流，杭州在电子商务、移动互联、云计算、大数据等产业的优势和前景非常乐观，武汉市也在探索运用科技创新对传统制造业进行转型升级，这些城市的活力吸引了众多企业入驻和青年聚集，在全国范围内的产业分布正被重构。

表10-3 商业魅力和年轻指数城市排行榜情况比对

排行榜	2016年	2017年	2018年
《第一财经周刊》中国城市商业魅力排行榜（19个）	一线城市：北京、上海、广州、深圳 新一线城市：成都、杭州、武汉、天津、南京、重庆、西安、长沙、青岛、沈阳、大连、厦门、苏州、宁波、无锡	一线城市：北京、上海、广州、深圳 新一线城市：成都、杭州、武汉、重庆、南京、天津、苏州、西安、长沙、沈阳、青岛、郑州、大连、东莞、宁波	一线城市：上海、北京、深圳、广州 新一线城市：成都、杭州、重庆、武汉、苏州、西安、天津、南京、郑州、长沙、沈阳、青岛、宁波、东莞、无锡
《QQ大数据》全国年轻城市指数排行榜（20个）	深圳、温州、苏州、东莞、郑州、武汉、贵阳、金华、南宁、三亚、莆田、杭州、中山、北京、合肥、上海、佛山、海口、泉州、广州	深圳、贵阳、金华、三亚、苏州、郑州、广安、武汉、南昌、杭州、莆田、温州、合肥、东莞、芜湖、海口、长沙、西安、泉州、北京	贵阳、深圳、玉溪、南昌、三亚、苏州、武汉、郑州、金华、杭州、南宁、西安、合肥、洛阳、湘潭、北京、长沙、海口、开封、东莞

资料来源：根据《第一财经周刊》新一线城市研究所和腾讯QQ大数据实验室发布的数据整理。

另一方面，拓展了城市政府间的青年政策竞争，使得“青年首先发展”的理念日渐深入人心。“城市与青年”关系问题日渐成为城市政策与规划顶层设计的一个重要维度，城市公共政策更加关注青年福利，逐渐实现了从经济至上向以人为本、从聚焦精英向普惠青年、从问题矫正向积极发展、从管理本位向服务本位的转变。青年友好型城市政策创新充分展示出了以人为核心的新型城市化建设过程中，“党管青年”原则与“党管人才”原则有机耦合衔接，使得“党委领导下，政府、群团、社会协同施策青年发展”这一路径由抽象的原则口号化作系统的顶层设计和具体的政策举措，为城市赢得了巨大的政治优势。在城市党委领导下，上下级党委政府在政策上有机衔接，人才局、人社局、民政局、公安局、住建局、政务中心、共青团等与青年人才有关的部门都充分参与了青年新政的制定和实施；银行、国有企业、房地产企业、社区服务企业、社会组织、高校等多元主体也成为了协同施策青年新政的共同参与者。在新政实施过程中，党政部门、群团组织中分散化、碎片化、分割化的青年政策资源和工作力量得到了有机整合优化，青年发展与城市经济社会发展之间的有机关联机制正在建立起来。

以实施青年人才新政为契机，城市改变了过去一些不合理的、不利于青年发展与活力发挥的体制机制壁垒，打破了现有规则、拆除了一些门槛，使得城市的诸多政策获得了突破性进展，一些新的理念也逐渐被青年政策所吸纳。“新一线城市”为代表的城市政府在青年人才资源的激烈竞争中开展的地方性青年政策创新探索与实验，对于丰富和发展新时代青年发展政策体系和工作机制是有所裨益的。而青年政策发展、青年人口聚集、青年活力发挥所带来的巨大能量也使得传统一线城市感受到压力。在此过程中，深圳市意识到青年发展型城市建设是一个涉及党委、政府、群团、社会、企业等多元主题的庞大工程，必须通过整体性、协同性、衔接性、连贯性的顶层设计才能实现青年发展事务的整合治理和协同施策，因此也提出建设“青年发展型城市”的设想，并对其原有人才政策进行了进一步完善，拓展了政策维度、扩大了适用范围，使其更加体现出对青年的普惠性、人性化、优先性照顾的特点。[①]针对青年内部不同群体的具体福祉与多元需求提供针对性、多层次、差异化的公共服务的探索有所增加。这样一种基于个体体验和青年友好型的城市发展理念和城市政策框架，是城市真正回应青年个体的生命体验和真实需求的开始，它逐渐在生活于城市中的青年与城市之间、与新时代之间建立起更丰富、更深刻、更富有意义的关联，这必将为我国建立适度普惠性的青年福利政策体系奠定基础。[②]

在青年新政竞争升级过程中，解决青年住房问题普遍被各个城市作为青年政策创新的突破口，无论是大规模的青年保障房、共有产权房乃至青年驿站的新建、配建、改建、筹集，还是住房补贴、青年主题社区建设、青年社区的完备、大学生公积金制度的实施、租购同权制度的尝试，青年住房保障作为当前城市青年福利核心内容之一的共识正日渐受到重视。与此同时，优化居住空间布局，统筹居住、交通、就业、创业、生活，实现“职住均衡”的理念在一些城市受到重视并获得了实践运用。更为深远的意义在于，这对于在全社会尤其是在青年中重塑“房子是用来住的、不是用来炒的”“知识改变命运”的价值观具有显著示范效应。从某种意义上看，青年新政可以被视作青年发展规划编制实施和青年工作联席会议机制建立的一次大演练。我国的改革始终遵循“顶层设计源自基层创新”“先局部后全国”“先试点后推广”的稳健路线，因此，新一线城市的探索无疑也将为全国青年政策的完善提供借鉴。

---

① 朱峰:《“新一线城市”青年友好型城市政策创新研究》,《中国青年研究》2018年第06期。

② 何艳玲主编:《中国城市政府公共服务能力评估报告（2016）》，社会科学文献出版社2016年版，第19—27页。

六、青年友好型城市政策的未来展望

（一）城市与青年互动关系的拓展空间与他山之石

基于以人为核心的城市发展价值观来看，近年来我国各个城市的青年人才新政还尚有拓展空间。首先，综合运用政府公共政策工具包的多中心治理尚不充分。一些地方的青年人才新政，与产业企业的衔接耦合还不充分，对于社会组织和社会力量积极性的调动尚有不足，一些城市以行政手段下达青年人才落户或引进指标任务，这样的政府政策性举措及效果是否具有可持续性有待观察。其次，青年需求识别能力有待增强。青年的生命体验和发展需求对城市政策与城市治理的影响关联机制尚须优化，一些城市青年新政依然遵循自上而下单向度的供给逻辑，缺乏与青年充分沟通互动基础上所进行的全面需求识别。一些举措尚缺乏动态发展的眼光，供给和需求的有机衔接和有效对接有待加强。有些城市公租房虽缓解了青年居住压力，但选址较偏，交通、教育、医疗等基本生活配套没能及时跟进，导致生活不方便、就业通勤成本高、社区就业机会少，显然是在青年需求识别能力上尚有欠缺。再者，也有城市青年新政缺乏整体思路和系统规划，需要持续性、动态化的青年政策发展机制。在青年人口竞争的大背景下，一些城市盲目追随照搬其他城市，导致大同小异、千篇一律，忽视了城市的自身发展特点、特色文化软实力、区位资源禀赋和未来发展定位，没能制定具有本城市特质的青年新政，城市特有气质和资源对于青年人的吸引力有待于进一步增强。此外，目前新政更多面向具有高等教育学历层次或一定专业技术、职业技能的青年，面向新生代农民工等青年群体释放的政策红利相对有限。一些公共服务基础较为薄弱的城市在提升能力、完善配套方面也面临挑战。使青年有归属感、幸福感和获得感，进而扎根城市，让青年聚集带给城市发展以更多青年人口红利，这对于多数城市而言还有很长的路要走。

发达国家城市规划演进过程中，人文主义等后现代价值观逐渐超越经济增长至上的物质主义价值观，而对城市规划发展发挥着越来越深入的影响，儿童、青少年等优先发展群体的利益、参与和需求被不断纳入城市规划视野，决策层、理论界、实践者都对青年友好型城市建设给予了高度关注和积极回应，积累了丰富经验。一是积极构建青年友好型城市，并在此过程中关注不同年龄群体特殊需求的识别，以提供针对性公共服务。加拿大渥太华和萨里、澳大利亚布里斯班、新西兰贝斯沃特等都实施了青年友好型城市发展战略，基于青年发展的视角对体制机制和社会环境进行了优化。奥地利维也纳也具有很好的经验：该市设有社会性别主流化协调办公室，推出了“基于生活视角，围绕生命周期的规划”的代表性项目，这一项目首先调查了处于不同生命周期阶段人群与环境关系的强度问题，获得了男女有酬无酬工作的时间分配、有子女的各种类型家庭所占的比例、男女出行的目的、75 岁以上老人的比例等数据之后，该市基于对年龄性别人口结构构成以及出行数据的研判，设计公共设施和交通设施，使得少年儿童、青年、成年、老年等不同年龄段的人群都能获得方便出行、自由交往的便利。二是注重青年的参与与表达，以掌握青年特殊需求，进而优化财政资金和社会资源配置。而且非常重要的一点在于不仅仅是城市政府，智库研究机构等社会力量也在青年友好型城市建设中发挥决策咨询和政策倡导功能。华盛顿大学塔科马校区举办的主题为“创建青年友好型城市”的 2018 年都市研究论坛就达成如下共识：“城市永续性和宜居性的每个方面都会对青少年产生重要影响，社区安全、教育机会、休闲空间、医疗卫生、健康食品、能够承受的房价等不仅形塑青少年的生活，也塑造着城市的未来。青年在使用、观察、感受和体验城市和社区方面与成年人以及其他人群存有差别，但是他们的声音往往总是容易被忽略，因此应该倾听青年的声音和他们的观点，以便于公共资金能够更有效地得到使用，也有助于公共部门和民间组织协同致力于建设青年友好型城市和社区”。[①] 三是注重对城市的青年友好性设计专门的评价指标体系进行监测评估，为城市规划建设更新和改进青年政策提供参考，也为青年个体的择学择居择业决策提供参考。美国、加拿大、澳大利亚、新西兰等国家及其多个城市都研发有适宜于本地实际情况的青年友好型城市评价体系。这些体系将直接测度青年生存发展状况的核心指标，或与青年生存发展密切相关的经济社会发展指标，纳入青年友好型城市的评价指标，以测度城市的青年友好性程度。加拿大多伦多的战略咨询公司解码公司（Decode Incorporated）共同合伙人罗伯特·巴纳德（Robert Barnard）和桑贾米·奥科维奇（Sonja Miokovic）等智库专家共同研发了“青春城市”（Youthful Cities）评价指数，这一评价指标体系提出了青年态度的6个核心特质，即链接的（Conneced）、活力的（Dynamic）、开放的（Open）、新奇的（Curious）、创造的（Inventive）和好玩的（Playful）。其在日臻完善的过程中发展成为一个涵盖了3个维度20个二级指标121个三级指标的评价测度城市青年基础设施（Youth Infrastructure）的指标体系，其中三个维度是指生活、工作和玩乐，生活维度主要包括数字接入、健康、交通、公民参与、安全、环境和多样性等二级指标，工作维度主要包括就业、金融服务、教育、创业、承受力（物价及房价）等二级维度，玩乐维度主要包括音乐、电影、创意艺术、流行时尚、运动、饮食与夜生活、旅行、公共空间等二级指标。2014—2016年该指标体系两次被运用于对全世界青春城市的评价排名。2018年，这一指数被运用到对该战略咨询公司总部所在国加拿大的全国青春城市评价排名，以此为正面临严重老龄化困扰的加拿大更好地推进青年友好型城市建设提供参考。[②] 美国经济研究所（AIER）在2016年和2017年也曾将美国的大都市、中等城市、小城市、大学城镇四种类型城市对青年

① 参见华盛顿大学塔科马校区官网：《Creating Youth-Friendly Cities》，见 http://www.tacoma.uw.edu/urban-studies-forum/2019-forum，2018年07月01日。

② Youthful Cities, *Global Urban Millennial Survey 2016*, 01/01/2016, see www.youthfulcities.com.

的吸引力和友好性进行评价，其中大都市取前 15 位，其他三种类型的城市各取前 20 位，这就形成了一个由 75 个城市构成的青年友好型城市的推荐榜单。评价主要是基于人口特征、生活质量和经济气候三个维度的 9 个代表性指标，包括高等教育（25—64 岁具有学士以上学位人口比例）、城市多样性（种族和民族多样性指数）、城市可达性（居民步行、骑行或使用公共交通的比例）、艺术娱乐（每百人中艺术娱乐工作者比例）、酒吧餐厅（每百人中聚吧餐饮工作者比例）、青年失业率（22—35 岁人口失业率）、劳动力参与率（已就业或积极求职的劳动人口比例）、创新（每百人中从事科学、技术、医学和工程工人的数量）和租金（18—22 岁居民支付的平均租金）。这 9 个指标从不同维度不同层面反映出一个城市对于青年人的吸纳力和吸引力。[1] 这些实践经验和理论探索都对我们具有一定启示意义。

表 10-4　2017 年美国学生友好型城市和大学城排行榜一览表（人口 250 万以上前 15 名的大都市）

单位：人

排名	城市	基本情况		人口特征		生活质量			经济气候			
		总人口	学生数	高等教育	多样性	城市可达性	艺术娱乐	酒吧餐厅	青年失业率	劳动力参与率	创新	租金
1	旧金山	4595792	364608	45.8	0.72	24.8%	0.85	4.01	6.5%	54.5%	2.08	$1500
2	波士顿	4426634	403778	45.8	0.47	21.1%	0.64	4.04	6.4%	56.1%	2.31	$1200
3	华盛顿	6034629	499437	49.4	0.69	19.3%	0.63	3.65	6.9%	57.0%	1.88	$1400
4	明尼阿波利斯	3405269	240489	40.1	0.40	9.4%	0.79	4.03	4.7%	56.5%	1.75	$930
5	西雅图	3672113	260572	39.6	0.54	14.9%	0.67	3.83	6.3%	54.6%	2.11	$1100
6	纽约	20093674	1436905	38.0	0.68	39.3%	0.81	3.52	8.1%	52.1%	0.90	$1200
7	洛杉矶	13262157	1161228	32.2	0.68	9.8%	1.00	4.15	8.8%	51.6%	1.19	$1300
8	芝加哥	9554342	702610	36.3	0.63	16.4%	0.70	3.96	9.9%	53.0%	1.17	$920
9	达拉斯	6951526	441376	32.7	0.66	3.3%	0.41	4.19	6.4%	52.3%	1.25	$780

① AIER Staff, *Best college destinations offer diversity,access,and city lifestyles*, 16/12/2017, see https://www.aier.org.

续表

排名	城市	基本情况		人口特征		生活质量			经济气候			
		总人口	学生数	高等教育	多样性	城市可达性	艺术娱乐	酒吧餐厅	青年失业率	劳动力参与率	创新	租金
10	休斯敦	6485973	442093	31.1	0.69	4.2%	0.33	3.90	6.3%	51.0%	2.07	$800
11	圣地亚哥	3260400	292563	37.1	0.66	7.0%	0.61	3.93	7.9%	52.3%	2.18	$1400
12	巴尔地摩	2784691	232641	37.3	0.58	10.0%	0.55	3.76	7.3%	53.9%	1.60	$1000
13	亚特兰大	5580601	407257	35.9	0.64	4.8%	0.47	4.38	10.0%	51.5%	1.09	$800
14	圣路易斯	2801285	193985	32.1	0.42	5.3%	0.59	4.23	8.6%	51.7%	1.16	$650
15	迈阿密	5930416	445865	29.5	0.67	6.2%	0.56	4.17	9.3%	51.4%	0.71	$1100

资料来源：美国经济研究所 2017 年大学目的地排行榜（http://www.aier.org）。

（二）未来展望

第一，提升经济包容性，城市青年新政必须与发展壮大产业、改善产业结构、发挥微观主体作用相同步。青年政策和社会政策创新，是运用政府治理工具对人、经济与社会发展的宏观调控。这些工具和举措若要避免沦为运动式工程或形象化工程，并持续性发挥作用，就必须顺应经济社会发展的客观规律，也必须与产业结构、市场主体、社会力量有效衔接和整合，确保青年“引得来、留得下”。从本质上看，青年人才新政竞争背后最核心的动力是城市国民经济体系对人力资源的内在需求的调整和变化。城市应围绕发展方向及产业项目情况，建立青年人才数据库和需求信息库，精确掌握自身人才需求状况，使青年政策中“看的见的手”与“看不见的手”相互配合，唯有青年政策、人才政策与产业政策完美对接，方能真正发挥公共政策工具的撬动、牵引和示范功能，进而创造更多政策红利。“用脚投票”是青年对城市和城市治理能力评价的重要方式，能够吸引青年是一方面，而能够留住青年是另一方面。产业聚集形成的规模经济效应和范围经济效应是承载青年的最坚实的经济基础。唯有产业获得了同步发展，才能对青年人才形成更强烈、明确、具体的需求，进而提供给青年发挥才能、获得发展、实现梦想的大舞台，为青年创业提供更为优质的平台保障和政策保障。青年有了职业发展的广阔空间，被有机地纳入城市的发展体系、与城市发展建立深度链接、真正扎根城市，才能够对城市更有归属感、真正扎根城市，这样的青年政策新政才更有可持续性，进而发挥长期效果。复旦大学教授任远也提出：城市对于人才的吸引力，第一是待遇，第二是发展机会，第三是城市的宜居性，包括自然环境和社会生活环境，在他看来，“现在通过待遇方面的政策，确实改变了部分大学生的预期，使二线城市和中西部城市吸纳了更多劳动力，但如果发展机会和城市宜居性不足，人才还是会离开”，“关键是要创造出人才充分发挥作用的规范的经济环境、制度环境和法治环境，如果人到了一个人情社会中间，可能发现很难施展自己的才华，如果制度环境不规范，他的发展能力就会受限”。[①] 统计显示：2017 年留武汉就业创业的大学生当中，信息技术、生命健康、智能制造三大支柱产业承接就业创业大学生占落户总量的 33.9%，科技金融和商业服务领域承接就创业大学生占落户总量的 44.1%，当然也有一些大学生不愿意留在武汉就业创业，其原因主要在于“专业不对口，虽然（武汉）拥有大量国企，但新兴产业较少”，因此武汉将未来的目标定位于发展新民营经济，通过发展产业形态来吸引不同类型青年人才。[②] 从微观层面而言，还应当建构多治理主体协同施策城市青年发展之格局。城市用人主体是企业单位、事业单位、高等院校、科研机构、医疗卫生机构等，他们不仅更加了解自己所需人才的结构，而且其“小环境”对于培养青年人才、用好青年人才、留住青年人才意义重大。投资青年的公共政策必须发挥撬动、牵引和示范功能，促使微观用人单位也依据自身情况，配套出台有利于青年人才充分发挥作用的微观机制，优化其生活工作的小环境。实践证明，人才与微观用人主体发展良性互动关系，具有强大正向外部溢出效应，当微观主体与

---

① 杜玮、王家源：《新一线城市缘何成求职“新沃土”》，《中国教育报》2018 年 01 月 19 日。

② 杨三喜：《城市有舞台，方有人才登台》，《中国教育报》2018 年 02 月 09 日。

人才的良性互动机制逐渐形成，人才与城市良性互动关系也就真正建立起来了，这样的青年新政才能持续释放政策红利、形成长期效应。

第二，注重提升政治包容性，扩大城市青年事务以及公共政策中的青年参与。以人为核心的青年友好型城市是硬实力与软实力的统一体，应倡导公平、平等、参与、协商和尊重社会生活的多样性、差异性等价值观，鼓励社会对话、公共讨论、多元参与。城市政府应该以实施青年新政为契机，将青年工作摆到城市发展中的更加突出的战略位置，出台和完善整体性、综合性、专项性的青年政策纲领，尽快编制实施具有前瞻性、指导性、可操作性的城市青年发展规划，从青年的能力增进、能力运用以及体制机制改进、社会环境优化等不同层面完善青年发展的顶层设计和制度安排，并建立起常态化、制度化的青年工作跨部门协调机制。我们应该注意到，今天青年对于公共服务的需求正在发生显著变化——由被动接受逐渐转变为主动参与，他们对城市公共服务水平和质量有更高更好的期待。通过促进青年参与以提升需求识别能力并获得青年需求的有效信息，才能实现城市与青年的良性互动，真正提升城市青年事务治理能力，增强服务资源的精准供给能力，为青年发展提供更具有适足性、安全性、便利性的优质公共服务，城市政府在城市规划和城市建设中要有社会年龄敏感性，应当对探索过程中所获得的青年需求识别能力和青年服务供给能力等经验进行进一步的整合、学习和提升，使得城市政府的学习成长能力的提升进一步反哺城市与青年之间良性互动关系的可持续发展。多渠道倾听青年之声，注重评估公共政策对青年的影响，制度化、常态化、动态化地听取青年意见建议、了解青年利益诉求和促进青年参与政策评议，创造让年轻人得以心情舒畅生活创业的软环境。上海等一些城市依托青年汇智团探索青年参与城市政策论证实施的诸多做法可圈可点，青年汇智团由不同行业、领域、性别、年龄的青年构成，他们可以参与青年发展规划和市委市政府各个领域公共政策的听证和意见征求活动，代表青年群体表达诉求，使得公共政策的制定得以融入青年视角。①

第三，注重提升社会包容性，关照不同青年群体的多元发展需求。青年友好型城市在本质上要求照顾不同年龄社会群体普遍面临的公共服务需求，在青年群体内部以及青年群体与其他社会群体中间实现公共服务的均等化。城市应致力于通过社会政策创新和社会资源整合，以消除社会阶层、社会群体之间的隔阂和裂隙，让每一个个体尤其是弱势群体都能融入城市经济社会发展潮流，享受平等的发展机会，共同分享城市经济社会改革发展的成果。倡导以权利为基础促进所有成员参与城市决策，将各个群体的需求充分纳入城市发展规划，从而改善婴幼儿、少年儿童、青年、成年、中年、老年生命历程各个阶段的生存、发展状况以及女性、残障人士、少数族群等特殊社群的福利，实现“贫有所扶、老有所养、幼有所育、青有所长”。倡导尊重差异和多样性，促进差异性互动和积极的链接，增进城市生活中不同群体之互惠合作、相互理解，通过经济性融入、公共服务均等化、优惠性差别待遇、整合发挥社会力量等方式使得新市民在城市落脚并被有机纳入城市发展体系。青年在向成年人过渡的过程中，在社会层面或家庭层面都将承担着对作为子女的儿童和作为父母的老年人更多的扶养责任，因此，对于其他脆弱性的社会年龄群体的包容性政策，都会对青年产生多重正向溢出效应。青年友好型城市政策也要观照青年群体在过渡期年龄段的特殊需求，让不同青年群体都能更充分、更平等地共享城市经济社会发展的成果。

城市青年政策创新还应拓展目标群体，对于不同青年人才采用多层次、多元化的认定和评价标准，加强对非户籍人口、职业技能人才、制造业人才、服务业人才的政策开放力度，唯有当这些青年也能共享发展、施展才华，青年人才新政的溢出效应才能更有效发挥出来。当高学历、高职业技能、高专业技术、创新创业以及其他地方急需的青年人才集聚，也会自然形成服务业的大量消费需求，也需要低技能劳动者的服务支持。事实上，城市中还有大

① 朱峰:《协商民主视野下我国青年发展规划编制实施中的青年参与考察》,《青年发展论坛》2017 年第 03 期。

量从农业农村转移出的新生代农民工，他们多从事保安员、服务员、保洁员、快递员、家政服务员、建筑工人、流动商贩等工作。由于文化程度低、缺乏专业技能，他们面临更多社会融入困境，更易遭遇边缘化风险。因此，针对这些青年的社会福利也是将来城市建设青年友好型城市必须要考虑的议题，也要倾听其声音和需求，针对其城市融入、发展需求提供针对性青年政策和公共服务。[①] 处理好青年人才的存量和增量关系也是青年友好型城市政策的着力点，在重视招才引智、拓展增量的同时，也要重视存量青年人才的开发利用，例如深圳在引进青年人才的同时，也实施了《深圳市鹏城工匠评选办法》《深圳市技能菁英遴选及资助管理办法》，为本地创业和技能人才提供了良好的制度环境。[②]

第四，注重提升文化与空间包容性，提供青年文化生成发展空间。城市青年新政应与城市自然环境、资源要素禀赋、公共服务基础、城市发展特色、政府治理水平等方面的优势相衔接，彰显城市特色与软实力。

生活与休闲是青年友好型城市的重大公共议题，应成为城市决策和城市规划的重要理念。基于动态发展的眼光来看，在工作稳定之后，青年还面临着恋爱婚姻、生育子女、家庭发展、社会参与、文化休闲的需求。这就要求城市在物理层面增加公共空间的数量，提高公共服务的水准，这是人性化尺度的、可持续的、健康的、安全的且充满活力的城市所必须具备的品质。在城市公共空间以及青年社区的规划过程中，应注重打造青年时尚街区、青年友好社区，确保一定非商业、非营利的适合青年开展文化活动、社会交往、青年社会组织发展的公共场地、空间和设施，使青年文化、社交、体育、休闲、娱乐等活动可以更加便捷地开展起来。在社区维度应考虑青年的实际需求构建 5—15 分钟的便捷生活服务圈，合理布局幼儿园、中小学、医院、文化设施、社区服务、社区活动、运动场地、便民市场、绿化场地、快递收发

---

① 联合国编：《上海手册：21 世纪城市可持续发展指南 2016》，商务印书馆 2017 年版，第 33—45 页。

② 杨露：《二线城市人才争夺战爆发》，《南风窗》2018 年第 09 期。

等公共服务，从而切实提升青年社会与文化生活品质。各项青年新政之间要相互协同、衔接和连贯，城市要在公共服务和公共设施建设方面做好前瞻性的谋划和配套，例如在公共社区或公共空间营造友好开放的母婴空间、加强托幼托育和养老托老机构建设，对于幼儿园、小学等教育资源也必须提前谋划。

总而言之，"人民对美好生活的向往，就是我们的奋斗目标"，"有梦想、有机会、有奋斗，一切美好的东西都能够创造出来"。《中长期青年发展规划（2016—2025年）》鲜明提出"党和国家的事业要发展，青年首先要发展"的理念，并提出建立和完善与新时代中国特色社会主义事业相适应的青年发展政策体系和工作机制，促进青年实现更加全面、均衡、充分、可持续发展。以"新一线城市"为代表的城市青年政策创新，是对传统"在城市的治理"的超越，使我们看到了一种"让城市回归社会""让治理回归权利"的"属于城市的治理"的后现代城市发展趋势。在国家大力推进新时代以人为核心的新型城镇化的过程中，必须注重青年的城市经济社会发展成果共享中的优先权，也为青年更好贡献城市发展提供更加开阔的舞台，而这或许也正是青年友好型城市未来的发展方向。

第十一章　中国青年社会保障政策的发展与完善

社会保障常被称为经济发展的“稳定器”和社会运行的“安全网”。它是由政府主导，通过依法对国民收入进行再分配，对公民在临时或者永久性失去劳动能力以及遭遇生活困难时提供最基本的生存需要。社会保障作为一项重要的社会公共政策，具有保障基本生活、维护社会稳定、促进社会公平、增进国民福祉、促进经济和社会进步等诸多作用。青年社会保障政策是国家社会保障体系的重要组成部分，和青年群体幸福感、获得感密切相关。每个人都要经历青年阶段，青年时期是人逐渐走向成熟的一个重要的动态过程，是个体发展过程的必经之路。青年期个体活力和朝气蓬勃，想象力和创造力丰富，容易受到社会矛盾、经济态势的影响。特别是刚步入社会的职业青年，缺乏社会历练，更易受到身边生活环境的影响，成为弱势群体。做好青年社会保障，对于促进青年成长、保障青年权益、推动国家发展和社会进步意义重大。

一、青年社会保障政策的历史简述

我国没有建立中央青年政策统一领导机构，缺乏针对青年的社会保障政策。新中国成立之后，我国的社会保障制度也逐步发展起来，有关青年的社会保障政策分散在覆盖全民的社会保障政策之中，对青年社会保障政策的梳理难度较大。本报告采用通过梳理国家社会保障政策、强调青年社会保障政策变化特点的方式简要阐述中国青年社会保障政策发展历史，报告将青年社会保障政策的发展历史分为两大阶段。

第一阶段：关注弱势青年群体，预防型、补救型政策阶段——20世纪伴随国家社会保障制度起步、试点、确立过程中的青年社会保障政策。

我国的社会保障制度建设始于20世纪50年代初期。1951年，以我国第一部全国性的社会保障法规——《中华人民共和国劳动保险条例》的颁布为标志，我国初步建立起了包括养老、工伤、疾病、生育等在内的职工社会保险制度（不包括失业保险）。既有的政策文献中，国家层面单独罗列的针对青年的社会保障政策比较罕见，有关青年的社会保障政策分散在各部门规定、法规中间，如《中华人民共和国宪法》《婚姻法》《未成年人保护法》《残疾人保护条例》中都有关于青年健康政策的描述。新中国成立初期，毛泽东曾在共青团会议上发表《青年工作要照顾青年的特点》的讲话，最早指出要重视青年身体健康。1953年，我国国民经济发展第一个五年计划开始实施，中央人民政府政务院[①]公布了《关于中华人民共和国劳动保险条例修正的决定》，我国劳动保险范围进一步扩大，保险的待遇标准也进一步提升。此后，受“文化大革命”的影响，我国社会发展停滞不前，社会保障制度也一度受阻。改革开放以后，我国开始实施市场经济体制改革，市场经济发展的同时，国家对社会保障工作的重视程度也逐渐加强。90年代初期，党的十四届三中全会提出把建立社会保障制度作为经济体制改革的内容和目标，随后，我国在养老、医疗、失业等领域进行了社会保障制度的重点改革，相继出台了一系列有关文件规定，并选定了若干城市，在全国开展试点工作，继续积累经验、查找问题，为养老、医疗、失业等社会保障政策的全面铺开奠定了基础。

从20世纪50年代至20世纪末的这一时期，我国的社会保障制度经历了萌芽、形成、发展的动态过程，青年社会保障政策伴随着国家社会保障制

① 中央人民政府政务院，简称政务院，是1949年10月1日中华人民共和国成立至1954年9月15日第一届全国人民代表大会召开前中国国家政务的最高执行机构。

度的试点、变化而发展并动态调整。相对分散的青年社会保障政策的主要存在形式是一些法律法规，党、政府以及共青团组织的规范性文件、领导人讲话。[①] 如《未成年人保护法》《预防未成年人犯罪法》《劳动法》《教育法》等法规中分别提出维护青少年合法权益，促进青少年健康发展的法律条文。整体上而言，20 世纪的青年社会保障政策可以看作国家为照顾社会弱势群体的一种制度安排，青年社会保障的对象重点关注从事非正规就业的青年，如农民工、城镇灵活就业、大学生、残疾青年等青年群体，政策以预防型、补救型政策为主，政策共性表现在集中关注特殊群体。

第二阶段：保护全体青年、发展型、普惠型政策阶段——新世纪青年社会保障政策。

进入 21 世纪，市场经济体制确立后，我国的社会保障事业进入了新的发展时期。党和政府更加重视社会保障工作，把健全及完善社会保障制度摆在更加突出的位置，探索建立与社会主义市场经济相适应的社会保障制度。2000 年，国务院《关于完善城镇社会保障体系的试点方案》和十五届五中全会通过的《中共中央关于制定国民经济和社会发展第十个五年计划的建议》明确提出“完善的社会保障制度是社会主义市场经济的重要支柱，关系改革、发展、稳定的全局”。我国社会保障制度的总体目标是“建立独立于企事业单位之外、资金来源多样化、保障制度规范化、管理体系社会化的社会保障体系”。党的十六大把“社会保障体系比较健全，社会就业比较充分”视为全面建设小康社会的奋斗目标。十六届三中全会《关于完善社会主义市场经济体制若干问题的决定》进一步明确了要“加快建设与经济发展水平相适应的社会保障体系”。党的十七大明确提出“社会保障是社会安定的重要保证。要以社会保险、社会救助、社会福利为基础，以基本养老、基本医疗、最低生活保障制度为重点，以慈善事业、商业保险为补充，加快完善社会保障体系”。

党的十八大之后，习近平总书记多次强调：“要关注、关心、关爱青年。”

① 楚国清：《我国青年政策的发展脉络与未来思考》，《北京青年研究》2017 年第 03 期。

为维护青年就业权利，保障青年就业权益，国家通过出台积极的就业政策，多方面采取措施推动包括大学生在内的青年就业，对其参与社会保险制定了相应的细则。将青年农民工纳入城镇职工社会保险（2006 年），将青年大学生纳入城镇居民基本医疗保险（2008 年），允许青年农民工根据具体情况有选择地参加城镇职工基本医疗保险、新型农村合作医疗或城镇居民基本医疗保险（2009 年）。为保障劳动者取得劳动报酬的权利，国家实行最低工资保障制度，确保劳动者工资水平伴随经济发展逐年提高。为维护国民的生存和安全权利，国家实行养老保险统筹，大病医疗社会统筹。同时，通过最低生活保障制度的实施以及社会福利院和社会福利事业的不断进步，我国的社会救助和社会福利事业也得到稳步发展。新世纪以来，经过近 20 年的探索、实践，包含社会救助、社会保险、社会福利和社会优抚的社会保障制度框架已经形成，并在保障居民基本生存权利、社会公平和安全权利等方面发挥了重要作用。

近年来，我国的青年社会保障政策呈现出更多的青年福利因素。一些地方政府在青年社会保障制度设计方面进行了一些创新，提出了一些针对性极强的青年福利政策。如广州的租购同权制度，北京、南京、青岛等地的积分落户制度；淮安、北京、上海等地的共有产权制度等；成都、武汉、合肥、长沙、南昌等地，针对大学生、农民工等青年自愿缴存使用公积金等达成了合作行动计划，武汉还在全国率先出台专科生 4 万元 / 年、本科生 5 万元 / 年、硕士 6 万元 / 年、博士 8 万元 / 年的大学毕业生指导性最低年薪标准。

新世纪，我国青年社会保障政策呈现出从关注特殊群体的预防型、补救型政策向关注全体青年的发展型政策过渡的趋势，具有了普惠性倾向[①]。

① 朱峰：《“新一线城市”青年友好型城市政策创新研究》，《中国青年研究》2018 年第 06 期。

二、青年社会保障政策的相关内容

（一）青年社会保障政策的分类及原则

1. 按户籍身份及职业分类的青年社会保障政策

总体上看，我国青年的社会保障，是一种按照户籍身份、职业等划分的一种制度安排，其保障对象涵盖青年而又重点关注部分青年群体，非正规就业的青年、城镇灵活就业者、大学生、残疾青年等是青年社会保障政策关注的重点。

2006 年 3 月，《国务院关于解决农民工问题的若干意见》（国发〔2006〕5 号）发布，《意见》明确指出："依法将农民工纳入工伤保险范围，抓紧解决农民工大病医疗保障问题，探索适合农民工特点的养老保险办法；抓紧研究低费率、广覆盖、可转移，并能够与现行的养老保险制度衔接的农民工养老保险办法，并规定已经参加城镇职工基本养老保险的农民工，用人单位要继续为其缴费。"①

2008 年 10 月，国务院办公厅下发了《国务院关于开展城镇居民基本医疗保险试点的指导意见》（国发〔2007〕20 号），《意见》明确规定："将大学生纳入城镇居民医疗保险"②。同时指出，大学生的住院以及门诊大病医疗报销遵循属地管理原则，大学生通过参加学校所在地的城镇居民基本医疗保险报销相关医疗费用，参保大学生按照所在地相关规定缴费，并享受不低于当地城镇居民医疗水平的相应待遇。大学生的基本医疗补助由中央财政按照学校所在地城镇居民基本医疗保险相关办法予以补助，按照高校的隶属关系，同

---

① 《国务院关于解决农民工问题的若干意见》（国发〔2006〕5 号），2006 年 03 月 27 日。

② 《国务院关于开展城镇居民基本医疗保险试点的指导意见》（国发〔2007〕20 号），2008 年 10 月 25 日。

级财政给予大学生日常医疗所需的资金补助。

2. 公平享有、保障适度的青年社会保障政策原则

社会保障“十二五”规划纲要提出“更加注重保障公平，充分发挥社会保障再分配的调节功能，把人人享有基本社会保障作为优先目标。”在青年群体社会保障和生存条件改善方面，我国始终坚持“公平享有、保障适度”的青年社会保障原则。

党的十九大报告指出：在加强民生保障工作时，既要尽力而为，又要量力而行。国家立足国情实际，坚持一切从实际出发，充分考虑社会经济发展水平这一影响社保水平的决定性因素，在社会保险基金和各级财政所能承受的范围之内，调控各项社会保障待遇。在保障青年权利的时候，强调保障水平符合社会经济发展实际，在劳动生产效率提高的基础上，增加收入水平，谨防落入“中等收入陷阱”；在经济和财力具备可持续发展潜能的基础上，逐步提高福利水平，防止福利水平过度化。

（二）青年社会保障政策的模式及体系

1. 分散型的青年社会保障政策统筹模式

我国尚未建立中央一级的青年社会保障政策统筹机构，青年的社会保障政策统筹模式是一种分散型的模式。在中央层面，党中央、全国人民代表大会、国务院负责制定青年的社会保障政策，共青团和青年联合会等相关部门和全国青年组织积极参与青年政策的制定和推行，从共青团和青年联合会发挥的作用看，其更多的是开展青年社会保障政策的推行。虽然在政策立法方面，我国没有制定统一、专门的有关青年政策的法律法规，但国家针对青年的需求和有关青年事务存在着一套中国青年政策体系，它是指引各级政府机关、社会组织和个体行动的目标、路线、方针和措施，青年社会保障政策同时也是青年政策的一部分。

2. 多层次的青年社会保障政策体系

新时期，党中央紧紧把握我国现阶段性发展特征，在不断满足人民群众

对美好生活需要的基础之上，对社会保障体系建设做出“建立健全多层次的青年社会保障体系，实现全国青年社会保障统筹，逐步形成中央与各省级政府责任明晰、分级负责的基金管理体制”的新的重大战略决策。

社会保障覆盖率是全面建成小康社会重要衡量指标之一，全面实施覆盖全体青年的全民参保计划，是实现“全体青年享有基本社会保障、社会保障覆盖全体青年”目标的重要举措。21 世纪以来，我国社会保障参保范围不断扩大，中小微企业和广大农民工、灵活就业人员、新就业形态人员、全体青年以及未参保居民等重点参保对象陆续纳入国家社会保障范围。特别是在青年参加社会保障方面，通过对各类青年人员参保情况的统计完善，国家建立了全面、完整、准确的社会保险参保基础数据库。此外，通过采取有效措施，进一步巩固了省级统筹的青年社会保障体系，我国青年社会保障体系也开始逐步探索建立基本养老保险的中央调剂制度。

（三）青年社会保险政策

1. 医疗保险

医疗保险一般指的是基本医疗保险，医疗保险政策是指国家为了补偿劳动者因疾病风险造成经济损失而建立的一项社会保险政策和制度。目前，我国主要有三种类型的居民医疗保险制度：第一种是自 2001 起实施的城镇职工基本医疗保险制度，该种医疗保险制度覆盖辖区所有党政机关、企事业单位；第二种是自 2005 年起实施的新型农村合作医疗制度，该种医疗保险制度覆盖辖区农业人口（含外出务工人员）；第三种是自 2007 年起实施的城镇居民基本医疗保险制度，该种医疗保险制度覆盖辖区未纳入城镇职工基本医疗保险的非农业户口城镇居民。国家要求城镇用人单位及其职工全部都要参加基本医疗保险，并实行属地管理；城镇居民基本医疗保险起步水平低，遵循自愿的原则，不搞强制；城镇之外，在农村实行新型农村合作医疗保险制度，为扩大新农合的覆盖面，农民参加新农合实行强制参加的原则，政府对农民低收入群体参加新农合缴费方面提供补贴。

我国现行医疗保障制度基本实现了全面覆盖，医疗保险政策对于推动社会发展、维护社会稳定、促进青年健康成长发挥了积极作用。参加基本医疗保险的青年由社会医疗保险经办机构统一为其建立基本医疗保险个人账户，基本医疗保险基金实行社会统筹和个人账户相结合。符合国家医疗保险制度规定范围的青年劳动者所支付的医疗费用，除挂号费和必须自费的药品以及整容矫形等少数项目自负费用外，大部分医疗费用由保险基金支付，这些费用包括门诊费、检查费、药品费、治疗费、手术费、生育津贴和医疗费、工伤医疗费等。

随着社会主义市场经济的建立，我国医疗保险制度也进入了改革和完善的过程。为了实现更高水平的医疗卫生服务，党的十八大提出“要坚持以为人民健康服务为方向，进一步完善我国居民健康政策，为每位公民提供安全有效方便廉价的公共卫生和基本医疗服务”的医疗保险发展目标。十八大以后，在城镇居民医保、新农合医疗的基础上，我国出台了城乡居民大病保险政策，进一步补贴重大疾病患者产生的大额医疗费用，国家把基本医保、大病保障、医疗救助、商业保险等有机结合起来，多层次、高水平的全民医保体系得以逐步构建，医疗保障工作取得巨大成绩，一个更高效、更便捷、多层次、全覆盖、更公平的医疗保障体系正在形成，这对于实现全民“病有所医”的医疗保障目标非常关键。同时，为加快推进解决群众期盼的异地医疗保险就医结算问题，2014 年，人力资源与社会保障部、国家卫计委联合发布了《关于进一步做好基本医疗保险异地就医医疗费用结算工作的指导意见》，《意见》指出：“2014 年，规范和建立省级异地就医结算平台，基本实现市级统筹区内就医直接结算；2015 年，建立国家级异地就医结算平台，基本实现省内异地住院费用直接结算；2016 年，全面实现跨省异地安置退休人员住院医疗费用直接结算。”2017 年，人力资源和社会保障部召开了第二季度新闻发布会，相关消息显示，全国 30 余个省区市和新疆生产建设兵团均已接入我国异地就医结算系统，全国异地就医住院医疗费用直接结算定点医疗机构增至 4422 家，完成 78 万余名备案人员信息上传工作，我国跨省异地就医直接结算平台建设已基本成熟。

2. 养老保险

养老保险是社会基本养老保险的简称。养老保险制度是国家和社会依据法律法规，为保障劳动者在达到国家规定的解除劳动义务的劳动年龄界限，或因年老丧失劳动能力退出劳动岗位后的基本生活而建立的一种社会保险制度。养老保险是社会保障制度的重要组成部分，其主要目的是通过社会保险为老年人提供稳定的生活费用，保障老年人的基本生活需要，实现“老有所养”的目标。养老保险政策是人一生保障政策的关键部分，对于职业青年的稳定具有重要意义。越来越多的青年认识到，年轻时的奋斗是年老时生活的保障来源，而养老保险体系是实现这一保障的主要途径。

总体来说，我国的养老保险由基本养老保险、企业补充养老保险、个人储蓄型养老保险和商业养老保险等四部分组成。基本养老保险由国家立法并强制实行，以保障退休人员的基本生活为原则，要求企业和个人必须参加；企业补充型养老保险主要指的是企业年金，它是由企业根据自身经济实力，为提高职工的养老水平而自愿为其职工缴纳的一种辅助性养老保障；个人储蓄性养老保险是由劳动者自愿参加、自愿选择经办机构的一种保险形式；商业养老保险亦是社会养老保险的补充，它是由个人购买商业保险公司的保险，在缴纳了一定时期的保险费用后，根据商业公司规定达到一定年龄后领取养老金的保险形式。

体制架构方面，按照人口类型，我国的社会养老保险可以分为城镇企业职工养老保险、机关事业单位养老保险和农村居民养老保险等三大类。城镇企业职工养老保险是我国最初的养老保险制度，20 世纪 50 年代，我国城镇企业职工养老保险制度初步建立，之后，1955 年，从中分离出来了国家机关事业单位养老保险制度。1958 年，国务院又将国家机关事业单位养老保险和企业养老保险待遇合并。1978 年再次重新分离，国家机关事业单位工作人员养老保险和城镇职工养老保险在制度变革中经历了“分—合—分”的过程。农村养老保险制度探索试点始于改革开放后，直至 2012 年，全国所有县级行政区才全部开展了新型农村和城镇居民社会养老保险工作，实现养老保险制度的全覆盖，中国人“老有所养”的目标初步实现。

社会统筹与个人账户结合的基本养老保险制度是独具中国特色的新型基本养老保险制度，这一养老制度对于中国建立完善社会保障体系，应对人口老龄化尤为重要。但是，伴随着我国人口老龄的加剧，我国基本养老保险制度面临着养老金筹资范围窄、行政管理体制与养老金制度不匹配、双轨养老金制度导致的不公平等问题。为促进各群体间的权利公平，缩小体制内外的养老保险差距，弥补养老金缺口，2015 年 1 月，国务院印发了《关于机关事业单位工作人员养老保险制度改革的决定》，逐步开始对机关事业单位工作人员养老保险制度开展改革，推进养老保险“双轨制”并轨。《决定》指出：“改革养老金并轨后，基本养老保险费由单位和个人共同承担。”养老保险由单位代扣，在养老金缴纳比例方面，单位缴纳基本养老保险费的比例为本单位工资总额的 20%，个人缴纳基本养老保险的比例为本人缴费工资的 8%。

新世纪、新时期，我国经济发展进入新常态，全社会面临更加严峻的人口老龄化挑战。为积极应对人口老龄化挑战，提升养老金的社会保障水平，我国正在加速完善养老金组合投资政策，试点养老金市场化投资运营。

3. 生育保险

生育保险是针对怀孕和分娩妇女劳动者的一种社会保险制度，是中国社会保险体系的重要组成部分。它是国家通过立法，对妇女工作者因孕期或生产期导致劳动中断时，由国家和社会提供医疗卫生服务、生育补贴和产假，保障其身体健康的社会保险政策。我国生育保险待遇主要包括生育津贴、生育医疗和产假三项。生育津贴主要指的是女职工依法享有产假期间的工资收入，即产假工资；生育医疗指的是女职工怀孕至生育期间的检查费、手术费、住院费由生育保险基金支付。这些政策是通过生育保险制度具体体现出来的，其宗旨在于通过向孕产妇女提供医疗服务，并保障她们因生育而暂时丧失劳动能力时的基本经济收入等措施，帮助生育妇女及时恢复自身劳动能力，重新返回工作岗位。此外，生育保险通过对孕产妇女提供健康保护，以达到保护胎儿正常生长，提高人口质量的目的。可以说，生育保险是为了维护妇女劳动者的基本权益，实行生育保险是对妇女生育价值的认可，是对女职工基本生活的保障，也是提高人口素质的需要。

1988 年 7 月，国务院颁发了《女职工劳动保护规定》提出："保障女职工的劳动权利；充分考虑女职工的生理特点，合理安排女职工的工作；保护女职工的母性机能，加强经期、孕期、产前产后期及哺乳期的特殊保护，进一步提高女职工产假待遇（由 56 天增加至 90 天）；妥善照顾女职工在生理卫生、哺乳、照料婴儿方面的困难。" 1992 年 4 月，全国人民代表大会第五次会议通过的《中华人民共和国妇女权益保障法》，针对女职工面临的特殊问题也做出了相应规定，为保障女职工生育的特殊利益提供了法律依据。我国《社会保险法》规定："职工应当参加生育保险，由用人单位按照国家规定缴纳生育保险费，职工不缴纳生育保险费。""用人单位已经缴纳生育保险的，其职工享受生育保险待遇；职工未就业配偶按照国家规定享受生育医疗费用待遇，所需资金从生育保险基金中支付。"因生育保险属于国家统筹范围，我国大部分地区生育保险已实现全覆盖。

随着社会进步和经济发展，我国生育保险的发展已逐步进入完善阶段。男青年也被统筹参加生育保险，国家允许在妇女生育后，给予其配偶陪产假以照顾妻儿，男职工在陪护配偶生产期间，国家提供护理津贴（生育津贴补助）。

4. 工伤保险

工伤保险，是指劳动者在工作中或规定的特殊情况下，遭受意外伤害或者患职业病导致暂时或者永久失去劳动能力以及死亡时，劳动者或者其继承人从国家和社会获得物质补偿或帮助的一种社会保险制度。工伤保险的主要作用是保障因工作遭受事故伤害或者患职业病的职工获得医疗救治和经济补偿，促进工伤预防和职业康复以及分散用人单位的工伤风险。

劳动是青年人赖以生存的手段，青年人是社会生产劳动的主体。劳动过程中潜在职业危害无时无处，任何人都不可能完全避免职业伤害，青年人在劳动过程中也面临着劳动风险，也是工伤保险政策的主要受益群体。因此，劳动者都理应获得工伤保险待遇，用以抵御可能发生的职业危害。2003 年 4 月，国务院出台《中华人民共和国工伤保险条例》。《条例》规定，我国工伤保险适用范围包括中国境内企业、事业单位、社会团体、民办非企业单位、基金会、律师事务所、会计师事务所等组织和有雇工的个体工商户，这几乎包含了所有在生产劳动过程中的劳动者。《条例》将工伤保险待遇划分为以下 4 种类型；一是医疗康复待遇；二是停工留薪待遇；三是伤残待遇；四是工亡待遇。这些待遇主要包括：工伤医疗费：治疗工伤、职业病所发生的符合国家规定的相关医疗费用；辅助器具配置费；一次性伤残补助金；伤残津贴；伤残后的生活护理费；丧葬补助金；供养亲属抚恤金；一次性死亡补助金；康复治疗费用；劳动者住院治疗工伤的伙食补助费；一次性工伤医疗补助金；劳动能力鉴定费等。从事行业不同，劳动者在劳动中面临的风险不相同，工伤保险的缴费费率也不相同。依据行业风险，我国将行业划分为风险较小行业（如银行、保险业等）、风险中等行业（如娱乐业、房地产业等）、风险较高行业（如石油加工、化学制品行业）三类，风险较小行业工伤保险的缴费费率为用人单位职工工资总额的 0.5%，风险中等行业工伤保险的缴费费率为用人单位职工工资总额的 1.0%，风险较高行业工伤保险的缴费费率为用人单位职工工资总额的 2.0%，劳动者从事行业风险越高，其工伤保险的缴费费率也就越高。

生命健康权是每个人最高的人身利益，是公民享有的最基本的人权，工伤所造成的伤害所导致的直接后果便是危害劳动者的生命健康，给予青年劳动者在劳动中生命健康权利的基本保护，是党和国家关心青年、爱护青年的重要基础，完整成熟的工伤保险制度体系对于国家发展进步、社会稳定和谐具有重要意义。伴随着中国工伤保险逐步科学化和制度化的步伐，工伤保险政策也必将对中国广大青年劳动者产生积极的保护作用。

5. 失业保险

失业问题也是青年面临的主要社会问题。从我国的情况来看，经济结构处于转型期，伴随着信息化时代科技进步和劳动生产率的提高，特别是人类即将全面步入人工智能（AI）时代，劳动力供大于求是造成失业的主要原因。劳动者失业就意味着其生活来源中断，可能面临生活困难的风险。为了帮助因失业而暂时中断生活来源的劳动者提供物质帮助以保障其基本生活，国家实行由社会集中建立基金，支付暂时失业者基本生活费用，促进其再就业的失业保险制度。

失业保险是针对失业人群的特定社会保险制度，申领失业保险金应具备相应的条件。一般是要求劳动者按照规定参加失业保险，所在单位和本人已按照规定缴纳失业保险满一年，同时，还须满足失业原因为非本人意愿中断就业。我国《失业保险金申领办法》中规定了非本人意愿中断就业的几种情形，包括："终止劳动合同，劳动者被用人单位解除劳动合同、开除、除名、辞退的情形，用人单位违法或者违反劳动合同导致的职工辞职。"上述情况引发劳动者失业的，劳动者有权申请享受失业保险金待遇。失业劳动者能够享受的失业保险待遇有：领取失业保险金；申请患病或生育医疗补贴；领取扶持生产资金（失业金期间自主创业或经营的）；免费接受职业技能培训等就业服务；失业人员在领取失业保险金期间死亡的，其家属可申领丧葬补助金、供养直系亲属一次抚恤金；女性人员在领取失业保险金期间生育的，可领取三个月的生育补助金，失业保险领取期间涵盖冬季取暖时间段的，可领取一定取暖补助；夫妻双方同时失业的，领取失业保险金时，可分别多领取一个月失业保险金。

失业保险的对象是在法律规定实施范围内的劳动者，其对象也包含不少的青年劳动者。我国的失业保险制度建立起步较晚，最初是作为国有企业的配套改革措施而建立、发展起来的，虽然政府非常重视社会保障体系的完善，将农民工纳入社会保险体系中，对工龄满 1 年以上、用人单位为其缴纳失业保险费的农民工，可由社会保险经办机构对其支付一次性生活补助，但对于进城从事短期工作的农民和每年从高校毕业刚刚步入社会的青年毕业生而言，现行失业保险还不能实现完全覆盖。此外，我国失业保险制度还存在失业保险资金来源单一、渠道窄，失业保险救助范围小、失业保险申领程序复杂和保险待遇较低等一些不完善的方面。当前的失业保险制度已出现与市场经济不相适应的矛盾，国家目前正在对现行失业保险制度进行探索和进一步完善，主要是继续扩大失业保险的覆盖面，合理确定失业保障基金征缴和支出结构，改进失业保险的征收方式，重新确立失业保险待遇计算标准等。

（四）青年社会救助与社会优抚政策

社会救助有时也称为社会救济。社会救助是指社会成员在不能维持最低限度的生活水平时，根据有关法律规定，要求国家和社会按照法定的标准向其提供满足最低生活需求的资金和实物援助的一种社会保障制度。相对于其他社会保障政策而言，社会救助是层次相对初级的社会保障，是由政府对生活在社会底层的人给予帮助，保障其最低生活的一种救助形式。社会救助是国家和社会行为，社会救助的对象，往往是处于生活最底层的最困难群体。社会救助的项目主要有生活救助、灾害救助、失业救助、住房救助、城市贫困救助、教育救助、法律救助、农村五保户救助、城乡特殊对象救助、流浪乞讨人员救助等，社会救助具有缓解贫困问题、推动社会公平和社会文明进步的功能。1999 年，国务院发布了《城市居民最低生活保障条例》，2003 年，在城市居民低保制度取得重大突破后，民政部开始重新部署农村低保制度的建设工作，农村低保政策也得到快速发展，我国基本建立了包含最低生活保障、乡村贫困救济、农村五保户制度、灾害救济和特殊对象救助等内容的现代社会救助体系，困难群众的基本生活得到有效保障。近年来，上海、北京、南京等国内发达地区相继调整城乡居民最低生活保障，破除城乡二元壁垒，促进城乡公平，实现了城镇居民低保和农村低保标准的“并轨”。

社会优待与抚恤政策或制度简称社会优抚。社会优抚和社会救助不同，其内容涉及社会保险、社会救助以及社会福利等，带有综合性的特点。作为一种社会保障制度，它是针对现役、退伍、复员、残疾军人及烈属这一特定的群体所设立的。社会优抚一般是指国家和社会对军人及其家属所提供的各种优待、抚恤、就业、养老安置。我国的社会优抚政策，是国家和社会依据法律制定的对优待抚恤对象实行优待和抚恤的政策，其目的是保障这部分对国家做出特殊贡献人群的基本生活。党和政府历来重视优抚保障工作，在新中国成立之初就提出和颁布了一系列优抚政策和制度，并通过行政立法手段保证优待抚恤政策的贯彻落实，保障特殊社会成员的基本生活。2004 年 10 月，民政部发布了《军人抚恤优待条例》，我国目前优抚政策主要是针对军人及其家属的，在这一范围内，青年是军人及其家属的主要构成群体，因此，优抚政策在相当大程度上具有青年社会保障的意义。此外，社会优抚政策在维持社会稳定、保卫国家安全、促进国防和军队现代化建设方面发挥了重要作用。

（五）青年社会福利政策

青年社会福利政策是一套谋求青年健康成长发展的方针或行动准则，青年社会福利政策是指国家针对青年群体更为特别的一些生活需要、安排提供相应福利照顾与服务的政策，其主要目的在于促进青年健康成长、发展和实现自我价值。青年社会福利政策的实施主体是国家，它体现国家意志，具有法定的权威性。

从青年福利政策的法律形式看，国家层面，我国有《中华人民共和国宪法》《中华人民共和国婚姻法》《中华人民共和国劳动法》《中华人民共和国刑法》等以国家基本法的形式对青年基本权利的保障，也有《中华人民共和国教育法》《中华人民共和国义务教育法》《全国人民代表大会常务委员会关于禁毒的决定》等具体对青年的特殊保护立法，也有对青年福利相关机构和部门的规定，例如，《学校卫生工作条例》《中学生勤工俭学暂行工作条例》《国家助学贷款管理办法》等。从内容构成上来讲，我国青年的社会福利政策包括青年基本权利及相关保护政策，青年教育及相关服务政策，青年健康及相关服务政策，困境儿童青年社会救助及相关服务政策，青年福利服务政策和青年劳动就业及相关服务政策。

国家层面关于青年的社会福利政策较为丰富，为青年工作、生活、生存、成长、发展创造了很好的环境，这不仅体现了政府对青年工作的高度重视，也体现了国家和社会对青年的关心爱护。近年来，我国青年社会福利政策也在不断发展，国家财政和地方财政统筹资金，为青年群体中的孤儿、残疾儿童、精神病人等特殊人员提供社会福利待遇，如社会福利院、精神病医院的收养和治疗。同时，我国在社会福利政策方面还提出了各种补助补贴和休假待遇，如冬季取暖补贴、生活困难补助等，以及带薪的公休假、年休假、探亲假、婚丧假等待遇。目前，我国正在加快社会福利事业的发展，逐步建立了由共青团系统、民政系统、各类青年社会服务机构组成的青年福利行政系统，坚持根据青年需求建立完善青年社会福利政策，扩大社会福利的覆盖面，提高福利水平，推进社会福利政策的落实和完善。

（六）青年劳动力市场的社会保障政策

为有效应对当前严峻的青年就业问题，我国政府所采取的是一种积极的劳动力市场社会保障政策，即针对大学生、城镇失业人员、进城务工人员以及青年农民等集中开展就业与创业的培训。与此同时，随着我国社会救助制度的不断发展与完善，加之城乡的住房、医疗以及教育等方面救助的逐步推进，青年劳动力市场的社会保障政策对我国的青年也起到了积极的保护作用。

人力资源和社会保障部、财政部、国家税务总局于2008年联合发出《关于采取积极措施减轻企业负担稳定就业局势有关问题的通知》,《通知》提出“五缓四减三补贴”的就业保障措施，其中包含：允许困难企业在一定期限内缓缴社会保险费，暂时无力缴纳社会保险费的困难企业可以在一定期限内缓缴社会保险费，在2009年年内适当降低城镇职工基本医疗保险、失业保险、工伤保险、生育保险的费率等措施。2009年5月，国务院召开会议，强调必须把高校毕业生就业摆在就业工作的首位，并提出了加强高校毕业生就业工作的7项举措。为更好地解决青年就业问题尤其是大学生的就业问题，我国的各级政府积极号召广大青年、大学生等投身于祖国西部、基层以及艰苦地区的社会建设，并对响应号召的广大青年和大学生实行保留户籍、考研加分照顾、报考体制内岗位优先录取等一系列的优惠政策。同时，对应届高校毕业生、创业青年等个体经营者，采取予以免除行政事业性收费、提供小额贷款以及担保的优惠政策。可以看出，国家针对青年劳动力市场的社会保障政策主要是围绕就业制定的，政府主要采取的措施：提供就业技能培训，帮助获取就业信息，并给予创业技能指导和经费支持等。

三、青年社会保障政策的效果简评

纵观我国青年社会保障政策，对青年的社会保障随着市场化而不断完善、不断健全，国家建立了涵盖青年的普遍社会保险政策，全面的青年就业保障政策，社会参与、共同支持的残疾青年社会保障政策，覆盖青年的社会救助水平也越来越高。同时，国家也逐渐开始有侧重性地出台不同青年群体的社会保障政策，政策的针对性逐渐增强，青年社会保障政策覆盖面也越来越广。

（一）普遍的青年社会保险政策

从 1998 年我国创建城镇职工基本医疗保险制度开始，国家陆续将符合参保条件的青年群体纳入国家医疗保险政策之中，建立了涵盖青年的城镇居民养老保险、医疗保险、生育保险、工伤保险、失业保险等保险保障制度。伴随着新型农村合作医疗制度的启动，我国社会保险政策实现了由覆盖城镇职工向覆盖城乡居民的突破性转变。同时，伴随着社会保障事业的发展，我国社会保险覆盖范围不断扩大。人社部网站信息显示，截至 2017 年年底，全国基本养老、基本医疗、失业、工伤、生育保险参保人数分别达到 9.15 亿人、11.77 亿人、1.88 亿人、2.27 亿人、1.92 亿人；五项基金总收入 6.64 万亿元，同比增长 23.9%，总支出 5.69 万亿元，同比增长 21.4%，我国社会保障卡持卡人数达 10.88 亿人，覆盖青年的全民参保登记信息库已基本建设成型，国家已建立起涵盖青年的普遍社会保险政策体系。

（二）全面的青年就业保障政策

就业是青年步入社会、走向职场的重要起点，与青年群体的生存和发展息息相关，在促进青年劳动者就业方面，政府的政策性服务作用非常明显。

新中国成立以来，党和国家在就业指导与服务方面采取了大量行之有效的措施。新中国成立初期，我国青年就业的渠道经历了数次变化，集体经济时期，青年就业的主要渠道从国有企业的招工逐渐过渡到后来国有、集体、个体等多种渠道。围绕经济形势的变化，伴随着中国劳动政策的改革，80 年代国家先后出台《关于招工考核择优录用的暂行规定》（1983 年）、《国营企业招用工人暂行规定》（1986 年）等多项就业政策，另外，国家加强对职业教育工作的重视，先后发布了《关于大力发展职业教育的决定》《中华人民共和国职业教育法》等政策法规，与此同时，1994 年，保障劳动者平等就业和取得劳动报酬、享有社会保险等的多方面就业权利的《中华人民共和国劳动法》正式颁布，就业保障以法律的形式确立。

21 世纪的市场经济更加活跃，更多的劳动者通过人力资源市场的方式就业，青年的就业保障政策更为全面，为规范就业市场，有效指导青年就业、创业，国家先后出台了促进包含高校毕业生在内的就业、创业激励帮扶等相关规定，特别是在高校毕业生就业制度改革之后，长期以来实行的大学生就业由国家统一分配的政策被取消，逐步施行了“自主择业、双向选择”的市场化就业政策。此外，根据大学生的就业需求，为保障大学生顺利就业，国家充分运用市场机制在高校毕业生资源配置中的作用，建立起了以高校毕业生为主的青年就业市场。

（三）全社会参与、共同支持的残疾青年社会保障政策

关注、关心、关爱残疾青年，帮助残疾青年走上社会、参与社会、融入社会是一项重要的社会保障工作。当前，我国有 8500 万残疾人，其中 14—35

岁的青年有443万。近年来，国家和相关部门不断推进残疾青年的社会保障和社会服务体系建设，把残疾人社会保障体系建设作为全面建成小康社会和构建社会主义和谐社会的一项重要而紧迫的任务，纳入经济和社会发展大局。截至2016年底，全国成立残疾人法律援助工作协调机构1921个，建立残疾人法律救援工作站1670个。国家将符合条件的残疾人全部纳入城乡最低生活保障制度，实现应保尽保；通过不断加大投入，提高低收入残疾人生活救助水平；城乡残疾人普遍加入基本养老保险和医疗保险；扩大残疾人社会福利范围，提高残疾人社会福利水平，加快残疾人社会保障事业的发展。为切实将关爱残疾人各项工作落到实处，全国各地也不断丰富助残内容与形式，号召全社会共同参与到助残的爱心事业中。通过在残疾人就业、创业等方面制定相关扶持政策，推动机关、事业单位安置残疾人就业，扶持农村残疾人发展家庭手工业等措施精准开展残疾人就业创业服务，不断完善残疾人社会保障和服务政策措施，着力推进残疾人社会保障事业发展。全社会参与、共同支持的残疾青年社会氛围逐渐形成，残疾人就业和社会保障工作成效显著。

四、当代青年面临的主要问题及青年急需社会保障

（一）全球青年所面临的共性问题

1. 青年失业问题

青年问题遍及全世界，青年失业问题是全球普遍关注的社会问题。当前，从世界范围来看，越来越多的发达国家青年处于长期失业状况，发展中国家的青年失业率也不容乐观，青年失业率递增趋势明显，青年失业率明显高于成人失业率。青年长期失业会导致青年逐渐丧失劳动技能和求职信心、降低职业适应力等一系列的不良后果，会对青年再就业产生长期的负面影响，不

利于青年发展。

2. 青年贫困问题

青年贫困问题是世界青年面临的另一个共同问题。一般青年贫困是指青年经济上的匮乏，如果青年所拥有的生产手段不具备保障最低生活水平需求，则可以认为青年陷入贫困。

张元研究日本青年发现，在进入“后泡沫经济时代”以后，企业生产经营受阻，日本国力下降，日益加剧的失业问题导致青年经济差距拉大，青年贫困成为影响社会发展的不稳定因素。[①]关于中国青年贫困问题的研究，鞠士奇、刘雪晨将中国青年贫困聚焦于青年群体在经济上的工作贫困以及教育上的知识贫困两大方面[②]。当前，不少青年的生活水平并不能达到社会最低生活水平，青年阶层的低收入及贫困问题日趋明显。

（二）中国不同青年群体的需求及青年急需的社会保障

1. 不同青年群体的需求

青年需求（需要）是青年在社会上生活的基本需求，广义的青年需求包含了政治、经济、社会、道德、生理、心理等许许多多的综合指标，不同的青年群体具有不同的需求特点。

在青年群体划分方面，国外青年普遍按照其年龄和社会角色参与社会保险计划[③]，一般将青年分为青年学生、有工作的青年以及失业或没有职业的青年三类。国内有学者将青年分为在职青年、在学青年和非在职在学的社会闲散青年三类[④]，还有学者按地域将青年划分为城市青年和农村青年两类。本报告将我国青年群体分为在校学生群体、在职青年群体和特殊青年群体三类。对我国不同群体青年的社会需求梳理如下。

---

① 张元:《日本青年贫困化之原因探析》,《青年探索》2016 年第 02 期。
② 鞠士奇、刘雪晨:《中国青年贫困问题研究》,《经贸实践》2016 年第 18 期。
③ 梁宏志:《青年群体社会保障制度的中外比较与启示》,《开放导报》2010 年第 06 期。
④ 刘刚、李永敏:《青年发展指标体系构建及测量方法》,《中国青年研究》2011 年第 01 期。

首先，青年在校学生的需求。青年在校学生处于受教育阶段，大多在14—25岁的年龄区间，中学生、职业教育学校学生和高校大学生等构成了在校学生青年群体。在校学生大多处于个体由青年向成年人过渡的重要时期，此时的青年彰显个性、憧憬美好、身心逐渐走向成熟。中学生有友谊、理解尊重、独立自主、自我发展等需求[①]，大学生有安全、生存、身体健康、就业、求知、发展、交往、奉献等种种需求[②]。教育具有引导青年学生树立正确的世界观、人生观、价值观的作用，因此，也可将青年在校生的需求概括为受教育需求。

其次，在职青年的需求。在职青年步入社会、走向职场，有更为现实的想法和需要。他们更关心个人进步、事业发展、工资水平、住房环境等切身利益问题。他们面临婚恋、生育、就业、创业、职业发展、社会融入与社会参与、文化休闲与权益保护等诸多问题，特别是高速发展的城镇化导致房价迅速上涨，住房问题已严重影响到青年一代的发展进步，住房需求也成为青年的一项迫切需求。此外，刘俊彦对北京、河北、山东和四川等地新生代农民工发展状况的抽样调查显示：与城市青年群体不同，农民工青年群体有收入增加、渴望学习和发展、融入城市生活等需求[③]。

最后，特殊青年群体的需求。残疾青年是特殊青年群体，我国有443万14—35岁的残疾青年[④]，相对于普通青年而言，残疾青年对教育、医疗和就业方面的保障需求更加迫切。失业问题是全球性问题，失业青年是另外一个特殊的青年群体，失业是导致青年陷入贫困的主要因素，青年失业者有着强烈的再就业需求。

对比不同青年群体的需求，可以发现，在校青年教育需求较强，青年毕业生稳定就业需求较强，在职青年住房需求较强，青年农民工增加收入、融

① 杨丽珠：《中小学生需要倾向性发展研究》，《辽宁师范大学学报》1989年第02期。
② 胡金连等：《现状、变迁与启示：我国近30年大学生需要研究述评》，《昆明理工大学学报》（社会科学版）2015年第03期。
③ 刘俊彦：《当代青年需求及其特征分析》，《中国青年政治学院学报》2014年第04期。
④ 共青团中央专项课题组：《中国青年发展状况综述》，《中国青年研究》2017年专刊。

入城市生活的需求更强烈。

2. 当代青年生存发展急需的保障

人的一生中，青年阶段是重要的“过渡阶段”，每个人在青年阶段都会面临形式各样的问题。在青年生存发展面临的问题方面，有研究显示，住房问题、个人发展环境问题和权益保障问题是青年最希望解决的个人发展问题[①]。学者徐明（2017）将青年所面临的问题聚焦于就业问题、住房问题和教育问题。[②]根据我国不同青年群体的需求特点，从社会保障的视角，本报告将青年急需的保障聚焦于就业、教育、住房和家庭养老等四个方面。

第一，就业保障需求。就业促进（就业保障）是指国家为了保障公民实现劳动权所采取的扩大就业机会、创造就业条件的各类措施的总称。当前，国际社会普遍认为青年社会问题的焦点仍然是就业问题。2016 年，国际社会保障协会将青年失业挑战列入十大全球性挑战[③]。

就业是事关青年生存和发展双重需要的重大民生问题，就业保障是国家社会保障环节中的重要一环，关乎整个社会的和谐稳定。就业风险是青年发展过程中面临的主要风险，青年刚刚步入社会，处在职业化开始的最初阶段，有朝气、有活力、有较高的可塑性，是重要的人力资源，此阶段更需要社会帮助、引导、指导和鼓励。就业保障需求是青年发展过程中最重要的生存保障需求。

第二，教育保障需求。教育同样是极其重要的民生问题，教育对于人的发展至关重要。国际劳工组织（ILO）发布的《2017 年全球青年就业趋势》（Global Employment Trends for Youth 2017）报告显示，教育与就业有着密切的关系，受教育时间长短和找工作用时成反比，青年受教育时间越长，越容易找到工作。

---

① 徐柳、张强:《广州蓝皮书：广州青年发展报告（2017）》，社会科学文献出版社 2017 年版，第 285 页。

② 徐明:《当代青年社会保障问题及对策研究》,《中国青年研究》2017 年第 03 期。

③ 冯利民、张春红:《全球社会保障面临的十大挑战》,《中国社会保障》2016 年第 12 期。

当前，教育公共支出投入不足致使我国教育长期面临师资力量薄弱、教师整体素质不高、教育资源分配不公（择校问题、升学录取线分数差异等）、高校专业设置不合理、学生在学校学习的知识和就业的相关度不高、高等教育培养水平低等多种需要解决的问题，并由此导致了青年不能接受优质教育、平等享受教育资源的教育不公问题。

青年处在接受教育的关键阶段，青年受教育程度直接影响其就业和收入水平，人在青年时期接受良好的教育对于个人发展有着十分重要的作用。因此，教育保障是青年急需的社会保障。

第三，住房保障需求。人类最基本的生存需求无外乎“衣、食、住、行”，住房对于青年工作、生活、家庭的重要性显而易见。相较其他群体而言，青年群体住房需求更为刚性。当下，城市“高房价”现象已成为共识。新世纪，青年住房困难问题已陆续显现，不少青年被冠以“蚁族”“房奴”“啃老族”等称号。青年住房问题已成为制约青年生存发展的重要问题。首先，“高房价”让城市青年背负了沉重的经济负担，多数青年沦为房奴，严重影响其生活质量。其次，青年住房支出占可支配收入比例过高，囊中羞涩的青年不得不牺牲开阔视野、积累社会经验、扩大社交圈等社会交往活动，青年事业发展受阻。再者，购房结婚观念亦是导致中国出现“剩男剩女”“佛系青年”的一大因素。最后，当青年群体喊出“晚买一年房、十年都白忙”的口号时，无疑助长了拜金主义思想，高房价压力已严重影响青年价值观，致使部分青年丧失工作兴趣、奋斗目标。

第四，家庭养老保障需求。我国人口老龄化趋势明显，社会养老体制机制仍在不断完善的过程中，子女仍是家庭中父母养老的重要依靠。城镇大多数独生子女青年组成的家庭要承担双方 4 位老人的养老责任，加之青年群体收入跑不过社会平均水平，青年群体逐渐成为相对贫穷和失落的群体，养老负担沉重。此外，国家养老政策发展严重不均衡、不全面，特别是城乡养老保险保障水平差异巨大，农民养老保障金可谓“杯水车薪”，他们的养老保险保障水平极低，大量农民子女青年面临较重的家庭养老负担。再加上青年群体相对收入低，高房价压力下，没房的青年仍在“积攒首付”上疲于奔命，很难有效支撑父母的家庭养老需求，沦为“房奴”的青年们，家庭养老负担更加繁重，青年家庭养老保障需求迫切。

五、中国青年社会保障的问题分析及政策展望

（一）当代中国青年社会保障的问题分析

1. 户籍制度导致的青年社会保障政策差异

长期以来，我国“农业”和“非农业”二元户籍管理模式引发的有关贫富差距、城市差异、身份歧视、地区差异、就业歧视、边缘群体、弱势群体、农村贫困、高考分数线差异等历史遗留问题难以全面解决。基于城乡二元结构形成的社会保障政策体系也呈现了明显的二元化特征，虽然国家进行了户籍制度改革，但农村社会保障问题并没有得到充分重视，致使城镇和农村社会保障的不均衡发展。同时，也导致了不同青年群体在就业、教育、医疗、社会福利等方面的权益不同。

特别是渴望扎根城市生活的青年农民工群体在由“新生代农民工”向“新市民”身份转变的过程中，由于农民工群体自身工作起点低、收入水平低、工作稳定性差等因素，其实现城市生活梦想的征程布满坎坷。特别是在社会保障方面，受城乡二元结构的影响，青年农民工社会权益缺失，面临参保比例低、养老保障关系转接难、工伤保险难兑现、难以享受失业保险待遇和生育保障水平差等诸多问题。

2. 单独针对青年的社会保障政策缺乏

我国并没有建立严格意义上针对青年的社会保障政策体系，现有的关于青年的社会保障政策都包含在国家统筹的各项社会保障政策中。政府制定的社会保障政策是覆盖全民的社会保障，缺少对青年的针对性，没有单独的青

年社会保障制度或 ×× 青年群体社会保障制度，同时，也缺乏针对不同青年群体的社会需求特点的制度安排，社会保障政策不能完全体现党和国家对青年的关注、关怀。

3. 青年家庭发展保障问题

新时代，房子已然成为婚姻的必需品，背负房贷的“80后”“90后”青年们，在家庭发展方面面临重重困难。一方面，安稳的住所是青年拥有归属感和安全感的前提条件，房价越来越高，青年的收入增长远远追不上房价的上涨速度，房价飙升已严重影响青年的归属感和安全感，越来越多的青年对买房望洋兴叹。另一方面，随着经济的发展，老年医疗支出等养老成本逐年增高，青年子女在赡养老人方面负担较重，加之随着人口老龄化问题的加剧和赡养比的逐年攀高，养老保险保障不足问题已逐步显现。高房价下，背负房贷的青年很难承担好赡养老人的责任，已严重影响青年家庭发展。

4. 青年教育保障问题

教育在青年的发展过程中发挥着非常重要的作用，教育对于青年的生存意义重大。在社会不平衡、不充分发展的情况下，我国教育面临的首要问题是国家教育投入问题。国际上普遍拿公共教育支出占国民生产总值（GNP）或国内生产总值（GDP）的比重来衡量政府的教育支出。我国公共教育投入水平较低[①]，直至2012年，才实现1993年《中国教育改革和发展纲要》中提出的教育投入占GDP4%的低水平目标。教育资金投入不足，青年获得的教育保障水平就低，它会影响教育体系的各个环节，对青年受教育者的影响更大。

（二）基于获得感提升的青年社会保障政策展望

让青年拥有更多获得感是党中央青年政策的主要目标之一。“获得感”从字面上可以理解为人们在获得利益需求时的满足感。获得感建立在覆盖全面、

① 陈纯槿、郅庭瑾：《世界主要国家教育经费投入规模与配置结构》，《中国高教研究》2017年第11期。

高水平、更公平的社会保障体系之上。[①]2015年年初，习近平总书记在中央全面深化改革领导小组第十次会议上的讲话中强调："处理好改革'最先一公里'和'最后一公里'的关系，……防止不作为，把改革方案的含金量充分展示出来，让人民群众有更多获得感。"[②]获得感自此成为一个别具中国特点的概念，它是评估民众是否切实享有改革成果的核心指标[③]。党的十九大报告中指出："中国特色社会主义进入新时代，我国社会主要矛盾已经转化为人民日益增长的美好生活需要和不平衡不充分发展之间的矛盾。""人民对美好生活的向往，就是我们的奋斗目标。"作为党中央治国理政的目标导向，人民对美好生活的向往就是让人民群众有更多的获得感，就是不断满足人民对美好生活的需要，就是要使改革成果让全体国民共享。

青年社会保障政策的完善、发展和青年获得感密切相关。覆盖全面、高水平、更公平的青年社会保障政策是让青年群体拥有更多获得感的基础。市场经济体制确立以后，数量庞大的高校毕业生就业问题突出，特别是随着我国城镇化发展步伐的加快，更多的农村青年走向城市就业，就业形态不断变化引发青年就业过程中的不稳定因素和变化因素增多，青年就业的结构性矛盾更为突出。尤其是面对我国不断加剧的人口老龄化，不断上涨的疯狂房价，生存压力巨大的当代青年，有着更加迫切的社会保障需求。

1. 建立城乡平等的社会保险制度，公平提升青年获得感

当前，我国城镇职工医疗报销、工伤保险、新型农村合作医疗保险、城镇居民医疗保险等不同险种基本实现了居民病有所医的政策目标，全民参加医疗保险的基本目标也已经实现。但是各种保险由于险种、参保缴费标准、政府补贴额度、报销比例的不同产生了保障程度的差异。农村青年和城市青年的保障有一定程度差异，城市在职青年和无业青年保障程度也有所不同，

① 曹现强、李烁：《获得感的时代内涵与国外经验借鉴》，《人民论坛·学术前沿》2017年第02期。

② 刘刚、李永敏：《青年发展指标体系构建及测量方法》，《中国青年研究》2011年第01期。

③ 杨丽珠：《中小学生需要倾向性发展研究》，《辽宁师范大学学报》1989年第02期。

特别是青年农民工参加社会保险比例低的局面仍未得到显著改善。《2014 年全国农民工监测调查报告》显示，农民工参加城镇职工养老保险和医疗保险的比例都在 20% 左右，这说明包含青年在内的大部分农民工不能享受城镇居民的养老、医疗保险，他们仅参加低水平的农村社会养老保险和新农合。

在 2020 年即将全面建成小康社会之际，为坚持共享发展、增进人民福祉，在实现“全民参保”的基础上，应把让不同青年群体平等享受到社会保险的福利政策作为青年健康发展的最终目标，力争消除城乡差别，建立覆盖全体青年统一的基本医疗保险、养老保险、工伤保险、生育保险等保险制度，促进城乡青年平等享有社会保障。

2. 制定专门的青年社会保障政策，有针对性地提升青年获得感

青年获得感是青年在追求美好生活需要的生存发展过程中的满足感。在建立覆盖面广、高水平、更公平的社会保障政策时，应准确把握青年的需求。当代青年在就业、教育、住房、家庭养老等方面呈现的需求比较迫切，涵盖青年的国家统一的社会保障政策很难满足青年的需要，在青年社会保障政策构建方面，应根据不同青年群体的需求差异特点，从解决好青年群体最关心的现实利益问题出发，尽快单独出台青年的社会保障政策。一要坚持问题导向，关注青年急需的生存和发展需要。二是体现政策差异，在政策制定的过程中适度向青年农民工群体、青年残疾人群体、青年贫困和失业群体等特殊青年群体倾斜，为他们实现出彩人生建立基础保障。

3. 推进养老制度改革，保障青年家庭发展，提升青年家庭获得感

新时代，青年子女在赡养老人方面负担较重。一方面，随着经济的发展，老年医疗支出等养老成本逐年增高，加重了青年子女的经济负担。另一方面，随着人口老龄化问题的加剧和赡养比的逐年攀高，养老保险保障水平不足的问题已逐步显现。2016 年年底的统计显示，全国有 2.3 亿 60 岁及以上老年人口，占总人口的 16.7%[①]，2020 年，我国预期老龄化水平将达到 18%。然而，

① 国家统计局：《2016 年社会服务发展统计公报》，2017 年 08 月 03 日，见 http://www.mca.gov.cn/article/sj/tjgb/201708/20170815005382.shtml。

在老年人口不断增加的同时，青年人口总量和比例却呈现了逐渐下降的趋势。资料显示，2015年年底，我国14—35岁的青年约4.33亿，到2018年年底的青年预期总量约4.03亿，青年人口占比将从2000年的37%下降至2018年的31%，下降6个百分点。中国青年人口的数量呈现持续减少的趋势，2020年以后青年人口减少的趋势将更严重[①]。

养老保险是社会保障的一个重要方面，完善社会养老保障体系，应大幅提升全社会居民养老保障水平，尤其是要重点增加农村养老保险待遇，不断缩小城乡养老待遇差距，唯有如此，才能全面消除“养儿防老”等传统观念，真正减轻青年子女的养老负担，切实提升青年家庭的获得感。

4. 深化教育改革，提升教育质量，保障青年享有更多的获得感

“百年大计、教育为本”，做好青年教育保障工作，国家应坚持以消除各级各类青年获得教育资源的不公平为突破点，加大教育资金投入，切实解决各种教育问题，逐步提高教师素质、提升教育水平，保证青年教育质量，促进优质教育发展，确保青年高质量成长，保障青年在接受优质教育的过程中享有更多的获得感。

“青年兴则国兴，青年强则国强。”中华民族伟大复兴的中国梦要靠代代青年接续奋斗方能实现。国家的未来和民族的希望寄托在青年手里，拥有青年才能掌握未来。健全和完善青年社会保障体系，是党和国家关心、爱护青年的重要举措，是满足青年基本生活需要、安全需要，促进青年顺利发展的重要保证，是保障青年获得感的重要政策支持，是青年为实现中华民族伟大复兴中国梦而不懈奋斗的力量源泉。青年社会保障体系的发展和完善，应牢牢坚持青年社会需求问题导向，以实现青年社会保障均等化为目标和突破口，重点关注青年在就业、教育、住房、家庭养老等方面急需的保障需求，把青年获得感提升作为青年社会保障政策实施效果的目标导向，制定针对性更强、更公平、更能提升青年获得感的社会保障政策。

---

① 王羚：《未来五年至少减2000万人 青年人口数量减少须早应对》，《第一财经日报》2018年01月12日。

第十二章　港澳青年政策的发展与优化

港澳青年工作是中央港澳工作的重要组成部分，关乎“一国两制”在港澳地区的实施，关乎港澳地区的未来发展，具有重要的战略意义。广义上的港澳青年工作政策包括以下三个方面的内容。一是中央政府确立的对港澳青年的工作政策，包括教育政策、就业政策、置业政策、创业政策、生活政策等，其特点是中央政府单方决定或者基于《关于建立更紧密经贸关系的安排》（CEPA 协议），对港澳普遍适用的政策方针。比如教育部、公安部、财政部、人力资源社会保障部、国务院台湾事务办公室、国务院港澳事务办公室 2016 年 10 月 12 日制定的《普通高等学校招收和培养香港特别行政区、澳门特别行政区及台湾地区学生的规定》就属于此范畴。二是香港特区政府和澳门特区政府制定的本地青年政策，目前港澳均已经成立青年发展机构，专司青年政策的咨询、制定、执行和协调。比如香港在 1990 年就成立了半官方的咨询机构“青年事务委员会”，成员由民政事务局局长委任，包括社会各阶层人士及政府部门代表，就青年事务向行政长官提供意见、就青年事务与政府其他咨询机构交换意见和数据等。由香港特区政务司司长主持的“青年发展委员会”在 2018 年上半年成立，以加强政府内部政策统筹，从而更全面及有效地研究及讨论青年人关注的政策议题，并推动跨局、跨部门协作，一同落实委员会议定的政策措施。三是内地各地方政府（特别是广东省各级政府和群团组织）制定的面对港澳青年的地方性政策，其更具灵活性、针对性和实验性。比如广东省各级青年联合会组织自 2015 年起实施的“青年同心圆计划”，长期联系近 150 家港澳青年社团，以“亲情”“友情”“商情”的“三情模式”为核心，开展寻根问祖、主题夏令营、实习体验、创业实践等 180 个交流合作项目，这就属于地方性的港澳青年政策。

港澳青年政策在“一国两制”的政治框架内具有重要地位。一方面，青年政策是中央政府对港澳政策的重要组成部分，青年工作的成败直接关系到“一国两制”的发展和港澳特区的长治久安。目前中央港澳协调小组作为负责香港和澳门工作的最高议事协调机构，中央统战部、全国人大香港（澳门）基本法委员会、全国政协港澳台侨委员会、国务院港澳办、香港中联办、澳门中联办、各级共青团组织、中华全国青年联合会等机构和团体都参与了港澳青年政策的制定和执行。换言之，我国尚未有统一机构管理港澳青年工作，统战部门、港澳工作部门和共青团均负责港澳青年工作。另一方面，港澳青年政策具有当下和未来的双重意义，其既能够影响目前的港澳政治，也决定了此后十年和数十年内的港澳发展，所以得到中央政府的高度重视。2014 年 12 月，习近平主席《在庆祝澳门回归祖国 15 周年大会暨澳门特别行政区第四届政府就职典礼上的讲话》中就明确指出，“十年树木、百年树人。澳门青少年是澳门的希望，也是国家的希望，关系到澳门和祖国的未来。要实现爱国爱澳光荣传统代代相传，保证一国两制事业后继有人，就要加强对青少年的教育培养。要高度重视和关心爱护青年一代，为他们成长、成才、成功创造良好条件”。[①]2017 年 7 月，习近平主席“在庆祝香港回归祖国 20 周年大会暨香港特别行政区第五届政府就职典礼上的讲话”指出，“中央有关部门还将积极研究出台便利香港同胞在内地学习、就业、生活的具体措施，为香港同胞到广阔的祖国内地发展提供更多机会，使大家能够在服务国家的同时实现自身更好发展，创造更加美好的生活”。2017 年 10 月，十九大报告正式提出，“要支持香港、澳门融入国家发展大局，以粤港澳大湾区建设、粤港澳合作、泛珠三角区域合作等为重点，全面推进内地同香港、澳门互利合作，制定完善便利香港、澳门居民在内地发展的政策措施”。

① 习近平：《在庆祝澳门回归祖国 15 周年大会暨澳门特别行政区第四届政府就职典礼上的讲话》，《人民日报》2014 年 12 月 21 日。

因而，本研究报告以国家最新的港澳工作方针为指引，对中央政府确立的对港澳青年的工作政策进行梳理、总结和研究，兼及对港澳特区政府的青年政策、内地地方政府对港澳青年政策进行研究，与多名中央相关部门工作人员、香港青年智库研究人员、在内地高校就读港澳学生、港澳青年学生以及多个研究机构的资深学者进行了深度访谈交流，在内地和港澳收集了大量实证研究材料，旨在全面反映港澳青年政策的发展、问题和前景，为我国港澳青年决策提供参考。

一、港澳青年政策的形成和变迁

港澳青年政策作为中央港澳政策的组成部分，其在港澳政策中的地位和影响愈发重要。以香港中联办的内设机构为例，可以直观展示港澳工作的范围。目前香港中联办有23个内设机构，按照职能可以分为三类：第一类是内设职能机构（包括办公厅、人事部、宣传文体部、协调部、研究部、机关工作部、信息咨询室、保安部、行政财务部等），第二类是按照业务范围的对外部门（包括社会工作部、经济部、教育科技部、台湾事务部、青年工作部、法律部、社团联络部、警务联络部等），第三类是按照联系地区设立的部门（包括港岛工作部、九龙工作部、新界工作部、北京办事处、广东联络部、深圳培训调研中心等）。其中，青年工作部的前身是“新华社香港分社妇女与青年工作部”，主要职能是联系青年组织和团体、成立香港各界青少年活动委员会作为合作平台以加大合作空间，安排不同类型的跨组织合作活动。由此可以看到，目前青年事务已经与社会工作、经济工作、教育科技、法律事务、社团联络和警务联络等成为互相平行的政策和工作领域。为了更加准确地定位港澳青年政策，以下将对港澳政策的演变进行简单梳理，并在此基础上总结港澳青年政策的发展过程。

（一）中央对港澳政策的形成

1．党的代表大会报告（1992—2017 年）

从 1992 年 10 月“党的十四大报告”，开始涉及具体的港澳工作政策，提出“我国政府将继续加强与英国、葡萄牙两国政府的合作，使香港和澳门平稳过渡，保持长期稳定和繁荣”。到 1997 年 9 月“党的十五大报告”，就专门列出“推进祖国和平统一”章节，总结香港回归的历史意义，并明确“澳门回归的各项准备工作正在积极有序地进行，澳门完全可以实现平稳过渡、顺利交接，并保持长期发展和稳定”。2002 年 11 月“党的十六大报告”中把章名定为“‘一国两制’和实现祖国的完全统一”，提出“严格按照香港基本法和澳门基本法办事，全力支持香港和澳门两个特别行政区行政长官和政府的工作，广泛团结港澳各界人士，共同维护和促进香港和澳门的繁荣、稳定和发展”。2007 年 10 月“党的十七大报告”中首次明确提出，“保持香港、澳门长期繁荣稳定是党在新形势下治国理政面临的重大课题”，明确了港澳政策的重要地位。2012 年 11 月“党的十七大报告”明确提出“香港同胞、澳门同胞不仅有智慧、有能力、有办法把特别行政区管理好、建设好，也一定能在国家事务中发挥积极作用，同全国各族人民一道共享做中国人的尊严和荣耀”，这意味着党明确了积极促进港澳同胞参与国家事务。2017 年 10 月“党的十九大报告”进一步提出，“要支持香港、澳门融入国家发展大局，以粤港澳大湾区建设、粤港澳合作、泛珠三角区域合作等为重点，全面推进内地同香港、澳门互利合作，制定完善便利香港、澳门居民在内地发展的政策措施”。通过对十五大（1997 年）至十九大（2017 年）五次党的代表大会中港澳政策的关键词分析，可以看到发展、“一国两制”、祖国、同胞、稳定、回归、基本法、繁荣等构成了高频词汇。特别是在五次党代会报告中，祖国、国家、支持、保持、推进、维护、稳定、繁荣等词汇频繁出现，更能直观体现党对于维护香港繁荣稳定的政策的稳定性。（参见表 12–1，图 12–1）

表 12-1　党的十五大至十九大历次报告关于港澳政策高频词统计

关键词	出现次数	年均次数
发展	14	2.8
“一国两制”	13	2.6
祖国	12	2.4
同胞	9	1.8
稳定	9	1.8
回归	8	1.6
基本法	8	1.6
繁荣	7	1.4
内地	7	1.4
爱国	6	1.2
国家	6	1.2
支持	6	1.2
保持	5	1
推进	5	1
维护	5	1

图 12-1　党的十五大至十九大历次报告关于港澳政策高频词云图

2．国务院政府工作报告（1983—2018 年）

相比五年一度的党的代表大会报告，国务院政府工作报告中的港澳政策更加具体。从 1983 年政府工作报告中首次涉及港澳问题，提出“我们还将在适当的时候收回香港主权，并且采取适当措施维持香港繁荣”，此后，在国务院政府工作报告中关于港澳政策愈发翔实、具体和清晰，体现了中央政府对港澳问题认识的逐步深入。在 1984 年的政府工作报告中，专辟一段阐释了中国的香港政策，明确了在香港回归后采取的特殊政策：根据我国《宪法》第三十一条，成立香港特别行政区，由香港当地人自己管理，享有高度自治权；现行的社会、经济制度和生活方式不变，法律基本不变；香港将继续保持自由港和国际金融、贸易中心的地位，继续同各个国家和地区以及有关的国际组织保持和发展经济关系；英国和其他国家在香港的经济利益，将受到照顾。在 1985 年政府工作报告中，对中英谈判的情况进行了介绍，“本着友好合作、互相谅解的精神，经过同英国政府的平等协商，终于圆满地解决了香港问题，使和平统一祖国的神圣事业向前迈进了一大步，使中英两国的友好关系发展到了一个新的阶段，并为通过协商途径解决国际争端提供了新的经验”。在 1986 年政府工作报告中，重申了同英国通过谈判解决了香港问题。1987 年政府工作报告首次提出澳门问题，指出“中葡关于澳门问题的谈判业已圆满结束，并将于明天由两国政府代表团草签有关协议”。在 1988 年政府工作报告中，用了两段文字系统介绍了澳门问题的解决，以及香港基本法和澳门基本法的起草情况。1989 年、1990 年、1992 年政府工作报告中，介绍了中英和中葡联合声明的执行情况，以及两部基本法的起草情况。1993 年政府工作报告中，特意说明了英国单方面提出对香港现行政治体制进行重大改变的方案、违背中英联合声明的精神的事实，为我国中央政府放弃“直通车计划”“另起炉灶”提供了正当性基础。随着香港回归日期临近，1994 年、1995 年、1996 年、1997 年政府工作报告中对回归前的过渡措施和情况进行了介绍。

需要指出的是，在恢复主权行使之前，政府工作报告中所涉及的港澳政策只能是关于回归和过渡的安排，而在支持港澳特区依法施政方面则缺乏必要途径。在港澳陆续回归之后，港澳特区逐步被纳入国家整体规划视野之中。比如在 1998 年的政府工作报告中就指出，“中央政府全力支持香港特别行政区政府的工作，支持香港为应对东南亚金融危机的冲击而采取的措施”。在 1999 年政府工作报告中，开始提出香港和内地的合作，“我们将继续全力支持特区政府按照基本法施政，并和香港同胞一道，进一步推进香港与内地的经贸、科技、文化等各个领域的合作，促使香港经济早日复苏，维护香港的长期繁荣稳定”。在 2000 年政府工作报告中，鉴于香港和澳门的回归已经陆续顺利实现，由此提出了“支持香港特别行政区政府、澳门特别行政区政府依法施政，维护香港、澳门的繁荣和稳定”。在 2001 年的政府工作报告中，对于 21 世纪的港澳工作提出规划，“进入新世纪，我们将继续按照一国两制方针和基本法，全力支持香港、澳门特别行政区行政长官和政府依法施政，加强港澳与内地的经济合作及交流，维护香港、澳门的长期繁荣稳定”。2002 年、2003 年政府工作报告中，对于内地和港澳合作提出了更高要求，“进一步加强内地与香港、澳门的经贸、科技、文化、教育等领域的交流和合作”。由于 CEPA 协议在 2003 年 6 月正式签署，所以在 2004 年政府工作报告中提出了“切实做好内地与香港、澳门建立更紧密经贸关系安排的工作”。2005 年政府工作报告进一步拓展了内地和港澳交流范围，提出“加强内地同香港、澳门在经贸、教育、科技、文化、卫生等领域的交流与合作，促进香港、澳门长期繁荣、稳定和发展”，较之于从前增加了卫生领域。2006 年政府工作报告在此基础上又增加了体育领域的交流内容。2007 年政府工作报告对特区政府工作提出新的要求，“全力支持香港、澳门两个特别行政区行政长官和政府依法施政，发展经济，改善民生，促进和谐”，这比此前单纯的“全力支持香港、澳门两个特别行政区行政长官和政府依法施政”增加了发展经济和民生的要求。2008 年政府工作报告又增加了环保领域的交流合作，即提出“进一步加强内地与两个特别行政区在经贸、环保、科技、教育、文化、卫生、体育等领域的交流合作”。

从 2009 年开始，政府工作报告中关于港澳的政策表述开始进一步丰富起来。2009年政府工作报告指出，“进一步加强内地与港澳的合作，巩固香港国际金融中心地位，促进澳门经济适度多元发展。加快推进与港澳地区货物贸易的人民币结算试点。不断拓展粤港澳三地合作的深度和广度。加快推动港珠澳大桥、港深机场铁路、广深港高速铁路等基础设施建设。扩大内地服务业对港澳的开放。采取有效措施支持港澳在内地企业特别是中小企业发展，缓解经营困难”。2010年政府工作报告提出，“支持香港巩固并提升国际金融、贸易、航运中心地位，发展优势产业，培育新的经济增长点。支持澳门发展旅游休闲产业，促进经济适度多元化。要认真实施珠江三角洲地区改革发展规划纲要，积极推进港珠澳大桥等大型跨境基础设施建设和珠海横琴岛开发，深化粤港澳合作，密切内地与港澳的经济联系”。在这些政策的基础上，2011年政府工作报告又提出“进一步提高内地与港澳合作的机制化水平，支持粤港澳深化区域合作，实现互利共赢”。2012年政府工作报告着重提出对港澳开放内地市场，“衔接和落实好支持港澳经济社会发展的系列政策措施，大幅提升内地对港澳服务贸易开放水平，加快推进港珠澳大桥等基础设施建设和对接，深化合作，支持港澳参与国际和区域经济合作”。2013年政府工作报告指出，“港澳同内地交流合作提高到新水平”。2014年政府工作报告提出“进一步扩大内地与港澳合作，促进港澳自身竞争力提升。在国家全面深化改革和现代化进程中，香港、澳门一定会实现更好发展”。

鉴于香港在政治改革中出现的问题，2015年政府工作报告一改以往“全面准确落实基本法”的说法，首次提出“严格依照宪法和基本法办事”。按照中央政府的官方解释，之所以首次将宪法首次明确作为特区运作的依据，“是希望香港社会了解特区与国家的关系，以及香港在宪政体制的地位”①。这意味着，从经济到政治，中央政府试图通过强调宪法在特区的适用，从而在“一国两制”的语境中解决香港市民的国家认同问题。与此同时，2015年政府工作报告也指出“加强内地与港澳各领域交流合作，继续发挥香港、澳门在国

① 王大可：《李克强解读香港热点引热议》，《人民日报》（海外版）2015年03月16日。

家改革开放和现代化建设中的特殊作用”。在这个论断的基础上，2016 年政府工作报告中关于港澳政策表述为“发挥港澳独特优势，提升港澳在国家经济发展和对外开放中的地位和功能。深化内地与港澳合作，促进港澳提升自身竞争力”。2017 年政府工作报告在政治和经济两方面对港澳政策提出要求，在政治方面指出“港独是没有出路的”，在经济方面强调“要推动内地与港澳深化合作，研究制定粤港澳大湾区城市群发展规划”。2018 年政府工作报告，在继续强调“全力支持香港、澳门特别行政区政府和行政长官依法施政，大力发展经济、持续改善民生、有序推进民主、促进社会和谐，支持香港、澳门融入国家发展大局，深化内地与港澳地区交流合作”的同时，特别在“扎实推进区域协调发展战略”部分提出“出台实施粤港澳大湾区发展规划，全面推进内地同香港、澳门互利合作”——把粤港澳大湾区和京津冀协同发展、雄安新区、长江经济带发展、西部大开发、东北等老工业基地振兴、中部地区崛起等共同列为国家级层面的区域发展战略。

通过以上对党的大会报告和政府工作报告的概览，可以看到中央政府对港澳政策的变迁轨迹：一是中央对港澳工作的政策逐步细化，从最初推动港澳顺利回归，到支持港澳特区行政长官和政府依法施政，再到积极促进港澳融入国家发展战略，对于港澳工作的内容逐步细化，体现了中央政府的规划能力和吸纳能力；二是中央政府从侧重经济措施到政经并举，特别是 2015 年明确把宪法作为港澳政策的最高依据，以及 2017 年提出“港独是没有出路的”，这都明确显示出中央政府把国家认同作为港澳政策的基础，所有的经济措施都必须建基于港澳的政治方向不能出现歧异；三是随着中国经济实力的增长和改革开放的深入，港澳作为连通中国和西方的窗口作用逐步降低，但是港澳仍会发挥其特殊作用，特别是粤港澳大湾区建设将为港澳发展提供持续动力；四是“一国两制”原则不是封闭性的制度屏障，并不排斥中央政府制定港澳发展的长远规划，在现阶段中央政府需要积极规划港澳长远发展，把港澳纳入国家发展的整体规划，为港澳繁荣稳定提供腹地和机会。

（二）中央港澳青年政策的变迁

在中央对港澳整体政策的发展语境下，港澳青年政策也在不断调整和充实。2016 年 3 月 3 日，俞正声主席向全国政协十二届四次会议所做的工作报告中提出“加大对港澳青少年工作力度，组织以港澳政协委员为主导的青年社团代表到内地进行体验式学习考察，让他们亲身感受国家发展成就，增强国家意识”。2017 年 1 月，时任中央统战部部长孙春兰在“2017 年全国统战部长会议”上的讲话指出，“以增进认同、深化交融为目标，重点关注港澳台海外基层民众、青年学生、知识精英等群体，开展国情考察、寻根谒祖等活动，力争喜闻乐见、入脑入心”。2017 年 3 月 3 日，俞正声主席在工作报告中继续强调“组织港澳委员赴内地考察，通报内地经济社会发展情况和政协工作情况，就支持港澳青年在广东自贸区发展创业开展调研，组织以香港委员为主导的青年社团代表赴内地体验交流，持续推进澳门青年赴内地实践研修，增进国家认同、民族认同、文化认同”。2017 年 4 月，中共中央、国务院印发《中长期青年发展规划（2016—2025 年）》对港澳青年政策进行了系统规划，其要点包括：（1）增强港澳台青年的国家认同、民族认同和文化认同。实施港澳台青少年交流计划，以中华文化为纽带，不断探索创新工作方式，提高交流实效，实现在多元文化背景下包容差异、消除隔阂、增进认同。（2）积极创造条件，搭建港澳台青年来内地创新创业平台，支持港澳台青年在国家发展及海峡两岸暨港澳经贸融合中寻找发展机会，为港澳台青年就业创业提供便利服务。（3）进一步扩大内地与港澳青少年之间的交流规模，提升交流质量。继续办好港澳青少年实习实践、体验营、训练营和形式多样的交流考察活动，支持内地与港澳青年组织举办青年论坛，组织青少年开展常态化的结对交流和项目合作，促进相互了解。举办海峡青年论坛、两岸青年社团负责人圆桌会议、两岸青年联欢节等活动。

因而港澳青年政策已经成为港澳工作的重要组成部分，其重点在于通过内地和港澳青年的交流，特别是港澳青年赴内地接受教育、寻求就业、开展创业，实现港澳青年对于国家的了解和认同。因而，以下分别介绍港澳青年在内地教育、就业和创业的政策发展。需要特别说明的是，虽然教育、就业和创业政策并非单独为港澳青年群体设置，但是其事实上以青年人为主要得益群体，因而可以归入青年工作政策的范畴。

1. 青年教育政策

针对港澳青年的教育政策主要是内地高校招录政策，目前并没有统一的港澳学生在内地高校就读的数据，但是根据香港特区教育局在 2016 年 12 月公布的数据，在 2012—2016 年，接近 15500 名香港学生通过“内地部分高校免试招收香港学生计划”报读内地大学，当中大概有 6500 人获得录取。相对而言，澳门青年在内地就读的人数较少，根据 2017 年 7 月公布的数据，2017 年澳门共有 865 名学生获 104 所内地高校录取，人数创下历史新高，其中包括由国家教育部统筹、澳门高教办协调的 2017 年内地普通高等学校联合招收澳门保送生 723 名和通过 2017 年普通高等学校联合招收华侨、港澳台地区学生考试（全国联招澳门区）获得内地高校录取的 142 名学生。

回顾内地高校招录港澳考生发展历程，经历了三个阶段。在第一阶段（1977—1979 年），高等学校招收华侨、港澳、台湾地区青年，同国内（内地）考生一样，参加全国统一招生。根据相关文献，1979 年全国有近 470 万人报考高等学校，包括了 580 名台湾、港澳、华侨考生，参加了该年的高校招生考试，华侨大学录取新生 66 名，暨南大学录取 146 名。因而可以看到，在该阶段港澳学生到内地接受高等教育的数量非常有限。

第二阶段始于 1980 年，高校招录港澳台侨考生改为单独命题、考试、录取。根据港澳台侨考生的特点，对报名、考试的时间与地点，考试科目与内容，作了一些相应的规定。具体要点如下：（1）为方便考生，除可在广州、福建厦门集美镇、辽宁丹东市报名外，还在香港、澳门设有报名点，由中旅社代办报名工作，报名后可根据情况到广州、福建厦门集美镇和辽宁丹东市参加考试。（2）考试科目分理工农医和文史两大类。报考理工农医类的，考试政治、语文、数学、物理、化学、外语六门，报考医疗、生物专业的要加试生物。报考文史类的，考政治、语文、历史、地理、外语五门，报考经济类专业的要加试数学。考虑到这些考生的特点，政治考试只作参考分，外语成绩全部计入总分。（3）根据“来去自由”的政策，学生毕业后，可以回原住地就业，愿意留在国内（内地）的，由国家统一分配工作。[①]1984 年暨南大学增加招收港澳台的研究生，1985 年教育部批准北京大学、清华大学、复旦大学、厦门大学、中山大学、华南理工大学等 7 所院校，联合招收港澳台及海外华侨学生。

第三阶段始于 1991 年，在该年教育部将原来的 7 校联合招生，扩增为 34 所，并改为普通高校联合招生形式，1999 年在此基础上又增加福建师范大学与福建中医学院单独招生。对港澳台招生进入多元化的时代。1996 年，国家教委等八部委联合发出《关于为在祖国大陆（内地）学习的台港澳学生提供方便条件等有关问题的通知》，明确规定台港澳学生在大陆学习“应视为国民教育，享受国民待遇”，在交通、住宿和购买景点门票等方面享受与大陆学生同等待遇，品学兼优的学生享受国家和学校发放的奖学金。1999 年教育部、国务院台湾事务办公室、国务院港澳事务办公室、公安部颁行的《关于普通高等学校招收和培养香港特别行政区、澳门地区及台湾省学生的暂行规定》（以下简称《暂行规定》），主要确定了两种招收港澳学生的途径：一是普通高等学校按照国家有关规定，录取通过教育部组织的联合招生考试和面向港澳台地区的研究生招生考试，或通过内地（祖国大陆）研究生考试的港澳台学生（港澳台联考）；二是经教育部批准，普通高等学校可单独或联合举办对港澳台地区学生的招生考试，录取考试合格的港澳台学生（单独招考）。2016 年 10 月，教育部、公安部、财政部、人力资源社会保障部、国务院台湾事务办公室、国务院港澳事务办公室发布了新的《普通高等学校招收和培养香港特别行政区、澳门特别行政区及台湾地区学生的规定》(以下简称《招收港澳台学生规定》)，规定了四种招考方式：（1）符合报考条件的港澳台学生，通过

① 《高校招收华侨、港澳、台湾省青年的办法》,《高教战线》1982 年第 04 期。

面向港澳台地区的联合招生考试；（2）参加内地（祖国大陆）统一高考、研究生招生考试合格；（3）通过香港中学文凭考试、台湾地区学科能力测试等统一考试达到同等高校入学标准；（4）通过教育部批准的其他入学方式，经内地（祖国大陆）高校录取，取得入学资格。

表 12-2 《招收港澳台学生规定》和《暂行规定》比较

比较	《招收港澳台学生规定》	《暂行规定》
发行部门	在《暂行规定》的基础上增加人力资源社会保障部、财政部	教育部、国务院台办、国务院港澳办、公安部
章节安排	总则、招生、培养、管理与服务、附则	总则、招生、教学与管理、附则
条例目的	规范招生、教学、生活管理和服务、保证培养品质，依法维护港澳台学生合法权益	加强对在校港澳生的教育教学和生活管理，保证教育教育品质
招收培养的原则	保证品质、一视同仁、适当照顾，并按照内地法律法规和国家政策招收、培养、管理和服务港澳台学生	保证品质、一视同仁、适当照顾
赋予部门的责任	明确教育部、港澳办、台办、公安部、地方教育行政部门、高校、财政的责任	明确教育部、地方教育行政部门的责任
招生条件	内地实施专科以上学历教育的高等学校和经批准承担研究生教育任务的科研机构	具有实施全日制本科及本科以上学历的教育资格，师资、设备环境良好，并配有专门港澳台学生管理机构和制度的“普通高等学校”
招生办法	通过面向港澳台地区的联合招生考试；或者参加内地（祖国大陆）统一高考、研究生招生考试合格；或者通过香港中学文凭考试、台湾地区学科能力测试等统一考试达到同等高校入学标准；或者通过教育部批准的其他入学方式	通过教育部组织的联合招生考试和面向港澳台地区的研究生招生考试，或通过内地（祖国大陆）研究生考试的港澳台学生
招生比例	高校可以在国家下达的招生计划之外，根据自身办学条件，自主确定招生港澳台学生的数量或比例	无相关规定

续表

比较	《招收港澳台学生规定》	《暂行规定》
课程规定	高校应对港澳台学生开展入学教育；高校可为港澳台学生适应学业安排课业辅导；高校应当按照教学计划组织港澳台学生参加教学实习和社会实践；政治课和军训课学分可以其他国情类课程学分替代	港澳台学生可申请免修政治课和军训课
学籍管理	统一管理学籍。港澳台学生转专业、转学退学、休学、复学等事宜参照内地学生的相关规定	按照校内统一的学籍管理规定对港澳台学生实行学籍管理
新增部分	奖学金、档案、社团管理、勤工助学、志愿服务、创新创业活动、医疗保障、就业指导、校友工作、突发事件的应急预案	

资料来源：北京港澳学人研究中心：《内地高校港澳学生就业研究》，2017 年 08 月 20 日，见 http://www.bihkms.org/?page_id=8219。

目前港澳学生报考内地高校有多种途径，包括高校联合招收华侨、港澳地区及台湾地区学生入学考试（“全国联招”），香港、澳门单独招生考试，香港免试招生计划，澳门保送生招生计划，以及部分高校单独组织的考试如暨南大学、华侨大学联合招收港澳台和华侨、华人及其他外籍学生入学考试（“两校联招”）等。第一，港澳台侨联招考试：1981 年开始，由普通高等学校联合招收华侨、港澳地区及台湾地区学生办公室组织安排。香港学生最中意的前三所内地高校依次为中山大学、暨南大学、广州中医药大学。第二，独立招生：经教育部批准，暨南大学、华侨大学、北京大学、清华大学、复旦大学和中山大学六所学校获得对港澳学生的独立招生权。第三，“内地部分高校免试招收香港学生计划”：2011 年 8 月，时任国务院副总理李克强在访港时宣布，自 2012 年起，试行对香港学生豁免联招考试，内地部分高校可依据香港中学文凭考试成绩择优录取香港学生。该计划从 2012 年起开始实施，2018 年收生院校已经增至 84 所。考生通过香港中学文凭考试成绩进行报名，除了“校长推荐计划”考生、艺考及体育特长生外，最低录取标准为“3、3、2、2”，即文凭考试的中国语文科、英国语文科达到第 3 级及以上，数学科、通识教育科达到第 2 级及以上。这一标准已看齐香港大学、香港中文大学在港的收生要求。根据相关报道显示，2015 年共有 2988 名港生申请内地免试招生计划，最终 1444 人获招，录取率达 48.33%；香港教育局资料显示，免试招生计划自 2012 年实施以来，共有超过 6000 名香港学生通过该计划赴内地求学。[①] 第四，澳门保送生招生计划：全称为中国普通高等学校联合招收澳门保送生。由教育部统筹，澳门高等教育辅助办公室协调，目前有 79 所高校参与。根据澳门高等教育辅助办公室协调提供的数据，在 2018 年澳门保送生计划中，为了让澳门应届高中毕业生有更充足机会入读内地优质大学，教育部大幅增加保送高校和保送生名额，2018 年 79 所内地高校（包括 5 所广东省职业技术学院）提供 1113 个保送名额。澳门各中学积极响应，学生踊跃报名，41 所中学推荐 1077 名应届高中毕业生参加保送生考试，792 名学生获录取；而参加“征集志愿计划”考试获录取的考生有 159 名。换言之，澳门 2018 年共有 951 名学生获录取，较上年增加逾三成，创下历史新高。

在保障内地高校就读的港澳学生权益方面，2013 年教育部、财政部、人力资源社会保障部、国务院港澳事务办公室、国务院台湾事务办公室发布《关于将在内地（大陆）就读的港澳台大学生纳入城镇居民基本医疗保险范围的通知》，明确要求根据《国务院办公厅关于将大学生纳入城镇居民基本医疗保险试点范围的指导意见》，自 2013 年 9 月起，在内地（大陆）各类全日制普通高校（包括民办高校）、科研院所接受高等教育的全日制港澳台学生都将被纳入城镇居民基本医疗保险范围，覆盖对象包括本、专科生及硕士、博士研究生。该通知指出，港澳台大学生按照属地原则，自愿参加高等教育机构所在地城镇居民基本医疗保险，按照与就读地内地（大陆）大学生同等标准缴费，并享受同等的基本医疗保险待遇。此外，港澳台大学生参加城镇居民基本医疗保险时，各地财政要按照与所在高等教育机构内地（大陆）大学生相同的标准给予补助。

2017 年 10 月，财政部、教育部印发《港澳及华侨学生奖学金管理办

① 俞晓：《港生免试就读内地高校路渐宽》，《人民日报》（海外版）2016 年 03 月 02 日。

法》，以鼓励港澳及华侨学生来内地普通高校和科研院所就读，增强他们的祖国观念，激励他们勤奋学习、积极进取。根据该办法，保证获奖学生比例不低于30%，奖学金名额增加后分别达6170名、2900名，并大幅提高奖学金奖励标准，最高每生每学年奖金达3万元。教育部有关负责人介绍，为增加学生荣誉感，体现对港澳台侨学生"保证质量、一视同仁、适当照顾"原则的坚持和创新，新版奖学金管理办法参照内地学生奖学金政策体系增设"特等奖"。港澳及华侨学生、台湾学生奖学金资金均来源于中央财政，这位负责人说，新版奖学金管理办法使获奖比例稳中有升，增加了奖学金名额，保证获奖学生比例不低于30%。

2. 青年就业政策

1994年2月，劳动部颁发《台湾和香港、澳门居民在内地就业管理规定》（劳部发〔1994〕102号），确定了就业审批制，"内地用人单位聘雇台、港、澳人员，须向劳动部门申报；台、港、澳人员在内地就业须填写《台湾、香港、澳门居民在内地就业申请表》，并经劳动部门批准"。同时规定，内地聘雇台、港、澳人员的特殊要求：一是聘雇的台、港、澳人员从事的岗位须是用人单位有特殊需要，且内地暂缺适当人选的岗位；二是有劳动部门所属职业介绍机构开具的，在辖区内招聘不到所需人员的证明，或在劳动部门指导下进行公开招聘三周以上，仍招聘不到所需人员；三是用人单位聘雇台、港、澳人员，不违反国家有关规定。经审批同意在内地就业的台、港、澳人员，由各省、自治区、直辖市劳动部门及其授权的地、市级劳动部门发给《台港澳人员就业证》。此外，根据国家计委、财政部在1994年6月《关于台港澳人员在内地就业证照收费标准的通知》（计价格〔1994〕812号）的规定，"同意劳动部门发放台港澳人员在内地就业证时每证收取证件工本费10元"。

1996年11月，劳动部办公厅又发布了《关于做好台港澳人员和外国人在中国内地就业管理工作有关问题的通知》（劳办发〔1996〕236号），做出了几个重要的规定：（1）《台湾和香港、澳门居民在内地就业管理规定》《外国人在中国就业管理规定》是两个性质完全不同的规定，在实施中应分别按两

《规定》严格执行；（2）《台港澳人员就业证》和《外国人就业证》是两种不同人员使用的证件，《台港澳人员就业证》应当使用相应印章，不得加盖外国人就业管理印章；（3）外国人和台、港、澳人员在中国内地投资，按照有关规定，不视为就业，无须办理就业审批手续。

2005 年 6 月，劳动和社会保障部在 1994 年规定的基础上，重新发布了《台湾香港澳门居民在内地就业管理规定》，自 2005 年 10 月 1 日起生效。该项新规定沿用了“就业证制度”，明确“用人单位拟聘雇或者接受被派遣台、港、澳人员的，应当为其申请办理《台港澳人员就业证》（以下简称就业证）；香港、澳门人员在内地从事个体工商经营的，应当由本人申请办理就业证”。新规定同时取消了关于“稀缺人才”的规定，从而为一般港澳居民（特别是港澳青年）来内地就业提供了制度便利。2005 年 7 月，劳动和社会保障部办公厅在《关于贯彻实施台湾香港澳门居民在内地就业管理规定有关问题的通知》（劳社部函〔2005〕90 号）中概括了新规定的特定，“《规定》放宽了台、港、澳人员在内地就业应具备的条件和在内地就业的岗位条件；简化了台、港、澳人员在内地就业的手续，将办理就业证的权限下放到地（市）级劳动保障部门；增加了用人单位应为被聘雇的台、港、澳人员缴纳社会保险费的规定；强化了用人单位聘雇或者接受被派遣台、港、澳人员实行备案制度；取消了台、港、澳人员就业证延期和年检手续”。

表 12-3　港澳台居民在内地就业管理规定新旧对比

条文	1994 年规定	2005 年规定	发展
立法目的	为加强对台湾和香港、澳门居民在内地就业及内地聘用这类人员单位的管理，保护应聘受雇者和用人单位的合法权益，根据有关法律法规，制定本规定	为维护台湾居民、香港和澳门居民中的中国公民在内地就业的合法权益，加强内地用人单位聘雇台、港、澳人员的管理，根据《中华人民共和国劳动法》和有关法律、行政法规，制定本规定	从侧重管理到侧重权利保护

续表

条文	1994 年规定	2005 年规定	发展
适用范围	本规定适用于申请聘雇台、港、澳人员的所有用人单位，包括个体工商户，以及在内地就业的台、港、澳人员	本规定所称在内地就业的台、港、澳人员，是指：（一）与用人单位建立劳动关系的人员；（二）在内地从事个体经营的香港、澳门人员；（三）与境外或台、港、澳地区用人单位建立劳动关系并受其派遣到内地一年内（公历年1月1日起至12月31日止）在同一用人单位累计工作三个月以上的人员	保护范围扩大
批准程序	台、港、澳人员在内地就业实行就业证制度。持有就业证的台、港、澳人员可在内地就业并受法律保护	台、港、澳人员在内地就业实行就业许可制度。用人单位拟聘雇或者接受被派遣台、港、澳人员的，应当为其申请办理《台港澳人员就业证》；香港、澳门人员在内地从事个体工商经营的，应当由本人申请办理就业证。经许可并取得就业证的台、港、澳人员在内地就业受法律保护	细化规定
就业条件	台、港、澳人员在内地就业须具备下列条件：1．年满18周岁，身体健康，持有内地主管机关签发的有效旅行证件。2．具有所要从事工作的技能资格证明或相应的学历证明及从事本专业实际工作经历	用人单位拟聘雇或者接受被派遣的台、港、澳人员，应当具备下列条件：（一）年龄18岁至60周岁（直接参与经营的投资者和内地急需的专业技术人员可超过60周岁）；（二）身体健康；（三）持有有效旅行证件（包括内地主管机关签发的台湾居民来往大陆通行证、港澳居民往来内地通行证等有效证件）；（四）从事国家规定的职业（技术工种）的，应当按照国家有关规定，具有相应的资格证明；（五）法律、法规规定的其他条件	细化规定
聘雇条件	内地用人单位聘雇台、港、澳人员须符合下列条件：1．需聘雇的台、港、澳人员从事的岗位是用人单位有特殊需要，且内地暂缺适当人选的岗位。2．有劳动部门所属职业介绍机构开具的，在辖区内招聘不到所需人员的证明，或在劳动部门指导下进行公开招聘三周以上，仍招聘不到所需人员。3．用人单位聘雇台、港、澳人员，不违反国家有关规定	（取消关于聘雇条件的规定）	取消关于聘雇条件的规定

续表

条文	1994 年规定	2005 年规定	发展
审批部门和期限	经审批同意在内地就业的台、港、澳人员，由各省、自治区、直辖市劳动部门及其授权的地、市级劳动部门发给《台港澳人员就业证》（以下简称就业证）。就业证由劳动部统一制作	香港、澳门人员在内地从事个体工商经营的，由本人持个体经营执照、健康证明和个人有效旅行证件向所在地的地（市）级劳动保障行政部门申请办理就业证。劳动保障行政部门应当自收到香港、澳门人员提交的文件之日起 5 个工作日内办理	下放审批权力
办理程序	（无明确的办理程序规定）	劳动保障行政部门应当自收到用人单位提交的《台湾香港澳门居民就业申请表》和有关文件之日起 10 个工作日内作出就业许可决定。对符合本规定第六条规定条件的，准予就业许可，颁发就业证；对不符合本规定第六条规定条件不予就业许可的，应当以书面形式告知用人单位并说明理由	增加程序性规定
社会保险	（没有规定社会保险）	用人单位与聘雇的台、港、澳人员应当签订劳动合同，并按照《社会保险费征缴暂行条例》的规定缴纳社会保险费	增加关于社会保险的规定
管理制度	劳动部门对就业证实行年检制度。用人单位聘雇台、港、澳人员就业每满一年，应在期满一个月内主动到劳动部门办理年检手续。逾期未办的，就业证自动失效	用人单位聘雇或者接受被派遣台、港、澳人员，实行备案制度	年检制度改为备案制度

此外，在就业方面很重要的一点就是专业资格的承认。对此，2003 年 CEPA 协议第 15 条就明确规定，“　、双方鼓励专业人员资格的相互承认，推动彼此之间的专业技术人才交流；二、双方主管部门或行业机构将研究、协商和制定相互承认专业人员资格的具体办法”。自 2003 年 9 月启动内地与港澳专业人士资格互认及考试合作以来，内地与港澳在建筑、会计等领域的资格互认和专业资格考试合作工作进展顺利。（1）建筑领域：2003 年 11 月以来，内地与香港陆续在房地产估价师（香港称“产业测量师”）、建筑师、结构工程师、规划师、造价工程师（香港称“工料测量师”）、监理工程师（香港称“建筑测量师”）6 个专业领域签署了资格互认协议。2003 年 11 月份，

中国房地产估价师学会和香港测量师学会签署了互认协议。2004 年，完成了首批互认，香港 97 名产业测量师、内地 111 名房地产估价师取得对方资格，成为 CEPA 框架下最早完成互认的专业资格。2011 年，完成了第二批互认，香港 99 名产业测量师、内地 99 名房地产估价师取得对方资格。2018 年，内地与香港第三次资格互认，此次互认有 80 名香港产业测量师、90 名内地房地产估价师取得对方资格。迄今，共有 276 名香港产业测量师、300 名内地房地产估价师取得了对方资格。（2）会计领域：2004 年 8 月，财政部与香港特区政府签署豁免协议，对已通过当地注册会计师考试的人员在申请对方考试时，相互豁免“财务成本管理”和“审计”两个考试科目。2017 年经财政部与香港会计准则制定机构——香港会计师公会充分沟通协调，认可近两年中国内地进行的企业会计准则修订工作与香港会计准则（直接采用国际财务报告准则）和国际财务报告准则原则上趋同。2007 年，中国内地与香港实现了企业会计准则的等效互认，并每年及时互通准则建设及与国际趋同进展情况，保持两地会计准则的持续趋同。两地会计准则的持续趋同，有利于降低企业到对方资本市场融资的报表编制成本，为我国内地企业“走出去”，以及沪港通、深港通的顺利运作营造良好的会计环境，促进两地资本市场的共同发展。财政部将与香港会计准则制定机构保持密切沟通，根据 2017 年 6 月 28 日生效的《CEPA 经济技术合作协议》，进一步完善两地会计准则持续等效工作机制，共同在国际会计标准制定机构中发挥作用，促进高质量的国际相关准则的制定。（3）证券领域：2003 年 12 月，中国证监会与香港证监会签署了《内地与香港关于建立更紧密经贸关系的安排——与证券及期货人员资格有关的安排》。截至 2007 年年底，内地共举行了 4 次认可香港证券类专业资格的考试和 6 次认可香港期货类专业资格的考试，香港分别有 98 人和 9 人取得了内地证券类从业资格和期货类从业资格。（4）医疗领域：CEPA 允许符合条件的港澳永久居民参加内地临床、中医、口腔类别的国家医师资格考试，成绩合格者，发给医生《医师资格证书》。截至 2007 年年底，共有 420 名港澳永久居民参加考试，其中 248 人通过考试并获得《医师资格证书》。2004 年 1 月，卫生部发布《关于取得内地医学专业学历的台港澳居民和取得中国医学专业学历的外籍人员中硕士、博士研究生以及七年制硕士生、八年制毕业生参加医师资格考试有关意见的通知》（卫医发〔2004〕第17号）指出，根据《中华人民共和国执业医师法》《医师资格考试暂行办法》（卫生部令4号）及《卫生部关于医师资格考试报名资格暂行规定》（卫医发〔2001〕第127号）的有关规定，就取得内地医学专业学历的台港澳居民和取得中国医学专业学历的外籍人员中硕士、博士研究生以及七年制硕士生、八年制毕业生参加医师资格考试的有关问题通知如下：一是临床医学、口腔医学、中医学的临床硕士、博士研究生在学习期间必须保证具有一年以上的临床实践训练经历；七年制临床医学、口腔医学、中医学的硕士生和八年制毕业生在学习期间必须保证具有相当于大学本科的一年生产实习和一年以上严格的临床实践训练，方可在毕业当年参加医师资格考试。二是上述毕业生在学习期间不能满足上述要求的，不允许在毕业当年参加医师资格考试。（5）法律领域：2004—2007年，港澳共有1301人次（香港1152人次，澳门149人次）报名参加国家司法考试，其中44人（香港41人，澳门3人）通过。司法部在2013年8月8日发布《关于取得内地法律职业资格并获得内地律师执业证书的港澳居民可在内地人民法院代理的涉港澳民事案件范围的公告》，为了贯彻落实中央政府与香港、澳门特别行政区政府分别签署的《〈内地与香港（澳门）关于建立更紧密经贸关系的安排〉补充协议八》中关于“研究扩大取得内地法律职业资格并获得内地律师执业证书的香港（澳门）居民在内地从事涉及香港（澳门）居民、法人的民事诉讼代理业务范围”的规定，根据司法部2013年8月7日修改的《取得内地法律职业资格的香港特别行政区和澳门特别行政区居民在内地从事律师职业管理办法》第四条的规定，将取得内地法律职业资格并获得内地律师执业证书的香港、澳门居民可以在内地人民法院代理的涉港澳民事案件的范围依据最高人民法院2011年2月18日修改的《民事案件案由规定》中的基准案由即第三级案由确定。（6）保险领域：2004年12月，内地与香港签署了保险合作协议，内地允许香港居民参加内地保险中介人员考试。2008

年1月，内地在香港设立了保险中介考试考点，香港居民可以直接在香港考试。（7）信息技术领域：根据CEPA有关承诺，内地已允许全国计算机技术与软件专业技术资格（水平）考试对港澳居民开放，并在港澳地区设立了考点。

通过以上就业政策的发展可以看到，虽然随着内地和港澳的融合发展，内地逐步向港澳（特别是港澳青年）开放就业渠道。事实上，教育和就业是互相促进的领域，正是由于港澳青年赴内地求学的越来越多，他们中的相当一部分会选择留在内地就业。根据2017年《南风窗》"调研中国"工作组对120名在粤求学港籍学生开展的调查显示，在职香港青年中有超过50%常居广东，常居香港者仅占28%；超过60%受访者的家人支持他们在广东就业，超过50%受访者有定居广东的想法。据不完全统计，近三年来每年在粤求学的港澳大学生约有1万人，仅2016年一年，在广东就业的港澳居民就有1.6万人（其中香港居民约1.46万人，澳门居民约1400人）。因此，就业政策的发展具有如下特点：（1）中央政府主导下不断开放内地就业市场，以此解决港澳青年的就业问题，提高内地和港澳的交流合作深度；（2）港澳青年在内地就业仍需要符合"申请—许可制"，这一定程度上限制了港澳青年在内地就业的便利性，团广东省委、广东省青联2017年对近300名港澳青年进行的调查显示，各地虽然一直在简化行政审批手续，但仍有60%的受访者认为在内地居住就业的手续办理过于烦琐；（3）2005年《台湾香港澳门居民在内地就业管理规定》的颁行，一定程度上简化了就业手续、降低了聘雇要求，但是仍未改变"申请—许可制"的实体内容，在未来可以考虑进一步改为"在线备案制"；（4）专业资格的承认是完善就业制度的重要内容，目前内地和港澳已经在很多领域建立了专业资格的互相承认制度，或者允许参加资格考试，这为加深三地人才交流提供了便利，需要进一步拓展其范围。

3. 青年创业政策

自改革开放以来，香港企业家就一直深度参与国家的改革开放事业，为内地经济发展作出了卓越贡献。"几十年来，香港为内地改革开放输送了资本、人才、知识，到今天仍然作为联结内地与国际的‘超级联系人’，为国家改革开放事业贡献着力量。”① 改革开放以来，广大香港同胞通过投资、贸易和多种形式的合作，在国家发展外向型经济，推动产业结构升级、技术进步、创造财富、增加就业，完善社会主义市场经济体制，促进教育文化体育事业发展等方面，都发挥了不可替代的作用，为国家改革开放和现代化建设作出了巨大贡献。当然需要指出的是，针对港澳资本的内地政策，主要并非是针对港澳青年的，因为青年创业起步较低，往往是通过小型公司、个体工商户的形式开始创业。香港青年协会 2015 年 11 月底公布的一项研究结果显示，近 50% 的受访者有计划于香港以外的地方创业，当中 2/3 以上以内地为目标。因而，有必要系统梳理我国现有针对港澳居民的创业政策。

2004 年 11 月，国家工商行政管理总局印发《港澳居民在内地申办个体工商户登记管理工作的若干意见》（工商个字〔2004〕第 190 号）。该意见规定，自 2005 年 1 月 1 日起，港澳居民在内地各省、自治区、直辖市申请设立个体工商户，无须经过外资主管部门审批，由经营所在地的县（市）工商行政管理局以及大中城市的工商行政管理分局依照内地有关法律、法规和行政规章予以登记。登记机关根据需要可以委托工商所进行港澳居民个体工商户的登记。港澳居民可以申请登记的经营范围：零售业（不包括烟草零售）、餐饮业、居民服务和其他服务业中的理发及美容保健服务、洗浴服务、家用电器修理及其他日用品修理，但不包括特许经营。港澳居民个体工商户的组成形式仅限于个人经营，其从业人员不超过 8 人，经营场所的面积不超过 300 平方米。

2005 年 5 月，商务部、文化部、卫生部、国家工商行政管理总局、新闻出版总署、国家安全生产监督管理总局、国家食品药品监督管理局发布《与港澳居民在内地申办个体工商户登记前置许可有关问题的通知》（商台发

① 丁一鸣、刘志敏：《改革开放中的港人港商港资——专访港区全国政协委员伍淑清》，2017 年 06 月 15 日，见 http://news.cri.cn/20170615/3f53f973-a08d-6a02-fc1d-fb714b425c9b.html。

〔2005〕28号)。该通知指出，经国务院批准，内地与香港、澳门特区政府分别于2004年10月27日和10月29日签署了《〈内地与香港关于建立更紧密经贸关系的安排〉补充协议》《〈内地与澳门关于建立更紧密经贸关系的安排〉补充协议》。根据《补充协议》的有关规定，自2005年1月1日起，允许港澳居民在内地各省、自治区、直辖市设立个体工商户，无须经过外资主管部门审批，由经营所在地的县（市）工商行政管理局以及大中城市的工商行政管理分局依照内地有关法律、法规和行政规章予以登记。个体工商户登记的前置许可，是国家有关法律、行政法规规定的法定程序。港澳居民申请者拟从事法律、行政法规规定须报经有关部门审批的业务的，应当在申请个体工商户设立登记时提交有关部门的批准文件。港澳居民设立个体工商户可以申请的经营范围：零售业（不包括烟草零售）、餐饮业、居民服务和其他服务业中的理发及美容保健服务、洗浴服务、家用电器修理及其他日用品修理，但不包括特许经营。

2005年12月，国家工商行政管理总局发布《关于港澳居民在内地设立个体工商户经营范围进一步放宽问题的通知》(工商个字〔2005〕第189号)。该通知指出，为进一步促进内地与港澳经济融和，支持港澳经济发展和社会稳定，在2003年内地与香港、澳门《关于建立更紧密经贸关系的安排》和2004年内地与香港、澳门《〈安排〉补充协议》的基础上，经国务院批准，内地与香港、澳门特区政府分别于2005年10月18日和21日签署了《〈内地与香港关于建立更紧密经贸关系的安排〉补充协议二》和《〈内地与澳门关于建立更紧密经贸关系的安排〉补充协议二》。根据上述有关规定，港澳居民在内地设立个体工商户，其经营范围在原有协议的基础上进一步放宽。货物、技术进出口、摄影及扩印服务、洗染服务、汽车、摩托车维修与保养纳入拓展范围。

2006年10月，国家工商行政管理总局发布《关于进一步放宽港澳居民个体工商户经营范围问题的通知》(工商个字〔2006〕第196号）指出，经国务院批准，内地与澳门、香港特区政府分别于2006年6月26日和6月27

日签署了《〈内地与澳门关于建立更紧密经贸关系的安排〉补充协议三》和《〈内地与香港关于建立更紧密经贸关系的安排〉补充协议三》。根据上述有关规定，港澳居民在内地设立个体工商户，其经营范围在原有协议的基础上进一步放宽。种植业、饲养业、养殖业、计算机修理服务、科技交流和推广业纳入拓展范围。

2007年9月，国家工商行政管理总局发布《关于允许港澳居民个体工商户从事计算机服务业、软件业等行业的通知》(工商个字〔2007〕205号)指出，经国务院批准，内地与香港、澳门特区政府分别于2007年6月29日和7月2日签署了《〈内地与香港关于建立更紧密经贸关系的安排〉补充协议四》和《〈内地与澳门关于建立更紧密经贸关系的安排〉补充协议四》。根据上述有关规定，港澳居民在内地设立个体工商户，其经营范围在原有协议的基础上进一步放宽。计算机服务业、软件业、与道路运输相关的装卸搬运、其他运输服务业、仓储业、笔译和口译服务纳入拓展范围。

2008年12月，国家工商行政管理总局发布《关于允许港澳居民个体工商户从事建筑物清洁服务和广告制作的通知》(工商个字〔2008〕256号)指出，经国务院批准，内地与香港、澳门特区政府分别于2008年7月29日和7月30日签署了《〈内地与香港关于建立更紧密经贸关系的安排〉补充协议五》和《〈内地与澳门关于建立更紧密经贸关系的安排〉补充协议五》。根据上述有关规定，港澳居民在内地设立个体工商户，其经营范围在原有协议的基础上进一步放宽。建筑物清洁服务、广告制作纳入拓展范围。

2009年6月，国家工商行政管理总局发布《关于允许港澳居民个体工商户从事个体诊所等行业的通知》(工商个字〔2009〕122号)指出，经国务院批准，内地与香港、澳门特区政府分别于2009年5月9日和5月11日签署了《〈内地与香港关于建立更紧密经贸关系的安排〉补充协议六》和《〈内地与澳门关于建立更紧密经贸关系的安排〉补充协议六》。根据上述有关规定，港澳居民在内地设立个体工商户，经营范围进一步放宽。个体诊所、经济贸易咨询和企业管理咨询、批发业等纳入拓展范围。

2010年7月，工商行政管理总局、商务部、农业部、新闻出版总署发布《关于允许港澳居民个体工商户从事婚姻服务（不含婚介服务）等行业的通知》（工商个字〔2010〕151号）指出，经国务院批准，内地与香港、澳门特区政府分别于2010年5月27日和5月28日签署了《〈内地与香港关于建立更紧密经贸关系的安排〉补充协议七》和《〈内地与澳门关于建立更紧密经贸关系的安排〉补充协议七》。根据上述有关规定，港澳居民在内地设立个体工商户，经营范围进一步放宽。居民服务中的婚姻服务（不含婚介服务）、漫画图书、动漫电子游戏租赁服务、动画音像制品租赁服务、宠物诊所（仅限在城市开办）纳入扩展范围。

2012年3月13日，国家工商行政管理总局发布《关于进一步放宽港澳居民个体工商户经营范围、从业人员及营业面积规定的通知》（工商个字〔2012〕41号），经国务院批准，内地与香港、澳门特区政府分别于2011年12月13日、14日签署了《〈内地与香港关于建立更紧密经贸关系的安排〉补充协议八》和《〈内地与澳门关于建立更紧密经贸关系的安排〉补充协议八》。根据上述有关规定，港澳居民在内地设立个体工商户，经营范围、从业人员及营业面积进一步放宽。开放了租赁和商务服务业中的包装服务中的部分项目、租赁和商务服务业中的办公服务中的部分项目、以及室内娱乐活动中的以休闲、娱乐为主的动手制作活动（陶艺、缝纫、绘画等）。

2016年5月31日，国家工商总局发布《关于扩大开放港澳居民在内地申办个体工商户登记管理工作的意见》（工商个字〔2016〕99号），从登记注册、外资审批、身份核证等方面放宽条件，鼓励港澳居民到内地投资创业。经国务院批准，《〈内地与香港关于建立更紧密经贸关系的安排〉服务贸易协议》和《〈内地与澳门关于建立更紧密经贸关系的安排〉服务贸易协议》（以下简称《安排》）已经分别在香港、澳门签署，于6月1日起实施，其中在个体工商户领域累计开放至135个行业。为做好《安排》的实施工作，国家工商总局出台《意见》，依法对港澳居民在内地申办个体工商户登记管理工作做进一步扩大开放。《意见》要求，自2016年6月1日起，港澳居民在内地各省、自治区、直辖市申请设立个体工商户，无须经过外资审批（不包括特许经营），由经营所在地的县、自治县、不设区的市、市辖区工商行政管理（市场监督管理）部门（以下简称“登记机关”）依照内地有关法律、行政法规和规章直接予以登记。登记机关根据需要可以委托工商所进行港澳居民个体工商户的登记。《意见》中的放宽条件还包括：港澳居民个体工商户的组成形式仅限于个人经营，无从业人员人数和营业面积的限制；香港永久性居民中的中国公民依照内地有关法律、行政法规和规章，设立个体工商户时，取消其身份核证要求等。

概而言之，自在2003年6月CEPA协议正式签署以来，作为CEPA协议的组成部分及后续补充协议，内地逐步向港澳居民开放申办个体工商户登记的范围，逐步取消了关于从业人数和营业面积的限制，为港澳青年在内地创业提供了良好的制度环境。

二、港澳青年政策的最新发展

（一）最新政策依据

近年来，党中央、国务院和香港特区政府高度重视香港青年政策，先后提出了一系列重要论述，成为发展港澳青年政策的依据。十九大报告提出，要支持香港、澳门融入国家发展大局，以粤港澳大湾区建设、粤港澳合作、泛珠三角区域合作等为重点，全面推进内地同香港、澳门互利合作，制定完善便利香港、澳门居民在内地发展的政策措施。

习近平主席《在庆祝香港回归祖国20周年大会暨香港特别行政区第五届政府就职典礼上的讲话》中郑重指出，“中央有关部门还将积极研究出台便利香港同胞在内地学习、就业、生活的具体措施，为香港同胞到广阔的祖国内地发展提供更多机会，使大家能够在服务国家的同时实现自身更好发展，创造更加美好的生活”。

香港特区行政长官“2017 年施政报告”中也提出了一系列加强内地和香港青年交流合作的建议。（1）未来驻内地办事处及辖下的 11 个联络处将加强在中央及地方层面的政府对政府联系、强化向内地宣传香港的工作，及为港商搭建与内地相关部门直接沟通的平台，以加强香港与内地的紧密关系，并支持港人港商更好把握内地的发展机遇。（2）特区政府会积极参与推进大湾区建设，为香港推动产业多元化创造有利条件，特别是在拓展创新及科技发展方面。此外，争取为港人在大湾区学习、就业、创业、营商、生活以至养老提供更多便利，促进两地人流、物流、资金流和讯息流，使大湾区能够成为港人的优质生活圈。（3）香港将在未来五年继续增拨资源以推动及优化各个青年发展项目，特别是为青年人提供更多到内地、“一带一路”沿线国家以至世界各地的实习机会，让他们了解各地的职场文化和就业前景，建立人际网络，有助扩阔他们的视野及规划未来职业生涯。首次举办并刚于 2018 年 8 月完成的“故宫博物院青年实习计划”及“四川卧龙国家级自然保护区青年实习计划”正是很好的例子。两项计划吸引了对文化和自然保育感兴趣的香港青年参加，让他们对相关学科和专业领域，以至对国家在不同方面的发展加深认识。未来会在内地各省市提供更多具特色及深度的实习机会，让青年有机会加深了解国家的最新发展和所带来的机遇。

按照习近平主席讲话精神和十九大报告的最新政策要求，回应香港特区行政长官“2017 年施政报告”相关青年政策，国务院港澳事务办公室分别在 2017 年 8 月和 12 月公布了两批便利港澳居民在内地发展的政策措施，涵盖教育、就业、创业和日常生活等。这些举措为推动港澳青年积极参与国家建设、加深内地和港澳青年的联系创造了很好的条件，增强港澳青年在内地接受教育、就业和创业的便利性。以下对这些最新的政策动向概述之。

（二）青年教育政策

1. 同等招收培养

根据《普通高等学校招收和培养香港特别行政区、澳门特别行政区及台湾地区学生的规定》第 3 条，“高校和相关部门应当坚持‘保证质量、一视同仁、适当照顾’的原则，按照内地（祖国大陆）法律法规和国家政策招收、培养、管理和服务港澳台学生”。国务院港澳办在 2017 年公布的“便利措施”，要明确要求“教育方面，新措施明确规定，内地高校和相关部门必须一视同仁招收、培养、管理和服务港澳学生，以保障港澳学生的权益”。2017 年 5 月，教育部举办高校港澳台学生培养管理工作专题培训班，相关负责人指出欢迎港澳台学生来内地（大陆）就读，必须坚持“保证质量、一视同仁、适当照顾”的原则，规范对港澳台学生的招生、教学、生活管理和服务，充分考虑到港澳台地区与内地（大陆）在学制、课程和教学安排等方面的差异，为港澳台学生在内地（大陆）高校顺利就读排除障碍、提供便利，保障港澳台学生合法权益，向港澳台学生提供专项奖学金。同时，要求各高校为港澳毕业生发放《就业协议书》，签发《就业报到证》，方便港澳学生在内地求职就业。

2. 奖学金发放

2017 年 10 月 13 日，财政部、教育部印发《港澳及华侨学生奖学金管理办法》，以奖学金形式鼓励港澳及华侨学生来内地普通高校和科研院所就读，增强他们的祖国观念，激励他们勤奋学习、积极进取。新版《港澳及华侨学生奖学金管理办法》和《台湾学生奖学金管理办法》体现出三个主要特点：一是参照内地学生奖学金政策体系增设“特等奖”，增加荣誉感，体现对港澳台侨学生“保证质量、一视同仁、适当照顾”原则的坚持和创新。二是获奖比例稳中有升，增加了奖学金名额，保证获奖学生比例不低于 30%。港澳和华侨学生奖学金名额为 6170 名。三是大幅度提高奖学金奖励标准。每个学历层次奖学金均设四个等级，即特等奖、一等奖、二等奖、三等奖。每学年奖金分别为：本专科生8000元、6000元、5000元、4000元，硕士研究生20000元、10000元、7000元、5000元，博士研究生30000元、15000元、10000元、7000元。财政部、教育部指出，《港澳及华侨学生奖学金管理办法》的实施，将增加内地高等学校的吸引力，激励港澳台侨学生热爱祖国、勤奋学习，共担民族大义，为共创中华民族伟大复兴的美好未来贡献力量。

3. 国家社科基金申报

2017年5月6日，国台办网站发布消息，为适应在大陆工作的台湾同胞开展学术研究的需求，促进两岸学术交流合作，近期国务院台办、全国哲学社会科学规划领导小组研究决定，参照大陆居民待遇，向在大陆高校和科研院所工作的台湾研究人员开放国家社科基金各类项目申报。其中，在内地高校和科研院所工作的港澳研究人员也一并纳入国家社科基金项目申请范围。申报范围包括重大项目、年度项目、青年项目、后期资助项目、中华学术外译项目、西部项目、国家哲学社会科学成果文库等项目类别，涵盖26个一级学科。在大陆工作的港澳研究人员项目申请将纳入国家社科基金项目三级管理体系，执行各类项目申请规定程序，依托所聘用单位、各地社科规划办和在京委托管理机构组织实施。

（三）青年就业政策

1. 住房公积金

2017年12月，住房城乡建设部、财政部、人民银行、国务院港澳办、国务院台办近日联合印发《关于在内地（大陆）就业的港澳台同胞享有住房公积金待遇有关问题的意见》（建金〔2017〕237号）。意见规定，在内地就业的港澳同胞，均可按照《住房公积金管理条例》和相关政策的规定缴存住房公积金。缴存基数、缴存比例、办理流程等实行与内地缴存职工一致的政策规定。意见明确，已缴存住房公积金的港澳同胞，与内地缴存职工同等享有提取个人住房公积金、申请住房公积金个人住房贷款等权利。在内地跨城市就业的，可以办理住房公积金异地转移接续。与用人单位解除或终止劳动

（聘用）关系并返回港澳的，还可以按照相关规定提取个人住房公积金账户余额。同时，意见要求各地住房公积金管理中心结合当地实际，抓紧出台在内地就业的港澳同胞缴存使用住房公积金的实施办法；要简化办理要件，缩短业务流程，完善服务手段，为港澳同胞提供高效、便捷的住房公积金服务；要切实抓好政策落实工作，支持更多在内地就业的港澳同胞通过缴存使用住房公积金实现安居。

2. 社会保险

人力资源和社会保障部正在研究起草的《台湾香港澳门居民在内地参加社会保险暂行办法》，主要遵循以下基本原则：一是坚持台、港、澳居民与内地居民享受同等权利。二是针对台、港、澳居民实际情况，对相关经办程序做出便利性的特殊安排。同时，在内地未就业、未就读的台、港、澳居民在内地比照大陆居民参加社会保险的诉求日益强烈，为减轻其在大陆居住的后顾之忧，促进生活便利化，《暂行办法》考虑将上述人员纳入适用范围，允许其参加城乡居民基本养老保险和城镇居民基本医疗保险，相关补助由各级财政承担。

（四）青年生活政策

中国铁路总公司已在不同省市多个港人购、取票流量较大的火车站，设置了可识读回乡证的自动售、取票设备，省却以往要在柜台排队办理手续的时间。为给港澳台旅客购票提供自助便利，2018 年进一步扩大加装专用识读设备自动售取票机的车站范围，在现有 329 个站 1859 台支持卡式回乡证办理自助购取票服务的基础上，回乡证购票全覆盖。实现省级以上城市所在地车站、广东省境内高铁车站、京广、京沪、杭深线所有高铁车站全覆盖，同时对加装改造的自动售票机张贴明显标识，方便旅客使用。

（五）广东省相关举措

1. 教育方面

广东省财政厅厅长戴运龙、省商务厅厅长郑建荣在2018年1月26日上午举行的广东省十三届人大一次会议首场记者会透露，2018年将研究赋予符合条件的在珠三角9市工作生活的港澳居民子女，与本地居民同等接受义务教育和高中阶段教育的权利。

2. 就业方面

广东省发展和改革委员会主任何宁卡在介绍增进粤港澳民生福祉方面时表示，广东省要为港澳民众在内地生活提供更加便利的条件，包括便利往来，港澳居民来往内地的通行证件要提高便利化水平，为符合条件的珠三角9市赴港澳开展商务、科研专业服务的人员提供便利的签注安排，目前也正在研究促进粤港澳三地交通物流发展的车辆通行政策和配套的交通管理措施。

前海正在向国家有关部门争取授权，拟先行先试，探索解决在前海发展的港澳青年与内地居民同等待遇问题。据目前前海正在研究制定《科技创新行动计划》及《关于支持香港青年在前海发展的若干措施》，将从港澳青年实习、就业、创业、住房、交通、教育、社保等全方位为香港青年到前海发展提供支持和保障，大力支持港澳青年科学家及创业企业在前海建设高端创新平台和孵化空间，支持香港高校、机构在前海设立人才培训基地。

3. 日常生活方面

根据《广东省供给侧结构性改革去产能行动计划（2016—2018年）》的规定，有条件的市可为港澳居民提供与本地居民同等的购房待遇。

三、港澳青年政策优化建议

习近平总书记在党的十九大报告中明确指出，要将支持香港融入国家发展大局作为未来施政的一个重要方向，把“粤港澳大湾区建设”列为国家发展的一项重要目标。这为港澳的未来发展带来了广阔空间，也为港澳青年发展创造了历史机遇。长期以来，港澳青年一直存在学业、事业和置业的难题，本届香港特区政府已将青年工作列为施政重点，提出“三业”方针。如可充分利用大湾区的发展时机，吸引更多香港青年积极参与，让香港青年能够在大湾区建设中享受国家发展红利，成就人生理想，这将有利于特区政府的有效施政，也十分有利于增强香港青年一代的国家认同意识和对中央的向心力。澳门特区政府推出的《澳门青年行动计划（2012—2020年）》，是澳门促进青年发展的核心政策。为了落实青年政策，特区政府教育局同时编制了执行青年政策的“行动计划”，分短、中、长期提出了20个工作项目。按照习近平总书记在2017年7月1日在香港发表讲话中关于“要求中央有关部门积极研究出台便利港人在内地学习、就业、生活的具体措施”的指示，近一段时期以来，中央有关部门已经梳理出港澳人士在内地学习、就业、生活等方面的困难和问题近50项。国务院港澳事务办公室分别在2017年8月和12月公布了两批便利港澳居民在内地发展的政策措施，涵盖教育、就业、创业和日常生活等。这些举措为推动香港青年融入内地发展，创造了很好的条件。

不过，由于种种原因，目前大多港澳青年对中央的港澳青年政策还缺乏了解，对于粤港澳大湾区建设等国家规划还不熟悉，港澳青年在内地求学、工作和生活还存在不少限制，这导致出现“官热民冷”的局面。鉴于此，建议有关部门要加大对中央港澳青年政策的宣传推广力度，尽快搭建专门信息平台，拓展多种渠道；要尽快成立大湾区建设相关协调办事机构，加强政策统筹规划；要完善便利港澳青年在内地发展的具体措施，加快推进力度，进一步落实习近平总书记指示；对于部分条件较为成熟的地区，建议可先行先试，进一步打破制度和政策壁垒，率先推出更多便利措施，合力打造内地和港澳青年共同家园。

（一）港澳青年政策存在的问题

1. 宣传推广有待加强

以大湾区建设为例，目前香港青年对大湾区的了解十分有限。有超过50% 的香港青年表示没有听过粤港澳大湾区发展计划，且大多被访青年均表示，尚不清楚大湾区能提供哪些发展空间和支持政策。造成这种状况的主要原因是有关大湾区发展的宣传力度不够。

一是由于目前尚未有统一的港澳青年政策的规划，虽然在 2017 年 4 月中共中央、国务院印发的《中长期青年发展规划（2016—2025 年）》中，对港澳青年政策进行了系统规划，但是篇幅很有限，难以详细展开。目前，《粤港澳大湾区城市群发展计划》尚未最终编制完成，政府也难以展开较为全面和详细的宣传工作。

二是目前缺乏一个全面的、统一的、权威的了解港澳青年政策的平台，政府内部没有专门负责港澳青年政策的工作部门，相关权限也不够清晰，虽有不少城市出台了吸引香港青年到当地发展的计划和鼓励政策，但呈现碎片化特征，难以全面掌握。诚如前文所述，中央统战部、全国人大香港（澳门）基本法委员会、全国政协港澳台侨委员会、国务院港澳办、香港中联办、澳门中联办、各级共青团组织、中华全国青年联合会等机构和团体都参与了港澳青年政策的制定和执行。这种“九龙治水”的局面，虽然有利于集合各方力量，但是缺乏统一机构协调管理。

三是宣传推广渠道较为单一，目前中央推出的大量港澳青年政策并不能被港澳青年所熟知。以粤港澳大湾区建设为例，根据香港广东青年总会、明汇智库与树仁大学机构在 2017 年 11 月的调查结果，以电话抽查和焦点小组方式在粤港两地进行，受访的 833 名本地青年当中，只有 44.8% 受访者听过大湾区发展计划；在粤香港青年更多达 59.7% 都称没有听过。调查同时发现，青年对大湾区发展计划的了解和关注程度，平均只有 2.7 分，表现属于一般。这很大程度上是由于宣传渠道单一，没有采用青年所熟悉的网络、社交软件等平台所致。

2. 大湾区建设机制问题

香港特区政府、国家发展改革委、广东省政府和澳门特区政府于2017年共同签署了《深化粤港澳合作推进大湾区建设框架协议》，确定了初步的运作机制，但目前相关的协调办事机制还不完善。一是从国家层面来看，缺乏专门的国家级协调统筹机构。相对比雄安新区和杭州湾等几个湾区，尽管粤港澳大湾区的发展条件是最好的，但是目前其发展气氛却是最冷的。其中一个关键因素就是，粤港澳大湾区内三地之间的制度差异非常明显，而要突破行政壁垒和体制束缚，实现大湾区内部真正流通，急需在国家层面有专门机构来加以统筹和协调。二是从大湾区层面来看，目前大湾区各城市之间还没有常设性的官方或非官方协调办事机构来负责处理日常相关事务，很多社会比较关注的问题难以得到及时有效的处理。

3. 青年发展的制度障碍

目前在内地定居的港澳人士越来越多，其中港人人数已达50万人，在高等院校就读的学生也超过1.5万人。由于历史和制度的原因，目前他们在内地发展未能享有与内地居民同等的待遇，在学业、就业、创业和置业等方面受到不少限制，不利于港澳居民进一步融入内地。对此，习近平总书记曾作出重要指示，要求中央有关部门积极研究解决。虽然近期国务院港澳事务办公室分别公布了两批便利港澳居民在内地发展的政策措施。但是，由于相关措施牵涉面较广，问题较为复杂，在落实过程中存在不少困难，推进速度较慢，这与港人的期望还有一定差距，也难以满足大湾区快速发展的形势需求。

具体而言，目前存在的港澳较为关注、社会影响较大的问题有：一是学业方面，在内地生活的港澳子女无法享受与本地居民子女同等的接受义务教育的权利。目前大多城市的政策都规定港澳子女不能享受内地义务教育，只能入读私立学校或者回港澳入读，这给在内地生活的港澳居民带来不少麻烦。二是就业方面，目前港澳青年在内地的从业领域和就业门槛还存在不少政策壁垒。从业领域方面，如港澳居民在政府部门、银行、新闻广播等共计26个行业从业受限；港澳与内地对人才资质认证体系不同且互不相通，导致部分专业人才在香港获得的资质得不到内地认可。就业门槛方面，根据当前内地政策，在内地就业的港澳人士，必须提供“港澳台就业证”等文件。就业证需要企业办理，程序烦琐，影响了企业招聘港人的积极性，给香港青年在内地就业带来很大障碍。三是置业方面，目前不少在内地就业创业的港澳青年由于政策限制或缺乏支持，无法实现安居，也挫伤了他们在内地发展的热情。

（二）具体建议

为进一步落实总书记有关完善便利港人内地发展的措施的重要指示，推动香港青年积极参与粤港澳大湾区建设，打造大湾区青年共同家园，提出以下建议：

1. 加强顶层设计

港澳青年政策的发展和制定，归根结底取决于中央政府的顶层设计。第一，制定香港青年发展战略：在全球青年状况整体堪忧、全球“青年危机”不断彰显的宏观时代背景下，要在国家层面、从体制机制上给予港澳青年更多的关注和支持，重振青年对国家、对港澳和对未来的信心。各政府职能部门、社会各界要在全面收集数据和开展青年研究的现实实践基础上，制定并出台国家层面上的青年发展战略。其中，青年发展战略既要兼顾短期、中期和长期，也要有宏观和微观，这些战略既要能够对当前青年关注的现实问题，抑或面临的潜在危机如就业、生存等问题予以回应，也要能够对青年的未来发展做出未雨绸缪的理性谋划。特别需要指出的是，我们要尝试充分利用和发挥中国特色社会主义的制度优势来化解港澳“青年危机”，为青年谋求更加广阔的发展空间。[①]

第二，加强内地与港澳的人才交流：交流内容需要重点联动。进一步明确当前对港澳青年工作的重点，特别是在制定两地人才市场准入标准、实施

① 马素伟、孙艳：《香港“青年危机”：表征、影响及策略》，《当代青年研究》2016 年第 03 期。

两地人才创业扶持政策、健全两地人才管理机制等领域要加强合作与建设。在制定人才市场准入的标准上，从制度层面上完善三地青年交流的信息互通、身份认证和政策共享的体系，便于三地人才流动自由，运用市场政策吸引香港高端人才，争取在共同利益导向下深化两地青年之间的感情交集。二是在实施创业扶持政策上，通过自贸区内政策优惠，从制度上消除港澳青年人才内地创业的后顾之忧，提供更多政策支持和机制保障。三是在人才管理机制上，通过两地政府共同研究制定两地统一的人才管理机制，充分照顾两地在文化习俗、法律规范等领域的差异，形成一个有利于港澳青年内地发展的法治软环境。[①]

第三，侧重港澳底层青年：对港澳政策制定是国家的宏观战略，政策上的“利好”更多的是“输血”功能，目前香港与澳门真正的发展需要在“造血”功能上有新的举措，所以大陆与两地需要共同努力提升与振兴香港、澳门的产业发展，创造更多的就业机会给青年学生与底层民众，借助广东自贸区的区位优势和政策的灵活性，为港澳青年赴内地工作、学习、发展，或者以内地为依托在港澳创业发展做好“第一站”的配套与服务工作，帮助他们了解内地的社会文化、创业氛围。

第四，凝聚内地和港澳青年共同价值：港澳青年从心理层面对祖国内地的价值观念产生共鸣，是其人心回归中最核心的一环。因此需要将掌握的各类资源通过整合使其社会化，通过“NGO”、传媒、家庭、学校等各种机制设置，以各类潜移默化的新常态让港澳青年感受到由传统的民族节日、共有的文化传统所体现出来的民族情感，从而重塑港澳青年的价值认同。将香港社会所提倡的“自由民主、人权法治、公平公义、和平仁爱、诚信透明、多元包容、尊重个人和恪守专业”等核心价值、澳门社会形成的“爱国爱澳”的核心价值与新时期中央提出的“24字核心价值观”进行有效链接，以更加“接地气”的方式，培养正面价值观和协助实现梦想，从根本上纾解青年对未

① 徐晓迪：《增强香港青年身份认同的研究——基于交流模式的分析》，《中央社会主义学院学报》2017年第03期。

来发展之隐忧。[1]

2. 加强宣传推广力度

一是尽快建立港澳青年政策专门信息平台。针对目前港澳青年政策信息比较零散的情况，建议团中央、香港中联办或相关政府机构应尽快建立整合信息平台，推出一站式信息搜寻平台，并推出手机App，方便青年可以便捷地通过手机查找到相关的信息及政策。二是加大推动港澳青年赴内地（特别是粤港澳大湾区）考察交流力度。相关政府部门，尤其是香港中联办、澳门中联办、香港特区政府和澳门特区政府可进一步增拨资源，增设青少年赴内地考察交流资助专项，推动更多的港澳青年认识和了解大湾区。三是拓展更多宣传渠道。政府可制定宣传策略，增拨资源拓展宣传渠道，充分运用电视、平面广告及新媒体网络等渠道，以各种方式及创新思维进行宣传。

3. 成立大湾区协调机构

一是建议在国家层面成立粤港澳大湾区合作领导机构，加强对大湾区建设的统筹和决策工作。二是建议在大湾区层面，设立官方的常设性的协调办事机构，负责处理日常事务，解决协同发展中遇到的障碍和困难。三是建议可参考三藩市湾区委员会的经验，建立非官方的“粤港澳大湾区发展咨询委员会”，由湾区内各城市中符合一定资质要求的骨干企业、大学及相关研究机构组成，就大湾区发展问题向中央和粤港澳三地政府建言献策。

4. 完善港澳青年发展政策

加快完善便利港澳青年在内地学业、就业、创业和置业的具体措施，进一步落实习近平总书记的指示，吸引更多港澳青年参与大湾区建设。

一是建议推出“大湾区一卡通”。有关部门可放宽有关规定，向不在广东省定居但在广东创业就业并交纳社保一年以上的港澳青年发放“粤港澳大湾区青年卡”。通过一卡通的管理方式使得更多的港澳青年在出入境、子女入学、社会保险、医疗、金融、购房、税收等方面享受当地居民待遇和优惠便

---

① 徐晓迪:《香港青年身份认同的路径研究》,《青年探索》2016 年第 05 期。

利服务。

二是建议国家有关部门调整政策，赋予在内地工作生活的港澳青年子女享受与本地居民同等接受义务教育和高中阶段教育的权利。建议可参考深圳的做法，在港澳居民定居较为集中的北京、上海及广东省各市，尤其是大湾区各市，让港澳籍学生可以和非当地户籍学生一样申请参加积分入学，享受当地中小学义务教育。

三是建议放宽港澳居民在内地从业和就业门槛的限制。可进一步开放服务业，撤销目前内地对港澳多个服务业的准入限制。可在大湾区内政府机构的非机要核心岗位设置部分聘任制公务员、事业单位岗位供港澳青年报考，以此增加港澳青年认识国家事务的机会。可研究撤销港澳青年内地就业的就业证许可制度，使他们无须领取就业证即可工作。

四是置业方面，建议可考虑在大湾区的部分条件较为成熟的珠三角城市，建设专门面向港澳青年的大型综合生活社区或港澳青年创业园区，全方位支持港澳青年创业就业置业。建议有关部门可成立“大湾区就业青年住屋援助金”，为初到大湾区发展事业且经过资产审查的年轻人提供住屋补贴。香港和澳门特区政府可与广东省政府合作，寻觅住房作为“驿站”，以青年宿舍形式设立共享居住空间，以低租金支持帮助港澳青年的安居。此外，可鼓励银行为港澳青年提供大湾区置业的按揭贷款等。

5. 建议制度先行先试

国家有关部门可授权前海、横琴、南沙等大湾区部分地区进行先行先试，率先推出更多便利港澳青年在内地发展的措施。建议中央可赋予粤港澳大湾区城市群规划区部分地区在港澳青年来粤创业就业领域的改革创新、先行先试的权限，构建更完善的创新创业服务体系，深化开展青年交流活动，提供更便利就业举措，从港澳青年实习、就业、创业、住房、交通、教育、社保等全方位为港澳青年到前海发展提供支持和保障，打造粤港澳大湾区青年生活家园，进一步促进港澳青年的人心回归。

附录：中长期青年发展规划（2016—2025年）

青年是国家的未来、民族的希望。青年兴则民族兴，青年强则国家强。促进青年更好成长、更快发展，是国家的基础性、战略性工程。依据党和国家有关政策法规，按照经济社会发展的总体目标和要求，结合我国青年发展的实际情况，制定本规划。

本规划所指的青年，年龄范围是14—35周岁（规划中涉及婚姻、就业、未成年人保护等领域时，年龄界限依据有关法律法规的规定）。

序　言

党和国家历来高度重视青年、关怀青年、信任青年，始终坚持把青年作为党和人民事业发展的生力军，为青年在革命、建设、改革中施展才华创造条件、提供舞台；尊重青年敢想敢干、富有梦想的特质，注重激发青年的参与热情和创新活力，引领青年勇开风气之先、走在时代前列；关心、解决青年的现实问题和迫切需求，支持青年在人民的伟大奋斗中实现自己的人生理想。党的十八大以来，以习近平同志为核心的党中央高度重视青年发展事业，反复强调青年一代有理想、有担当，国家就有前途，民族就有希望，实现中华民族伟大复兴就有源源不断的强大力量；进一步明确中国特色社会主义青年运动方向，全面加强对青年的思想政治引领和成长成才服务，制定实施一系列促进青年发展的政策措施，激励引导青年与民族同命运、与祖国共奋进、与时代齐发展，为广大青年指明了正确成长道路，创造了良好成长环境。

在党和国家的关心、支持和推动下，我国青年发展事业取得巨大进步和历史性成就。青年的思想政治面貌总体健康向上，拥护中国共产党的领导，对中国特色社会主义事业充满信心；青年的基本生活条件不断改善，物质生活水平显著提高，精神文化生活日益丰富，青年群体文明程度不断提升；教育事业长足发展，青壮年人口文盲基本消除，新增劳动力平均受教育年限达到 13.3 年，处于我国历史上最好水平，与发达国家之间的差距显著缩小；社会保障制度更加健全、水平不断提升，法治国家建设不断推进，青年发展权益得到更好维护；青年的创新能力、创业活力不断增强，青年人才队伍不断壮大，在报效祖国、服务人民、奉献社会的过程中实现着自身的成长发展。

未来 10 年，是实现“两个一百年”奋斗目标、实现中华民族伟大复兴中国梦的关键时期。面对复杂多变的国际环境和国内艰巨繁重的改革发展任务，统筹推进“五位一体”总体布局和协调推进“四个全面”战略布局，适应和引领经济发展新常态，牢固树立和贯彻落实创新、协调、绿色、开放、共享的发展理念，需要青年一代充分发挥作用，在改革发展稳定第一线建功立业、接续奋斗。

青年是国家经济社会发展的生力军和中坚力量。党和国家事业要发展，青年首先要发展。必须清醒认识到，青年发展事业与社会主义现代化建设的新要求、经济社会发展的新形势、广大青年的新期待相比，还存在不少亟待解决的突出问题。主要是：青年思想教育的时代性、实效性有待增强，用共产主义和中国特色社会主义引领青年，用中国梦和社会主义核心价值观凝聚共识、汇聚力量的任务尤为紧迫；青年体质健康水平亟待提高，部分青年心理健康问题日益凸显；青年社会教育和实践教育需要加强，提高教育质量的任务仍十分艰巨；青年就业的结构性矛盾比较突出，影响就业公平的障碍有待进一步破除；青年创业创新的热情有待进一步激发，鼓励青年创业创新的政策和社会环境需要不断优化；人口结构的新特点新变化使得青年一代的工作和生活压力不断增大，在婚恋、社会保障等方面需要获得更多关心和帮助；

统筹协调青年发展工作的体制机制还不完善，各方面共同推进青年发展的合力有待进一步形成。

赢得青年才能赢得未来，塑造青年才能塑造未来。要站在党和国家事业后继有人、兴旺发达的高度，把青年发展摆在党和国家工作全局中更加重要的战略位置，整体思考、科学规划、全面推进，努力形成青年人人都能成才、人人皆可出彩的生动局面，为实现“两个一百年”奋斗目标、实现中华民族伟大复兴的中国梦注入强劲、持久的青春动力。

一、指导思想、根本遵循、总体目标

1. 指导思想。高举中国特色社会主义伟大旗帜，全面贯彻党的十八大和十八届三中、四中、五中、六中全会精神，坚持以马克思列宁主义、毛泽东思想、邓小平理论、“三个代表”重要思想、科学发展观为指导，深入学习贯彻习近平总书记系列重要讲话精神和治国理政新理念新思想新战略，坚持党管青年原则，牢牢把握为实现中华民族伟大复兴中国梦而奋斗的时代主题，充分照顾青年的特点和利益，优化青年成长环境，服务青年紧迫需求，维护青年发展权益，促进青年全面发展，引导青年树立共产主义远大理想和中国特色社会主义共同理想，坚定中国特色社会主义道路自信、理论自信、制度自信、文化自信，自觉团结凝聚在党的周围，更好成长为中国特色社会主义事业的合格建设者和可靠接班人。

2. 根本遵循。坚持马克思主义青年观和中国特色社会主义青年运动方向，全面贯彻落实以习近平同志为核心的党中央关于青年工作的决策部署，引导广大青年坚定不移听党话、跟党走；坚持以青年为本，尊重青年主体地位，把服务与成才紧密结合，让青年有更多获得感，促进青年在投身实现中华民族伟大复兴中国梦的实践中放飞青春梦想、实现全面发展；坚持全局视野，从战略高度看待青年发展事业，党委加强领导，政府、群团组织、社会等各方面协同施策，共同营造有利于青年发展的良好环境。

3. 总体目标。到 2020 年，具有中国特色的青年发展政策体系和工作机制初步形成，广大青年思想政治素养和全面发展水平进一步提升，在决胜全面建成小康社会伟大实践中的生力军和突击队作用得到充分发挥。到 2025 年，具有中国特色的青年发展政策体系和工作机制更加完善，广大青年思想政治素养和全面发展水平明显提升，不断成长为志存高远、德才并重、情理兼修、勇于开拓，堪当实现中华民族伟大复兴中国梦历史重任的有生力量。

二、发展领域、发展目标、发展措施

（一）青年思想道德

发展目标：广大青年积极践行社会主义核心价值观，中国特色社会主义道路自信、理论自信、制度自信、文化自信进一步增强，思想道德水平和文明素质进一步提高，为实现中国梦而奋斗的共同思想道德基础更加巩固。

发展措施：

1. 加强青年理想信念教育。深入开展共产主义、中国特色社会主义和中国梦学习宣传教育，开展习近平总书记系列重要讲话精神和治国理政新理念新思想新战略学习教育，使中国梦成为青年共同追求的奋斗目标，使中国特色社会主义成为青年衷心拥护的发展道路，使共产主义成为青年矢志追求的远大理想，增进青年对党的信赖、信念、信心。注重引导青年学习马克思主义基本原理，树立辩证唯物主义和历史唯物主义的世界观、方法论。注重加强宣传教育、示范引领和实践养成，引导广大青年增强使命意识和责任意识，自觉把人生追求融入党和国家事业。深入实施青年马克思主义者培养工程。充分发挥思想政治理论课在青年学生思想政治教育中的主渠道作用。实施高校思想政治理论课建设体系创新计划，建设学生真心喜爱、终身受益的高校思想政治理论课。

2. 在青年中培育和践行社会主义核心价值观。引导青年勤学、修德、明辨、笃实，使社会主义核心价值观内化为青年的坚定信念，外化为青年的自觉行动。大力弘扬以爱国主义为核心的民族精神和以改革创新为核心的时代精神，把爱国主义教育贯穿国民教育和精神文明建设全过程，引导青年学习了解党史国史、近现代史和改革开放史，继承“五四运动”以来的革命文化传统，坚持爱国、爱党、爱社会主义相统一，自觉培养爱国之情、砥砺强国之志、实践报国之行。引导青年传承弘扬中华优秀传统文化，增强文化自信和价值观自信。深入开展形式多样的青年群众性精神文明创建活动，引导青年大力弘扬社会公德、职业道德、家庭美德，培养良好个人品德，积极倡导和培育诚信品格，争当“向上向善好青年”，在引领社会文明风尚中发挥积极作用。加强民族团结宣传教育，推动各族青年交往交流交融，树立正确的国家观、民族观、历史观、文化观、宗教观，自觉抵制宗教极端思想，共同维护祖国统一和各民族繁荣发展。开展青年国防教育，推动军地青年共建共育，教育适龄青年自觉履行兵役义务。

3. 分类开展青年思想教育和引导。面向中学中职学生，广泛开展“与人生对话”主题活动，引导他们从小确立人生奋斗的远大志向，培养爱国、爱党、爱社会主义的感情。面向大学生，广泛开展“与信仰对话”主题活动，引导他们认识马克思主义的真理性，坚定走中国特色社会主义道路的信念。面向企业青年，广泛开展岗位建功活动，引导他们正确看待个人、企业、社会、国家的关系，以积极、务实、理性的态度面对职业生涯中遇到的具体问题。面向进城务工青年，注重把解决思想问题与解决实际问题相结合，在排忧解难、传递关怀中引导他们心向党和政府、矢志拼搏奋斗。面向农村青年，广泛宣传党和政府的支农惠农政策，引导他们树立“农村天地广阔、青年大有可为”的思想认识。

4. 强化网上思想引领。把互联网作为开展青年思想教育的重要阵地，团结、带动和壮大网上积极力量，大力开展正面宣传，实施“青年好声音”系列网络文化行动，增强网络正能量，消解网络负能量。提升网络舆情分析和引导能力，疏导青年情绪，澄清误解和谣言，引导青年形成正确认知。在青年群体中广泛开展网络素养教育，引导青年科学、依法、文明、理性用网。广泛开展青年网络文明志愿者行动，组织动员广大青年注册成为网络文明志愿者，参与监督和遏止网上各种违法和不良信息传播，为构建清朗网络空间作贡献。

（二）青年教育

发展目标：青年受教育权利得到更好保障，基本公共教育服务均等化逐步实现，教育公平程度明显提升。新增劳动力平均受教育年限达到13.5年以上，高等教育毛入学率达到50%以上。

发展措施：

1. 提高学校育人质量。坚持立德树人，深化教育改革，把增强学生社会责任感、法治意识、创新精神、实践能力作为重点任务贯彻到学校教育全过程。改善课堂教学，调动青年学生自主学习的积极性，完善知识结构，培养创新兴趣和科学素养。科学设计开展实践育人活动，通过探索实施高校共青团“第二课堂成绩单”制度等途径，帮助学生开阔视野、了解社会、提升综合素质。丰富学生创新实践平台，深入开展“挑战杯”竞赛和中国青少年科技创新奖评选，支持培育学生科技创新社团，营造校园科技创新氛围，为学生开展科技创新探索提供必要条件。将中小学共青团、少先队工作纳入教育督导。完善现代职业教育体系，推进产教融合、校企合作，办好全国职业院校技能大赛。深化考试招生制度改革，把促进学生健康成长成才作为改革的出发点和落脚点，扭转片面应试教育倾向。加强教师队伍建设，严格教师准入制度，突出教师职业道德教育和业务能力培训，深化教师评价管理体系改革。深入开展文明校园、绿色校园创建，创造和谐优美校园环境。在社会科学研究机构、高等学校加强青年学研究。

2. 科学配置教育资源。加大公共教育投入向中西部和民族边远贫困地区的倾斜力度，逐步缩小地区间教育资源差距。普及高中阶段教育，逐步分类实现中等职业教育全部免除学杂费，率先从建档立卡的家庭经济困难学生实施普通高中免除学杂费。实施国家贫困地区定向招生专项计划。完善贫困家庭学生、进城务工青年、少数民族青年和残疾青年等特殊青年群体帮扶救助机制，健全资助体系、完善资助方式，实现家庭经济困难学生资助全覆盖。进一步完善和落实进城务工人员随迁子女接受义务教育后在当地参加升学考试政策。

3. 强化社会实践教育。完善扶持政策，加大经费投入，加强青年社会实践基地建设，鼓励机关、军队、企事业单位、社会组织为有组织的青年社会实践提供帮助和便利。在青年中广泛开展科普教育和群众性科技创新活动，引导广大青年讲科学、爱科学、学科学、用科学。广泛开展大中专学生“三下乡”、志愿服务等社会实践活动，鼓励青年参与社会公共服务和社会公益事业。推进青年信用体系建设，逐步应用到青年入学、就业、创业等领域，引导青年践行诚信理念。

4. 促进青年终身学习。强化家庭教育基础作用，全面宣传普及家庭教育科学理念、知识和方法，实现家庭教育对优秀传统文化、爱国主义、社会责任、生活技能、勤俭美德、自律能力的基础性培养。大力发展继续教育，建立个人学习账号和学分累计制度，开展师生互动式、同伴共享式技能学习培训。加大青年社会教育投入，建立多渠道筹措资金投入机制。创造社会教育良好环境，规划青年成长成才各个环节的教育需求，统筹协调文化、出版、影视、网络等资源，实现对青年教育空间的全覆盖。构建并推行终身职业技能培训制度。推动各类学习资源开放共享，鼓励社会力量和民间资本提供多样化教育服务，推进教育信息化，发展在线教育和远程教育，扩大优质教育资源覆盖面，构建灵活开放的终身教育培训体系。

5. 培育青年人才队伍。实施青年英才开发计划，在重点学科领域培养扶持一批青年拔尖人才；在高水平研究型大学和科研院所优势基础学科建设一批国家青年英才培养基地。统筹推进党政人才、企业经营管理人才、专业技术人才、高技能人才、农村实用人才、社会工作人才等领域青年人才队伍建设。建立健全对青年人才普惠性支持措施。加大教育、科技和其他各类人才工程项目对青年人才培养支持力度，在国家重大人才工程项目中设立青年专项。改革完善青年人才管理体制，创新青年人才培养开发、评价发现、选拔任用、流动配置、激励保障机制，善于发现、重点支持、放手使用青年优秀人才。加强知识产权保护，鼓励青年人才创新创造。鼓励和支持青年人才参与战略前沿领域研究，着力培养一批青年科技创新领军人才。坚持自主培养开发与海外引进并举，用好国内优秀人才，吸引海外高层次青年人才和急需紧缺青年专门人才。

（三）青年健康

发展目标：持续提升青年营养健康水平和体质健康水平，青年体质达标率不低于90%；有效控制青年心理健康问题发生率，青年心理健康辅导和服务水平得到较大提升；引领青年积极投身健康中国建设。

发展措施：

1. 提高青年体质健康水平。实施全民健身计划，严格执行《国家体育锻炼标准》和《国家学生体质健康标准》，在学校教育中强化体质健康指标的硬约束。加强学校体育工作，完善国家体育与健康课程标准，发挥学校体育考核评价体系的导向作用，保证体育课时和课外锻炼时间得到落实。组织青年广泛参与全民健身运动，培养体育运动爱好，提升身体素质，掌握运动技能，养成终身锻炼的习惯。在城乡社区建设更多适应青年特点的体育设施和场所，配备充足的体育器材，方便青年就近就便开展健身运动。鼓励和支持青年体育类社会组织发展，带动更多青年培养体育兴趣和爱好。

2. 加强青年心理健康教育和服务。注重加强对青年的人文关怀和心理疏导，引导青年自尊自信、理性平和、积极向上，培养良好心理素质和意志品质。促进青年身心和谐发展，指导青年正确处理个人与他人、个人与集体、个人与社会的关系。加强对不同青年群体社会心态和群体情绪的研究、管控和疏导，引导青年形成合理预期，主动防范和化解群体性社会风险。加强青年心理健康知识宣传普及，提高心理卫生知晓率。支持各级各类青年专业心理辅导机构和社会组织建设，大力培养青年心理辅导专业人才。重点抓好学校心理健康教育，在高校、中学和职业学校普遍设置心理健康辅导咨询室，有条件的学校配备专职心理健康教育师资队伍。构建和完善青年心理问题高危人群预警及干预机制。加强源头预防，注重对青年心理健康问题成因的研究分析，及时识别青年心理问题高危人群，采取有效措施解决或缓解青年在学业、职业、生活和情感等方面的压力。

3. 提高各类青年群体健康水平。重视服务残疾青年的专业康复训练，落实器材、场所等配套保障。解决农村地区、贫困地区、西部地区青年学生的营养健康问题。引导高校学生“走下网络、走出宿舍、走向操场”，养成健康文明的生活习惯。做好青年职业病的预防和治疗工作，大幅度降低在职青年职业病发生率。关注进城务工青年健康状况，开展健康监测。动员社会力量，通过志愿服务、慈善捐助等形式为青年群体提供有针对性的健康服务。

4. 加强青年健康促进工作。编撰和出版有关生命教育的读物，引导青年尊重生命、热爱生活。定期组织青年参与公共场所安全演练，开展灾害逃生、伤害自护、防恐自救、互助互救等体验教育，增强青年在应对突发性事件中的自我保护意识和防灾避险能力。在青年中倡导健康生活方式，加强健康教育，提升青年健康素养水平。广泛开展禁烟宣传，让青年成为支持禁烟、自觉禁烟的主体人群。完善艾滋病和性病的防治工作机制，针对重点青年群体加强宣传教育，推广有效的干预措施，切实降低艾滋病和性病发生率。做好禁毒宣传教育工作，提高青年群体尤其是青年学生群体对毒品及其危害性的认识。强化对娱乐场所的监管，严厉打击吸毒贩毒、卖淫嫖娼等违法犯罪行为。

（四）青年婚恋

发展目标：青年婚恋观念更加文明、健康、理性；青年婚姻家庭和生殖健康服务水平进一步提升；青年的相关法定权利得到更好保障。

发展措施：

1. 加强青年婚恋观、家庭观教育和引导。将婚恋教育纳入高校教育体系，强化青年对情感生活的尊重意识、诚信意识和责任意识，引导青年树立文明、健康、理性的婚恋观。发挥大众传媒的社会影响力，广泛传播正面的婚恋观念，鲜明抵制负面的婚恋观念，形成积极健康的舆论导向。倡导结婚登记颁证、集体婚礼等文明节俭的婚庆礼仪。引导青年树立正确的家庭观念，倡导尊老爱幼、男女平等、夫妻和睦、勤俭持家、邻里团结，传承优良家教家风，培育家庭文明。加强青年敬老、养老、助老道德建设，大力弘扬孝敬老人的传统美德。

2. 切实服务青年婚恋交友。支持开展健康的青年交友交流活动，重点做好大龄未婚青年等群体的婚姻服务工作。规范已有的社会化青年交友信息平台，打造一批诚信度较高的青年交友信息平台。依法整顿婚介服务市场，严厉打击婚托、婚骗等违法婚介行为。充分发挥工会、共青团、妇联等群团组织和社会组织的作用，为青年婚恋交友提供必要的基础保障和适合青年特点的便利条件。

3. 开展青年性健康教育和优生优育宣传教育。在青年中加强对国家人口发展战略和政策的宣传教育，促进人口均衡发展。加大对性知识的普及力度，在有条件的学校推广性健康课程，加强专兼职性健康教育师资队伍建设。预防和减少不当性行为对青年造成的伤害，大幅度降低意外妊娠的发生率。大力弘扬以“婚育文明、性别平等；计划生育、优生优育；生殖健康、家庭幸福”为核心的婚育文化，坚决抵制非医学需要的胎儿性别鉴定和选择性别人工终止妊娠行为。加大对适龄青年的婚育辅导力度，加大适龄青年婚前检查、孕前检查和产前检查的普及力度。

4. 保障青年在孕期、产假、哺乳期期间享有的法定权益。全面落实女性青年在怀孕、生育和哺乳期间依法享有的各项权利。鼓励条件成熟的地方探索在物质、假期等方面给予青年更多支持。

（五）青年就业创业

发展目标：青年就业比较充分，高校毕业生就业保持在较高水平；青年就业权利保障更加完善，青年的薪资待遇、劳动保护、社会保险等合法权益得到充分保护；青年创业服务体系更加完善，创业活力明显提升。

发展措施：

1. 推动完善促进青年就业创业政策体系。根据就业形势和就业工作重点变化，加强就业政策与产业、贸易、财税、金融等政策的协调，进一步完善积极就业政策。发挥公共财政促进青年就业作用，完善落实财政金融扶持政策，扶持发展现代服务业、战略性新兴产业、劳动密集型企业和小微企业，吸纳青年就业。加强对灵活就业、新就业形态的支持，促进青年自主就业，鼓励多渠道多形式就业。进一步完善青年创业就业配套政策及法律法规。加强就业统计工作，健全青年就业统计指标体系。

2. 加强青年就业服务。实施青年就业见习计划。健全城乡均等的公共就业创业服务体系，完善服务功能，把有就业意愿的青年全部纳入服务范围，全面落实免费公共就业服务，对就业困难青年提供就业援助，帮助长期失业青年就业。创新就业信息服务方式方法，注重运用互联网技术打造适合青年特点的就业服务模式。加强青年职业培训，健全面向青年的劳动预备制培训计划，落实职业培训补贴政策。实施离校未就业高校毕业生就业促进计划，为毕业生提供职业指导、就业信息、就业见习、就业帮扶等服务。开展青年农民工职业技能培训，通过订单、定向和定岗式培训，对农村未升学初高中毕业生等新生代农民工开展就业技能培训，为有创业意愿的青年农民工提供创业培训。开展青年重点群体职业培训，加大贫困家庭子女、青年失业人员和转岗职工、退役青年军人和残疾青年等劳动者职业技能和创业培训力度，按规定提供培训补贴，对农村贫困家庭学员和城市居民最低生活保障家庭学员给予生活补贴。

3. 推动青年投身创业实践。建立青年创业人才汇聚平台，建设青年创业导师团队，开展普及性培训和“一对一”辅导相结合的创业培训活动，帮助青年增强创业意识、增进创业本领。推动青年创业第三方综合服务体系建设，搭建各类青年创业孵化平台，完善政策咨询、融资服务、跟踪扶持、公益场地等孵化功能。加大青年创业金融服务落地力度，优化银行贷款等间接融资方式，支持创业担保贷款发展，拓宽股权投资等直接融资渠道。支持青年创业基金发展，发挥好国家新兴产业创业投资引导基金和中小企业发展基金等政府引导基金的作用，带动社会资本投入，解决青年创业融资难题。落实结构性减税和普遍性降费政策。建设青年创业项目展示和资源对接平台，搭建青年创业信息公共服务网络，办好青年创新创业大赛、展交会、博览会等创业品牌活动。着力培育服务青年创业的社会组织，建设专业化的服务队伍和服务实体。深入实施大学生创业引领计划，建立健全教学与实践相融合的高校创新创业教育体系，显著提升青年创新型人才培养质量；整合发展国家和省级高校毕业生就业创业基金。深入开展农村青年创业致富带头人培养，支持青年返乡创业。完善互联网创新创业政策，实施青年电商培育工程。加强对留学回国创业青年的服务，帮助他们了解国内信息、熟悉创业环境、交流创业经验、获得政策扶持。推动形成鼓励创新、宽容失败的体制机制和社会环境，更好激发青年创新潜能和创业活力。

4. 加强青年就业权益保障。完善青年就业、劳动保障权益保护机制，加大劳动保障监察执法、劳动人事争议调解仲裁诉讼、安全生产监管监察工作力度。加强人力资源市场监管，规范招人用人制度，营造公平就业环境。完善失业保险、社会救助与就业的联动机制。

（六）青年文化

发展目标：更好引导青年传承中华优秀传统文化、弘扬社会主义先进文化。青年文化活动更加丰富，文化精品不断增多，传播能力大幅提升，人才队伍发展壮大，服务设施、机构和体制更加健全。青年对提升国家文化软实力贡献率显著提高。

发展措施：

1. 加强文化精品创作生产。发挥精神文明建设“五个一工程”、国家舞台艺术精品创作工程、中国艺术节、中国文化艺术政府奖、中国新闻奖、中国出版政府奖等国家级重大工程项目、评奖的引导带动作用，鼓励文化机构、文艺工作者特别是青年文化人才，创作生产展现当代青年奋发向上、崇德向善、传承中华文明的文化精品。引领网络文化，保护网络文化知识产权，扶持高质量网络文化产品生产，加强微电影、动漫、游戏等内容创作创新，提升优秀网络文化产品供给能力和传播能力。国家艺术基金、国家出版基金等文化发展基金要加强对青年题材重点选题项目的扶持，鼓励优秀青年文化人才参与创作，支持青年题材优秀图书、影视、音乐、舞蹈、戏剧、曲艺、美术等生产、发行和推广。

2. 丰富青年文化活动。广泛开展优秀文化作品全国性巡展巡演。深入挖掘中华优秀传统文化的时代价值，开展优秀传统文化艺术展示交流，引导青年积极参与文化遗产保护、传统工艺振兴、民间文艺传承。以校园文化、企业文化、军营文化、乡村文化、社区文化、社团文化、网络文化为载体，加强基层特色文化品牌建设，推动青年人均年度图书阅读量和艺术鉴赏、科普水平逐年提高。加强中国青年与各国青年人文交流，学习、吸收、借鉴世界优秀文化成果，讲好中国故事、传播好中国声音，不断提升文化自信。

3. 造就青年文化人才。通过全国文化名家暨“四个一批”人才培养工程、文化产业人才培养工程、非物质文化遗产传承人、新闻出版广播影视领军人才和互联网创新人才培养等项目，实施青年文化人才培养计划，资助具备文化创新能力、掌握现代传媒技术、熟悉国际人文交流、善于经营管理的青年文化人才主持重大课题研究、领衔重点文化项目。加强后备文化人才队伍建设，面向青年文化工作者开展文化创意服务、文化生产实践、文化经营管理、媒体融合发展、国际合作规则等方面培训，凝聚文化研究、创作、表演、传播、经营、管理、志愿服务等青年人才。

4. 优化青年文化环境。鼓励和支持有条件的报刊、电台、电视台、新闻网站设立青年栏目、节目，制作和传播有益于青年健康成长的内容，增加青年题材报道内容和播出时间，大力宣传青年在推动经济社会发展中的积极作用。在报刊和网络重点栏目、电视和院线黄金时段，增加优秀青年文化精品的宣传内容、频次，引导青年树立高尚精神追求、文明生活方式和正确消费观念。推进公共文化设施免费开放，增强针对青年群体的服务功能。

5. 积极支持青年文化建设。加强文化理论研究，及时掌握青年文化需求、文化观念、文化潮流的动态变化，引领和指导青年文化实践。扶持以服务青年为主要功能的报纸、刊物、新闻出版、网站等文化企事业单位发展。完善公益性演出补贴制度，通过票价补贴、剧场运营补贴等方式，支持青年艺术表演团体公益演出。促进企业和民间资本增加对青年文化事业的投入。鼓励国家投资、资助或拥有版权的文化产品无偿用于公益性青年文化活动和服务。鼓励和支持各类文化单位在“五四”青年节面向青年免费或低收费开展文化活动、提供文化服务。采取政府购买、项目补贴、定向资助等方式，鼓励青年文化阵地、青年文化团体等社会力量承接青年文化服务。

（七）青年社会融入与社会参与

发展目标：青年更加主动、自信地适应社会、融入社会。青年社会参与的渠道和方式进一步丰富和畅通，实现积极有序、理性合法参与。共青团、青联、学联组织在促进青年社会融入和社会参与中的主导作用充分发挥，带动各类青年组织在促进青年有序社会参与中发挥积极作用。青年参与社会主义现代化建设的积极性主动性进一步增强，青年志愿服务水平进一步提高。不同青年群体相互理解尊重。青年对外交流合作不断拓展。

发展措施：

1. 健全党领导下的以共青团为主导的青年组织体系。积极推进共青团改革，着力构建凝聚青年、服务大局、当好桥梁、从严治团的工作格局，充分发挥共青团作为党的助手的作用。加强共青团自身建设，适应青年发展的新情况新特点，不断创新组织设置，更多更广地覆盖新兴领域青年和流动青年；

尊重青年主体地位，调动广大青年参与的积极性和主动性，活跃基层团组织，完善青年社会参与的基本组织依托。教育广大共青团员切实增强先进性光荣感，自觉做共产主义远大理想和中国特色社会主义共同理想的坚定信仰者和忠实实践者，充分发挥在青年中的模范作用和对青年的凝聚作用。充分发挥青联在爱国主义、社会主义旗帜下广泛团结各族各界青年的功能，强化共青团在青联组织中的引领作用，推动青联组织带领各族各界青年在大团结大联合中实现共同发展。加强共青团对学联组织的指导，推动学联组织引导学生追求进步、维护学生合法权益。发展培育青年社团，加强对各行各业青年的凝聚和服务。更好联系、服务和引导青年社会组织，促进青年有序社会参与。支持共青团、青联、学联依法承接政府职能转移，更好参与青年社会事务管理和服务；支持各类青年社会组织立足自身优势，以合适方式参与政府购买服务。

2. 着力促进青年更好实现社会融入。鼓励和支持青年参与社会实践和公益服务，推动理论学习与劳动实践相结合，突出个人实践与社会公益有机统一，学会自我教育、自我管理、自我提升，在为家庭谋幸福、为他人送温暖、为社会作贡献的过程中增加人生历练，强化社会交往能力和社会责任感。充分发挥家庭在青少年社会融入中的重要作用，鼓励青少年自强自立，为青少年接触社会、开展社会交往创造更多机会、提供有效指导。学校教育要支持青年学生开展各种课外和校外活动，加强对青年学生社会融入的针对性指导，促进青年学生学会生存生活，学会做人做事，主动了解社会、适应社会。积极促进在内地就学、就业少数民族青年和进城务工青年及其子女的社会融入，帮助他们更快适应当地习俗、更好融入所在社区。充分发挥青年社会组织等社会力量的独特作用，吸引和带动青年广泛参与各类社会服务，不断培养和提升社会化技能。引导青年正确认识网络空间与现实社会的关系，多到社会实践中长见识、练本领，防止沉迷网络。要在全社会推动形成鼓励青年多样化参与、支持青年个性发展、宽容青年失误的氛围，为青年更好融入社会营造良好环境。

3. 引领青年有序参与政治生活和社会公共事务。支持共青团、青联代表和带领青年积极参与人大、政府、政协、司法机关、社会有关方面各类协商，就涉及青年成长发展的重大问题协商探讨、提出意见、凝聚共识，充分发挥政治参与职能。探索建立有关人大代表、政协委员青少年事务联系机制，为青年参与畅通渠道、搭建平台。鼓励青年参与城乡基层群众自治，推动完善民主恳谈、民主议事制度，在实践中提高青年政治参与能力。推荐优秀青年代表担任人民陪审员、人民监督员、人民调解员等，依法履行相关职责。

4. 鼓励青年在经济社会发展中充分发挥生力军和突击队作用。围绕国家整体发展战略需要，深化各类建功活动，树立先进典型，激励青年在各行各业积极创新，拓展工作领域和空间，形成发展新动力。鼓励青年积极参与生态环境保护，带头践行绿色生产生活方式，共建生态文明，共创美丽中国。组织动员广大青年积极投身脱贫攻坚，充分发挥青年企业家、青年科技工作者、青年致富带头人、青年志愿者等群体作用，为贫困地区改善区域发展环境、促进经济社会发展提供资金、人才、技术、管理等支持。摸清底数、精准施策，充分发挥教育和就业创业在青年脱贫中的重要作用，促进贫困青年早日脱贫。坚持围绕大局、服务社会需求、突出青年特色，深化青年志愿服务工作，组织引导广大青年大力弘扬“奉献、友爱、互助、进步”的志愿精神。

5. 引导青年社会组织健康有序发展。加强对青年社会组织的政治引领，完善党委和政府与青年社会组织沟通交流机制，把对青年社会组织的管理和引导纳入法治化轨道。改进对青年社会组织的联系服务，充分发挥共青团和青联组织作用，通过资金支持、提供阵地场所、培训骨干人员等方式扶持青年社会组织健康发展。重点支持行为规范、运作有序、公信力强、适应经济社会发展要求的青年社会组织，重点发展科技类、公益慈善类、城乡社区服务类青年社会组织，积极发挥重点青年社会组织的示范带动作用。改善对青年社会组织的监督管理，建立完善民政部门和共青团、青联等群团组织及有关职能部门协同发挥作用的管理机制。

6. 增进不同青年群体的交流融合。整合各方资源，帮助解决重点、新兴领域青年群体的实际困难，增进新生代农民工、青年企业家、青年社会组织骨干、青年新媒体从业人员、高校青年教师、归国留学青年等群体的政治认同和社会参与。发挥共青团组织优势，主动联系新的社会阶层青年群体，吸纳他们中的优秀分子进入组织体系。创造条件推动不同阶层、不同领域青年群体进行经常性对话交流，增进理解、认同和包容，舒缓社会压力，融洽社会关系。

7. 增强港澳台青年的国家认同、民族认同和文化认同。实施港澳台青少年交流计划，以中华文化为纽带，不断探索创新工作方式，提高交流实效，实现在多元文化背景下包容差异、消除隔阂、增进认同。积极创造条件，搭建港澳台青年来内地创新创业平台，支持港澳台青年在国家发展及海峡两岸暨港澳经贸融合中寻找发展机会，为港澳台青年就业创业提供便利服务。帮助港澳台青年形成对“一国两制”的正确认知、对祖国文化的认同。

8. 支持青年参与国际交往。拓宽青年参与国际交往的渠道，为青年开展国际交流与合作搭建更广阔的平台。完善选拔方式、丰富选拔手段，让更多的青年群体代表参与国际交流。培养推荐青年优秀人才到国际组织任职。加大宣传力度，提升青年国际交流活动的影响力和辐射面。

（八）维护青少年合法权益

发展目标：青少年权益维护的法律法规和政策体系更加完善，得到全面贯彻实施。青少年权益保护的工作体系和工作机制更加健全，合法权益得到切实维护。侵害青少年合法权益的行为受到有效打击和遏制。

发展措施：

1. 全面贯彻实施有关青少年发展的法律法规。加强《中华人民共和国未成年人保护法》《中华人民共和国预防未成年人犯罪法》以及教育、卫生、就业创业、社会保障等领域涉及青少年权益的法律法规贯彻实施，切实保障青年合法权益。共青团等群团组织要及时了解和研判青年发展状况，监督涉及青年发展权益的法律法规和政策执行，代表青年向有关部门反映问题、提出建议，推动及时有效解决青年实现发展权益面临的现实困难和突出问题。

2. 完善青少年权益维护法律法规和政策。针对青年权益保障中的突出问题，制定修改相关法律法规和政策，在现有法律法规和政策体系中增加有利于维护青年普遍性权益的内容。以《中华人民共和国未成年人保护法》《中华人民共和国预防未成年人犯罪法》和《中华人民共和国刑事诉讼法》中的"未成年人刑事案件诉讼程序"专章为基础，建立健全涵盖福利、保护、司法等内容的未成年人法律制度。加快制定电子商务、个人信息保护、互联网信息服务管理等法律法规，出台《未成年人网络保护条例》，严格落实互联网服务提供者的主体责任，有效防范暴力、色情、赌博、毒品、迷信、邪教等腐朽没落文化和丑化党和国家形象及革命先烈的信息传播。

3. 健全青少年权益保护机制。尊重青年主体地位，拓展青年权益表达渠道，充分发挥共青团、青联组织代表和反映青年普遍性利益诉求的作用。建立青年权益状况舆情监测体系和舆论引导机制。支持共青团建设青少年维权工作网络平台和12355青少年服务台，把法治宣传教育与法律服务结合起来，带动青年社会组织、青少年事务社会工作者积极参与维护青少年权益。深化"青少年维权岗"创建活动，建立健全基层青少年维权工作机制。加强对困难青年群体、进城务工青年及其未成年子女等群体的关爱和权益维护工作。完善法律援助工作网络，鼓励和支持法律服务机构、社会组织、事业单位等依法为未成年人提供公益性法律服务和援助。健全未成年人行政保护与司法保护衔接机制，加强监护缺失、受到监护侵害的未成年人权益保护工作。

4. 依法打击侵害青少年合法权益的行为。贯彻落实涉及青少年权益保护的法律法规，严厉打击拐卖、性侵害、遗弃、虐待等侵害未成年人合法权益的违法犯罪行为。大力开展青少年禁毒工作，依法惩处涉及青少年的毒品违法犯罪活动。严厉打击涉校违法犯罪活动。加强网络领域综合执法，严厉打击各类涉青少年网络违法犯罪。

（九）预防青少年违法犯罪

发展目标：青少年法治宣传教育常态化、全覆盖，青少年法治观念和法治意识不断增强，成长环境进一步净化。形成比较完善的重点青少年群体服务管理和预防犯罪工作格局，建立针对有严重不良行为和涉罪青少年进行教育矫治的有效机制，青少年涉案涉罪数据逐步下降。

发展措施：

1. 加强法治宣传教育。在青少年中广泛开展法治宣传教育，使青少年明确基本的法律底线和行为边界，自觉尊法学法守法用法。把法治教育纳入国民教育体系，坚持课堂教学主渠道，积极开拓第二课堂，配齐配强中小学校兼职法治副校长、辅导员。落实国家机关“谁执法谁普法”普法责任制，建立法官、检察官、行政执法人员、律师在法律实施过程中面向青少年开展法治教育的制度规范。把法治教育纳入精神文明创建和平安建设内容，健全媒体公益普法制度，注重运用网络新媒体扩大宣传教育覆盖面，统筹青少年法治教育实践基地建设，发展壮大青少年普法工作队伍和志愿者队伍。

2. 优化青少年成长环境。清理和整治社会文化环境，加大“扫黄打非”工作力度，打击各类侵权盗版行为，加强对影视节目的审查，强化以未成年人为题材和主要销售对象的出版物市场监管。加强校园周边环境治理和安全防范工作，严格落实禁止在中小学校园周边开办上网服务营业场所、娱乐场所、彩票专营场所等相关规定。依法采取必要惩戒措施，有效遏制校园欺凌、校园暴力等案（事）件发生。净化网络空间，完善网络文化、网络出版、网络视听节目审查制度和市场监管，定期开展专项整治行动，持续整治网络涉毒、淫秽色情及低俗信息。推动互联网上网服务行业健康发展，进一步规范上网服务营业场所服务管理，依法查处违规接纳未成年人的行为，依法取缔无照场所。

3. 做好重点青少年群体服务管理工作。大力推进“为了明天”预防青少年违法犯罪工程，推动预防青少年违法犯罪工作列入各地工作规划和财政预算，不断健全组织机构和工作体系。在全国县级地区全面推开并不断深化重点青少年群体服务管理工作，明确各类群体工作重点，建立覆盖完整、切实有效、主责清晰、协调联动的工作机制。强化家庭监护和学校教育职责，防止青少年脱离与家庭、学校的联系，出现不良行为时能够及时采取有针对性的预防措施。加强专门学校建设和专门教育工作，畅通有严重不良行为未成年人进入专门学校接受教育矫治的渠道，研究建立符合条件的涉案未成年人进入专门学校接受教育矫治的程序。完善专门学校管理体制和运行机制，加强教师队伍建设，不断提高教育矫治水平。充分发挥青少年事务社会工作专业人才和社会工作服务机构作用，对重点青少年群体提供困难帮扶、法治教育、法律援助、心理疏导、行为矫治等专业服务。

4. 完善未成年人司法保护制度。深化未成年人司法改革，公安机关、人民检察院、人民法院、司法行政机关要加强专门机制建设，明确专门机构或者指定专人办理未成年人违法犯罪案件。改革完善未成年人收容教养制度。在侦查、起诉、审判、刑事执行涉及未成年人案件中，落实社会调查、心理疏导与测评、分押分管、严格限制适用逮捕措施、强制辩护、合适成年人参与、当事人和解、附条件不起诉、分案起诉、法庭教育、回访帮教、犯罪记录封存、分类矫治等特殊保护制度。有条件的地区建立未成年人帮教基地。妥善安置附条件不起诉、适用非监禁刑、特赦的未成年人以及解除收容教养和其他刑满释放的青少年。

（十）青年社会保障

发展目标：社会保障体系充分覆盖青年急需的保障需求，并在各类青年群体之间逐步实现均等化。

发展措施：

1. 加强对残疾青年的关心关爱和扶持保障。健全完善残疾青年教育、医疗、就业等方面的服务保障政策，进一步提高保障水平和服务能力。推动残疾青年平等参与社会生活、共享经济社会发展成果，依法保障残疾青年政治、经济、社会、文化教育权利。大力开展面向残疾青年的专业社会工作和志愿服务，鼓励和引导社会各界参与、支持残疾青年权益维护，培育理解、尊重、关心、帮助残疾青年的社会风尚。

2. 加强青年社会救助工作。完善社会救助制度，健全救助服务管理工作机制。加大对流浪未成年人的救助力度，促使其回归家庭，有针对性地解决流浪未成年人在心理、健康、技能等方面存在的问题。为家庭困难的失学、失业、失管青年提供就业、就学、就医、生活等方面的帮助。加大临时救助政策的落实力度，解决包括进城务工青年在内的困难群众突发性、紧迫性、临时性生活困难。切实解决部分农村留守儿童中存在的学业失教、生活失助、亲情失落、心理失衡、安全失保问题。大力推进城镇基本公共服务向常住人口全覆盖，为进城务工青年与其未成年子女共同生活提供生活居住、日间照料、义务教育、医疗卫生等方面的帮助。

三、重点项目

1. 青年马克思主义者培养工程。着重在青年学生骨干、团干部、青年知识分子等青年群体中选拔一批骨干作为培养对象，以理想信念教育为核心，开设党性教育、理论学习、实践锻炼、工作锤炼、对外交流等方面的课程，进行阶段性集中教育培训，着力培养一批对党忠诚、信仰坚定、素质优良、作风过硬的中国特色社会主义事业合格建设者和可靠接班人。注重后续跟踪培养，动态调整培养方式，充分发挥骨干力量对各行业的示范带动作用。青年马克思主义者培养工程分全国、省级、省级以下三级实施，每年培养不少于 20 万人。

2. 青年社会主义核心价值观培养工程。坚持不懈用党的科学理论武装青年，推动邓小平理论、“三个代表”重要思想、科学发展观特别是习近平总书记系列重要讲话精神和治国理政新理念新思想新战略进课堂、进教材、进头脑，引导青年深入理解党的理论和路线方针政策。把社会主义核心价值观融入青年教育全过程，搭建课堂教学、社会实践、文化熏陶等多位一体的育人平台；开展革命传统教育和公民道德宣传，宣传先进青年典型，开展社会道德实践，引导青年形成修身律己、崇德向善、诚信互助、礼让宽容的道德风尚。引导青年传承弘扬中华优秀传统文化，深刻挖掘重要节庆日、纪念日蕴藏的丰富教育资源，引导青年汲取中华优秀传统文化的思想精华和道德精髓，增强做中国人的骨气和底气。

3. 青年体质健康提升工程。深化学校体育改革，强化体育课和课外锻炼，以足球为突破口，集中打造青年群众性体育活动载体，大力开展阳光体育系列活动和大学生“走下网络、走出宿舍、走向操场”主题课外体育锻炼活动，使坚持体育锻炼成为青年的生活方式和时尚。培养青年体育运动爱好，经常性参加足球、篮球、排球、田径、游泳、乒乓球、羽毛球、网球等体育运动项目和健身操（舞）、健步走、传统武术、太极拳、骑车、登山、跳绳、踢毽等健身活动，力争使每个青年具备 1 项以上体育运动爱好，养成终身锻炼的习惯。引导青年树立健康促进理念，在健康促进事业中发挥积极作用。完善青年体质健康监测体系，实现定期抽样监测和公开发布监测结果，倡导青年形成良好的饮食、用眼和睡眠习惯，控制肥胖、近视、龋齿等常见病的发生率。改进普通高校高水平运动队招生工作，激励青年学生参与体育锻炼。

4. 青年就业见习计划。按照“项目化运作、社会化动员、规范化管理”思路，在企业、社区、科研院所建设一批见习、实习基地，开发一批具有职业发展空间、技能训练机会的见习、实习岗位。把大学生实习纳入高校实践学分管理。把未就业大中专毕业生、各类社会青年纳入就业见习范围。加强青年就业见习培训和管理，提高见习实效。充分汇聚政府、企业、社会的力量，为青年参与就业见习提供补贴与支持。

5. 青年文化精品工程。支持青年文化精品创作推广，支持青年文化创意赛事及文化体验，支持青年文化创意人才培养。每年创作生产一批思想性、艺术性、观赏性俱佳的涵盖各文化类别的青年题材文艺精品。打造一批有影响力的青年网络新媒体产品展播平台，开展全国性青年互联网创新创意活动。在国家级文化、出版类评奖推荐活动中，每年向青年推荐优秀影视、网络、动漫文化作品不少于100小时，图书、报刊文字量不少于200万字，应用类网络游戏不少于3部、网络音乐不少于10首。

6. 青年网络文明发展工程。深入推进“阳光跟帖”行动，引导广大青年依法上网、文明上网、理性上网，争当“中国好网民”。发展壮大青年网络文明志愿者队伍，持续广泛、强有力、有针对性地发出青年好声音。鼓励支持互联网企业、社会组织、文化机构制作推广符合社会主义核心价值观和青年喜欢的网络新媒体文化产品。加大对中国青年网、未来网、中青在线等青年门户网站、青年公益组织专属网站以及“两微一端”平台的建设扶持力度；加大对青少年新媒体领域社会组织的引导和支持力度，举办网络安全、网络技能、网络文化产品等方面竞赛，发掘、吸引、培养各方面的青年网络人才；加大网络文明队伍指挥协调系统建设力度，开发运行平台，形成管理机制，提升组织效能。倡导网络公益活动，使互联网空间成为青年成长的温馨家园。

7. 中国青年志愿者行动。全面推行青年志愿者实名注册制度，发挥共青团员示范作用，到2025年实现实名注册的青年志愿者总数突破1亿人。稳步培育青年志愿服务骨干队伍，构建分层分类志愿服务项目库，扩大基层志愿服务组织覆盖，加强激励评价、保险保障等机制建设，形成规模宏大、来源广泛、门类齐全、管理规范的全国青年志愿服务队伍、项目和组织体系，推动青年志愿服务制度化、日常化、便利化开展。坚持以社区为主阵地，广泛开展青年学雷锋志愿服务活动。深入开展大学生志愿服务西部计划，每年选派2万名应届大学毕业生到中西部地区开展志愿服务。坚持立德树人，建立健全学生志愿服务工作体系。深化关爱农民工子女志愿服务专项行动和中国青年志愿者助残“阳光行动”。积极参与并做好重大赛事和会议的志愿服务工作。大力实施中国青年志愿者海外服务计划。

8. 青年民族团结进步促进工程。实施青年民族团结交流万人计划，每年组织边疆民族地区青年与内地各族青年开展互访、联谊活动，鼓励不同民族青年之间结对子、互帮互助。开展高校“中华文化进校园”活动，每年在200所高校举办图片、影视展和歌舞活动，宣传中华民族形成发展历史，增进中华文化认同，宣传各民族为祖国作出的贡献，增强各族青年学生的中华民族共同体意识。在广大青年中开展民族常识和民族法律法规政策知识大赛。在少数民族流动人口较多的沿海地区和大中城市开展“中华一家亲，可爱城市共同建”活动，为外来少数民族青年融入城市提供帮助。

9. 港澳台青少年交流工程。进一步扩大内地与港澳青少年之间的交流规模，提升交流质量。继续办好港澳青少年实习实践、体验营、训练营和形式多样的交流考察活动，支持内地与港澳青年组织举办青年论坛，组织青少年开展常态化的结对交流和项目合作，促进相互了解。举办海峡青年论坛、两岸青年社团负责人圆桌会议、两岸青年联欢节等活动。

10. 青少年事务社会工作专业人才队伍建设工程。到2020年建成20万人、到2025年建成30万人的青少年事务社会工作专业人才队伍，全面参与基层社区社会工作，重点在青少年成长发展、权益维护、犯罪预防等领域发挥作用。在青少年事务社会工作专业教育培训领域，重点扶持发展10家高等教育机构，建立30家具有继续教育资质的培训机构、50家重点实训基地、100家标准化示范单位。制定青少年社会工作服务标准，推动各级团组织以及青少年服务组织和机构设置社会工作岗位，培育青少年事务社会工作服务机构，逐步实现每个“青年之家”综合服务平台至少配备1名青少年事务社会工作专业人才。把青少年社会工作服务纳入政府购买服务指导性目录，组织实施涵盖重点群体、重点领域、重点环节的青少年事务社会工作项目。依法成立青少年事务社会工作领域的社会组织，建设人才队伍管理信息系统平台。建立健全青少年事务领域社区、社会组织、专业社会工作联动机制和社会工作专业人才、志愿者协作机制。完善青少年事务社会工作专业人才培养、评价、使用、激励相关政策配套体系。

四、组织实施

1. 加强对规划实施工作的组织领导。在党中央统一领导下，设立推动规划落实的部际联席会议机制，共青团中央具体承担协调、督促职责。各地区各部门要高度重视青年工作，关心、支持青年事业的发展，形成工作合力。县级以上党委和政府建立青年工作联席会议机制，负责推动本规划在本地区的落实，协调解决规划落实中的问题，县级以上团委具体承担协调、督促职责。在规划实施中，要积极回应和解决青年关心的问题，多为青年办实事。

2. 建立健全青年发展规划体系。各地要以本规划为指导，根据实际编制本地区青年发展规划。注重加强青年发展规划与各地经济社会发展规划及相关专项规划的衔接，更加重视青年发展工作。

3. 充分发挥共青团维护青年发展权益重要作用。共青团要按照《中共中央关于加强和改进党的群团工作的意见》和中央党的群团工作会议精神，全面推进自身改革，保持和增强政治性、先进性、群众性，始终紧跟党走在时代前列、走在青年前列，切实代表和维护青年发展权益。同时，要引导青年识大体、顾大局，依法理性表达诉求，自觉维护社会和谐稳定。

4. 加强服务青年发展阵地建设。大力推进“青年之声”网络互动社交平台建设，依托城乡社区综合服务设施建设“青年之家”综合服务平台，加强网上网下深度融合对接，使其成为服务青年发展的重要阵地。

5. 保障青年发展经费投入。各级政府将本规划实施所需经费纳入财政预算。动员社会力量，多渠道筹集资金，支持青年发展。

6. 营造规划实施良好社会环境。大力宣传党和国家关于青年工作的重大战略思想和方针政策，宣传关心青年就是关心未来的理念，宣传青年先进典型和成功经验，形成全社会关心、支持青年发展的良好社会氛围，形成推动本规划实施的强大合力。

7. 建立规划实施情况监测评估机制。对本规划实施情况进行年度监测、中期评估和终期评估，制定和调整促进青年发展政策措施，推动本规划实现。规范和完善与青年发展有关的统计指标体系，收集、整理、分析相关数据和信息，建立和完善中央、省（自治区、直辖市）两级青年发展监测数据库。

资料来源：《中国青年报》2017年04月14日。

责任编辑:贺　畅　周文婷

图书在版编目(CIP)数据

中长期青年发展规划与我国青年政策的完善/刘俊彦、朱峰 主编. —北京:
　人民出版社,2019.3
ISBN 978-7-01-020276-1

Ⅰ.①中…　Ⅱ.①刘…②朱…　Ⅲ.①青年工作-规划-研究-中国
　②青年工作-政策-研究-中国　Ⅳ.①D432.6

中国版本图书馆 CIP 数据核字(2019)第 004511 号

中长期青年发展规划与我国青年政策的完善
ZHONGCHANGQI QINGNIAN FAZHAN GUIHUA YU WOGUO QINGNIAN ZHENGCE DE WANSHAN

刘俊彦　朱　峰　主编

人民出版社 出版发行
(100706　北京市东城区隆福寺街 99 号)

山东鸿君杰文化发展有限公司印刷　新华书店经销

2019 年 3 月第 1 版　2019 年 3 月北京第 1 次印刷
开本:710 毫米×1000 毫米 1/16　印张:23.5
字数:333 千字

ISBN 978-7-01-020276-1　定价:73.00 元

邮购地址 100706　北京市东城区隆福寺街 99 号
人民东方图书销售中心　电话 (010)65250042　65289539